한국경제,
새로운 희망을 말하다

북오션은 책에 관한 아이디어와 원고를 설레는 마음으로 기다리고 있습니다. 책으로 만들고 싶은 아이디어가 있으신 분은 이메일(bookrose@naver.com)로 간단한 개요와 취지, 연락처 등을 보내주세요. 머뭇거리지 말고 문을 두드리세요. 길이 열릴 것입니다.

한국경제,
새로운 희망을 말하다

초판 1쇄 인쇄 | 2012년 1월 25일
초판 1쇄 발행 | 2012년 2월 5일
엮은이 | 한국경제연구원
펴낸이 | 박영욱
펴낸곳 | 북오션

경영총괄 | 정희숙
기획 · 진행 | 유나리
책임편집 | 이상모
편집 | 주재명 · 권기우
마케팅 | 최석진
표지 및 본문 디자인 | 서정희 · 박진희
디자인 | 최희선

주　소 | 서울시 마포구 서교동 468-2번지
이메일 | bookrose@naver.com
트위터 | @Book_ocean
페이스북 | bookocean
카　페 | http://cafe.naver.com/bookrose
전　화 | 영업문의 : 02-322-6709　　편집문의 : 02-325-5352
팩　스 | 02-3143-3964

출판신고번호 | 제313-2007-000197호
ISBN 978-89-93662-62-7 (13320)

한국경제, 새로운 희망을 말하다

한국경제연구원 편저

북오션

한국경제연구원(Korea Economic Research Institute; KERI)은 1981년 한국경제와 기업의 장단기 발전과제를 종합적으로 연구하여 효율적인 자유주의 시장경제 체제를 구축하고 건전한 기업의 성장을 통해 국민 경제의 발전에 기여하고자 출범했다. 따라서 KERI는 다양한 경제 이슈들이 제기될 때마다 시장경제 원리에 기초한 정책 대안들을 제안하고 자유시장경제에 대한 올바른 이해의 확산을 도모하고자 최선을 다해왔다.

이러한 노력의 일환으로 일반 국민에게 경제 이슈에 대한 전문적인 진단과 시장경제 논리를 제공하고 KERI에 대한 대외 인지도를 향상하고자 2003년 1월부터 본원의 홈페이지에 〈전문가 칼럼〉을 매주 한 편씩 게재해 왔고, 2008년부터는 〈경제 이슈 논평〉과 〈기업법과 제도 이슈〉를 추가하여 전문가의 의견을 피력해 왔다. 2009년 7월부터는 그동안 세 가지로 나누어 운영해 왔던 칼럼을 〈KERI 칼럼〉으로 통합하여 주 3회 새로운 내용을 선보이고 있다.

이 책에 실린 칼럼들은 본래 발간을 목적으로 기획된 것은 아니었으나 네티즌들의 요청과 시장경제에 대한 일반인들의 정확한 이해에 도움을 줄 필요성이 제기되어 책으로 엮게 되었다. 지금까지 2005년에 게재되었던 칼럼을 모아 『한국경제를 읽는 7가지 코드』라는 제목으로 제1집을, 그리고 2007년에는 『한국경제, 추락인가 도약인가』라는 제목으로 제2집을, 2007년 1월부터 2008년 말까지 2년간 게재된 칼럼들은 『한국경제, 미래를 경영하라』라는 제목으로 제3집을, 2009년 칼럼은 『시장이 붐벼야 사람이 산다』로 제4집을, 2010년 칼럼은 『한국경제의 미래, 시장에 답이 있다』로 제5집을 각각 발간한 바 있다.

이번에 새롭게 발간하는 『한국경제, 새로운 희망을 말하다』는 2011년 1월부터 12월까지 게재된 180여편의 글 가운데 88편을 엄선하여 엮었다. 이 책은 홈페이지 게재 당시 부각되었던 다양한 이슈들에 대해 국내의 전문가들이 시장경제 원리에 기초하여 집필한 칼럼을 "대한민국 선진화를 위하여", "자유무역이 대한민국을 살린다", "휩쓸릴 것인가, 기회를 잡을 것인가", "성장·고용·복지의 트라이앵글", "금융과 정치의 대혼란을 넘어서", "다가올 미래, 대한민국의 선택", "한국경제가 다시 비상하려면"의 7개 부문으로 나눠 각 주제별로 편제했고 집필시점을 밝히기 위해 말미에 게재 일자를 표기했다.

귀중한 글을 보내주신 본원의 연구진과 원외 필진 모든 분에게 감사드린다. 또한 칼럼의 필진 섭외와 게재일정 관리 및 최종 발간에 이르기까지 애써 주신 본원의 홍보팀 김영은 선임연구원과 홍보팀원, 그리고 북오션 출판사 직원들에게 감사의 뜻을 전한다. 아울러 이 책의 내용은 한국경제연구원의 공식적인 견해와 반드시 일치하는 것은 아님을 밝혀둔다.

2012년 1월

한국경제연구원 원장 최병일

3장 휩쓸릴 것인가, 기회를 잡을 것인가

4장 성장 · 고용 · 복지의 트라이앵글

5장 금융과 정치의 대혼란을 넘어서

6장 다가올 미래, 대한민국의 선택

7장 한국경제가 다시 비상하려면

1장

대한민국 선진화를 위하여

The Market Economy

경제를 마비시키는 허황된 규제의 꿈

한순구(연세대학교 경제학과 교수)

나는 일개 교수에 불과하지만 만일 한 대학의 총장이 되면 무엇이 하고 싶어질까? 자신의 임기 중에 학교의 세계적 랭킹은 쑥쑥 오르는 동시에 학생들의 등록금은 내려서 역사에 남는 총장이 되고 싶을 것 같다. 그러기 위해서 우선 교수들이 낮에는 학생들을 열심히 가르치고 기업에 가서 부탁하여 졸업 후에 잘 취직시키는 동시에 밤새고 연구해서 논문도 많이 발표하도록 하여 내가 맡은 학교의 평가를 쑥쑥 높이고 싶을 것이다.

우수한 교수진, 질 높은 강의에 반값 등록금?

실제로 일부 총장님들 중에는 취임하자마자 교수들에게 학생들 취업과 자신의 논문 게재를 일정량 이상 하지 않으면 월급을 줄이거나 퇴출시키겠다고 위협하여 단기적으로 성과를 이끌어 내는 경우들이 있다.

그러면 장기적으로 이런 학교들은 대개 어떻게 될까? 과연 세계적인 대학으로 발돋움하게 될 것인가? 안타깝게도 이런 총장님을 모신 학교들의 운명은 밝지 못하다. 그 이유는 그 학교의 우수한 교수들은 대부분 그 대학을 떠나서 훨씬 대우가 좋은 다른 학교로 이동하기 때문이다.

더욱이 이런 정책을 쓰는 총장을 모신 대학에서 더불어 생기는 문제가 반드시 있다. 대부분의 대학에서 총장은 큰 잘못이 없는 교수의 월급을 줄이거나 사표를 쓰도록 할 수 없다. 따라서 이렇게 감봉이나 퇴출의 채찍을 휘두르려면 총장의 권한이 많이 강화되어야 하고 그런 총장은 큰 권력을 지니게 된다. 그런데 아무리 총장이라도 어떤 개인이 큰 권력을 쥐게 되면 이를 공정하게 사용한다는 것은 대부분의 경우 불가능에 가깝다. 따라서 어떤 교수는 논문이 많고 학교 일을 열심히 하는데도 감봉을 당하는가 하면 어떤 교수는 논문도 없고 학교 일도 안 하는데도 총장과의 어떤 인연 때문에 승진과 승봉의 탄탄대로를 걷게 되곤 한다.

이런 이유 때문에 이런 총장을 모시고 있는 대학으로부터 교수들의 대탈주가 더욱 대규모로 일어나게 된다. 또한 남아 있는 교수들도 과중한 업무에 시달려서 강의를 소홀히 하게 될 가능성이 크다.

물론 이렇게 교수들에게 다른 대학에 비해 훨씬 더 많은 일을 요구하더라도 그에 상응하도록 급료를 인상하고 수당을 많이 준다면 교수들도 이해하고 열심히 일할 것이다. 사실 해외의 유명한 대학들을 보면 교수들은 국내 대학의 교수들에 비해 훨씬 더 열심히 연구하고 있는데, 그 이면에는 그런 교수들의 연봉이 국내 대학들의 연봉에 서너 배는 된다는 현실이 숨어 있는 것이다.

하지만 정말 최악의 총장님들은 이렇게 안으로는 채찍을 휘두르면서도 대외적인 이미지를 관리하기 위해서 학생들의 등록금은 절대로 올리지 않는다. 따라서 교수들의 급료를 올린다는 것은 꿈도 꾸지 못하는 경우가 많다.

이렇게 교수들은 도주하고 학생들은 싼 등록금에 맛을 들이면 21세기에 맞지 않는 콩나물시루와 같은 강의실에서 성의 없는 교수들의 강의를 듣게 될 수밖에 없다.

가격을 내리면서 동시에 양과 질을 높인다는 것은 헛된 꿈

이렇게 학교 이야기를 장황하게 하는 이유는 현재 대한민국을 하나의 대학으로 보고 기업들을 대학 교수로, 그리고 현재의 정권을 총장에 비교해 보았을 때 위에서 설명한 최악의 시나리오가 그대로 적용되는 듯한 느낌을 받기 때문이다.

아마 나라의 경제를 다스리는 경제 정책 입안자의 입장에서 가장 하고 싶은 것은 모든 물건의 가격을 내리고 동시에 제품의 양과 질은 높이는 것일 것이다. 그렇게 되면 모든 유권자들이 보다 싼 가격에 보다 많은 양질의 상품을 소비할 수 있을 것이니 정권의 인기는 급상승할 것이 뻔하다. 이를 요즘 표현으로 고치면 일자리와 물가의 두 마리 토끼를 잡는 것이다. 생산이 늘어서 일자리를 늘리면서 가격을 낮추어 물가를 잡을 수 있기 때문이다.

문제는 현실에서 공급 곡선이 양의 기울기를 가진다는 사실이다. 다시 말해서 가격이 올라야 기업들이 이윤을 노리고 생산이 늘리는 반면, 가격이 내리면 기업들은 이윤이 줄고 타산이 맞지 않아서 생산을 줄인다는 뜻이다.

정부로서는 공급곡선의 이런 특성이 너무도 안타까울 것이다. 만일 가격이 내려갈 때 기업들이 생산을 늘린다면 얼마나 좋겠는가? 현재와 같이 물가와 성장 모두가 어려운 시기에 있어 정부의 그 안타까운 마음은 충분히 이해가 간다.

그러나 아무리 안타깝다고 해서 가격을 내리면서 동시에 생산을 늘린다는 현실의 공급곡선과 정 반대되며 꿈속에서나 가능한 일을 시행하려 한다면 이는 나라 경제를 황폐화시킬 것이다. 그런데 최근 우리 정부의 행동을 보면 현재의 정책 입안자들이 바로 이런 불가능한 꿈을 꾸고 있다는 것을 알 수 있다. 이를 가장 잘 보여주는 것이 바로 몇 십 년 만의 대규모 정전 사태이다.

우선 정전 사태를 일으킨 근본적인 원인을 보면 세계적인 에너지 가격의 인상에도 불구하고 원가보다 낮은 가격에 전국민에게 보다 많은 전력을 공급하려는 헛된 꿈이었다. 전력을 생산할수록 적자가 나는 상황이니 한전으로서는 적자만 키울 것이 뻔한 발전시설 증가가 어려운 상황이 되었고,

국민으로서는 가스나 석유보다 인위적으로 저렴해진 전력에 대한 수요가 늘었던 것이다. 앞서 말한 낮은 가격에 보다 많이 생산하라는 정부의 헛된 꿈이 21세기 한국 사회를 정전의 공포에 몰아넣고 있는 것이다.

마치 필요 이상의 권력을 가진 총장은 공정하게 승진이나 승봉의 규칙을 적용하지 않고 친분 등의 관계에 따라서 영향을 받을 수 있듯이 필요 이상의 권력을 가진 정부 역시 공정하게 규제를 하지 못하고 어떤 분야에는 필요 이상의 규제를 하고 어떤 분야에서는 필요 이하의 규제를 하게 되는 것이다.

비현실적인 정부의 규제정책은 우리 경제 전체를 마비

기업들의 불법 행위를 막는 것이 업무인 공정거래위원회는 그 막강한 힘을 이용하여 휘발유 값도 내리고 유통업의 마진도 내리도록 하는 등 본연의 업무와는 너무도 동떨어진 물가 조절 기구의 역할을 하고 있다. 또한 바쁜 감사원은 국내 대학들을 감사하며 등록금을 반값으로 하도록 은근한 압력을 넣고 있기도 하다.

만일 이렇게 해서 기업이나 대학들이 좀 고생하더라도 휘발유 가격, 대규모 마트의 상품 가격, 대학 등록금이 내리면서 휘발유, 마트의 상품, 대학의 교육의 양과 질이 더 개선된다면 이런 정책은 한국 경제를 위해서 반드시 필요하다고 할 수 있다.

하지만 이미 대규모 정전사태에서 우리가 보았듯이 이렇게 싼 가격에 많은 양질의 상품을 공급하도록 하고야 말겠다는 비현실적이고 무리한 정부의 규제 정책은 우리 경제 전체의 마비를 일으킬 것이 너무도 분명하다.

개인들도 사업이 안 되거나 일이 잘 풀리지 않아서 쪼들릴 때에는 갑부가 되어서 빚도 갚고 넉넉한 생활을 하는 꿈을 꿀 수가 있다. 사실 그런 희망이라도 없으면 현실의 어려움을 견디기 어렵기 때문에 꿈을 반드시 꾸어야 할지 모른다.

한국 경제가 현재 어려운 것은 사실이다. 세계의 경제가 모두 좋지 못하니 그나마 한국 경제가 이 정도로 버텨 주는 것이 오히려 다행스러운 일이다. 따라서 정부의 정책입안자들도 가격은 내리면서 생산은 늘린다는 꿈을 침실에서 한 번쯤 꾸어 볼 수는 있을 것이다. 그러나 이런 꿈은 꿈으로 그쳐야지 이를 현실화하려고 해서는 큰 문제가 생기게 된다.

기업들에게 가격은 내리고 동시에 생산을 늘리도록 해서 물가도 잡고 일자리도 늘리겠다는 정부의 비현실적인 꿈은 꿈으로 그쳐야지 이런 불가능한 일을 정말로 현실화시키겠다고 정부가 행동을 한다면 이는 잠시 편해 보려는 생각에서 한국 경제를 마비시켜 미래를 포기하는 우를 범하는 것이다. (2011.10.26)

대한민국 선진화,
공맹 퇴치에 달렸다

한세억(동아대학교 행정학과 교수)

지식세월이 깊어가면서 학식이 넘친다. 하지만 지성이 얕다. 2010년 말 기준 한국의 문맹률은 1.7%다. 고교졸업생 80%가 대학에 진학할 만큼 교육열도 뜨겁다. 그러나 공적 생활세계는 냉랭할 정도로 이기적이며 거칠다. 지식정보시대 역시 고도화를 향하지만 네티켓은 낮다. 2010년 현재 대한민국 인구의 77.8%인 3,701만 명이 네티즌대열에 합세했다. 네트워크 환경에 무지한 넷맹이 감소하고 정보량도 급증하면서 인터넷 강국이라 불리지만 버릇없는 인터넷에선 신뢰가 얇다. 이처럼 지식정보시대에서 야만과 불신이 팽배하는 까닭은 공맹(公盲)이 갈수록 증가하기 때문이다.

공맹이란 법질서 무시하는 법치(法癡)다. 법의식이나 공공 마인드가 희박한 공익개념 없는 사람이다. 때와 장소 안 가리고 공익 흐리는 공맹이 발호하면서 법과 원칙이 경시되고 있다. 한 연구기관의 법의식 조사결과, 국민다수(62.8%)가 우리사회에서 법이 지켜지지 않는 것으로 응답했다. 이유인즉, 법대로 살면 손해 보며, 법 지키지 않는 사람이 많기 때문이란다. 심지어 '유전무죄 무전유죄'에 동의한다(65.2%)는 부정적 인식도 강했다. 또 다른 법치에 관한 조사에서는 법을 가장 안 지키는 기관으로 국회를 지목했다. 정부의 법집행 역시 불공정하다고 응답(60.6%)했다. 흔들리는 법치주의의 현주소다.

포퓰리즘에 빠진 정치인

법질서 경쟁력평가지표(2008)에서 한국은 OECD 26개 국가들 중 22위로 최하위권이며 국제경영개발원(IMD)의 공공부문경쟁력조사에서도 50위권으로 나타났다. 부끄러운 공공실상을 반영하듯 공익창출을 위해 선공후사해야 할 공직사회에서 부패와 비리가 쉼 없다. 의당 맑아야 할 윗물 공직세계에서 법치를 빙자한 권력남용이나 전관예우를 당연시한다. 사회지도층 역시 공익수호 의지가 박약하다. 민의를 무시하고 민주적 기본질서와 원리조차 망각한 채 폭력과 탈법으로 공익의 가치를 훼손해도 책임감이나 수치심을 느끼지 못하는 정치권의 공맹수준은 단연 최고다.

무릇 공익은 불특정 다수의 이익이기에 특정 개인의 사익과 구분되어야 한다. 하지만 공·사의 한계가 상대적이고 유동적이기에 공익이면서 사익 같은, 공익에 사익이 가미된 또는 그 반대의 상태가 상정될 수 있다. 그럼에도 공익은 사익의 총합, 집단 간 상호작용의 산물이나 정의, 형평, 인간존중 등 도덕적 가치를 지닌 실체로 이해된다. 어떤 경우든 공익은 합리적 사고와 명확한 통찰, 그리고 공평무사한 행동의 토대에서 사회성원 다수의 이익을 반영해야 가치를 지닐 수 있다.

지금껏 공익은 제도화된 정치기구나 정부에 의해 추구되었다. 이에 공익보호와 창출에 필요한 권한, 수단과 함께 책무가 자연인이 아닌 기관에 주어졌다. 그렇기에 정부는 공익의 보루이며 모든 공직자는 공익경영자로 기능하면서 사사로운 일이나 이익보다 공사(公事)나 공익(公益)을 앞세워야 한다. 본연의 작용이 일탈, 망각되는 경우 지성이나 언론의 가차 없는 비판과 질책이 요구된다. 까닭인즉 지성은 사회적 양심으로서 언론은 사회적 공기(公器)로서 공익수호의 사명과 기대가 천부되었기 때문이다.

오늘날 정치행정현상에서 포퓰리즘에 빠진 정치인이나 부패한 관료에 의해 공익이 추구될수록 불특정 다수국민의 편익 극대화는커녕 공익훼손이나 사익위축을 드러냈다. 사회공동체 구성원에게 최소한의 평안이나 최대다수 행복의 상징으로서 공익이 정작 심리적 만족은커녕 사회적 불만을 야기하는 해독(害毒)으로 작용하면서 공익추구의 패러독스를 보여주었다. 지난날 집권층의 무책임, 공익사업의 확대가 서민을 도박과 사행성의 바다에 빠져들게 했던 '바다이야기', 무분별한 국정홍보, 공직사회의 도덕적 해이, 관료의 직권남용 등은 이미 재정적자란 공익훼손과 국민부담 가중이란 사익침해를 야기하였다. 안타까운 점은 과거의 문제들이 현재에도 진행형이라는 사실이다.

교육, 언론, 국민생활 속에서도 법질서와 공익이 바로서야

한편, 국민생활 속에서 법질서 경시풍조도 심각하다. 자동차 1만대 당 교통사고 발생건수가 세계 1위라는 사실이 교통문화의 낙후성을 방증한다. 기초질서 위반비율은 일본의 44배에 이를 정도로 거리나 광장, 공연장, 그리고 온라인 공간에서 거짓, 불법, 무질서, 광기, 무절제와 무례함이 기승을 부린다. 그럼에도 이를 배격하지 못하는 비겁한 후진적 속성들은 공익 불감증의 교육에서 비롯된다. 공공예절을 훈도해야 할 가정의 밥상머리 교육은 사라진 지 오래다.

학교현장에서 착한 공공윤리교과 역시 영리한 입시위주 교육과정에 밀려나더니 2014년부터 '도덕' 과목이 폐지된다고 한다. 부실한 인성교육의 실상이다. 각종 국가고시나 공무원시험에서조차 윤리과목은 찾기 어려울 정도로 공공성 결핍증의 교육 및 시험제도가 야성적 공맹을 양산해 온 셈이다. 이에 뒤질세라 사회적 공기(公器)로서 책무를 망각한 방송의 천박함도 공맹을 부추겨왔다. 공공연히 공맹들이 활개 치는 상황에서 국가품격이나 선진화, 공정사회는 요원하다.

　　주지하듯 법질서는 사회경제발전의 불가결한 사회적 자본이며 공익은 국민행복의 바로미터다. 법치와 공익이 바로 서야 공정사회의 기초가 튼튼해질 수 있다. 아랫물 흐리다 국민 탓하며 우측보행과 '법 짱' 되길 강요하기에 앞서 윗물먼저 '법 꽝'에서 벗어나 바른 길로 가야 한다. 동시에 무너지는 가정교육과 학교를 바로 세우고 외도중인 방송도 제자리를 지켜야 동방예의지국으로서 도덕적 용량이 커질 수 있다. 사회의 총체적인 도덕성 회복여부가 공정사회의 향배를 가늠하는 리트머스시험지다. 대한민국 선진화, 바로 공맹 퇴치에 달렸다. (2011.08.05)

물가안정 위해선
총수요관리 나서야

김진국(배재대학교 아펜젤러국제학부 교수)

물가상승을 방치한다고 각종 매체에서 정부를 질타하는 소리가 높다. 언제는 정부가 일일이 나서 시장에 개입한다고 뭐라 하고, 그런 소리 들을까봐 시장을 지켜보고 있노라면 또 뒷짐지고 있다고 질타를 받는 상황이 참으로 안타깝다. 무얼 어떻게 하라는 것인지….

인플레이션 현상은 전 세계적인 추세

2008년 시작된 글로벌 금융위기 이후 각국이 경기 진작을 위해 적극적인 재정정책을 펴서 돈을 많이 푼 결과로 이미 통화량이 충분히 넘쳐흐르고 있고, 여기에 신흥국들의 경제성장에 따른 각종 원자재 수요 증대로 인한 원자재 가격 상승으로 인플레이션 현상은 전 세계적인 추세이다.

글로벌 금융위기로 인한 급격한 불황 이후에 찾아온 인플레이션으로 각국이 모두 어려움을 겪고 있는 가운데 우리 정부도 나름대로 노력하고 있다. 하지만 너무 굼뜨게 물가안정 노력을 하고 있다는 생각을 지울 수 없다. 현 정부 들어 성장우선 기조를 확실히 하면서 한편으로 글로벌 금융위기를 슬기롭게 헤쳐 나왔다고 자찬했지만 빠른 회복에 따른 기회비용이 큰 것이 문제이다.

금융위기를 극복하는 과정에서 발생한 재정정책으로 인한 전 세계적인 통화량 증대로 인플레이션이 도래할 것이 확실한 상태에서도 우리 정부는 5% 성장에 3% 물가를 확실히 잡겠다는 다짐을 올 들어 여러 번 했다. 그것이 정치적 구호에 그칠 것이라는 사실을 모르는 전문가들은 드물었을 것이다. 행정부의 계속적인 성장우선 정책으로 물가안정을 최우선으로 하는 통화당국인 한국은행마저 성장의 고삐를 놓치지 않으려다가 금리인상이 늦어져 시장에 제대로 된 신호를 보내지 못해 총수요를 증가시킨 책임에서 벗어나기 어렵다. 오랫동안 지속되었던 저물가에 취해 물가안정이라는 타이틀을 쉽게 얻을 수 있는 것으로 착각했던 것은 아닐까 하는 생각이 든다.

무엇보다 금융위기를 하루빨리 헤쳐 나가기 위해 이러저러한 정책으로 시장에 충분히 돈을 풀어놓은 것을 정부가 누구보다도 잘 알 텐데 성장과 물가를 모두 잡으려는 욕심 많은 정부의 경제정책이 상황을 더욱 어렵게 만들었다는 데 이의를 달기 어렵게 되었다. 상황이 어려운 데도 정부는 5% 성장을 목표로 물가안정을 기업들의 팔 비틀기로, 이제는 대중음식점까지 찾아다니면서 윽박지르며 해결하려 하니 보기에도 딱하고 앞뒤가 맞지 않는 정책이 집행될 수밖에 없는 상황이다.

정부는 올 들어 공정위를 갑자기 물가 잡는 기관으로 탈바꿈시키더니 최근에는 대중음식점이 설렁탕, 김치찌개 가격을 한 번 올리고서 채소값 등이 떨어졌는데도 다시 내리지 않는다고 공정위가 직접 나서서 해결하겠다고 한다. 뚜렷한 진입장벽이 존재하는 것은 아니지만, 음식점을 개업하기까지 행정절차가 복잡하여 진입이 쉽지 않은 점을 이해한다면 기존의 음식점 사업자가 가격을 배짱 있게 올릴 만도 한 일이다. 그러나 이렇게 물가가 오른다고 쥐 잡듯 중소상공인, 특히 식당에까지 공무원들을 동원해 가격을 내리게 하는 것은 아무리 봐도 잘못되었다는 생각이 든다.

물가는 시장의 경쟁 정도가 치열해지면 치열해질수록 내려갈 것은 분명한 이치다. 그러나 만일 경쟁이 치열해져서 특히 소상공인들이 취급하는 서비스 가격이 내려가면 소상공인 영업이익을 위협한다면서, 예를 들어 대기업들이 외식업에 프랜차이즈업 형태로라도 진입하려 하면 적극적으로 팔 비틀기에 나선다. 들어오지 말라는 것이다. 한편으로 물가 잡는다고 하면서 경쟁이 격화될 것 같으면 정부가 나서서 중소기업이나 상인들의 영업이익 보전을 위해 이들을 보호하려고 하니 당연히 물가가 쉽게 내려가기는 어려운 구조로 만든다. 작년 말의 '통큰 치킨' 사건이 이를 잘 대변해 준다.

FTA를 통한 치열한 시장경쟁이 예상되면 우선 중소기업 혹은 우리 기업을 살려야 한다며 정부관리뿐만 아니라 대중매체의 논조가 바뀌는 정도이니 멋모르는 독자는 헷갈릴 정도다. 물가잡자고 하면서 SSM이 골목상권까지 장악한다고, 대기업 혹은 재벌이 코흘리개들 주머니돈까지 가로채려 한다면서 나무란다. 유통의 혁신이 일어나야 구조적으로 물가를 안정시킬 수 있을 텐데 이렇게 해가지고 서야 언제 물가를 안정시킬 수 있을지 답답한 일이다.

성장과 물가 모두 잡으려는 욕심 많은 정책이 문제

성장을 기본으로 하는 정부가 물가까지 잡겠다고 하면서 한편으로는 중소기업도 확실하게 보호하려 여러 장치를 만들다 보니 생산자물가가 올라갈 것은 확실하고 동시에 소비자물가도 시차를 두고 오를 것이 분명하다. 물가는 낮추자고 하면서 한편으론 납품단가 후려치기를 하면 동반성장위에서 뭐라 한다. 값을 충분히 쳐주라는 것이다. 가격을 충분히 쳐주면 결국 완제품 가격은 올라갈 것이고, 그 부담은 결국 소비자에게 전이되어 물가는 올라갈 것 아닌가. 한편으로 동반성장도 해야 하고 또 한편으로는 물가도 낮춰야 하고, 이렇게 이율배반적인 정책을 펴나가야 하는 정부로서도 참으로 어려운 일일 것이다.

누가 뭐라 해도 물가를 잡는 가장 확실한 방법은 통화량을 줄이는 것이다. 한국은행은 진작에 금리를 올려야 했고 이러한 신호를 시장에 확실하게 보내 총수요관리를 했어야 했는데, 그러지 못했다는 것이 전문가들의 일반적 지적이다.

또한 내년에 선거가 다가오니 정부로서는 돈을 풀려 할 것이다. 각종 무상복지 시리즈 정책이 난무하는 가운데 정부가 중심을 잡아야 할 텐데 걱정이 태산이다. 국민의 세금이 무서운 줄 알고 공무원들이 예산을 집행해야 할 것이다. 이를 위해 정부 스스로 구조조정에 나서 예산을 줄여야 할 텐데, 공무원 수마저 계속 늘어 이제는 100만 명이 넘는다고 한다. 작은 정부를 내세웠던 현 정부 본래의 취지가 무색하다.

무엇보다 인플레이션 기대심리가 팽배해져 너나 할 것 없이 가격을 올리려하니 노조가 결성된 곳에서는 임금을 올리려 하고 제조업, 서비스업 가릴 것 없이 가격을 올리려고 한다. 매우 자연스러운 반응이다. 어떻게 해야 할까? 다른 방법이 있겠는가? 정부가 허리띠 졸라매야 한다. 정부예산 한 푼 쓰는 것을 어려워하고 공무원 한 사람 더 늘리는 것을 어려워 할 줄 알아야 한다. 그렇지 않고 무상이다 뭐다 하면서 정부 예산 늘릴 생각만 하다간 재정건전성은 말할 것도 없고 통화량까지 늘어나 물가잡기는 물 건너 간 얘기가 된다. 정부가 솔선수범해야 영(令)이 선다. 정부는 국민이 낸 세금으로 편하게 쓰면서 대중음식점 사업자가 가격 올렸다고 혹은 담합했다고 지적하기는 민망한 일이다.

경제 틀을 경쟁체제로 만들어 총공급 늘리는 것도 중요

한·EU FTA가 발효되었지만 아직 국회에 대기 중인 한·미 FTA도 곧 비준 처리하여 우리 경제체제를 제대로 만들어 주어야 할 것이다. 그렇게 될 때야 비로소 거시적으로 경제 틀이 일부나마 경쟁체제로 한걸음 더 다가설 수 있고, 동시에 이를 바탕으로 한·중, 한·일 FTA까지 밀어붙인다면 우리 경제체제는 진정한 경쟁체제로 돌입할 수 있음과 동시에 이를 통한 경쟁력 있는 제조업, 서비스업에 농업까지 가세해 성장 동력을 확실히 확보할 수 있을 것으로 기대된다. 총공급의 증가로 물가안정 문제는 자연스럽게 따라올 수 있는 밑거름이 마련될 수 있을 것이다. 그때쯤 되면 물가를 잡기 위한 정부의 치졸한 기업 팔 비틀기는 자연스럽게 그만해도 될 것이다. 공무원 한 사람, 한 사람이 진정으로 시민을 위해 봉사하는 공복으로서의 자부심을 느낄 수 있게 될 것으로 확신한다. (2011.07.15)

동반성장위, '동반'만
강조해선 안 된다

최병일(한국경제연구원 원장)

우리는 최근 표심으로 분출된 2040세대의 절망과 좌절, 분노를 목격했다. 따라서 양극화를 해소하고 공정경쟁의 기반을 조성해 동반성장을 도모하자는 취지로 출범한 동반성장위원회에 거는 기대가 크다. 그런데 이런 기대와는 달리 동반성장위가 초과이익공유제에 이어 다시 논란의 한가운데 있다.

동반성장위는 최근 김치 · 두부 · 발광다이오드(LED) · 레미콘 등 25개 품목을 중소기업 적합업종으로 선정하고 해당 품목의 사업을 하는 대기업에 사업 철수나 진입 자제, 확장 자제 등의 권고를 했다. 이 결정에 대해 레미콘과 LED 업체들이 반발하고 있다. 대기업과 중소기업의 양극화가 심해 중소기업들만 활동하는 공간을 만들어야 양극화가 해소될 것이라는 동반성장위의 심정을 이해하지 못하는 바는 아니지만 이 방식은 득보다 실이 더 많은 듯하다.

일부 사업 철수와 사업 축소, 확장 자제 등의 구분이 모호할 뿐만 아니라 동반성장위의 결정은 권고일 뿐이기 때문에 사회 분위기라는 압력 외엔 마땅한 제재 수단도 없다. 정부가 연초 '기름값이 묘하다'는 대통령의 발언으로 기선을 잡고 '아름다운 마음으로 기름값을 내려 달라'는 주무부처 장관의 으름장으로 기업을 압박하던 것과 별 차이가 없다.

문제는 더 복잡한 데 있다. 무엇을 근거로 너는 이 사업을 하고 너는 하지 말라고 정할 것인가. 경제 환경의 어제와 오늘이 다른 상황에서 대체 무슨 근거로 선을 그을 것인가. 지금 중소기업 적합업종처럼 보이는 품목이 미래 신성장동력으로 판명되면 황금 같은 기회를 놓친 책임은 그때 가서 누가 질 것인가.

LED 부문에서 동반성장위는 '대기업의 일부 사업 철수 권고' 결정을 내렸다. 정부가 LED를 녹색성장과 연계한 신수종산업으로 선정해 적극 육성할 때는 언제고, 이제 와서 빠지라는 것은 정책 불일치를 탓하기 전에 상식에 맞지 않다. 이미 국내 직관형 LED시장의 60%를 필립스, 오스람, GE 등 외국 업체들이 차지하고 있다. 대기업들이 빠진 후 이들의 시장점유율만 높아진다면 누구를 위한 적합업종 선정이 되는가.

대기업이 철수하면 중소기업이 수혜 대상이 되고, 그래서 모두 잘사는 따뜻한 상생의 사회가 될 것이라는 가정은 순진하고 단순하며 비현실적이다. 기업의 '역량'을 보지 않고 근거가 모호한 '규모'를 중심으로 구분해 정책을 짜는 것도 합리적이지는 않다. 그래서 동반성장위가 중소기업 적합업종을 선정하는 것은 선의에도 불구하고 무리수다.

동반성장은 한국경제의 건강하고 지속적인 발전을 위해, 또 사회 통합을 위해 필요하다. 대기업 집단의 일감 몰아주기와 납품가 후려치기 등은 뿌리 뽑아야 할 구태로 시정돼야 마땅하다. 대기업이 한국경제를 이끌어가는 주축이지만 불공정한 거래의 발판 위에서 부당한 이익을 얻은 경우 가치가 없다는 것은 분명하다.

동반성장은 말 그대로 '동반'과 '성장' 둘 다 해결해야 하는 어려운 과제다. 동반만 강조하는 사회 분위기에 편승해 성장동력을 갉아먹는 결정을 하지는 않는지 숙고해야 한다. 동반성장의 본질은 땅의 크기를 더 늘려 각자에게 돌아오는 몫을 더 크게 하자는 것이다. 동반성장위가 땅 크기를 늘리려는 고민은 하지 않고 이쪽 것 빼앗아 저쪽에 주는 것에만 골몰한다는 오해를 살 이유는 없다.

우리 사회 양극화의 뿌리에는 청년실업난에도 불구하고 중소기업은 인력난에 허덕이는 현실이 자리 잡고 있다. 중소기업 전유(專有)업종이 있더라도 인력이 모이지 않으면 소용없지 않는가. 동반성장위에 진정으로 적합한 고민은 중소기업 적합업종을 고심하는 것보다 심각한 인력 미스매치를 어떻게 풀 것인가 하는 것이다. 중소기업의 고질적인 자금난, 연구개발 체계의 낙후성 등과 연결돼 있는 이 근본적인 문제의 해법을 모색할 때 동반성장위의 성가(聲價)는 높아질 것이다. (2011.11.23)

미국의 버핏세 논의와 그 시사점

김상겸(단국대학교 경제학과 교수)

최근 버핏세(Buffett Tax)에 대한 논의가 활발하다. 버핏세란 미국의 유명 투자회사인 버크셔 해더웨이(Berkshire Hathaway)의 워런 버핏(Warren Buffett) 회장 이름에서 비롯된 것이다. 우리나라의 버핏세 논의는 정치권을 중심으로 진행되고 있기는 하지만, 복지지출 재원으로서의 가능성 때문에 많은 사람들이 관심을 갖는 주제라 할 수 있다. 본고에서는 버핏세와 관련된 일련의 논의를 살펴보고, 우리나라 세제개편에 주는 함의에 대해 살펴보기로 한다.

버핏세 논의의 배경

미국에서 버핏세 논의는 버핏의 기고문을 통해 시작된 것으로 알려져 있다. 그는 2011년 뉴욕타임스에 기고한 칼럼에서 "나는 과세소득의 17.4%만을 세금으로 냈을 뿐이지만, 우리 회사 직원들은 평균 36%의 세금을 냈다"고 하면서 부유층에 대한 세부담 증가를 주장한 바 있다.[1] 해당 기고문에서 버핏은 배당과 자본이득(dividend and capital gains)을 포함한 과세소득이 1백만 달러 이상인 사람들에게는 세율을 인상하고, 추가적으로 1천만 달러가 넘어가는 초고소득자들에게는 초과세율을 부과하도록 하자는 주장도 곁들였다. 이러한 논의는 즉각적인 반향을 일으켰다.

보편적 정서에 비추어볼 때, 버핏과 같은 초고소득자가 다른 근로소득자들에 비해 더 낮은 세부담을 진다는 것이 매우 불합리하게 느껴지는 것이 사실이기 때문이다. 더욱이 초고소득자 스스로가 자신의 세금부담을 더 증가시켜야 한다는 주장 역시 신선하게 여겨졌을 것이다. 버핏의 주장은 이후 대통령과 연방정부의 예산안 작성에도 영향을 미치게 된다. 사실 미국은 금융위기 이후의 경기침체가 지속되는 상황이며, 특히 연방정부 재정적자 문제의 완화를 위해서도 세수증대 노력이 절실하기 때문이다.

이에 오바마 대통령은 지난 가을 국회에 제출한 '경제성장과 적자감축을 위한 방안(The President's Plan for Economic Growth and Deficit Reduction)'에 버핏세 아이디어를 포함시키기에 이른다. 이를 '버핏원칙 (Buffett Rule)'이라 한다. 현재 우리나라에서 사용되는 버핏세라는 말은 이 버핏원칙이 변형된 것이다. 그런데 버핏원칙은 의외로 간단하다. 연소득이 1백만 달러 이상인 가구의 세금부담이 중류층 가구(middle class families)의 그것 보다 낮아서는 안된다는 것이다. 즉 부자는 중산층보다 더 큰 세부담을 져야 한다는 것이다. 버핏원칙이 구체적으로 어떻게 구현될 것인지에 대해 아직 확정된 바는 없다. 하지만 대체로 고소득 가구에 대해서는 각종 비과세, 감면 혜택을 축소하여 세금을 더 내도록 하는 방안이 모색되고 있는 것으로 알려져 있다.

그렇다면 왜 미국에서는 초부유층(Super Rich Class)의 세부담이 상대적으로 낮아지게 된 것일까? 그 이유는 소득 종류에 따라 과세처리가 다른 미국의 소득세 규정 때문이다. 자본이득세(capital gains tax)가 있는 미국에서는 1년 이상 장기투자한 자본이득에 대해서 15%로 과세하고 있는데, 이는 보편적인 근로소득세율(10%~35%)에 비해 세율상 우대를 부여하는 것이다. 이는 언뜻 불합리한 것으로 보이지만, 수익에 민감하게 반응하는 자본의 본질을 고려한 조치이다.

다소 복잡한 이야기가 될 수 있지만, 생산요소를 크게 자본과 노동으로 구분했을 때, 요소의 공급탄력성은 자본의 경우에 더 큰 것으로 알려져 있다. 조세 효율성을 위해서는 탄력성이 높은 대상에는 낮은 세율을, 탄력성이 낮은 대상에는 높은 세율을 부과해야 하는데, 이를 조세이론에서는 '탄력성 역비례의 법칙' 또는 '역탄력성 법칙(inverse elasticity rule)'이라고 한다. 이러한 이론에 근거하자면 탄력성이 높은 자본소득에 대해서는 낮은 세율이, 탄력성이 낮은 노동소득에 대해서는 높은 세율이 부과되어야 하는 것이다. 이는 정서적으로 받아들이기 어려운 측면은 있으나, 효율성을 강조하는 경제학 이론에 비추어보면 전혀 이상한 일이 아니다. 이러한 관점에서, 결국 워런 버핏과 같은 초부유층의 세부담이 상대적으로 낮아지게 된 이유는, 근로소득 이외에 배당금 등 자본이득이 많았기 때문이다.

조세 효율성과 조세 형평성

버핏원칙의 적용에 대한 미국 내의 반응은 상이하게 갈리고 있다. 원칙 도입을 반대하는 측에서는 세부담의 강화는 결국 투자감소로 이어져 일자리 축소 및 경제활력의 감소를 초래할 것이라 주장하고 있다. 또한 버핏원칙은 미국 세제안에 대체최소세(Alternative Minimum Tax)라는 제도로 이미 구현되어 있기 때문에, 이를 적절히 이용하는 경우 버핏원칙을 따로 고려할 필요가 없다고 비판하고 있다.[2] 아울러 버핏원칙이 장기투자 자본이득에 대한 세율증가로 이어지는 경우 이를 주된 소득으로 의존하는 노령계층의 소득 감소로 이어져 소비 위축 및 생계곤란의 문제가 발생할 수도 있음도 지적하고 있다. 반면 버핏 원칙을 찬성하는 측에서는 초부유층의 세부담이 소득대비 낮은 것은 사실이며, 이는 과세공평성 차원에서 옳지 않다는 점을 근거로 하고 있다. 물론 부유층의 실제 납세액이 중산층의 그것보다 훨씬 큰 것은 사실이지만 소득대비 세부담은 그렇지 않기 때문에, 이는 형평성 측면의 문제를 야기한다는 것이다. 실제로 원칙 적용에 찬성하고 있는 민주당의 해리 레이드(Harry Reid) 상원의원은 연소득 1백만 달러 이상의 고소득자들에게는 기존 소득세액에 추가적으로 5.6%의 부가세(surtax) 과세를 제안한 상태이며, 이에 대해 오바마 행정부도 긍정적인 반응을 보이고 있다.

버핏원칙 적용에 반대하는 견해는 조세효율성 측면을 강조한 것이다. 세부담의 증가가 투자 약화 및 경제활력 저하로 이어질 수 있음은 이미 잘 알려진 바이다. 이 때문에 전통적으로 자본에 대한 세율은 낮게 유지되어 온 것이 사실이다. 특히 생산요소의 국제 이동성이 날로 높아지는 현실을 고려할 때, 자본에 대한 고율과세는 국내 자본의 이탈과 이자율 상승으로 이어져 여러 가지 부작용을 야기할 수 있는 것이 사실이다.

반면 버핏원칙에 찬성하는 주장은 조세 형평성에 무게를 둔 견해다. 현대 국가의 조세정책은 비록 외형적으로는 효율성을 제고하는 방식으로 변화되어 오기는 했지만, 중요한 조세정책의 변화는 과세의 형평성을 토대로 결정되었다고 해도 과언이 아니다. 특히 조세정책의 변화는 반드시 정치적 의사결정을 거쳐야 하기 때문에 형평성을 도외시한 정책이란 실현될 수 없었던 것이다. 따라서 형평성 측면에서 문제가 있는 세제는, 비록 효율성이 우수하다고 해도 납세자 입장에서는 받아들이기 어려운 것이다.

버핏세는 장기자본 이득에 대한 과세강화, 우리는?

그렇다면 이러한 논의가 우리나라의 세제개편에 미치는 함의는 무엇인가? 앞서 살펴본 바와 같이 미국에서의 버핏세 논의는 결국 외형적으로는 증세를, 그 내용상으로는 장기자본이득에 대한 과세 강화로 요약할 수 있다. 반면, 우리나라의 버핏세 논의는 증세에만 초점을 두어, 근로소득세 부담을 높여야 한다는 식의 논의가 주를 이루고 있다. 즉 근로소득에 대한 세율구간 신설과 초과누진율의 적용에 대한 논의만 진행되고 있는 것이다.

그런데 이와 같은 근로소득의 세부담 증가는 경제활력 측면에서는 그리 바람직하지 않은 것이다. 경제학 이론에서는 세부담의 강화가 근로의욕을 감소시켜 효율성 측면에서는 좋지 못함을 설파해온 바 있다. 특히 근로소득세를 통한 세수증가는 그 효과가 뚜렷하지 않기 때문에 합리적인 세수증대 방안이라 하기도 어렵다. 물론 미국에서의 버핏세 논의가 우리나라에서도 반드시 동일한 양상으로 진행되어야 할 필요는 없다. 미국에서 자본이득 과세를 강조한다고 해서 우리 역시 반드시 이를 따라할 이유는 없기 때문이다. 하지만 소위 불로소득이라 인식되는 자본소득 과세에 대한 심층적 논의 없이 단지 국민정서에 기대어 근로소득세만 강화과세하는 것은 본래의 버핏원칙 정신과는 동떨어진 것이다.

이러한 맥락에서 우리나라의 버핏세 논의가 실효성을 갖기 위해서는 근로소득에 대한 논의보다는 실제 소득이 높으면서도 세금을 많이 내지 않는 계층에 대한 과세에 초점을 맞춤이 바람직할 것이다. 예외적인 경우를 제외하면, 현재 상장주식과 파생금융상품의 양도소득은 적절히 과세되고 있지 못하다. 미술품이나 골통품의 양도차익도 마찬가지이다. 그런데 대개 이러한 양도소득들은 큰 부자들이 아니면 거두기 어려운 것이 사실이다. 따라서 버핏세 논의가 실효성을 갖기 위해서는, 이러한 양도차익에 대한 과세정상화에 초점을 맞추어야 하는 것이다.

한 가지 첨언하고자 하는 것은 이러한 논의가 보다 합리적인 방향으로 진행되어야 한다는 것이다. 조세정책의 본질은 국가가 운영되기 위해 꼭 필요한 돈을 누구로부터 어떻게 걷을 것인지, 효과적인 대안은 없는 것인지를 모색하는 것이어야 하기 때문이다. 그런데 최근에는 이러한 논의가 특정 계층에 대한 적대감을 부추기는데 사용되는 것으로 보여 상당히 걱정스럽다. '부자증세가 곧 조세정의다' 라는 식의 선정적 구호는 우리나라 세제발전에 전혀 도움이 안되는 것이다. (2011.12.26)

'소 잃고 외양간 고치기' 식 입법 행태와 기업활동의 안정성

최원목(이화여대 법학전문대학원 교수)

현 정부 경제구조 정책의 초점이 기업 프렌들리 환경 조성에 있음은 주지의 사실이다. 정부가 시장규제를 완화하고 효율성을 증대시키기 위해 의욕적으로 정책을 추진해 왔음은 그간의 정부 입법 행태를 통해서도 입증된다. MB 정부 출범 초기 3년 동안 정부가 제출한 법률안의 수는 총 1,370건으로 김대중 정부 출범 초기 3년간의 686건, 노무현 정부의 614건에 비해 2배 이상 늘어났다. 정권의 성향이 진보에서 보수로 바뀌고, 금융위기 이후 사회경제적 체제 정비 요구에 대응하고 경제질서 확립을 위한 다양한 입법이 필요했기 때문일 것이다.

주요 입법 성과는 이러한 노력의 결과를 반영하고 있다. '독점규제 및 공정거래에 관한 법률'을 개정하여 민간부문 투자활동의 장애요인으로 작용하던 대기업 출자총액제한제도를 폐지했고, '산업단지 인허가 절차 간소화를 위한 특례법'을 제정하여 인허가 절차를 간소화하는 등 규제개혁을 통해 기업의 적극적인 경제활동을 지원했다. 또한 '한국장학재단 설립 등에 관한 법률'을 개정하여, 취업 후 학자금 상환제도를 도입하고, '장애인연금법'을 개정하여 중증장애인 연금제도를 도입하는 등 서민과 취약계층 생활안정에도 노력했다. '저탄소 녹색성장 기본법'을 마련하여 미래의 녹색성장을 위한 기반을 확충했으며, '공무원연금법' 등 연금관련법을 개정하여 연금의 재정안정화를 도모한 점이나 작고 효율적인 정부 구현을 위해 각종 정부위원회를 정비하는 과정에서 170여 개의 법률을 개정한 점도 정책적 성과로 인정할 수 있다.

정부 입법의 처리율이 낮고 지연되면 심각한 문제 발생

그런데 문제는 정부 입법의 국회 처리율이 저조하다는 데 있다. 1,370건 가운데 56%만이 처리되고, 나머지는 국회에 계류 중인 것으로 알려졌다. 김대중 정부와 노무현 정부에서의 70~80%대 처리율에 비해 대조적이다. 1년 이상 계류 중인 법안도 15% 이상이고 2년 넘게 장기 계류 중인 법안도 있다. 의원 입법의 경우 처리율이 낮은 것은 크게 문제가 되지 않는다. 국회의원 본래의 직무는 각자 자신이 대표하는 다양한 국민들의 요구를 반영하여 입법 제안활동을 전개하는 데 있기 때문이다. 반면, 정부시책 결정의 산물인 정부 입법의 경우에는 처리율이 낮고 처리가 지연되면 심각한 문제가 발생한다. 6개월 이상 국회에 장기 계류하게 되면, 정책추진의 적시성 확보가 곤란하여, 정책효과가 반감될 우려가 있다. '소 잃고 외양간 고치기' 식의 입법 행태가 반복될 수 있으며, 국회 계류기간 동안 변화한 시장 여건을 반영하지 못하는 문제점도 있다. 정부 정책에 맞춰 사업구조를 재편할 수밖에 없는 기업들로서는 관련 법안의 시행 시기를 종잡을 수 없어, 불확실성으로 인한 피해를 입게 된다. 대표적인 예가 공정거래법 개정안이다. 일반 지주회사의 금융자회사 보유를 허용하는 정부정책이 확정된 후 이러한 내용을 담은 공정거래법 개정안이 2년 전 국회에 제출되었으나, 아직도 처리되지 못하고 있다. 그동안 정부정책에 맞춰 지주회사로 전환하고 새로운 사업 진출을 준비해 온 기업들은 정책의 예측가능성 결여로 인해 적지 않은 피해를 입고 있다.

정부가 새로운 정책을 담은 법안을 만들어내고는 있으나, 입법부와 충분한 사전 소통 없이 일방적으로 밀어붙이는 식의 행태를 보이고 있어 번번이 국회 문턱을 넘지 못하고 발목을 잡히는 것이다. 거대 여당만 믿고 의욕만 앞세운 데 대한 부작용이기도 하다.

정부 입법과정에 대한 예측가능성과 신뢰성이 떨어지면, 실제로는 정부가 주도하지만 의원 입법의 형식을 빌게 되는 편법이 동원될 여지도 높아진다. 정부 입법안이 필수적으로 거쳐야 할 절차인 입법예고, 부처 간 협의, 규개위 심사, 차관회의 심의, 국무회의 심의 등을 생략한 채 국회 상임위로 직행하기 위한 수단으로 의원 입법제도를 남용할 가능성도 있다. 물론 이미 충분한 공론화 과정을 거쳐 사회적 합의가 형성되고 조속한 입법이 요구되는 경우에는 의원 입법 형식을 취하는 것이 필요한 경우도 있을 것이다. 그러나 일부 계층이나 업계의 이익으로 귀착되는 내용 등의 법안이 공론화 과정을 제대로 거치지 않고 의원 입법 형식을 빌려 졸속으로 법제화되는 것은 바람직하지 않다.

사전 법적 지원제도 정착시켜야

지금부터라도 정부가 사전에 치밀한 당정 협의를 하고 야당과도 충분한 소통을 한 후, 실현가능성이 높은 최소한의 법안을 제출하는 절차적 관행이 수립되어야 마땅하다. 국회 스스로도 입법부의 권위 유지를 위해서라도 정쟁의 수단으로 민생법안을 볼모로 잡는 행태를 자제해야 하며, 의원 입법과 정부 입법 간의 성격을 분명히 구분하여 처리하는 관행을 발전시켜야 한다.

정부는 최근 정부 법률안에 대해 민간 기관으로부터 법적 지원을 받을 수 있는 '사전 법적 지원제도'를 도입했다. 대형 로펌 등이 정부의 특정 법률안의 입안을 지원하고, 각종 자문을 제공하는 활동을 공식적으로 전개할 수 있게 된 것이다. 정부의 입법 능력을 보완하는 역할을 수행할 것이 기대되나 비밀정보 누출 가능성 및 이익집단이 로펌을 통해 정부 입법에 접근할 가능성이 높아졌다는 점에서 부작용도 우려된다. 앞으로 이러한 부작용을 방지하고 정부 입법과정의 전문성과 투명성을 제고하는 방향으로 사전 법적 지원제도를 정착시켜나가기 위해서는 민관 공동의 노력이 요망된다. 결국 선진 시장경제는 정부·국회·국민 간의 성숙한 입법과정과 문화 속에서 성장하게 된다. (2011.04.07)

동반성장지수는
강제성을 띤 규제

김필헌(한국지방세연구원 연구위원)

지난 2월 23일 동반성장위원회가 대·중소기업 동반
성장지수 추진계획을 발표했다. 지난 2010년 9월 대·중소기업 동반성장
추진대책의 일환으로 동반성장지수를 산정·공표하기로 한 후 약 5개월 만
에 이루어진 일이다. 반년도 채 걸리지 않고 국제적으로 전무후무한 새로운
제도를 만들어낸 셈이다. 그러나 빨리 먹는 밥에 체하는 법이라고 이번에
발표된 추진계획은 여러 문제점을 안고 있다.

평가기준은 크게 실적 평가와 체감도 평가로 나눠

우선 그 내용을 간략히 살펴보면, 동반성장지수 추산을 위한 평가기준
은 크게 실적 평가와 체감도 평가로 나뉜다. 실적 평가는 기존에 존재하던
대·중소기업 상생협력과 관련된 각종 동반성장 및 공정거래 협약을 통합
하여 대기업이 이를 성실히 잘 이행하고 있는지 평가하는 것으로 공정거래
위원회가 평가주체가 된다. 실적 평가는 다시 협약내용의 충실도, 협약내용
의 이행도, 법 위반, 사회적 물의 등 네 항목으로 나뉘며, 이 중 협약내용의
이행도가 70점으로 가장 큰 비중을 차지한다. 법 위반이나 사회적 물의는
감점항목인데, 법 위반(10점 감점)의 경우 하도급법 위반에 따른 것이나, 사

회적 물의(5점 감점)의 경우 임직원의 비리발생 등 사회적 지탄의 대상이 되는 물의를 야기했을 경우 적용되는 것으로 동반성장과 어떠한 관계가 있는지 명확치 않다. 이들 네 항목은 다시 여러 세부항목으로 나뉘어 평가되는데, 그 가운데 상생협력 지원내용 이행정도(40점), 지원내용의 규모·정도(22점)의 비중이 전체 점수의 절반 이상을 차지한다. 주로 대기업이 중소기업에 얼마나 지원 내지 협력을 했는가 하는 것이 주된 평가기준인 것이다.

체감도 평가의 경우 크게 협력중소기업 평가, 화학·비금속·금속 산업에만 적용되는 수요중소기업 평가, 중소기업 적합업종 참여 여부 등의 항목이 있다. 협력중소기업 평가는 다시 공정거래(57점), 협력(22점), 동반성장 체제(21점)로 세분된다. 수요중소기업 평가는 불공정 거래 사례와 거래조건 등 공정거래 이행여부에 초점이 맞춰지고 있다. 이처럼 체감도 평가는 공정거래에 주로 치중하고 있다. 결국 체감도 평가는 법이 잘 준수되고 있는지에 대한 일종의 실태조사 성격을 띠고 있다고 할 수 있다.

현재 발표된 동반성장지수의 요지는 결국 대기업이 얼마나 많이 중소기업에 지원을 하고, 공정거래질서를 잘 준수하는가에 있다고 정리할 수 있다. 그 목적만으로 볼 때 동반성장지수의 추진은 일견 타당성을 확보했다고 볼 수 있다. 그러나 많은 경제정책이 그렇듯이 목적의 타당성이 방법의 타당성을 담보하지는 못한다. 동반성장지수 또한 추진과정에서 여러 문제점이 드러나면서 소기의 목적과 반대되는 결과를 가져올 가능성이 높은 것으로 보인다. 이와 관련하여 이미 기술적인 측면에서 경제계의 입장이 다양한 경로를 통해 표출되고 있으므로, 본고에서는 큰 줄기만 가려 근본적인 타당성 여부를 따져보고자 한다.[3]

동반성장지수가 지닌 가장 큰 문제점은 그 도출과정에 있어 민간기업의 입장이나 의견이 제대로 반영되지 않았다는 데에 있다. 얼핏 단순한 문제인 것처럼 보이지만 정책의 기본적인 성격을 결정한다는 점에서 간과할 수 없는 사안이다. 기업 간의 관계는 경제적인 이익관계이므로 이를 규정하는 경제정책이 제대로 작동하기 위해서는 경제적 논리가 우선해야 한다. 그런데 경제적 논리를 반영한 기업의 의견이 제대로 반영되지 않았다는 것은 동반성장지수가 태생적으로 정치적 성격을 강하게 띠고 있음을 말해준다. 정치적 관점이 경제적 관점을 지배하게 될 때 경제적 비효율성이 발생하고 이를 무마하기 위해 정책은 불가피하게 강제성을 띠게 된다. 이는 공정거래 관련 '평가대상 대기업의 구체적인 평가점수 등 세부 평가자료를 기업의 동의 없이 제공할 수 없다'(공정거래 협약절차기준 제17조)고 하는 규칙을 거스르면서까지 평가결과를 발표하겠다고 한 동반성장위원회의 고압적 자세에서도 극명하게 나타난다. 따라서 비록 동반성장지수가 명목상으로는 민간주도로 자발적으로 시행될 것이라고는 하지만 실질적으로는 강제성을 띤 일종의 규제로 작용할 수밖에 없는 것이다.

온정주의·정치 논리에 의한 나눠 먹기식 폐해 늘릴 뿐

기업은 이익 극대화가 목적이므로 규제에 직면할 경우 항상 그에 따른 비용을 줄이는 방향으로 환경변화에 적응해 나간다. 단기적으로는 별다른 대안이 없으므로 기업은 충실히 규제를 준수하려 할 것이다.[4] 특히 동반성장지수처럼 사회적 이목이 집중된 경우 더욱 그러하다. 그러나 정책입안자들이 바람직하다고 생각하는 이러한 상황은 결코 오래 지속되지 못한다. 이는 기업이 부도덕하기 때문이 아니라 경제적 동인이 작동한 결과이다. 예를 들어 정부가 근로자의 복지증진을 위해 기업에게 복지세를 징수한다고 해 보자. 근로자의 입장에서는 자신의 임금은 줄지 않고 복지세 지출을 통해 여러 복지증진 시설을 제공받으니 더 나아진 것처럼 보인다. 그런데 제대로 된 기업이라면 근로자를 고용할 때 단순히 그에게 지불되는 임금만을 고려하지 않는다. 그를 고용함으로써 수반되는 임금 이외의 모든 비용을 고려하여 그것이 근로자가 창출하는 이익보다 많을 때 그 근로자를 고용한다. 따라서 복지세 징수는 고용비용을 증가시켜 전체 고용을 감소시키며, 특히 상대적으로 취약한 근로자들이 해고의 대상이 될 수밖에 없다.

이러한 원리는 기업 간의 거래에도 당연히 적용된다. 기업 간 거래 시 거래되는 물품의 가격 이외에 거래함으로써 발생하는 모든 비용이 고려된다. 동반성장지수와 같은 규제는 중소기업과의 거래비용을 증가시켜 결국 기업 간 거래를 위축시키는 결과를 초래할 것이다. 이 과정에서 특히 상대적으로 취약한 중소기업이 가장 큰 피해를 입게 된다. 여러 조사에서 밝혀진 바와 같이 중소기업의 가장 큰 애로가 판로 확보에 있음을 상기하면, 지금 형태의 동반성장지수의 추진은 기업 간 거래의 위축을 통해 중소기업의 판로확보를 더욱 어렵게 하여 결국 영세화를 더욱 심화시키는 부작용을 낳게 될 것이다. 결국 '동반성장지수'가 아닌 '차별적 성장지수'가 될 수밖에 없다. 여기에 동반성장위원회가 발표한 것처럼 지수에 따른 순위의 발표는 이런 적응과정을 더욱 가속화시킬 것이다. 순위발표는 기업들 간 일종의 충성경쟁을 촉발하여 기업이 지는 부담을 더욱 빠르게 증가시킬 것이기 때문이다.

지금의 동반성장지수가 지닌 또 하나의 문제점은 대기업에 의한 중소기업 지원의 경쟁적 확대를 불러올 수 있다는 것이다. 지금까지 정부의 중소기업에 대한 지원은 확대일로를 걸어왔다. 그럼에도 불구하고 중소기업의 경쟁력 내지 자생력이 제고되지 않은 것은 정부의 지원이 경제적 논리보다는 온정주의적이고 정치적인 논리에 의해 나눠 먹기 식으로 이루어졌기 때문이다. 동반성장지수 추진은 이러한 정부의 실패를 민간기업으로까지 확산시키는 결과를 초래하게 될 것이다. 과거엔 수지타산이 맞지 않아 이루어지지 않았던 지원이 이제는 동반성장지수라는 규제조건을 만족시키기 위해 이루어지게 될 것이고, 그 결과 자원배분이 경제적 논리보다는 정치적 논리에 의해 지배되게 되기 때문이다.

대기업 성과가 투자 제고로 이어지게 해 '낙수효과' 늘려야

동반성장 추진의 기본적인 배경에는 대기업은 잘 나가는데 중소기업은 그렇지 못하다는 인식이 깔려 있다. 실제로 과거와 달리 대기업의 성과 향상이 투자 제고로 이어지지 않으면서 '낙수효과'가 감소했고 대기업과 중소기업의 격차가 더욱 벌어졌다. 그렇다면 올바른 해결책은 대기업이 투자를 더 잘할 수 있도록 해주는 데 있다. 그간 규제개혁 노력이 끊임없이 시도되고 있지만 중소기업중앙회가 중소기업들을 상대로 벌이는 설문조사 결과를 보면 중소기업의 규제개혁 체감도는 그리 높지 않다. 중소기업이 그럴진대 더 많은 규제의 적용을 받고 있는 대기업이 느끼는 체감도는 더욱 낮을 것이다. 동반성장지수와 같은 새로운 규제를 만들 게 아니라 기업이 안심하고 투자할 수 있도록 규제를 과감히 풀고 안정적인 정책환경을 마련해 줄 필요가 있다. 대기업이 올리는 높은 수익을 비판적 시각으로 볼 것이 아니라 더욱 높은 수익을 올리도록 격려해야 한다. 기업이 안심하고 투자할 수 있을 때 기업의 성장이 가능하며 중소기업의 경쟁력 제고가 이루어짐을 인식할 필요가 있다. 또 한편으로 중소기업이 성장하지 못하는 이유를 제대로 볼 필요가 있다. 지원에만 의존하면서 과당경쟁을 유발하여 다른 중소기업의 발목을 잡고 있는 소위 '좀비기업'을 과감히 정리하고, 중소기업이 걱정 없이 성장할 수 있도록 관련 제도를 대대적으로 개선해야 한다. 기업성장과 함께 늘어나는 조세부담과 규제를 영구적으로 완화시켜 중견기업이 나올 수 있는 제도적 기반을 구축해야 한다.[5] 이러한 노력이 있을 때 비로소 진정한 의미의 동반성장이 가능하리라 본다. (2011.03.08)

공공사업의 또 다른 포퓰리즘

옥동석(인천대학교 무역학부 교수)

공공사업의 포퓰리즘은 경제적 타당성이 낮은 공공사업을 일부 지역 또는 이해관계인들의 특정 이익을 위해 시행하는 것을 말한다. 이를 방지하기 위해서는 공공사업 수혜자가 공공사업비용을 더 많이 부담하도록 하고, 또 국가 전체의 관점에서 객관적 타당성 평가가 이루어지도록 그 절차를 정비해야 한다. 이들이 모든 것을 완벽하게 해결할 수는 없지만 공공사업 선택의 포퓰리즘을 상당히 완화할 수 있을 것이다.

경제적으로 효율적이지 않은 분산식 예산편성이 보편적

공공사업의 또 다른 포퓰리즘은 공공사업 예산편성에서 나타난다. 각각의 사업비가 10억 원인 10개의 공공사업이 있고, 집행 가능한 예산이 매년 10억 원씩 10년간 100억 원이라고 하자. 총 100억 원의 예산을 집행하는 방법은 크게 두 가지로 대비된다. 첫 번째 방법은 10개의 공공사업 각각에 매년 1억 원씩 투입하여 10년 뒤에 모든 사업들을 동시에 준공하는 것이다. 두 번째 방법은 매년 한 개의 사업에 10억 원을 집중투입, 완공시켜 10개의 사업들을 매년 순차적으로 준공하는 것이다. 첫 번째 방법을 '분산식 예산편성'이라 하고, 두 번째 방법을 '집중식 예산편성'이라 할 수 있다.

경제적 효율성의 관점에서 보면 집중식 예산편성이 분산식 예산편성보다 더 낫다는 것은 자명하다. 분산식 예산편성에서는 10년이 경과할 때까지 어떠한 사업도 준공되지 않아 사업의 편익이 일체 나타나지 않는다. 또 분산식 예산편성에서는 10개 사업의 누적 공사기간이 100년(10개×10년)이지만 집중식 예산편성에서는 누적 공사기간이 10년(10개×1년)에 불과하다. 따라서 관리비 등 간접비용이 분산식에서는 터무니없이 크게 나타날 수 있다.

더구나 분산식 예산편성 하에서는 신규 사업을 사업시행 목록에 추가하기가 용이하다. 앞의 예에서 볼 때 분산식 예산편성 하에서는 각 사업의 매년 예산을 900만 원씩 줄여 11번째 사업에 9,000만 원을 편성할 수 있다. 그러나 집중식 예산편성에서는 매년 한 개의 사업을 준공하는 목표가 있기 때문에 11번째 사업에 단돈 100만 원도 편성하기가 쉽지 않다. 이처럼 매년 새로운 사업들이 목록에 쉽게 추가되기 때문에 분산식 예산편성에서는 공공사업의 준공시점을 예측하기가 어렵다.

'분산식 예산편성'을 방지하기 위해서는 공공사업 책임자(Project Manager)에게 그 총사업비를 예산으로 일괄 제공해야 한다. 그럼으로써 사업 책임자는 사업집행의 효율성을 극대화하는 다양한 방법을 채택할 수 있는 것이다. 사업의 총비용을 한꺼번에 예산자금으로 제공하는 이러한 예산편성을 '총비용 예산정책(Full Funding Policy)'이라 한다. 자본시설물에 대해 그 '유용한 부분(a useful segment)'을 완성하기에 충분한 예산을 반드시 전액으로 편성해 주어야 한다는 원칙이다. 이러한 원칙은 미국, 일본 등 거의 모든 선진국들이 보편적으로 채택하는 방식이다.

그런데 우리나라는 공공사업에 대해 '총비용 예산정책'을 채택하지 않고, '단편적(piecemeal) 예산정책'을 보편적으로 채택하고 있다. 채택된 공공사업에 대해 매년 단편적인 자금을 제공하기 때문에 사업 책임자는 공공사업 전체를 기획하며 '다년도 일괄계약'을 체결할 수 없다. 우리나라에서는 그 시설물 전체가 완공되어야 의미가 있는 공공사업에 대해 연차별로 단편적인 계약을 체결할 수밖에 없다.

총 공사금액을 부기하고 당해 연도의 예산 범위 안에서 공사를 이행하도록 하는 계약을 국가계약법에서는 장기계속계약이라 한다. 원래 장기계속계약은 전기·가스·수도·통신 등과 같이 특정 사업자로부터 서비스를 계속하여 제공받는 경우에 적용되는 계약방식이다. 그런데 우리나라에서는 이를 공사에 적용하여 '분산식 예산편성'을 방치하는데, 이에 따른 사회적 낭비는 구체적 수치를 제시하기는 어렵지만 아마도 상당한 규모가 될 것이다.[6]

물론 사업의 성격에 따라서는 대형 공공사업에서 수 개의 공사계약이 체결되어야 하는 경우도 존재한다. 특히 획득하는 시설물이 정형적인 것이 아니고 또 사업에 대한 미래의 불확실성이 매우 높은 경우에는 공공사업에서 수 개의 계약을 체결할 필요가 있다. 그러나 이러한 경우에서도 공공사업의 '총비용 예산정책'이 포기될 수는 없다. 공공사업의 총책임자에게 사업의 목표를 달성하는데 필요한 총사업비를 예산자원으로 제공하고, 사업책임자가 주어진 예산자원 하에서 최적의 정부조달을 위한 계약을 설계할 수 있도록 해야 한다.

분산식 예산편성의 장기적이고 궁극적인 피해 인식토록 해야

'총비용 예산정책'과 '집중식 예산편성'에 대한 반박 논리를 발견하기는 어렵다. 다만 '분산식 예산편성'은 모든 사람들을 평등하게 만족시킨다는 것이 유일한 장점이다. 앞의 예로써 설명한다면 10개의 사업이 동시에 착공되고 동시에 준공되기 때문에 모든 사람들을 평등하게 취급한다는 것이다. 그러나 이는 근시안적 시각에 불과하다. 모두가 차례를 지켜 '집중식 예산편성'이 이루어졌더라면 모두의 편익은 분명히 더 커질 수 있었기 때문이다.

공공사업의 또 다른 포퓰리즘, '분산식 예산편성'을 방지하기 위해서는 이의 장기적이고도 궁극적인 피해를 우리 모두가 분명하게 인식해야 한다. 마치 마약처럼 우리에게 단기적인 위로를 주지만 결국은 모두를 피폐하게 만드는 해악이라는 사실을, 정치인과 공무원들이 분명하게 인식하고 이를 국민들에게 꾸준히 설득시켜야 할 것이다. (2011.07.11)

참고문헌

• 옥동석 「정부 대형사업의 선택과 예산편성」, 연구자료 95-20, 한국개발연구원, 1995.12.
• 기획재정위원회 「장기계속계약제도 개선방향에 대한 공청회」, 2011년 6월 30일, 국회 기획재정위원회 공청회, 2011.

국민연금 의결권 행사는
중립적으로 이뤄져야

강성원(한국환경정책평가연구원 연구위원)

국민연금의 의결권 행사가 점차 강화되고 있다. 그러나 국민연금의 의결권 행사가 국민연금이 주장하는 바와 같이 기업의 가치를 제고할 수 있다는 경제학적인 근거는 빈약하다. 국민연금은 공공기관이기 때문에 기업의 가치를 제고할 수 있는 전문경영 인력을 충분히 확보하기 어렵다. 그리고 전문 인력을 확보한다고 해도 국민연금은 독점적인 공공연금이기 때문에 시장경쟁의 압력을 받지 않으므로 기업의 가치를 제고하여 투자자의 이익을 증진할 유인이 약하다. 더욱이 국민연금은 정치적 압력을 배제하기 어려워 궁극적으로는 기업의 가치에 도움이 되지 않는 방향으로 의결권을 행사할 가능성이 높다. 이러한 문제를 방지하기 위해서는 국민연금의 의결권 행사는 현재와 같은 재량적인 방식은 지양하고, 시장의 선택을 반영하는 섀도보팅(Shadow voting)에 그쳐야 한다.

의결권 행사 6년 새 2.5배 이상 늘어

국민연금의 의결권 행사는 국민연금 기금운용위원회에서 작성하고 국민연금 의결권행사전문위원회의 검토를 거쳐서 확정한 '국민연금 의결권 행사지침'에 따라 국민연금 기금운용본부에서 수행하고, 필요할 경우에는 국민연금 의결권행사전문위원회에 판단을 의뢰한다. 국민연금의 의결권 행사는 2003년 782건에서 2009년 2,003건으로 크게 증가[7]하였는데, 반대의견의 비중도 같은 기간 1.9%에서 6.6%로 증가하여 의결권이 보다 적극적으로 행사되고 있음을 알 수 있다. 국민연금 연차보고서에 의하면 의결권 행사의 목적은 기금자산의 증식, 가입자 및 수급자의 이익 추구, 장기적 주주가치 증대이다.[8] 그런데 기금자산 증식 및 가입자·수급자 이익 제고는 장기적으로는 기금이 투자한 기업의 가치가 제고되어야만 실현되므로 국민연금의 의결권 행사는 기업 가치를 제고할 수 있을 경우에만 정당화된다.

국민연금이 기업 가치를 제고하려면 기관투자가로서 기업 내부 정보에 대한 정보의 비대칭성을 극복할 능력이 있어야 한다. 이를 위해서는 기업 경영 능력이 있는 전문 인력을 확보하고, 이들이 주요 투자기업에 대해서 상시적으로 감시(monitoring)하고 경영진과 수시로 접촉하여 정보의 비대칭성을 해소하기 위해 노력해야 한다.[9] 그런데 국민연금은 그 규모가 크기 때문에 2010년 6월 현재 5% 이상 지분을 보유한 기업이 103개에 이를 정도로 많은 기업의 대주주이다. 이렇게 많은 기업의 의결권을 효과적으로 행사하기 위해서는 대규모의 전문 인력을 동원하고, 그들에게 충분한 유인을 제공해야 한다. 그런데 국민연금은 공공기관이기 때문에 인력 및 보수에 한계가 있어서 기업 감시 기능을 수행할 수 있는 전문 인력의 양과 질을 확보하기 어렵다.[10]

기업가치 제고 유인 약하고 잘못해도 견제 못해

설령 충분한 전문 인력을 동원할 수 있다고 해도 국민연금은 투자자 유치를 위해 경쟁할 대상이 없기 때문에 의결권을 행사하여 기업의 가치를 제고할 유인이 부재하다. 기관투자가가 의결권을 행사하여 기업 가치를 제고하는 이유는 개인투자자들을 유치하기 위한 경쟁의 압력에 직면해 있기 때문이다. 투자한 기업의 수익이 낮은 기관투자가는 투자자들에게 수익성과 안정성을 보장하기 어렵다. 이러한 기관투자가는 투자자들이 외면하게 되어 투자자금이 이탈하고, 투자자금의 이탈이 지속되면 궁극적으로는 시장에서 퇴출된다. 그런데 국민연금의 경우에는 투자자들이 당연 가입하게 되어 있고, 중간정산이 금지되어 있어서 이러한 압력이 부재하다. 적극적인 의결권 행사로 유명한 캘리포니아 공무원 퇴직연금(California Public Employees' Retirement System; CalPERS)[11]을 비롯한 특수직역 연금[12]은 특수직역자의 평생소득에 포함되므로, 노동시장에서의 채용 경쟁을 위한 도구로 사용된다. 따라서 특수직역 연금도 노동시장에서 채용 경쟁의 압력을 받는다. 그러나 국민연금은 모든 국민에게 동일한 조건으로 제공되므로, 채용 경쟁의 압력도 받지 않는다. 따라서 국민연금이 의결권을 잘못 행사하여 기업의 가치를 저하한다고 해도 이를 견제할 수단이 취약한 상황이다.

자의적인 의결권 행사 땐 수급권 침해 우려마저

더욱이 국민연금은 공공기관이기 때문에 이익집단의 압력을 배제하기 어려우며, 따라서 의결권도 투자자의 이익이 아닌 다른 목적을 위해 사용될 가능성이 높다. 국민연금의 의결권 행사는 예산심의 혹은 법률 제정과 같은 의회의 감시에서 배제된다. 그러나 국민연금 의결권 행사를 통해 특정 이익집단에게 재원을 배분할 수는 있다. 따라서 이익집단은 의회의 감시를 거치는 예산 배분 혹은 입법 절차보다는 불투명한 국민연금 의결권 행사를 통해서 지대를 추구할 유인이 있다. 실제로 국민연금 의결권 행사지침은 '환경, 사회, 기업지배구조 등 사회책임투자 요소를 고려하여' 의결권을 행사(제4조의 2)한다는 모호한 규정을 포함하고 있어 이익집단의 이해를 반영할 길을 열어 놓고 있으며, 의결권 행사지침을 검토 및 확정하는 국민연금 의결권행사전문위원회 위원 역시 '전문성'과 '대표성'을 반영하여 선임되기 때문에 이익집단의 이해를 반영하는 대리인의 진입이 가능한 구조이다.[13] 국민연금이 정부기구이고 다양한 이해관계자의 기금운용 개입이 정당화되는 한 이와 같은 정치적 개입은 배제할 수 없다. 이러한 정치적 이해관계에 입각한 의결권 행사는 기업의 가치를 저해하여 기업 주주의 재산권과 국민연금 가입자들의 재산권을 침해한다.

　정리하자면 국민연금은 전문 인력 수급이 어려워 기업 가치를 제고할 능력이 부족하고, 경쟁의 압력이 없기 때문에 기업 가치를 제고할 유인도 약하다. 그리고 정치적인 압력으로 인해서 기업의 가치와는 관계없는 방향으로 의결권을 행사할 가능성이 높다. 따라서 국민연금이 자의적으로 의결권을 행사하면 기업의 가치는 저하되고 국민연금 투자자들의 수급권도 침해될 위험이 크다. 이러한 문제점을 최소화하기 위해서 국민연금의 의결권 행사는 시장 참여자들의 의결권 행사 결과를 왜곡하지 않는 수준으로 제한되어야 한다. 따라서 국민연금의 의결권 행사는 여타 시장 참여자의 의사결정을 추인하는 섀도보팅(Shadow voting)에 국한되어야 한다. (2011.01.21)

국민연금 의결권 강화보다
지배구조 개선이 먼저

신현한(연세대학교 경영대학 교수)

우리나라 국민연금의 규모는 2010년 말을 기준으로 324조 원에 달한다. 이 가운데 국내 주식 투자금액이 55조 원이며, 주식을 5% 이상 보유하고 있는 상장기업의 수가 139개나 된다. 앞으로 기금의 적립액은 2020년 924조 원, 2043년 2,500조 원으로 늘어날 것이며, 국민연금 기금운용 계획에 따라 기금의 국내 주식투자 비중도 2010년 16.6%에서, 2014년에는 20% 이상이 될 것이다.

따라서 2020년에 국민연금 기금 규모는 924조 원이고, 국내 주식 투자 비중은 20%로 유지된다고 하면 주식 보유액이 277조 원가량 된다. 주식시장을 매우 낙관적으로 보아 현재 1,200조 원의 시가총액이 매년 10%씩 성장한다고 가정할 때 2020년에는 2,830조 원이 될 것이고 이 중 10% 이상을 국민연금이 소유하게 된다. 특히 국민연금의 기금운용 원칙이 안정성과 수익성, 유동성이기 때문에 국민연금의 투자대상은 대부분 대기업이 될 수밖에 없다. 그렇다면 대기업에 대한 국민연금의 주식 보유비율은 더욱 높아질 것이다. 즉, 2020년이면 국민연금은 대한민국 모든 대기업의 대주주가 될 것이다.

국민연금 지배구조는 정부 영향력 아래에 있어

하지만 국민연금의 지배구조는 정부의 입김에서 자유로울 수가 없다. 혹자는 기금운용과 관련된 최고의사결정기구인 기금운용위원회의 20명 위원 중 정부위원과 국책연구소장 등 정부 관계자는 8명밖에 안 된다며 사용자, 근로자, 지역가입자대표의 의사에 반하여 주주권을 행사할 수 있는 구조가 아니라고 한다. 그러나 정부가 단 한 주의 의결권도 갖지 않은 기업에 대해서조차도 낙하산 인사가 이루어지거나 "대기업이 국민의 고통에 동참해야 한다"는 대통령의 말 한마디에 주주의 이익을 침해하는 가격인하를 단행할 수밖에 없는 나라에서 국민연금의 기금운용위원회는 정부로부터 자유로울 것이라는 주장을 어떻게 믿을 수 있겠나?

국민연금이 대기업들의 대주주가 되고, 의결권을 적극적으로 행사하게 된다면 정부는 합법적으로 국민연금의 의결권을 통하여 대기업의 CEO를 친정부 인사로 선택할 수 있을 것이고, 그들을 활용하여 정부 정책을 실행할 수 있게 된다. 지난 정권 같았더라면 일자리 창출을 위해 투자와 고용을 늘리는 데 대기업이 동원되었을 것이고, 이번 정권에서라면 초과이익공유제와 같은 대·중소기업 상생을 하는 데 대기업이 동원될 것이다. 바로 거대 연기금이 기업의 목표인 기업가치 극대화를 무시하고 정권의 목표와 연장에 기업을 동원하는 도구로 전락하는 것이다.

국민연금이 주식을 보유하고 있고 주식에는 의결권이 있는데, 국민연금이 그 의결권을 행사하는 것이 왜 문제가 되나 하고 생각할 수 있다. 혹자는 국민연금이 미국 최대 연기금인 캘리포니아주 공무원연금 '캘퍼스(CalPERS)'나 미국 최대 사학연금인 '티아 크레프(TIAA-CREF)' 등의 연기금을 본받아 의결권을 행사해야 한다고 주장한다. 그러나 이러한 연기금은 우리나라의 국민연금과 같이 국민 전체를 대상으로 하는 사회보장성 기금이 아니며, 정부 정책에 좌지우지될 지배구조를 가지고 있지도 않다. 그 규모 또한 미국 자본시장의 크기에 비하면 우려할 만한 수준도 아니다. 따라서 그들이 적극적으로 의결권을 행사한다고 하더라도 그것이 어느 정권의 목표를 위해 이용되거나 다른 주주의 이익을 침해하는 방향으로 활용되지는 않을 것이다. 또한 국가경제의 성패를 좌지우지 할 규모도 아니다. 하지만 우리나라의 국민연금은 벌써 전 세계 4위의 규모를 자랑하고 있으며, 몇 년 후에는 세계 최대 규모가 될 것이다. 그리고 앞에서도 언급했지만 국민연금의 지배구조는 정부의 입김으로부터 자유롭기 힘든 구조이다. 그런 구조하에 국민연금의 의결권 행사를 강화한다는 것은 단지 국민연금의 운용목표를 잘 달성하기 위한 순수한 목적에 의한 것이 아니라고 볼 수밖에 없다.

곽승준 미래기획위원장이 국민연금의 의결권 행사를 강화해야 한다는 주장을 한 데 대하여 재계를 대표하는 여러 기관과 언론, 학자 등이 반발하는 이유는 여기에 있다. 곽 위원장은 예상했던 반발이라며, 그래도 대한민국 자본주의를 진화시키기 위해 연기금의 주주권 행사가 추진될 것을 주장한다. 그러나 곽 위원장은 경제단체나 언론, 학자가 모두 국민연금의 적극적 의결권 행사에 대해 우려를 표명하는 이유를 경청해 보기 바란다.

국민연금 투자는 철저히 수익성·안정성을 목표로 해야

곽 위원장은 거대 권력이 된 대기업을 견제하기 위해 국민연금이 주주권을 가지고 역할을 해야 한다고 주장한다. 그러나 국민연금은 정부 정책을 수행하거나 중소기업을 보호하기 위해 대기업을 견제할 목적으로 투자를 하고 있지 않다. 또한 그렇게 해서도 안 된다. 국민연금의 투자 목적은 철저히 연금의 수익성과 안정성을 목표로 해야 하며, 이를 이루기 위해 기금운용의 원칙에는 정부를 포함한 다양한 이해관계자로부터의 독립성이 포함되어 있다.

곽 위원장이 언급한 삼성, KT, 포스코는 한국경제의 기둥이며 전 세계가 부러워하며, 우리가 자랑스럽게 생각해야 할 대기업들이다. 그런 기업들을 왜 국민연금이 견제해야 한다고 하는지 의문스럽다. 경영투명성과 성과가 문제가 된다면 주식가격이 이를 반영할 것이고, 국민연금 외에도 50% 이상의 지분을 가지고 있는 외국인 투자자들도 의결권을 행사하거나 주식을 매도하여 경영자를 견제하였을 것이다. 하지만 포스코와 같은 기업은 '오마하의 현인', '투자의 귀재'로 불리는 워런 버핏과 같은 사람도 4.5%를 보유하고 있을 정도로 좋은 기업이다. 자본과 인력이 대기업에 집중되는 문제를 해소하거나 중소기업에게 납품단가를 후려치는 대기업을 견제하기 위해 국민연금이 존재하는 것이 아니다.

국민연금은 투자 목적에 부합한 의결권 행사만을 해야 할 것이며, 정부로부터의 독립성을 유지할 수 있어야 한다. 정부의 고위층이 대기업을 견제하는 데 국민연금의 의결권을 사용해 달라는 요청을 하여도 이를 무시할 수 있을 때 국민연금의 의결권 행사에 대해서 누구도 걱정을 하지 않을 것이다. 국민연금의 의결권 행사를 강화하기 위해서는 국민연금의 기금운용구조와 지배구조가 먼저 개선되어야 한다.

앞으로는 한국은행의 통화정책보다도 국민연금의 투자정책이 국가경제에 더 큰 영향을 미칠 것이다. 그리고 그 영향력을 이용하려는 정권과 이해관계자의 노력은 계속될 것이다. 정부는 국민연금의 의결권 행사를 강화하기 이전에 국민연금에게 한국은행 수준의 독립성을 보장해야 한다. 운영원칙에 맞는 의결권 행사만을 할 수 있는 독립성을 보장할 자신이 없으면 의결권 행사를 강요해선 안 될 것이다. (2011.04.29)

포크배럴식 국책사업의 함정

김영신(한국경제연구원 부연구위원)

내년에 있을 국회의원 선거와 대통령 선거를 앞두고 과학비즈니스벨트와 동남권 신공항 건설지역 선정 문제가 '특정지역의 표심 잡기용'으로 발전하면서 정치권을 뜨겁게 달구고 있다. 과학비즈니스벨트는 2004년 과학기술계의 요청으로 국가과학기술위원회가 2009년 초 종합계획을 확정하며 2009년 말 국회를 통과했다. 원래 세종시로 입지가 선정될 분위기였는데 정치권의 이해관계로 인해 현재 충청권을 비롯한 경기도·영남권·호남권 등의 지방자치단체들이 과학벨트 유치를 추진하고 있다. 한편, 동남권 신공항은 2025년 개항을 목표로 부산 가덕도와 밀양 하남이 후보지로 거론되고 있는 가운데, 부산광역시를 비롯한 5개 시도가 입지 선정을 둘러싸고 경쟁하고 있다.

지역구 선심사업 위해 중앙정부의 예산을 남용

포크배럴(Pork-Barrel)의 문자 그대로의 해석은 '돼지 구유통'이다. 미 의회정치의 예산 전횡을 비난하는 용어로 많이 사용되고 있는데,[14] 정치인들이 지역구 선심사업을 위해 중앙정부의 예산을 남용한다는 의미를 갖고 있다. 지역구 국회의원들은 가급적 중앙정부로부터 많은 예산을 확보하여 자신의 지역구 사업에 할당하려고 한다. 어차피 중앙정부의 예산은 주인이 명확치 않은 돈이라, 자신의 업적을 홍보하는 의정보고서에 들어가기 때문이다. 즉, 정치인들에게는 다음 선거에서 지역구 주민으로부터 정치적 지지를 확보해 선거에서 승리확률을 높이고자 포크배럴적인 사업을 유치하려는 유인이 강하다. 다리를 건설하거나 도로를 새로 내거나 지자체 시설을 확장하는 등 포크배럴적인 사업의 예는 많다. 심지어 국회에서 국가 차원의 중요한 법안은 장기간 표류하는 경우가 많음에도 불구하고, 폭력을 쓰더라도 예산은 매년 처리되고 있다. 이는 정치인들이 중요 법안처리보다 제 지역 챙기기 예산안에 대한 성과를 지역 유권자들에게 알리기 쉽기 때문에 발생하는 현상이라 볼 수 있다.[15]

문제는 이러한 포크배럴식 국책사업이 자원배분을 왜곡할 뿐만 아니라 비효율을 잉태하는 데 있다. 적지 않은 지역사업이, 실제 지역주민의 필요에 의해서가 아니거나, 또는 필요 우선순위에서도 떨어짐에도 불구하고 일단 예산을 따고 보자는 식으로 진행되기 때문이다. 게다가 사후관리 및 유지가 엉망인 경우 문제는 더욱 심각해진다. 다니지도 않는 육교에 예산을 쏟아붓고 있거나 차량 이용량이 매우 적은 지방고속도로 등의 예는 쉽게 찾아 볼 수 있다. 결국 경제성을 제대로 검토하지 않은 채 선심성 지역사업으로 국민의 소중한 세금을 낭비할 수 있는 것이다. 수조 원 예산 규모의 과학벨트사업과 신공항에 대해서도 정작 어떠한 내용을 가지고 어떻게 성공할 수 있을지에 관심을 갖기보다는, 어디에 입지를 하는 것에 더 관심을 갖는다면 그 성공은 요원할 것이다.

소수에게 집중된 이익과 다수에게 분산된 비용 정책

포크배럴식 정책사업의 비용은 중앙정부의 예산, 즉 절대다수 국민의 세금에서 충당된다. 그런데 그 사업의 이익은 상대적으로 소수인 지역 주민에게로만 국한된다. 즉 '소수에게 큰 이익이 집중(concentrated large benefits to the few)' 되는 반면 '다수에게 매우 작은 비용이 분산 부과(diffused small costs to the many)' 되는 정책이다. 심지어 사회 전체가 부담하는 정책사업의 비용이 정책사업의 귀속이익보다 큰 경우에도 포크배럴식 정책사업은 추진될 가능성이 높다. 이익을 보는 소수가 아주 적극적으로 행동할 유인이 있다. 비용을 부담하는 다수에게는 아주 불투명하고 피부로 느끼기에 힘든 부담이 아닌 반면, 이익을 보는 소수에게는 그 편익이 직접적이고 매우 크기 때문이다. 따라서 의회민주주의를 채택하고 있는 국가에서는 포크배럴 정책의 유혹이 늘 존재한다.[16]

과학비즈니스벨트나 동남권 신공항 조성과 같은 정부의 국책사업의 편익은 세금을 내는 전 국민에게 골고루 돌아가기보다는 선정되는 지역경제를 활성화하는 데 보다 직접적인 편익을 줄 것이다. 이러한 국책사업 선정을 통해 정치권은 표를 계산할 것이다. 그 계산은 정당 간에 다르고, 심지어 정당 안에서도 다르게 나타날 수 있다. 관련 지역권의 국회의원들은 소속 정당의 당론도 고려하겠지만 일단 자신의 지역구에서 보다 직접적인 지지를 원할 가능성이 높다. 더욱이 지역 유권자들의 표심뿐만 아니라 사업권을 따내려는 관련 단체나 조직으로부터 금전적 지원(pecuniary support) 또는 비금전적 지원(non-pecuniary support)을 기대할 수 있기 때문이다.

합리적 무지의 투표자(Rationally ignorant voter)가 되지 말아야

다수결 원칙의 민주주의 국가에서 투표자는 선거에 관심을 갖지 않는 것이 합리적이다. 자신을 제외한 모든 다른 투표자들의 찬반이 정확히 대등한 상태일 때 자신의 표가 영향을 줄 것인데, 그럴 상황은 거의 오지 않는다. 즉 선거에서 자신의 한 표가 선거결과에 영향을 줄 확률은 거의 영(zero)에 가깝다. 따라서 개인의 시간과 노력을 들여 정치적인 관심을 가지는 것은 합리적이지 못한 것이다. 즉, 정치적으로 무관심한 것이 합리적이다. 이러한 관점에서 볼 때 과학비즈니스벨트나 신공항과 직접 관련이 없는 국민

들로서는 이러한 사업의 이익이 개인에게 가져다주는 이익을 계산할 유인
이 약하다. 그 사업비용이 자신이 내는 세금에서 충당될 것임에도 말이다.
설령 정부의 국책사업이 잘못된다 한들, 자신뿐만 아니라 다른 모든 사람들
도 그 비용을 분담할 테니 말이다.

　　과학비즈니스벨트와 동남권 신공항 건설에는 수조 원의 국민세금이 소
요될 것이다. 내년 총선과 대선을 앞두고 있는 현 시점에서 이러한 국책사
업의 입지 선정은 정치공학적 계산에 의해 결정될 가능성을 배제할 수 없
다. 일반국민들은 이러한 결정과정에 참여할 수도 없고, 참여할 유인도 거
의 없다. 그렇지만 국책사업의 입지 선정은 지역 이해나 정치적 역학이 아
닌 과학과 경제논리를 기반으로 한 합리적 기준에 의해 결정되도록 지켜보
아야 한다. 그렇지 않으면 지금까지 보아왔던 선심성 예산 낭비의 포크배럴
식 국책사업의 또 다른 예를 목격할 가능성이 높다. (2011.03.10)

오류와 정론

손재영(건국대학교 부동산학과 교수)

토마스 소웰은 그의 명저 『경제적 진실과 오류(Economic Facts and Fallacies)』에서 왜 잘못된 믿음이 흔히 대중의 지지를 받으며 정책으로 채택되는지를 설파하고 있다. 오류는 단순히 어리석은 생각이 아니다. 일부 요소가 누락되었을 뿐 대체로 논리적이고 그럴듯해 보이기 때문에 대중에게 어필할 수 있다. 오류가 오래 지속되며, 심지어 정치적 지지를 받을 수 있는 한 가지 요인은 정확히 정의되지 않는 감정적인 언어를 사용한다는 점이다. 공정, 균형, 정의, 평등과 같은 단어들은 사람에 따라 완전히 다른 의미를 가질 수 있지만 그런 모호함을 남겨 놓는 것이 정치적 지지기반을 구축하는 데는 오히려 편리하다. 누가 공정한 사회, 균형발전된 국토, 정의로운 분배, 평등한 기회를 부정할 수 있겠는가?

북한 주민들이 지난 60여 년간 혁명을 외치며 살아왔지만 아직도 혁명이 언제 완성될지 기약 없는 것은 그 목표가 정의되지 않는 개념이기 때문이다. 남한에서도 정의되지 않은 채 끝없이 정책목표로 내세워지는 개념들이 많다. 부동산과 관련되어서는 '투기'가 대표적인 예이다. 인사청문회 때마다 투기를 했느니 안했느니 옥신각신하고, 투기를 막으려는 정책들이 수없이 많지만 정책적으로 억제해야 할 투기가 정확히 무엇인지 정의된 바 없다. 정의되지 않는 정책목표는 달성될 수 없으므로 1960년대 이후 지금까지도 투기억제 정책들이 지속되는 것이다.

'지역균형'은 영원히 성공할 수 없는 정책목표

지역발전과 관련해서는 '균형'이 무엇인지 정의되지 않은 채 영구적인 정책목표로 남아 있다. 오랫동안 공장, 특히 대기업 공장을 지방으로 분산시키는 것이 균형이라고 생각했었다. 1인당 소득을 기준으로 균형을 말하기도 했다. 그러나 현재의 수도권 제조업은 영세한 저부가가치 공장들이 주류를 이루고 있고, 1인당 지역 총생산도 중위권에 불과하다. 최근에는 국가 중추관리기능의 분산을 위해 행정중심복합도시나 혁신도시들을 건설하여 정부 부처, 공기업, 공공기관을 지방으로 이전하고자 한다. 그러나 이 사업이 완성되면 균형론자들은 대기업 본사나 벤처기업, 서비스 업체들에 눈독을 들일 게 뻔하다.

'균형'을 정의하지 않고 지역균형 정책을 추진하므로 지역균형은 영원히 성공할 수 없는 정책목표이다. 지역 정치인의 입장에서는 이 상태가 이로울 수도 있다. 중앙정부에 떼를 써서 예산과 사업을 따내는 데는 지역균형발전만큼 좋은 명분이 없기 때문이다. 공무원들도 끝이 없는 업무를 맡고 있으므로 자리가 없어질 염려가 없다. 엄청난 적자를 보고 있는 지방공항들이나 기타 수없이 많은 예산낭비의 사례들이 대부분 '균형'과 같이 편리하지만 잘못된 믿음에 바탕을 두고 추진되었다.

대중에게 감정적인 어필을 하며 정치인과 공무원들에게 유용한 수단으로 이용될 경우 잘못된 믿음은 거스르기 어려운 힘을 가질 수 있다. 표를 의식해야 하는 정치인이나 정치인의 눈치를 보아야 하는 공무원들, 여론을 대변해야 하는 언론인들 모두 잘못된 믿음의 실체를 안다고 해도 이를 올바르게 지적할 수 없는 입장이다. 어느 누가 "부동산 투기는 없다"거나 "지역균형은 픽션이다"라고 말할 수 있을까? 정치인, 공무원, 언론인 모두 대중의 정서에 영합할 수밖에 없고, 이는 대중의 잘못된 믿음을 더욱 공고하게 만드는 악순환이 형성된다. 인터넷과 소셜네트워크는 감성이 이성을 압도하는 여론을 형성하기 때문에 사정을 더욱 악화시킨다.

대중의 잘못된 믿음 바로잡아 국가운용의 효율성을 높여야

이런 악순환을 깨고 국가자원의 물질적, 정신적 낭비를 막아 국가운용의 효율성을 높이는 것이 중요하다. 정치인들이 국가발전의 비전을 가슴에 품고 국민들을 설득해 가면서 잘못된 믿음을 교정해 가는 중추적인 역할을 해야 할 것이다. 그러나 대개의 정치인들은 지역민들의 표를 구걸하기 위해 잘못된 믿음에 영합하는 행태를 보이고 있다. 결국 논리적인 사고와 실증자료에 입각한 판단을 하도록 체계적인 훈련을 받은 학자들의 역할이 크다. 연구기관이나 대학의 연구자들이 더불어 노력하여 조금씩이라도 대중의 잘못된 믿음이 걷히도록 노력해야 할 것이다. (2011.06.02)

'밝고 튼튼한 한국'의
주춧돌을 놓겠습니다

김영용(전남대 경제학과 교수, 전 한국경제연구원 원장)

2011년 새해가 밝았습니다. 지난해에 한국은 몬트리올 동계올림픽과 광저우 아시안게임에서 괄목할만한 성적을 올리고, G20 정상회담을 주최하는 등 대외 위상을 한결 높였습니다. 산업계에서는 노동관계법을 둘러싼 정부·국회·재계·노동계 간의 진통, 일자리 창출과 대·중소기업의 동반성장을 둘러싼 기업환경 변화 등을 경험했습니다. 또한 북한의 천안함 격침과 연평도 도발 사건을 계기로 북한 정권의 실상을 재인식함은 물론, 한국의 안보를 되돌아보고 그 중요성을 새롭게 깨달았습니다.

카르텔 종합연구·선진화 과제 제시 등 성과

지난해에 한국경제연구원은 카르텔 종합연구를 통해 카르텔에 대한 공정거래위원회 및 일반인들의 인식 변화를 시도했습니다. 또한 저탄소 녹색성장을 위한 정책과제라는 연구를 통해 녹색성장 관련 제반 법규 제정이 시기상조임을 밝히고, 산업체에 미칠 파장을 구체적인 수치로 적시함으로써 정부 정책을 비판했습니다.[17]

이명박 정부의 중간평가 및 선진화 과제는 지난 3년간의 경제정책, 공공정책, 교육·환경 및 부동산 정책, 외교·통상 및 대북정책의 분석과 평가를 통해 한국이 선진국으로 진입하기 위해서 버리거나 보완해야 할 정책을 선별했습니다. 그리고 남은 기간 동안 수행해야 할 선진화 과제를 제시했습니다.

한편 안보 현실의 중요성을 깊게 인식하고 2010년 11월 15일부로 외교안보연구실을 신설했습니다. 1단계 연구로서 북한 붕괴에 대비하고 통일 기반을 조성하기 위한 국제정치와 외교관계 분석을 통한 정책제언, 북한 사태 급변에 따른 비상계획을 제시할 것입니다. 앞으로도 국방·외교 문제는 물론, 북한 문제 분석과 실천 가능한 현실적인 대응책을 마련하는 데 역량을 모을 것입니다.

이 외에도 고용률 제고를 위한 노동시장 개선안을 매뉴얼로 만들어 실질적인 정책 대안을 제시했습니다. 또한 기업의 경영권 상속과 증여 관련 소송의 핵심 쟁점이 되고 있는 비상장주식의 가치 평가에 대한 분석과 대안을 제시했습니다.[18] 또한 반(反)시장 정서와 반(反)기업 정서를 순화하기 위한 시장경제 교육의 범위를 더욱 넓히고 대량 교육을 위한 온라인 교육 확대 방안을 마련하였습니다.

새해의 대외 환경으로는 우선 중국의 부상에 따라 미국·일본·중국이 갈등과 협력의 갈림길에서 불확실성을 증폭시킬 것이며, 인도·브라질·러시아 등 신흥국의 부상과 국제시장에서의 경쟁 심화와 기회 확대가 예상됩니다. 또한 외환·무역·금융시장의 불확실성 확대와 자원가격 앙등, 새로운 국제금융 질서 편성에 따른 금융규제 패러다임 변화, 탄소 관련 규제체계 및 제도 도입, 융·복합 산업 확대와 패러다임 전환적 기술혁신에 따른 기업 생태계 변화 등이 예상됩니다. 이에 더하여 북한 정정의 불확실성 증폭과 경제적 피폐의 가속화가 예상됩니다.

한편 대내외적으로는 대통령 선거 및 국회의원 선거를 겨냥한 정치권의 포퓰리즘적 정책 남발과 공정사회 및 친서민 정책의 양산, 저탄소·녹색성장을 위한 신규 규제 도입에 따른 기업환경 악화가 예상되고 있습니다. 그러나 한·EU 및 한·미 FTA 비준으로 한국경제는 한층 더 개방의 이점을 얻을 수 있을 것입니다. 한편 북한 문제를 둘러싼 국론 분열과 북한경제의 피폐 가속화에 따른 대남 도발 가능성이 높아질 것으로 예상됩니다.

기업환경 개선·통일전략 연구 등에 중점

연구원은 이러한 대내외 여건을 인식하고 국가 안보의 공고화와 북한 급변 사태 대비 및 통일기반 조성, 기업의 핵심 경쟁력 제고, 시장경제체제의 활력 유지, 정부의 통합조정능력과 효율성 제고를 목표로 하여 새해에는 더욱 새로운 결의와 각오로 적으로부터 이 땅을 수호하고 자유시장경제를 통해 한국을 풍요와 번영의 길로 인도하는 데 혼신의 힘을 다할 것입니다.

첫째, 북한의 대남 도발과 급변 사태에 대한 대응과 미래의 통일전략에 관한 연구는 물론, 미국·중국·일본 간 세력균형을 둘러싼 국제정치 연구를 더욱 확대하고자 합니다. 특히 천안함 격침과 연평도 포격 사건을 계기로 국방 능력 강화를 위한 정신적·물질적 무장을 더욱 강화하는 데에 역점을 두겠습니다.

둘째, 기업환경 개선과 경쟁력 제고를 위해 규제개혁위원회에 등록되지 않은 미등록규제 13,359건을 상반기 중에 분석하여 폐지 및 존치, 그리고 개선방안을 제시하고자 합니다. 이는 본 연구원이 2007년 수행한 '규제개혁 종합연구'의 후속 연구입니다.

셋째, 기존의 연구물과 새롭게 착수할 연구 과제를 토대로 1인당 소득 4만 달러 실현, 한층 더 높은 개인과 기업의 경쟁력, 지속가능한 복지체계 구축, 정치·사회·문화 측면의 제도적 선진화 방안을 종합적으로 도출하여 그 성과물을 하반기에 제시하고자 합니다.

넷째, 한국의 기업지배구조에 대한 역사적 접근을 통해 시장의 발달 상황과 기업환경 등에 적응하여 진화하는 과정을 보이고, 이와 관련된 회사법이 어떻게 개선돼야 하는지를 보임으로써 부질없는 논쟁에 마침표를 찍고자 합니다.

다섯째, 향후에도 끊임없는 논란이 예상되는 복지제도를 실질적으로 개혁할 수 있는 방안을 제시하고자 합니다. 국민연금, 의료, 국민기초생활보장제도, 출산 및 보육 등을 모두 망라할 예정입니다.

여섯째, 전후 일본의 부흥과 침체를 정치·사회 제도적 측면, 금융 및 외환 정책 측면, 개방 및 폐쇄적 측면 등의 다방면에서 조명함으로써 한국경제에 대한 시사점을 도출하여 한국경제가 걸어야 할 길과 가지 말아야 할 길을 제시합니다. 특히 1985년 플라자합의 이후 지속된 저금리 정책과 확장적 재정정책의 폐해를 적시함으로써 '작은 정부'의 정당성을 보이고자 합니다. 또 '작은 정부'를 구현하는 방안의 일환으로 세제 및 정부지출(국가재정 계획) 계획에 관한 매뉴얼을 작성하여 제시하겠습니다.

일곱째, 반(反)시장 및 반(反)기업 정서 불식과 시장경제에 대한 이해를 높이기 위해 지금까지 시행해 온 시장경제 교육을 더욱 강화하겠습니다. 오프라인 교육의 장점은 살리되, 그 범위와 양적 한계를 극복하기 위하여 온라인 교육을 확대하고 콘텐츠 개발에 자원과 역량을 집중하겠습니다.

이밖에도 시시때때로 우리 사회의 현안으로 떠오르는 이슈에 대해 논리와 실증 차원의 대응은 물론, 해설과 논평을 빠른 시간 안에 제시함으로써, 그러한 현상에 대한 독자들의 이해를 돕고자 합니다.

강건한 논리로 반시장 정서 없애 나갈 것

각종 불합리한 제도를 개선하고 자유시장경제를 실천하는 일은 개인의 자유는 물론, 정의와 평화가 깃든 사회를 구현하는 일입니다. 국가의 안위도 자유시장경제 위에서 가장 잘 지켜질 수 있습니다. 그러나 대중은 물론 일부 지식인들의 반(反)시장 정서는 더욱 기승을 부리고 있으며, 이러한 추세는 상당기간 지속될 것으로 예상됩니다. 본 연구원은 강건한 논리와 부동의 실증을 통해 이를 분쇄할 것이며, 우리 자신은 물론, 후손들의 삶을 풍요롭게 하는 데 모든 노력을 다할 것입니다. 국민 여러분들의 많은 관심과 지도 편달을 부탁드립니다. 감사합니다. (2011.01.03)

정부의 일자리 만들기와
오바마노믹스의 실패

장대홍(한림대학교 재무금융학과 교수)

오바마 대통령은 "우리에겐 스티브 잡스가 한 명 더 필요하다"고 말해 화제가 된 바 있다. 지지자들의 만찬 모임에서 한 이 농담은 케인즈식 정부개입 정책과 일자리 만들기 정책을 몰아 부친 오바마노믹스의 한계를 스스로 인정하는 상징적 발언이다. 스티브 잡스는 최근 건강 악화로 애플을 떠났다.

실업율은 경제 상황과 경제정책의 성공여부를 보여주는 바로미터다. 미국 노동부는 8월의 신규 고용증가가 지난 66년 만에 처음으로 제로라는 충격적인 사실을 공표하였다. 실업율은 오바마 집권 초 8퍼센트에서 꾸준히 늘다가 올해 초 8.9 퍼센트로 미미한 감소세를 보이기도 했지만, 4월 이후 9.1퍼센트 수준에서 정체되어 있다. 미국 경제가 사실상 성장을 멈추었음을 의미한다. 오바마 정부는 올해 추정 경제성장률을 1.7퍼센트로 하향 조정했지만, 그나마도 지나치게 낙관적이라는 전망이 나온다. 최근의 성장둔화가 감지되기 전에 발표된 미국의회예산처의 추정에 따르면, 고용사정은 3~4년이 지나야 호전될 수 있다는 비관적 전망을 한 바 있다.

케인즈식 경기부양책의 실패로 추락중인 오바마의 지지율

오바마 정부 지지율은 급속히 추락하여 내년으로 다가온 재선 가도에 빨간 불이 켜졌다. 여론은 65퍼센트의 비율로 오바마 경제정책에 불만을 표시하고 있는데, 특히 일자리가 늘어나지 않는다는 데 불만이 집중되어 있다. 그를 대통령에 당선시킨 주역들도 정부의 일자리 정책이 너무 소극적이라고 화를 내고 있다. 특히 의회의 흑인 지도자들은 흑인층의 실업률이 20퍼센트로 전체 실업율의 두 배, 대도시 지역의 경우에는 40퍼센트에 접근한다는 점을 들어 정부의 일자리 정책을 강력히 성토한다.

오바마 정부는 집권 이후 1조 6천억 달러의 돈을 경제에 쏟아 부었고, 그 중 절반 이상이 케인즈식 처방에 따른 경기부양에 사용되었다. 2년 반이 지난 지금 성적표는 초라하다. 노동시장은 1400만 명에 달하는 실업자와 그에 맞먹는 규모의 불완전취업(under employment)의 침체상황에 빠져있고, 조기에 회복될 기미를 보이지 않고 있다. 국회예산처는 미국 경제가 향후 5년 내에 5퍼센트 수준의 완전고용상태에 도달하려면 매월 약 18만 개의 신규고용이 있어야 할 것으로 추정한다. 현재의 추세라면 이런 수준의 일자리 창출은 거의 불가능해 보일 뿐 아니라, 장기침체에 빠져들 거라는 우려마저 제기되고 있다. 오바마가 새로운 경기부양책을 곧 내놓겠다고 예고하고 있지만, 정책의 내용이나 효과에 대해 이미 부정적 전망이 우세하다. 결국 재정지출을 더 늘려 일자리를 만들자는 주장이 되풀이 될 것으로 보기 때문이다. 공화당이 지배하는 하원이 거부할 것이고, 여론도 동조하지 않을 공산이 크다.

일자리 만들기 실패와 경제성장의 정체는 정부개입정책 실패의 전형

사실 경기부양정책의 실적부진은 이미 예고되어 있었다. 투입된 자금의 2/3가 실업수당 연장지급, 세금감면, 학비 및 의료비 보조, 메디케이트 지원, 지방정부 보조금과 같은 구호 프로그램(relief program)에 집중되었다.

이들은 주로 실업자, 저소득층과 중간층, 교원노조, 공공부문 노조에 대한 소득지원의 성격을 가진 정부지출이다. 사회안정을 위해 어느 정도 기여할지 모르지만, 새로운 일자리를 만들지도 못하고 줄어드는 일자리를 막지도 못한다. 주로 오바마와 민주당의 정치적 이해가 맞물린 선심성 지출의 성격이 강하다.

경기부양 프로그램은 인프라 시설의 보수 및 건설(약 600억 달러), 대체 에너지 개발과 같은 과학기술 부문에 대한 연구개발 지원(약 700억 달러)과 같이 일자리 만들기와 연관된 부문이 포함되어 있긴 하다. 그러나 인프라 건설지원은 기존 건설회사와 그들의 해외 하청회사의 일감만 늘려줄 뿐이라는 비판을 받고 있다. 또한 연구개발 투자는 단기적 성과를 보기 어렵고, 효과도 불확실하다. 그나마도 이들 투자는 추진 주체의 아이디어 빈곤, 졸속한 투자계획, 관료체제의 비효율성, 정실관계(cronyism) 때문에 성과가 지지부진한 걸로 나타나고 있다. 최근 언론은 정부의 투자 프로그램이 실패한 사례들이 비일비재하다는 사실을 연일 보도하고 있다.

이런 사정이 오바마가 일자리 창출을 위해서는 스티브 잡스와 같은 인물이 필요하다는 언급을 한 배경이다. 정부에 호의적인 〈뉴욕타임스〉마저 오바마의 500만개 일자리 창출 프로그램이 '허황된 꿈(pipe dream)'에 지나지 않는다고 혹평하였다. 정부는 일자리를 만들지 못하고, 만들려고 해서도 안된다. 정부는 일자리를 만드는 데 필요한 아이디어, 전문성을 가지고 있지 않을 뿐만 아니라 실패에 대한 책임도 지지 않기 때문이다. 정치인이 일자리를 몇 개 만들겠다는 말은 희망사항 내지 공약(空約)에 불과하다. 정부가 할 수 있는 일은 민간기업이 일자리를 만들려는 의욕을 가질 수 있게 환경을 개선해주는 일 뿐이다.

정부가 주도하는 일자리 만들기는 오바마 경제정책인 '오바마노믹스(Obamanomics)'의 핵심이다. 3년 전 금융위기와 경제불안의 와중에서 '희망'과 '할 수 있어'('hope' and 'yes, we can')의 구호로 집권에 성공한 오바마의 경제정책은 구태의연한 케인즈식 개입정책에 지나지 않는다. 오바마와 그의 지지자들이 경제불안을 진정시킨 공로는 인정받아야 한다. 그러나 그들은 정부개입에 의해 경제성장을 이루겠다는 '치명적 자만'에 빠졌다. 일자리 만들기의 실패와 경제성장의 정체는 이를 여실히 보여준다. 그들은 허약해진 경제가 생산력을 회복하도록 환경을 만들어 주고 기다려주는 대신, 조급한 경기부양, 무모한 일자리 만들기, 그리고 큰 비용이 드는 규제강화 정책을 밀어붙였다. 기업과 가계는 지나친 통화팽창, 과잉규제, 국가채무와 조세부담의 증가가 가져다주는 불안으로 몸을 사리고 있고, 경제의 불확실성은 확대되었다. 불행하게도 자유주의 경제학자들이 경계해온 현상이 나타나고 있다.

정부역할 증대론은 미국의 경험을 타산지석 삼아야

이런 미국경제의 불안은 전세계 경제, 나아가서 우리 경제에도 어두운 그림자를 드리우고 있다. 어두운 주변의 빛(silver lining)을 찾는다면, 미국경제의 정체로 오바마노믹스에 대한 회의가 고조되고 있다는 점이다. 내년 선거는 어떤 결과로 나타날지 속단하기 어렵지만, 현재 상황이 최소한 이런 정책기조를 바꿀 수 있는 계기를 마련해준다. 미국의 기업과 경제는 여전히 자생력을 회복할 수 있는 기반을 가지고 있다. 1980년대 초기 두 자리 수의 인플레이션과 두 자리 수의 실업률로 실의에 빠졌던 미국은 정책기조의 변화로 단기간에 이를 극복하고 성장력을 회복한 경험을 가지고 있다. 바로 정부개입의 자제와 규제완화를 기조로 하는 '레이건노믹스'의 등장이었다.

내년에 역시 대선과 총선을 앞둔 우리나라의 사정은 어떤가? 여야가 경쟁적으로 내세우는 복지정책, 인기영합적인 기업규제와 가격통제, 감세철회, 고용시장 시장개입이 여론의 지지를 받고 있고, 장하준식 논리와 자본주의 4.0과 같은 정부역할 증대론이 인기를 끄는 상황은 걱정스럽다. 미국의 경험을 타산지석으로 삼아야 하지 않겠는가?

일례로 NBC는 미국 에너지부(DOE)로부터 5억4천만 달러를 지원받은 켈리포니아의 태양광 전기판 회사(Solyndra)가 파산한 과정을 보도하였다 (September 2, 2011). 이 회사는 오바마의 정치적 후원기업의 하나로서 대체 에너지 개발사업의 하나이며, 정부가 녹색 일자리(green jobs) 창출 기업으로 대대적으로 선전해온 사업이었다. (2011.09.09)

참고문헌

- New York Times "Number of Green Jobs Fails to Live Up to Promises", August 18, 2010. 허황한 꿈(pipe dream)' 이란 용어는 마약에 취해 비현실적인 꿈을 꾼다는 데서 유래된 것으로 헛된 기대를 뜻하는 말로 통용된다.

● 주

1 Warren Buffett, 'Stop Coddling the Super-Rich' , The New Work Times, 2011, Aug. 14
2 Tim Worsetall, 'The Buffett Tax: What a Bad Idea' , Forbes, 2011, Sep. 18.
3 기술적인 개선방안에 관해서는 전경련을 비롯한 국내 7개 경제단체가 2월 21일 동반성장위원회에 제출한 '경제계의 동반성장지수 개선의견' 을 참조.
4 최근 여러 대기업이 내놓고 있는 각종 중소기업 지원 관련 패키지들이 그 좋은 예다.
5 현행 중견기업 육성정책은 중소기업이 성장함에 따라 발생하는 추가적인 규제와 조세부담을 일시적으로 완화시켜 주는 데 그치고 있다.
6 옥동석(1995)은 총사업비의 20% 수준으로 추정한 바 있다.
7 원종욱 · 김성민(2008),『국민연금기금의 주식의결권 행사 제도 선진화를 위한 해외사례 연구』, 연구보고서 2008-19-1, 한국보건사회연구원 · 국민연금공단,『국민연금 기금운용 연차보고서』, 각 연도.
8 국민연금공단(2010),『2009년 국민연금 기금운용 연차보고서』, p.48.
9 Hendry, John, Paul Sanderson, Richard Barker and John Roberts(2007), "Responsible Ownership, Shareholder Value and the New Shareholder Activism," Competition & Change, 11(3): pp.223~240; Carleton, Willard T., James M. Nelson and Michael S. Weisbach(1998), "The influence of Institutions on Corporate Governance through Private Negotiations: Evdence from TIAA-CREF," The Journal of Finance 53(4); pp.1335~1362.
10 국민연금의 의결권 행사는 기금운용본부의 증권운용실에서 총괄하고 있는데, 2010년 8월 현재 증권운용실 인력은 23명에 불과하다.(해럴드경제, 「1인 평균 10조 운용… 긴장감은 '월가' 방불」, 2010.8.12)
11 Smith, Michael P.(1996), "Shareholder Activism by Institutional Investors: Evidence from CalPERS," The Journal of Finance 51(1); pp.227~252.
12 CalPERS 역시 시장경쟁에 노출되어 있다. California의 주정부 공무원들은 취업 2년차까지는 주정부의 연금관리국에서 제공하는 퇴직연금계좌(ARP: Alternate Retirement Program)에 적립하고 취업 2년차에 (1) CalPERS로 기금을 이전 (2) 적립금을 일시불로 환금 (3) 주정부 연금관리국에서 제공하는 401(k) 구좌인 Savings Plus Program으로 이전 중 한 가지를 선택하게 된다. 따라서 CalPERs의 의결권 행사가 기업 가치 제고에 도움이 되지 않는다면 CalPERS는 가입자를 잃게 된다.(CalPERS(2008), "Your benefit. Your future-State Miscellaneous & Industrial Benefit," pp.4~5.
13 정부(2), 사용자(2), 근로자(2), 지역가입자(1), 시민단체(1), 연구기관(1)에서 추천하는 후보자로부터 선정된 9인으로 구성된다.
14 Wikipedia에 따르면 동일한 용어로 오스트리아에서도 사용되고 있으며, 북유럽에서는 'election pork' 라는 용어로 사용되고 있다.
15 2010년 12월 12일 〈중앙선데이〉 제196호의 글에서 윤종빈 명지대 교수(정치학)의 인용 참고.
16 미국의 경우도 소규모 지방도시에 교량, 공항, 항구 등을 건설할 때 연방정부의 예산을 남용하는 사례를 쉽게 찾아볼 수 있다.
17 이인권 외(2010), 카르텔 종합연구, 한국경제연구원
    조경엽 외(2011), 저탄소 녹색성장을 위한 정책과제, 한국경제연구원
18 변양규 외(2011), 노동시장 개선안 매뉴얼, 한국경제연구원
    신석훈 외(2011), 비상장주식의 가치평가 분석, 한국경제연구원

자유무역이 대한민국을 살린다

The Market Economy

FTA 오역으로 국내기업 피해본다면

최병일(한국경제연구원 원장)

2월 중순 유럽연합(EU) 의회가 한·EU 자유무역협정(FTA)을 승인했을 때 한국 국회에서의 비준동의안 처리도 순항하리라는 예상은 '번역 오류'라는 의외의 복병을 만나 빗나갔다. 통상교섭본부가 밝힌 오역은 207건. 그 내용을 보면 과중한 업무량 때문에 발생했다는 말을 수긍하기가 어려울 정도로 어처구니없는 오류도 수두룩하다. 그동안 협상의 파고를 잘 헤쳐온 통상교섭본부였기에 이번 오역사태에 대한 실망은 더 클 수밖에 없다.

초기 대응부터 틀렸다. 번역 오류 문제가 처음 제기되었을 때만 하더라도 정부는 이미 제출된 비준동의안을 철회하고 제대로 된 비준동의안을 다시 제출하는 것을 머뭇거리다가 여론의 질타를 맞고서야 입장을 바꿨다. 국무회의를 통과한 안을 재상정하는 것이 부담스러워 관행이란 이유로 피해가려 했다. 시대가 바뀌면 관행도 바뀐다. 재상정하기로 결정한 후 다시 제출된 비준동의안조차 오역투성이라는 것에 화가 치민다. 한 번의 실수로 끝내야 할 것을 세 번이나 국무회의에서 의결, 재의결하는 대목에선 웃어야 할지 울어야 할지 모르겠다.

통상교섭본부는 궁색한 변명으로 일관했다. 시간에 쫓기고 인력이 부족하다는 변명은 어제오늘의 핑계가 아니다. 통상업무를 전문화한다는 이유로 정부 각 부처에 흩어져 있던 통상교섭 기능을 일원화하여 1998년 출범한 것이 통상교섭본부다. 출범 10년이 넘었고 그간 제출된 FTA 비준동의안이 한두 건이 아닌데, 협상에만 치중하고 정작 협상의 결과물인 협정문에는 소홀하단 말인가. FTA 협상한다고 채용했던 그 많은 인력은 어디에 있고, 팽창된 조직 가운데 협정문 번역 하나 제대로 책임지는 곳이 없단 말인가. 시간과 인력은 늘 부족하기 마련이다. 문제는 업무 분장의 적절성과 적재적소의 인력 배치다. 통상교섭본부에 120명, 국제법률국에 30여 명의 전문인력이 있는데도 민간 변호사 한 명이 지적한 번역 오류를 발견하지 못했다는 점에 대해서는 입이 열 개라도 할 말이 없을 듯하다.

이미 타결된 협상을 국회가 비준 동의해 줄 것이라는 무사안일한 인식과 이에서 비롯되는 무성의가 이번 오역사태의 본질이다. 번역 오류는 과거에도 있었다. 그때마다 통상교섭본부는 어차피 법적 효력이 있는 것은 통상법상 '영어'라며 한글본은 방대하고 인력이 부족해 실수가 있을 수 있다는 식의 해명을 해왔다. 그렇다면 한글본은 대충 번역했다는 이야기인가. 한글본과 영문본은 동등한 효력을 지니고, 이들 사이에 불일치가 있는 경우 협상 때 사용한 언어가 효력을 갖는다. 그 불일치가 잘못된 번역 때문이라면 나라 망신 아닌가. 만약 FTA를 활용하는 국내 기업이 잘못된 한글본에 의지하다가 손해를 본다면 그 피해를 누가 보상할 것인가. EU 측과 합의한 7월 발효시한 때문에 시간에 쫓겼다는 변명은 통상 공무원들의 자존심을 스스로 깎아내리는 것이며, 누구를 위해 협정문이 존재하는지를 의심케 하는 대목이다.

FTA 비준의 열쇠를 쥐고 있는 국회가 반대집단을 설득하고 피해대책을 마련해야 할 시간에 영어사전 들여다보며 번역 흠잡기로 시간을 보낸다면 그 피해는 국민에게 돌아온다. 오랜 기간 치밀하고 꼼꼼하게 준비해온 EU와의 FTA가 번역 논란 때문에 허겁지겁 종지부를 찍는 인상을 남기게 된

2장 자유무역이 대한민국을 살린다

통상교섭본부는 신뢰 위기를 자초했다. 졸속 오역에도 불구하고 기업들을 위한다며 조속한 비준을 촉구하는 정부라면 졸속 오역으로 인한 피해를 우려하는 기업들이 FTA를 외면할 수도 있다는 데까지 생각이 미쳤어야 했다. 이번 사태가 실무자 몇 명 문책하고 감독시스템 보완한다는 명분 아래 인력 충원으로만 끝나지 않길 바란다. (2001.04.06)

중국 및 일본과의 성공적인 FTA 추진 전략

송백훈(성신여대 경제학과 교수)

　　지난 달 24일 일본 도쿄에서 제8차 한·중·일 통상장관회의가 개최되었다. 본 회의에서 3국은 한·중·일 투자협정의 조속한 타결 방안과 함께 한·중·일 FTA 산관학 공동연구의 가속화 방안을 논의하였다. 한·중·일 3국간의 경제협력에 대한 논의는 오래 전부터 이루어져 왔다. 특히 3국은 FTA라는 틀 속에서의 경제협력에 공통된 관심을 가지고 있다.

　　일반적으로 FTA 협상을 위한 사전단계로는 민간 공동연구와 산관학 공동연구가 있다. FTA 협상대상국들은 우선 민간 주도의 공동연구를 통하여 FTA 타당성 검토를 실시하고, 그 후속조치로 산(産)·관(官)·학(學)이 주최가 되어 공동연구를 수행한다. 통상적으로 이와 같은 사전단계 차원의 연구 기간은 2~3년을 넘지 않는다. 하지만 한·중·일 FTA와 관련해서는 9년째 연구만 진행되고 있다. 2003년부터 7년에 걸쳐 민간 공동연구가 이루어졌고, 2010년부터는 산관학 공동연구가 진행되고 있다. 민간 공동연구 단계에서 산관학 공동연구 단계로 넘어갔다는 것은 한·중·일 FTA 체결에 대한 3국간의 논의가 어느 정도 진전되고 있음을 의미한다. 하지만 9년째 연구가 진행되어 왔음에도 불구하고 한·중·일 FTA의 실질적 협의 소식은

들리지 않고 있다.

그동안 한·중·일 3국은 여타 국가와의 FTA 체결을 위해서는 열심히 노력해 왔는데, 왜 3국간 FTA의 실질적 진전은 전혀 보이지 못하고 있는 것인가? 3국은 가장 가까운 이웃나라인 동시에 경제적 연관관계가 가장 높음에도 불구하고 호주, 뉴질랜드 등과 같이 중요도 면에서 후순위에 있는 국가와의 FTA 협상을 먼저 하고 있는 것이 현실이다. 그만큼 서로가 서로에 대해 너무 잘 알고 있기 때문에 FTA 협상 테이블을 세팅하고 그 자리에 앉기가 조심스러운 것이다.

FTA 협상과 영토문제는 별개 사안으로 다뤄야

한·중·일 FTA 추진의 어려움은 경제적, 경제외적 요인 등 다양하게 존재한다. 먼저, 협상이 개시된다 하더라도 협상기간 동안 발생할 수 있는 경제외적인 요인들로 인해 FTA 체결까지는 난관을 겪게 될 것이다. 공교롭게도 3국은 일본을 중심으로 한 영토분쟁이 끊이질 않고 있다. 한·일 간의 독도, 중·일 간의 댜오위다오(일본명 센카쿠 열도)를 둘러싼 영토분쟁이다. FTA 협상을 논의할 만하면 영토분쟁 이슈가 터져 나와 협상에 찬물을 끼얹는다. 2007년 6월 한·일 간 FTA 협상 재개를 위한 실무협상이 진행되던 중에 한·일 독도 분쟁이 쟁점화되어 더 이상의 실질적 논의가 이루어지지 못했고, 2010년 9월 한·중·일 FTA를 위한 민간 실무자 간 접촉단계에서 중국과 일본의 영토분쟁 사건으로 인하여 이미 계획되었던 회의조차 열리지 못한 상황이 발생하기도 했다. 이와 같이 일본을 두고 한국과 중국이 FTA를 동시에 펼쳐야 하는 한·중·일 FTA에는 영토분쟁이라는 악재가 상존하고 있다. 물론 FTA 협상과 영토 문제는 별개의 사안으로 다루어져야 한다. 하지만 국민정서가 이를 용인할지는 의문이다.

한·중·일 FTA에서 우리나라가 협상 주도권을 발휘하기는 쉽지 않을 것이다. 일례로 FTA 협상의 최대 난제인 농수산물 개방에 대한 우리의 입장을 보자. 농수산물 분야에서 중국은 우리나라에, 우리나라는 일본에 개방 압력을 가할 것이다. 우리가 중국에게 농수산물 개방 정도를 완화해 줄 것을 요구하는 동시에 일본에게 농수산물 전면 개방을 요구하기는 쉽지 않을 것이다. 그렇다면 결국 한·중·일 FTA를 통해서는 우리의 요구조건을 모두 지켜내기란 쉽지 않을 것이다.

앞서 언급한 바와 같이 한·중·일 FTA 협상 개시에 대한 어려움과 진행과정상에서 발생 가능한 악재 때문에 한·중·일 FTA보다는 중국, 일본과의 양자 간 개별 FTA를 먼저 추진하는 것이 올바른 정책방향일 것이다. 우리나라는 아직 한·중·일 FTA와 양자간 FTA 중에서 정확한 우선순위를 정하지 못하고 있다. 하지만 중국과 일본은 우리나라와 양자 FTA 추진을 원하며, 우리가 준비만 된다면 언제든 협상을 개시할 수 있다.

한·중 FTA를 우선 체결하는 것이 효과적일 듯

그렇다면 일본, 중국과의 FTA 협상에서 주도권을 확보하기 위한 타당한 전략은 어떤 것이 있을까? 일본은 지난 3월의 도호쿠 지방 대지진 이후 그 충격에서 벗어나지 못하고 있다. 국내 경제를 추슬러야 하는 일본의 입장에서는 당분간 한·일 FTA든 한·중·일 FTA든 본격적인 협상 논의는 쉽지 않을 것이다. 일본과의 FTA 협상은 2003년 말에 개시되었으나, 양국의 첨예한 입장 차이로 인하여 1년 만에 협상이 중단된 바 있다. 우리나라가 미국과의 FTA를 체결하고 더 나아가 EU와의 FTA 협상을 진행해 나가자, 일본의 입장이 바뀌었다. 서둘러 우리나라와의 FTA 협상 재개 논의를 요청한 것이다. 실무자 간 만남이 이루어졌으나, 이번 대지진으로 인하여 얼마나 진전을 보일지는 의문이다. 일본과의 FTA 협상 재개는 일본 내적 문제 및 협상자체가 가지고 있는 문제 요소(농수산물 개방정도 등)를 해결하기 전에는 쉽게 개시되진 못할 것이다.

중국 또한 우리나라와의 FTA 협상 러브콜을 지속적으로 보내고 있다.

지난 4월 14일에도 원자바오 총리가 직접 나서서 우리나라와의 조속한 FTA 협상 개시를 요청한 바 있다. 지난해 중국은 대만과 FTA의 일종인 경제협력기본협정(ECFA)을 체결함에 따라 거대 중화경제권 완성을 목전에 두고 있다. 중국 내수시장에서 우리나라와 경쟁관계에 있는 대만이 중국과 ECFA를 체결함에 따라 당장 우리나라 경쟁업체들이 피해를 보게 되었다. 이로 인하여 예상되는 피해를 최소화하는 방법은 여러 가지가 있겠지만, FTA 측면에서 본다면 중국과의 FTA를 체결하는 것이 도움이 될 것이다.

물론 중국과의 FTA 협상에 걸림돌이 없는 것은 아니다. 중국산 농수산물의 수입 급증에 대한 우려가 남아 있다. 중국산 먹거리에 대한 안전성 우려가 끊임없이 제기되고 있다. 제조업에서 얻게 되는 이익이 다소 줄어들더라도 농수산물 및 식품 분야 협상에서 많은 것을 지켜내는 협상력을 발휘해야 할 것이다. 우리나라 제조품의 품질 경쟁력이 중국산보다 뛰어날 뿐만 아니라 끊임없는 연구개발을 통해 기술격차를 벌려 놓을 수 있어 제조업 분야엔 언제든 멀리 앞서갈 여지가 있지만, 농수산물의 경우는 다르다. 한국과 중국의 농수산물 품종은 상당히 유사하다. 게다가 가격 면에서 중국산을 도저히 따라잡을 수가 없다. 따라서 최대한의 농수산물 분야 보호장치를 FTA 협정문에 마련해 두는 것이 좋다. 마침 한·미 및 한·EU FTA 체결 건으로 중국은 우리와 서둘러 FTA를 체결하고자 한다. 굳이 우리가 서두를 이유는 없다. 한·미 및 한·EU FTA 발효를 대중국 압박카드로 활용한다면 우리나라 민감 산업에 대한 보호장치를 효과적으로 마련한 FTA를 체결할 수 있을 것이다.

중국과의 성공적인 FTA를 체결한다면 일본이 좌불안석이 될 가능성이 크다. 따라서 단기적으로 중국과의 FTA를 체결한 후 이를 중장기적인 관점에서 일본과의 FTA 협상 압박카드로 쓰는 것이 중국, 일본과의 성공적 FTA 체결의 한 방안이 될 것이다. (2011.05.02)

'FTA 뒷받침'
무역조정지원 제도 손질을

최병일(한국경제연구원 원장)

한국 정부가 의욕적으로 추진하고 있는 자유무역협정(FTA) 정책은 시장 개방이 국익에 도움이 된다는 믿음에 근거하고 있다. 국익을 증진하는 주요 경로의 하나가 개방을 통해 경제 운영의 효율성을 높이는 것이다. 이것이 가능하려면 개방의 외생적인 충격에 의해 국내 경제의 희소자원이 비교우위 원리에 따라 재배분돼야 한다. 이 과정은 상당한 경제적·사회적 진통을 수반한다. 새로운 직종을 찾아야 한다는 두려움, 그 직종을 찾기까지의 불확실성 때문에 사람들은 지금까지 해온 일을 쉽게 떠나려 하지 않고 개방에 저항하기 마련이다. 이들의 생계형 저항을 설득하고 극복하려면 비용을 지불해야 하는 것이 당연하다. 바로 무역조정지원제도의 존재 이유이다.

생계형 반대론자들의 저항을 완화시켰는가, 또 생산자원을 보다 경쟁력 있는 부문으로 원활하게 이전시키는 데 도움이 됐는가. 이 두 가지는 무역조정지원제도의 성공과 실패를 가늠하는 잣대다. 이 점에서 한국의 무역조정지원제도는 낙제점을 면하기 어렵다. 제도 도입 이후 지난 4년간 단 몇 건에 불과한 사례는 유럽연합(EU)과 미국 같은 거대 경제권과의 FTA가 발효되지 않았기 때문이기도 하지만, 이들 FTA가 발효되기 전에 제도를 근본적으로 손질하지 않는다면 허울 좋은 제도로 전락할 우려가 있다.

무역조정지원제도의 바람직한 개편 방향은 무엇일까.

첫째, 지원 내용과 대상이 바뀌어야 한다. 현재 지식경제부 산하 중소기업진흥공단이 주도하고 있는 무역조정지원사업은 생산성이 취약한 한계기업의 전업이나 폐업 유도가 아닌 기업의 운영자금 지원을 중심으로 운영되고 있어 '무역조정지원'이 아니라 구태의연한 '중소기업 육성책'에 가깝다. 한계기업을 온존시키는 방식은 사회적 비용이 만만치 않을 뿐 아니라 경제의 활력을 잠식할 우려가 크다. 근본적인 수술이 필요한 환자에게 잠시 영양제를 놓는 것으로는 곤란하다.

무역조정지원제도를 50년 이상 운영해오고 있는 미국의 경우 이를 실패한 방식으로 판단해 1986년 폐기 처분했다. 도덕적 해이를 유발하기 쉬운 기업 지원책보다는 근로자 지원책, 특히 실직자를 위한 사회안전망 확대가 초점이다. 기업 지원은 구조조정을 위한 컨설팅서비스에 국한하고 그 비중 또한 전체 예산의 2%에도 못 미치는 그들의 경험을 우리는 주시해야 한다.

둘째, 피해 그룹의 반발이 있을 때마다 피해 규모를 산업별로 산정해 천문학적 예산을 누더기식 특별법으로 투입하는 관행은 바뀌어야 한다. 먼저 개방에 따른 피해 지원 규모의 상한선을 무역조정지원예산으로 책정하고 그 범위 내에서 보상원칙과 구체적 지원금액을 결정하는 방식이 돼야 한다. 비준동의를 인질로 논의시간이 길어질수록 지원 규모가 늘어나는 무책임한 상황은 종결되어야 하지 않겠는가.

셋째, 지금의 행정편의주의적 선정 방식을 간소화하여 피해 기업이 쉽게 지원의 문을 두드릴 수 있도록 문턱을 과감하게 낮추어야 한다. 기업의 행정부담을 최소화하고 신속하게 실효성 있는 지원이 이루어져야 한다.

넷째, 농업 분야에 대한 무역조정지원과 제조업에 대한 지원이 따로 운영되는 현 시스템은 분야 간 형평성 시비에서 자유롭지 못할 뿐만 아니라 제도 운영에 관료집단의 이해관계가 반영돼 세금을 낭비할 우려가 높기 때문에 운영 주체를 FTA 국내대책본부로 일원화하는 게 합당하다.

　FTA 협상이 끝난 뒤 국회 비준동의 때마다 논란이 되는 피해산업 보완 대책에 대한 쓸 만한 기본틀로 작동하려면 분절화되고 관료화된 무역조정 지원제도는 시급히 손질되어야 마땅하다. 큰 비행기를 띄우려면 큰 활주로가 필요하다. 우리 활주로는 턱없이 좁고 울퉁불퉁하다. (2011.05.07)

한·EU FTA 체결과 잔존하는 자유무역에 대한 장벽들

김이석(바른사회시민회의 운영위원, 경제학박사)

인기를 의식한 한나라당 일부 의원들의 돌발행동에 의한 표결 기권, 그리고 자유무역협정에 반대하는 민주노동당을 끌어들여 향후 총선과 대선에서 유리한 입지를 구축하려는 민주당 지도부의 애매한 지연전술로 자칫 무산될 뻔했던 한국과 유럽연합 간의 자유무역협정(이하 '한·EU FTA')의 국회비준이 다행스럽게도 지난 5월 4일 국회 본회의에서 가결되었다. 이에 따라 잠정적으로 오는 7월부터 한·EU FTA가 발효될 예정이다. 부산저축은행 사태로 인해 약간은 그 중요성이 가려졌지만, 이는 우리나라가 중국이나 일본에 앞서 아시아 FTA의 허브로서 자리매김하게 되었다는 의미를 지니고 있다. 그러나 자유무역협정은 그 이름에 걸맞지 않게 규제적인 성격도 있다. 또 자국통화의 가치를 경쟁적으로 절하하여 무역수지를 극대화하는 정책은 수입에 관세를 물리는 효과를 지니고 있다. 이러한 장애요인들을 국제적 협력을 통해 제거하는 것도 자유무역의 확대에 중요하므로 우리는 G20 등에서 이런 의제를 주도해 나갈 필요가 있다.

양자 간 FTA는 자유무역을 확대하는 현실적인 방법

양국 간 자유무역협정은 국경을 경계로 나뉘어져 있는 각국의 시장들을 단일시장으로 통합해 나가는 자유무역을 추구하는 하나의 방법이라고 할 수 있다. 우리는 식민지배에서 벗어난 후발국 가운데 수입대체산업의 육성 정책보다는 개방경제를 지향함으로써 보릿고개의 경제적 어려움으로부터 벗어나 선진국 문턱에 이르기까지 급속도의 경제성장을 이룬 경험을 가지고 있다.

자유주의 경제학자인 미제스(L. Mises)는 "밀을 세계에서 가장 저렴하게 생산하는 캐나다 사람들이 정밀한 시계를 획득하는 가장 손쉬운 방법은 밀을 꾸준히 생산하는 것이다. 그 밀을 스위스에 수출하고 그 대금으로 스위스의 시계를 구매하면 된다"고 갈파한 바 있다. 자유무역이 가져다주는 혜택을 실감한 우리처럼 그의 말에 적극 공감하는 국민들도 많지 않을 것이다. 만약 캐나다와 스위스가 유치산업 보호나 식량안보 등의 명분을 내세워 수입 금지나 고(高)관세 정책을 유지한다면, 이는 일부 계층의 이득을 위해 전체 국민들의 복지를 희생시키는 것이다.

관세제도는 수입품의 가격을 높게 만들어 이런 교환의 과정을 방해한다. 국적을 가르는 국경이 경제적으로도 국민들의 복지를 낮추는 하나의 장벽으로 기능하게 한다. 실제로 프랑스의 절대왕정 시절에 영리한 왕들이 왕실의 막대한 재정을 확보하는 방편으로 직접 세금을 거두는 불편함과 국민들의 원성을 피하기 위해 주민들에 대한 징세권을 귀족 작위와 함께 판매했다고 한다. 당연히 징세권을 산 사람들은 본전 이상을 뽑고자 하였으며, 그 방편의 하나로 자신의 징세지역으로 들어오는 물품에 대해 일종의 내국 관세인 통과세를 물리도록 했다. 그러자 단일시장이었던 프랑스는 경제적으로는 징세권역 사이에 장벽을 쌓은 여러 시장으로 나뉘게 되었다. 이에 따라 생산과 소비가 급격하게 감소했고 시민들은 고통을 받게 되었다.

자유무역을 추구하는 방법으로는 한·EU FTA와 같은 쌍방 간 자유무역협정에 비해 GATT와 같은 다자간 자유무역협정이 일반적으로 더 효율적이라고 알려져 있다. 비유하자면 프랑스 내 통과세를 모두 철폐하는 것이

85

가장 바람직하지만 그것이 어려우면 두 지역 간이라도 그렇게 하는 것이 현실적일 수 있다. 쌍방 간 자유무역협정을 체결하기 위해서는 양국 정부가 협상과정을 거쳐야 하는데, 각국 정부나 정치권이 선거에서의 표 숫자로 대변되는 정치적 힘을 가진 세력들의 이해관계를 배제하기 어렵다. 그래서 쌍방 간 자유무역협정에는 보통 복잡한 원산지 규정 등이 도입되고 최종재의 상대국 수출이 급증하는 경우 특정조건을 만족하면 해당품목에 관세율 상한을 다시 설정하는 제도인 세이프가드(safeguard)를 두고 있다.

마치 복잡한 면세 규정이 있는 두꺼운 세법에 비견되는 복잡한 규정이 동반되는데, 이번 한·EU FTA도 예외가 아니었다. 한·EU FTA 협정문은 무려 1,200페이지가 넘는 방대한 분량이다. 그래서 일부 비판가들의 눈에는 이렇게 두꺼운 '규제 규정'에 합의한 것을 두고 자유무역협정이라고 명명하는 것 자체가 이상하게 비칠 수 있다. 국내에서 자유롭게 상품과 서비스가 지역 간 경계를 넘나들며 거래되는 것과는 아직도 커다란 격차가 존재하고 있기 때문이다.

그러나 이러한 단점에도 불구하고 현실의 세계에서 다자간 자유무역협정의 실질적인 실천이 불가능할 때 양자 간 자유무역협정은 이를 돌파할 수 있는 하나의 방법이라고 볼 수 있다. 그런 점에서 일정한 단서를 붙인다면 쌍방 간 자유무역협정은 크게 보면 세계경제를 자유무역의 방향으로 하나의 시장으로 통합해 가는 중요한 움직임으로 간주할 수 있을 것이다. 아마도 무수히 많은 FTA 협정들이 국가 간에 체결되고 나면 점차 FTA 협정들 사이에 서로 충돌되는 각종 규제들의 불편함이 부각될 것이고, 결국 이런 규제들을 정리하고자 하는 적극적인 움직임이 일어날 수 있다. 국내시장에서 소주 판매지역을 분할하던 규정이나 진입에 관한 다양한 규제들이 점차 철폐되었듯이 국제적 수준에서도 그런 과정을 밟을 가능성이 있다.

이번의 한·EU FTA 국회비준은 이런 움직임에서 세계 최대시장이라고 할 수 있는 유럽연합 27개국과 '하나의 시장'으로 통합하는 노력을 기울이는 데 있어 우리나라가 아시아 지역에서 가장 앞서게 되었음을 의미한다. 자유무역협정은 관세를 점진적으로 낮추거나 폐지함으로써 자유경쟁시장의 장점을 국경 너머로 확산시킨다. 그 확산의 규모와 정도가 한·미 FTA에 비견될 정도로 큰 협정이 곧 발효된다.

경제 국경의 의미 퇴색했으나 여전히 남은 상태

한·EU FTA의 체결은 한국과 유럽연합 회원국 간의 국경이 최소한 경제적인 거래에 관한 한 그 의미가 없어지지는 않았지만 상당부분 퇴색되었음을 의미한다. 그것도 우리와 비슷한 경제규모의 한 나라와 체결하는 것이 아니라 27개 회원국과 자유무역협정을 체결하는 것이어서 그 영향력 면에서 한·칠레 FTA와는 비교할 수 없음은 물론이고, 심지어 중국의 부상에도 불구하고 여전히 세계경제를 견인하고 있는 미국과의 FTA의 효과를 능가할 것으로 추정되고 있다. 현재 6~7%대의 관세가 철폐되면 양측이 품목별로 합의한 단계에 따라 무관세로 수출입을 할 수 있게 된다. EU 측은 공산품 전 품목에 대해 5년 내에 관세를 철폐하고 이 중 99%를 3년 내에 없애기로 하였다. 한국은 3년 내 관세철폐 품목이 96%이며, 일부 민감한 품목은 관세철폐 기간을 7년으로 연장하였다. 이는 결코 작은 변화가 아니다. 종전에는 수출을 하더라도 혹은 수입을 하더라도 관세를 물고 나면 이윤도 손실도 없었던 사업이 갑자기 6~7%의 수익률을 내는 상황으로 바뀌었기 때문이다.

수익률의 6~7% 상승이 몰고 올 유인효과를 상상해 보라. 물론 시간이 지나면서 경쟁에 의해 이 수익률은 낮아질 것이고, 관세율의 인하가 실제로 수출업자, 수입업자, 소비자들 사이에 누구에게 어떤 정도로 혜택을 줄 것인지는 얼마나 소비자들이 가격에 민감하게 수요를 변화시키는지 여부나 시장의 진입장벽 등 다양한 요인에 의해 결정이 될 것이지만, 국민들의 일반적 복지의 수준이 높아지게 될 것임은 분명하다. EU 집행위원회는 한국의 실질 경제성장률이 0.5~0.8% 정도 상승할 것으로 전망하고 있다. 다만 경쟁력이 상대적으로 취약한 일부 업종에서는 부분적인 생산위축이 발생하겠지만 전체적인 수요의 확대에 따라 그 생산위축의 정도는 예상만큼 심각한 수준은 아닐 수 있다. 한·칠레 FTA를 체결하면서 예상되었던 복숭아, 포도 등의 과일 생산위축은 신선도 유지의 중요성 때문인지 예상과는 달리 별로 발생하지 않았던 것으로 드러났다.

경제적으로 국경의 의미가 퇴색된다는 것은 기업가들이 성공하기 위해 고려해야 할 사업기회의 범위가 크게 넓어졌고 또 경쟁도 한층 더 치열해질 수 있음을 의미한다. 이제 기업가들은 자신이 속한 국가뿐 아니라 유럽연합 각국의 시장을 모두 감안하여 전 세계적 안목으로 사업을 기획하고 영업하고 투자를 잘할수록 성공하고 그렇지 못하면 뒤지게 될 것이다. 인도에 거주하는 인도 사람들이 미국에 본사가 있는 회사에 고용되어 그 회사의 전화 상담이나 전산 프로그램의 개발을 담당하는 사례가 상징적으로 보여주듯이 경제적 국경의 의미가 사라질수록 각국의 인력이나 문화, 여타 여러 여건들과 그 변화에 대해 정확하게 알고 있을수록 기업들은 더 나은 사업기회를 얻게 될 것이다. 비록 언어의 장벽이 높지만 각국 사람들이 어떤 것을 좋아하고 무엇을 필요로 하는지, 무엇을 잘하는지 등에 대해 정확하게 파악할수록 사업에 성공할 가능성은 높아질 것이다.

거래는 상품뿐만 아니라 서비스의 거래로까지 확대될 것이므로 경제적 국경이 낮아지거나 사라지고 다양한 사업기회를 포착하기 위해서도, 기본적으로는 다른 나라 사람들에 대해 잘 이해하고 있어야 하므로 점차 언어, 특히 국제어로서의 영어의 위상은 더 높아질 것이다. 시장에서 성공하려면 사람들의 마음을 읽고 그들의 필요를 잘 파악하는 능력이 필요하다. 그래서 경제적 교류는 서로에 대한 이해를 높이게 한다. 다른 나라 사람들이 머리에 뿔 달린 도깨비가 아님을 깨닫는 것은 실제로 그들과 접촉해 보는 것이 최선이다. 상품과 서비스가 거래되는 곳에 정치나 문화도 아울러 더 활발하게 교류된다.

이런 교류는 반드시 그런 것은 아니지만 장기적으로 국가들 사이의 무력 충돌의 가능성도 낮출 것으로 기대할 수 있다. 이 점을 보여주는 반증적인 사례가 대공황기를 극심하게 어렵게 만들었던 보호관세 정책이다. 1920년대 말에 시작된 대공황기에 미국을 필두로 각국이 자국의 산업과 시장을 보호하려고 고관세와 보복관세를 부과하면서 시장거래가 3분의 1 이상 급격하게 위축되면서 실업과 같은 경제적 고통이 만연했던 적이 있다. "상품이 국경을 통과하지 않게 되면 군대가 이를 통과할 것"[1]이라는 유명한 말이 있듯이 당시의 고관세 정책이 후일 2차 세계대전의 먼 원인의 하나였다고 한다.

자유무역협정의 규제적 성격 줄여나가야

갈 길은 비교적 명확하다. 이제 FTA의 체결을 확대해 나가는 한편, 그것이 가져올 문제를 미리 예상하고 자유무역협정의 규제적 성격을 줄여나가야 한다. 아울러 현재의 국제화폐제도를 자유무역의 확대에 맞게 어떻게 고쳐야 할 것인지 국제적인 협력이 필요하다. 막상 관세는 폐지하더라도 각국이 자국의 화폐의 가치를 떨어뜨려 수출을 늘리는 정책을 고수한다면 자유무역협정 체결로 관세장벽을 낮추는 효과는 크게 사라지고 말 것이기 때문이다. 자국화폐의 평가절하 정책은 수출에 보조금을 주고 수입에 대해 관세를 물리는 것과 똑같은 효과를 낸다는 점을 감안한다면, 한편으로는 자유무역협정을 체결하려고 노력하고 다른 한편에서는 평가절하 정책을 경쟁적으로 벌이는 것은 모순이다. (2011.06.10)

한 · 미 FTA,
경제회복을 위한 디딤돌로

이만우(고려대학교 경제학과 교수)

오바마 미국 대통령이 한 · 미 자유무역협정(FTA) 이행 법안을 10월 4일 의회에 제출함으로써 비준안의 의회통과가 카운트다운에 들어갔다. 이제 우리 국회가 한 · 미 FTA 비준절차를 밟는 일만 남았다.

2008년 미국 발 금융위기가 세계경제를 강타한 이후 회복의 한숨을 돌리기도 전에 유럽 발 재정위기가 세계 금융시장을 불확실성의 늪에 빠져들게 함으로써 세계경제는 그야말로 먹구름 속에서 헤매고 있다. 소규모 개방경제의 우리네 경제구조에서 그 영향을 남달리 강하게 받고 있는 것이 작금의 한국 경제실상이다.

지금처럼 글로벌 경제가 불확실한 상황에서 FTA는 우리 경제의 마지막 안전판이다. 수출이 늘어나야 경상수지 흑자가 가능하고, 우리 경제에 대한 불확실성과 국제사회의 불필요한 불신을 차단할 수 있다. 특히 달러화가 밀물처럼 빠져나가는 긴박한 상황에서 한 · 미 FTA 비준이야말로 우리 경제의 신뢰를 제고시킬 수 있는 확실한 수단이다.

한 · 미 FTA 전체의 경제적 혜택은 한국에 유리

유럽 발 재정위기로 인해 세계경제는 한동안 침체의 늪에서 헤맬 것이고 자국 경제를 우선하는 보호무역주의도 기승을 부릴 가능성이 높다. 이러한 경색된 국제 무역환경에서의 돌파구로서 FTA비준은 절실하다.

소규모 개방경제의 구조적 특성을 가진 한국에는 그 지속적 성장을 위해 FTA만큼 유용한 제도적 장치가 없다는 사실이 한·유럽연합(EU), 한·칠레, 한·인도 등 앞서 발효된 FTA에서도 여실히 입증되고 있다. 최근 한국경제가 보여온 수출 실적과 경쟁력을 보면 거대 경제권과의 FTA 이행은 기존 수출 증가세에 날개를 달아줄 것으로 기대된다. 특히 지난 7월에 발효된 EU와의 FTA에 이어 한·미 FTA까지 발효되면 한국은 몇 년 안에 세계 수출 5위 국가로 발전해 선진국 진입이란 탄탄대로를 질주할 수 있을 것이다.

이러한 이정표 아래에서 노무현 정부 시절 한·미 FTA 협상을 시작하게 됐고, 2007년 원 협정이 서명됐다. 2007년 서명된 협정으로는 미국 내 비준이 불투명한 상황에서, 추가협상으로 FTA 이행 지연에 따른 기회비용 손실을 최소화해 보자는 정책적 판단을 국민 모두는 이보 전진을 위한 일보 후퇴란 전략적 관점에서 이해해야 할 것이다. 추가협상 내용은 미국의 입장을 반영해 즉시 철폐 대상이었던 자동차에 대한 관세를 협정이행 4년 후로 연기하고 이에 대한 대가 차원에서 한국은 돼지고기 관세철폐 일정조정 및 의약품 특허시판연계 적용시한을 후퇴시켰다. 추가협상 후에도 2007년 원 협정의 큰 틀은 여전히 유효하고 한·미 FTA 전체의 경제적 혜택은 한국에 유리하다고 볼 수 있다. 추가협상은 일방적 양보가 아닌 이익균형이 반영된 협상으로 간주할 수 있다. 국내 대기업이 경쟁력을 갖춘 자동차 분야는 미국의 우려를 일부 해소하고 영세한 양돈산업과 제약산업, 그리고 현지 주재원 비자 등에서 한국의 요구사항을 상당 부분 반영해 이익의 균형을 확보했다고 평가할 수 있다. 이를 통해 한·미 양국 간의 전략적 동반자 관계를 확고히 하는 계기가 됐음도 간과할 수 없을 것이다.

미국과의 FTA 체결로 한·미 자동차 업계 간 투자, 기술협력이 크게 늘어날 것으로 예상되며 그 분야는 하이브리드 자동차 등 미래형 자동차와 자동차 부품산업 육성에 기여할 것으로 예상된다. 이뿐 아니라 기존의 기계, 반도체 장비, 화학소재 분야는 물론 정보기술(IT), 나노기술(NT), 바이오기술(BT) 등 신기술 산업 분야에서 세계적 수준의 미국 기업들과 협력함으로써 경쟁국인 중국, 일본에 비해 선점효과를 거둘 수 있는 일석이조의 수확을 얻을 수 있다. 장기적으로는 자본 축적 및 생산성 향상을 통해 35만명의 취업자가 늘어날 것으로 전망되며 단기적으로는 수출 증대와 생산 증가 등에 따라 취업자가 4300여명 증가할 것으로 예상되는 만큼 성장과 고용의 선순환 구조를 강화할 것이다.

한·미 FTA는 선진국의 제도를 도입하는 개혁의 일환

한·미 FTA는 무엇보다도 선진국의 제도를 도입하는 개혁의 일환으로 간주할 수 있다. 노동생산성을 그 예로 들면 우리나라의 노동생산성은 미국의 44%, 일본의 62%에 불과한 수준이다. 미국의 노동생산성이 우리보다 높은 가장 핵심적 이유는 바로 제도에 있다. 미국은 생산성에 입각해 임금이 합리적으로 결정되는 시스템이 확립되어 있다. 이에 걸맞게 미국 노동자들은 맡은 일을 열심히, 합리적으로 완성하는 직업윤리에 철저하다. 노사나 노노갈등을 합리적으로 해결하는 기술을 보유하고 있다. 노동생산성이란 측면에서도 우리는 미국으로부터 좋은 제도를 벤치마킹해야 하며 이의 지름길이 바로 FTA이다. FTA는 우리의 노동자와 기업 그리고 정부를 치열한 경쟁에 뛰어들게 함으로써 노동생산성 향상을 위한 제도의 도입을 촉진하는 촉매제의 역할을 할 것이다.

최근 침체일로를 체험하고 있는 국제 경제환경과 물가 앙등 등으로 어려움을 거듭 겪고 있는 국내 경제여건을 고려할 때 한·미 FTA의 조속한 비준은 침체의 늪에서 헤어날 수 있도록 하는 돌파구로 작용할 것으로 믿어 의심치 않는다. 민주당 등 야당은 이번 기회를 통해 정책 정당으로 거듭날 수 있는 절호의 기회로 삼아 대승적 차원에서 비준동의안 처리에 협조함으로써 수권 정당으로 진일보하는 자세를 다수 국민에게 보여줘야 할 것이다.

(2011.10.12)

황당한 범국본
한·미 FTA 보고서

정인교(인하대 경제학과 교수, (사)FTA 활용포럼 대표)

지난 13일 미 의회는 한·미 FTA 이행법안을 전격적으로 통과시킴에 따라 미국과의 FTA 이행은 전적으로 우리 국회의 몫으로 남게 되었다. 17일 국회에서는 찬성과 반대 진영 간 끝장토론을 벌였지만, 반대측은 토론형식과 발언시간을 문제 삼아 2시간 만에 토론장을 떠났다. 다음날 야당은 한·미 FTA 논의를 전면 보이콧했다. 과연 야당이 한·미 FTA를 진지하게 토론하기 위해 토론에 임했는지 궁금해 하지 않을 수 없고, 국회비준 절차를 가로막기 위한 수순 차원이 아니었나 하는 생각이 든다.

미 의회가 비준안을 통과시킬 즈음 한·미 FTA를 반대하는 진영(범국본)은 "한미자유무역협정 분석 특별보고서"를 발간했다. 이 보고서는 국회비준 논의를 앞둔 시점에 주요한 쟁점 12가지와 세부 쟁점 28개, 총40개를 제시했고 쟁점은 "한·미 FTA에서 쌀은 지켰는가?"에서부터 "통상절차법"까지 그동안 반대진영이 제기해 온 사항을 전부 망라하고 있다. 여기서는 범국본 보고서의 허구를 지적하기 위해 보고서 맨 처음 제기되는 주장을 한정된 지면에서 살펴보고자 한다. 미리 밝혀 두지만, 나머지 39개 주장도 사실왜곡이 대부분이고 황당한 내용까지 포함하고 있어 다음 기회에 이에 대해 체계적으로 반박하는 자료를 제시하고자 한다.

황당한 쌀 개방 주장

쌀 관련 사항은 2007년 8월 31일자 당시 주한 미국 대사 버시바우의 전문 내용 인용으로 시작하고 있다. 위키리크스에 제시된 버시바우 대사의 외교 전문(07SEOUL2634)에 따르면, 김종훈 외교통상부 통상교섭본부장은 2007년 8월 29일 미국의 포메로이 하원의원과 버시바우 미 대사를 만났고, 미국 측이 미 의회의 한·미 FTA 비준 분위기를 살리기 위해 처리해야 할 쟁점으로 쇠고기, 자동차와 더불어 쌀을 제기하자, 김 본부장은 "쌀은 비록 한·미 FTA에서 제외되었지만, 일단 WTO 쌀 쿼터 협정이 2014년에 종료되면, 재논의될 수 있을 것"이라고 대답했다. 이를 두고 범국본 보고서는 쌀은 지켰다는 한·미 FTA의 기본 전제가 무너졌으며, 청문회를 통해 이 문제를 따져야 함을 주장하고 있다.

미 대사의 전문을 곡해하는 것도 문제지만, 세계무역기구(WTO)와 우리나라가 약속한 쌀 관세화 유예조치에 대한 내용을 제대로 이해하지 못한 상태에서 농업품목중 가장 민감한 쌀 문제를 한·미 FTA에 억지로 연계시켜 통상정책당국에 대한 국민의 불신을 유도하는 있다는 점을 지적하지 않을 수 없다.

관세화 유예로 쌀 개방은 WTO에서 논의

우리나라는 2004년 WTO 쌀 협상에서 쌀에 대한 관세화(수입자유화)를 2014년까지 미루고, 대신 매년 2만톤 씩 외국쌀 수입을 늘려 2014년까지 총 40만 8,700톤을 수입하기로 쌀 수출국과 협정을 체결했다. 현재 미국은 의무수입물량 32만 7,000톤 중 28.6%인 9만 3,720톤을 우리나라에 수출하고 있다. 한편 우리나라는 2014년 이전에라도 관세화를 실시할 수 있도록 허용되어 있으며, 이를 대비하여 관세율 계산 방식과 각 나라별 할당량(쿼터)까지 상세히 규정하고 있다.

관세화 유예시점인 2014년말 까지 관세화를 실시하지 않으면, WTO 농업협정 부속서 5항에 따라 우리 정부는 관세상당치(TE)를 반영한 양허표를 WTO에 통보해야 하고, 이에 대해 이의를 제기하는 WTO 회원국들과는 협의를 해야 하는 의무를 지게 된다. 이 과정에 미국 정부도 우리나라와 쌀 관세화에 대해 협의할 수 있다. 즉, 쌀 문제는 한·미 FTA에서 명백하게 제외되어 있을 뿐만 아니라, 향후 관세화 및 개방은 WTO 체제 내에서 하기로 국제적으로 합의가 되어 있다.

그럼에도 불구하고 쌀 개방을 이면 약속한 것처럼 주장하는 것은 국제 통상에 대해 잘 모르거나 한·미 FTA 자체를 거부하려는 의도로 볼 수밖에 없다. 범국본의 보고서는 협상 타결 당시 정부는 쌀은 한·미 FTA에서 지켰다고 대대적으로 홍보하였으나, 김 본부장의 발언은 "2007년에는 쌀이 한·미 FTA에서 제외되었지만, 한국이 쌀 수입 전면개방을 하고 나면 쌀도 한·미 FTA에 포함시키는 문제에 대해 재논의 하겠다."는 것으로 주장하고 있다.

한·미 FTA 왜곡해석 말아야

위키리크스 전문에 언급된 면담대상자 하원 의원은 쌀 문제를 협의할 책임 있는 당국자도 아니고, 김 본부장도 쌀 문제는 "손댈 수 없는 (untouchable)" 민감한 사안임을 전제로 미국이 한국 쌀 시장에 관심이 있다면 WTO 차원에서 협의해 달라고 발언한 것을 왜곡해석하고 있다. 참고로 쌀 관세화 연기로 우리나라는 정해진 물량을 의무적으로 수입해야 하고, 그 물량은 미국산이든 태국산이든 문제될 것이 없다. 범국본은 최소한 사실을 왜곡해서 한·미 FTA의 내용을 의도적으로 폄하해서는 안 될 것이다.

이외에도 "미국의 법 아래에 있는 한·미 FTA", "한·미 FTA는 미국에서 한국 기업을 보호하지 않는다", "한국의 핵심적 이익을 제외한 미국 이행법" 등 대부분의 주장에서 황당하기 그지없는 주장을 내놓고 있다. 심지어 범국본 보고서 19쪽에는 한국 기업이 노동자의 노동권을 보장하지 않기 때문에 한국 상품이 미국 시장에서 많이 팔린다는 이유로 한국을 제소할 수 있다고 서술함으로써 어느 나라 국민들이 작성한 보고서인지 의문이 들게 만들고 있다.

오늘날 FTA는 국제통상질서의 핵심이 되고 있고, 중국, 일본 등 많은 국가들이 한·미 FTA 비준을 관심 있게 지켜보고 있다. 또한 대부분의 국민들은 한·미 FTA가 우리 경제를 키우는데 기여할 것으로 보고 있다. 한·미 FTA가 포괄적인 내용을 담고 있고, 개방속도가 빠르게 설정되어 있어 이해관계자의 반발이 있을 수 있다. 국민경제를 생각한다면, 반대론자들도 이러한 피해에 초점을 맞춰 국내 보완대책을 강화하도록 정부에 요구해야지, 사실과 한참 거리가 있거나 왜곡 및 호도된 주장으로 국민들의 오해와 반대를 유도해서는 안 될 것이다. (2011.10.19)

한·미 FTA가 서비스 산업의 선진화를 앞당긴다

최남석(한국경제연구원 부연구위원)

얼마 전 박원순 서울시장은 "한·미 FTA가 1000만 서울시민의 삶을 좌지우지하는 문제이기 때문에" 한·미 FTA 반대 의견서를 외교통상부와 행정안전부에 제출하였다. 반대 의견서에 포함된 내용 중에 하나는 한·미 FTA가 발효되면 미국형 기업형 수퍼마켓의 무차별 한국시장 진입이 가능해진다는 것이다. 또한 한·미 FTA 저지 범국민운동본부에서는 한·미 FTA가 비준되면 소상공인 및 동네 상점의 폐업과 비정규직 양산이 우려되고, 공공요금 인상과 건강보험 부실화로 인해 서민들과 직장인들에게는 재앙이 될 것이라고 주장한다. 한·미 FTA가 발효되면 정말로 서민경제가 어려워질까.

우리나라 서민경제의 변수는 서비스업의 구조적 취약성

사실 우리나라의 서민경제를 위태롭게 만들 수 있는 변수는 한·미 FTA가 아니라 1990년대 중반 이후부터 지속되어온 서비스업의 구조적 취약성이다. 2009년 현재 우리나라 전체 고용의 67%와 부가가치 비중의 약 60%는 서비스업에서 담당한다. 그러나 현재 우리나라 서비스업의 노동생산성과 부가가치율은 현저히 낮다. OECD 국가들 중에서 우리나라 서비스업의 노동생산성은 약 23위 정도이다. 이러한 서비스업의 부진은 1990년대 중반 이후부터 계속된 만성질환이다. 1990년대 중반 이후 제조업 부문과는 달리 서비스업에서는 시장 및 고용 구조가 장기간에 걸쳐서 변화되지 않았고 이로 인해 생산성과 경쟁력 제고가 제대로 이루어지지 못했다. 우리나라 국민 총생산의 대략 60%를 감당하는 서비스업이 지금처럼 지식기반이 낮고 노동집약적인 전통적 서비스업에 정체된다면 향후 우리 경제의 잠재적 성장에 걸림돌이 될 것이다.

우리나라 서비스업이 구조적으로 취약한 이유는 제조업 중심의 산업정책과 서비스 산업의 과도한 규제, 서비스기업의 영세성, 그리고 대외개방 및 경쟁 부족 때문이다.[2] 이에 대해서 구체적으로 살펴보면 첫째, 제조업 중심의 산업정책과 서비스산업의 과도한 규제가 서비스업을 구조적으로 취약하게 만들었다. 1990년대 이후 우리기업의 기술진보와 생산성 향상을 장려하기 위해 제조업 중심 산업정책이 실행되었다. 반면에 서비스 산업에서는 진입장벽이 높아지고 각종 규제와 차별적 대우가 늘어났다. 외환위기 이후 제조업 부문에서 강도 높은 구조조정이 이뤄지면서 노동집약적 산업부문에서 퇴출된 인력들은 지식기반이 상대적으로 낮은 유통서비스업과 음식·숙박업등 개인서비스업으로 흡수되었다. 그래서 1990년대 이후 자영업자 중심의 생계형 서비스업이 확대되었다. 제조업에 비해서 서비스업 부문에서 고용이 증가하였다. 문제는 서비스업에서 양질의 일자리가 창출되지 않았고 노동생산성은 오히려 저하되었다는 것이다.

둘째, 서비스기업의 영세성 때문이다. 서비스업 중에서 서민경제와 밀접한 관계가 있는 부분은 도·소매업과 음식·숙박업이다. 2007년 현재 서울시의 사업체는 약 73만개 이다. 그 중에서 도·소매업 사업체와 음식 및 숙박업체는 각각 약 21만개와 11만개이다. 도·소매업과 음식 및 숙박업을 합하면 서울시 전체 기업 수 중에서 약 45%에 이른다. 또한 2009년 한국의 종사자규모별 서비스업체 비중을 살펴보면 5인미만의 서비스업체가 전체

2장 자유무역이 대한민국을 살린다

서비스업에서 차지하는 비중은 약 88%이다. 유통업 및 개인서비스업에 종사하는 사람들의 대략 열에 아홉은 영세자영업자라는 말이다.

동네마트, 정육점, 채소가게, 음식점, 통닭집, 호프집을 운영하는 영세자영업자들이 휴·폐업을 하게 되는 근본적인 이유는 전통적인 생계형 서비스업에 나타나는 낮은 생산성 때문이다. 자영업을 시작하려면 일단 자본금이 필요하다. 자금조달은 은행에서 가계부채 명목으로 대출을 받아서 해결한다. 판매할 물건들을 도매로 사와서 소매로 판다. 매매차익을 통해서 수익을 얻는다. 상품이 팔리지 않으면 판매수입이 없다. 그렇지만 비용은 계속 나간다. 상점을 운영하기 위해서 대여한 생산설비에 대한 이자와 임대료를 갚을 수 없게 된다. 적자가 발생하고 부채가 누적된다. 더 이상 부채를 감당할 수 없게 되고 휴·폐업한다. 실제로 2004년에서 2009년 사이 도·소매업체와 숙박 및 음식점 업체의 휴·폐업 사업체 수는 각각 대략 연평균 15만 개와 12만 개 였다.[3] 이와 같이 자영업체의 영세성은 서비스 산업의 구조적 취약성을 악화시키고 있다.

셋째, 대외개방 및 경쟁 부족 때문이다. 우리나라의 의료, 보건, 교육과 같은 사회 서비스 부문과 음식·숙박, 문화·오락과 같은 개인 서비스 부분은 대외개방도가 낮고, 진입 장벽이 높고 각종 규제와 차별적 대우가 많다. 그래서 개인서비스와 사회서비스 부문은 노동생산성과 부가가치율도 낮다. 이에 반해 도·소매업이 속한 유통서비스는 이미 1996년에 우루과이라운드에 따른 WTO 체제의 출범으로 유통시장이 완전히 개방되었다. 유통시장 개방 이후 우리나라의 유통산업은 그 구조와 생산성에 있어서 이전과 비교할 수 없이 급격히 변화하였다.[4] 실제로 2000년에서 2006년 사이에 서비스업 전체의 노동생산성 증가와 부가가치증가율은 대외개방이 제한된 사업서비스, 사회서비스, 개인서비스 등 다른 서비스업종들 보다 유통서비스업에서 훨씬 높았다.[5]

한·미 FTA는 서비스 산업의 선진화를 앞당기는 시발점

한·미 FTA가 발효되면 서비스업종에 종사하는 소상공인들에게 해를 끼친다는 것은 우리 기업과 중소상인들의 성장 잠재력을 모르고 하는 소리이다. 한·미 FTA가 발효된다고 해서 해외 대형 유통업체가 무차별적으로 국내 소상공인들을 대체하는 것은 아니다. 해외시장 개방과 무역자유화가 서비스 기업의 생산성 제고에 오히려 긍정적 영향을 미칠 수 있다는 예는 월마트와 까르프의 국내진출 실패 사례에서도 찾아볼 수 있다. 세계적인 유통업체인 미국의 월마트와 프랑스의 까르푸는 국내에 이미 진출하였다가 현지적응에 실패하고 철수하였다. 우리 소비자의 선호와 매장 진열방식과 입지 등을 제대로 파악하지 못하고 우리 기업과의 경쟁에서 패배했기 때문이다. 반면에 한국 할인점들은 한국 소비자들의 취향에 맞는 유통서비스를 제공하면서 세계 굴지의 할인마트들과 경쟁에서 이겼다.

향후 서비스업이 선진화되지 못하고 현 상태로 정체된다면 우리나라 서민경제에 심각한 해가 될 수도 있다. 그러므로 서비스업 부문의 각종 규제와 차별적 대우를 없애고 서비스 기업들이 경쟁을 통해 혁신과 생산성을 제고할 수 있도록 서비스업에 만연한 각종 관세 장벽, 투자 장벽 등을 없애야 한다. 서비스업종의 해외시장개방을 장려해야 한다.

현재 우리나라의 서비스 산업은 구조적인 개혁과 혁신이 필요한 상태이다. 한·미 FTA의 비준과 발효는 서민경제를 어렵게 하는 것이 아니라 오히려 서민경제와 깊은 관련을 맺고 있는 서비스업의 저열한 생산성 제고에 가장 필요한 경쟁을 가져올 것이다. 또한 한·미 FTA로 인해서 서비스 교역이 확대되면 지식기반이 높은 서비스업종은 대미 진출이 확대될 수 있을 것이고 청년들에게는 해외고용의 기회도 열릴 수 있다. 미국내 기업들과 네트워크를 구축하여 글로벌 공급 체인을 활용하는 계기가 될 수도 있다. 한·미 FTA로 인해서 열리는 새로운 생산여건과 환경은 우리나라 서비스 기업들이 비교우위가 나타나는 부분을 선택해서 집중하는 기회를 제공할 것이다. 한·미 FTA야말로 우리나라 서비스 산업의 선진화를 앞당기는 시발점이 될 수 있다. (2011.11.16)

글로벌 위기 극복에도
도움 되는 한·미 FTA

송원근(한국경제연구원 선임연구위원, 기획조정실 실장)

한·미 FTA 비준안이 드디어 국회에서 통과됐다. 2006년 양국이 협상을 시작한지 5년 만에 역사적인 한·미 FTA 발효를 눈앞에 두게 됐다. 한·미 FTA 비준은 우리 경제 선진화를 한 단계 높이는 역사적 의미를 가질 뿐만 아니라 유럽발 재정위기로 글로벌 경제침체가 염려되는 현시점에서 의미도 남다르다.

한·미 FTA는 그동안 말도 많고 탈도 많았다. 양국이 비준에 이르는 과정도 순탄하지 않았다. 오바마 정부 출범 이후 미국 통상정책 기조 변화로 사장될 위기에 놓이기도 했고 협상 초기부터 비준이 완료될 때까지 국내 반대 세력들은 끊임없이 한·미 FTA 괴담을 유포하기도 했다.

한·미 FTA는 지식기반 서비스 산업의 선진화를 앞당겨

현실화하는 한·미 FTA는 우리에게 어떤 혜택을 줄 것인가? 혹자는 글로벌 금융위기 이후 미국 경기침체를 이유로 한·미 FTA에 따른 경제적 효과를 폄하하기도 한다. 그러나 미국은 여전히 세계 최대 시장이고 한·미 FTA는 이런 시장을 선점할 수 있는 기회를 우리에게 제공한다는 점에서 작지 않은 경제적 효과가 기대된다. 오히려 한·미 FTA가 발효되면 한·EU

FTA 실현과 더불어 우리나라는 세계최대 시장을 지닌 두 선진 경제와 경제적인 통합을 이루게 된다.

미국, EU 등 선진 경제권과 FTA를 체결함으로써 거대시장에 대한 접근 개선과 그에 따른 수출·교역 증대, 성장 촉진, 소비자 잉여 증대라는 이점 외에도 외국인 투자 증대, 그리고 서비스 산업 선진화라는 막대한 경제적 이득을 얻게 된다. 고학력 숙련 노동력이 풍부한 한국은 선진국 기업들에 매력적인 투자처이고 FTA로 인한 투자 환경 개선은 이들 기업의 투자를 현실화시키는 계기가 될 것이다. 특히 부가가치가 높은 지식 기반 서비스 부문에 대한 투자가 늘어 선진국에 비해 상대적으로 낙후한 우리나라 서비스 산업의 선진화를 앞당길것으로 기대된다.

이 과정에서 한·미 FTA 반대세력들이 독소조항이라던 ISD는 투자자 보호를 통해 외국인 투자를 촉진하는 긍정적 기능을 할 것이다. 또한 우리나라는 동아시아에서 미국, EU와 FTA를 현실화한 유일한 국가가 된다. 세계경제 성장의 중심지가 될 이 지역에서 FTA는 한국경제를 한 단계 업그레이드시키는 계기가 될 것이라는 점에서 역사적 의미가 있다.

우리 경제는 글로벌 경제 회복의 수혜를 크게 받을 것

그렇다면 글로벌 금융위기 이후 미국 경기 둔화, 유럽 재정위기 등으로 글로벌 경제가 고전을 거듭하고 있는 현시점에서 한·미 FTA는 어떤 의미가 있을까? 한·미 FTA 발효는 세계 최대 시장인 미국과 제조업 강국인 한국 간 자유무역 실현으로 전 세계 교역 증대를 촉발하는 계기가 될 수 있다. 또한 한·미 FTA는 현재 글로벌 경제위기의 중요 원인인 둔화된 미국 경제 회복에 기여할 수 있다.

미국은 글로벌 금융위기 이후 경제성장의 원동력이었던 소비가 부진에서 벗어나지 못하고 있다. 반면 기업 부문 경쟁력은 높아져 수출을 통한 성장 회복의 가능성을 보여주고 있다. 한·미 FTA는 미국 기업들에 수출 기회를 확대해 줄 것이고 이는 생산과 투자 증대를 통해 미국 경기 회복에 기여하게 될 것이다.

미국 경기 회복은 미국 시장에 대한 의존도가 높은 신흥시장 경제에 도움을 줄것이고 유럽 재정위기로 야기된 국제금융시장 불안정 해소에도 도움이 된다. 대외 의존도가 높고 신흥시장 수요에도 민감한 우리 경제는 미국경기 활성화에 따른 글로벌 경제 회복의 수혜를 가장 크게 받을 것이다. 또 미국 경기 회복에 따른 국제금융시장 안정도 현시점에서 우리 경제가 안정적으로 성장하는데 기여할 것이다. 한·미 FTA는 글로벌 경제 회복과 국제 금융시장 안정에 기여할 수 있다는 점에서도 의의를 찾을 수 있다.

(2011.11.28)

● 주

1 이 말(If goods don't cross borders, armies will)은 흔히 바스티아가 한 것으로 알려져 있다. 왜냐하면 바스티아는 자유무역이 평화와 번영에 이르는 가장 확실한 길임을 누구보다 강력하게 주장했기 때문이다(Thomas J. DiLorenzo, "Biography of Frederic Bastiat(1801~1850)," Mises Institute). 바스티아 이외에도 곡물법 폐지를 주도했던 코브텐(Cobden)도 자유무역이 평화의 유지에 긴요하다고 보았으며, 실제로 바스티아와 코브텐은 서로 교류하며 관세폐지를 위한 노력을 하였다(Thomas E. Woods, Jr., "Cobden on Freedom, Peace, and Trade," Mises Daily: 8. 20, 2010). 미제스는 자유무역 이외에도 무엇보다 자유주의에 대한 사람들의 확신이 전쟁 발발의 방지에 중요하다는 점을 강조한 바 있다. 이와 관련해 에벨링은 다음과 같이 쓰고 있다. "Free trade was unable to prevent war in the twentieth century because by 1914, very few people believed any longer in the idea of liberty." (Richard M. Ebeling, "Can Free Trade Really Prevent War?" Mises Daily: Monday, March 18, 2002.)

2 김준경, 차문중편(2011), 글로벌 경제위기 이후 서비스산업 선진화 방향, KDI.

3 자료: 통계청, "2004~2009 사업체 생성 · 소멸 현황 분석," 2011.2.

4 조성봉(2010), "대형 유통업체는 경쟁을 해치는가?" 한국경제연구원. 연구 10-05.

5 김준경, 차문중편(2011), 글로벌 경제위기 이후 서비스산업 선진화 방향, KDI. 중 "제3장 서비스업의 고용창출과 노동생산성" 〈표3-20〉 우리나라 서비스 산업의 노동생산성 변화요인 참조.

휩쓸릴 것인가, 기회를 잡을 것인가

The Market Economy

무역 중국 의존,
국가 리스크로 관리해야

최병일(한국경제연구원 원장)

미국발 금융위기로 세계 경제가 흔들리면서 G2의 하나로 등장한 중국의 움직임이 심상치 않다. 중국은 국제 관계의 법이나 절차, 명분을 뒤로하고 힘으로만 끌고 가려는 모습을 보인다. 이미 중국은 미국을 제치고 한국의 가장 비중이 큰 무역 파트너가 되었다. 중국은 또한 한국의 최대 투자대상국이기도 하다. 한국 기업들은 중국의 방대한 노동력을 활용하여 글로벌 생산기지로 삼았다. 이런 이유 때문에 한국은 중국에 대해 레버리지(협상력)를 갖고 있다고 생각했다.

그런데 2010년 발생한 일련의 불행한 사건들은 이 같은 시각이 지극히 순진하고도 낙관적인 것이었음을 입증하고 말았다. 중국은 북한에 대한 최후의 후견국가를 자임하고 있다. 중국이 북한 편들기를 계속한다면 앞으로 한국에 불리한 어떤 조치를 취하지 말라는 법도 없다. 중국이 이러는 것은 한국의 대중 수출을 제한하는 조치만으로도 우리를 충분히 압박할 수 있다는 생각을 하기 때문이다. 이미 센카쿠열도 분쟁과 관련해 중국은 일본에 희토류 수출을 봉쇄하는 방법으로 일본의 항복을 받아냈다. 안보 리스크(위험)가 커지는 상황에서, 한국은 중국 리스크를 심각하게 인식하고 관리 전략을 모색해야 하는 시점에 와 있다.

중국 리스크의 실상부터 정확하게 파악해야 한다. 한국의 수출액 중 중국이 차지하는 비중은 무려 24%에 달한다. 무역 총액에선 20%다. 수출과 무역이 이렇게 한 나라에 집중되면 그 나라 시장에 의존하고 있다고 할 수 있다. 2008년 미국발 금융위기 이후 중국에 대한 수출은 주요 선진국보다 더 크게 증가했다. 이 기간 한국의 대중 수출은 19.2% 증가했고, 일본의 대중 수출은 6.3% 증가했다.

정치·외교 문제만이 아니다. 중국 경제가 긴축 기조로 돌아서는 것은 우리 경제에도 경계경보다. 전체 소비재 수입에서 중국산이 30%에 이르는 현실 때문에 중국의 인플레이션이 한국으로 수출될 우려도 커지고 있다. 더 이상 중국은 '값싼 생산공장'이 아니다. 중국의 최저 임금은 지난 6년 새 2배로 뛰었다. 베이징 시는 지난해 7월에 월 최저임금을 20% 올렸고, 이번 달에 또 20.8% 인상할 예정이라고 한다. 늘어나는 원가 부담에, 기업들은 비상이 걸렸다.

다른 국가들에 비해 중국 리스크에 훨씬 취약한 한국은 어떻게 이를 관리해야 할까. 교역국을 다변화하는 전략으로 우리나라의 수출입에서 중국이 차지하는 비중을 낮춰야 한다. 한·EU FTA(자유무역협정), 한·미 FTA를 발효시켜 중국을 견제하는 수단으로 적극 활용하고, 인도·브라질·인도네시아 같은 신흥국들과의 무역이나 투자도 더욱 확대해야 한다. 그래서 중국이 최소한 '교역'을 무기로 우리를 정치적으로 압박할 여지를 줄여야 한다. 중국과의 통상관계를 보다 구속력 있는 틀 안에서 관리하는 것이 필요하다. 투자나 무역 마찰이 발생할 경우, 중국이 막무가내로 무역 보복을 하지 못하게 중국과의 경제통상관계를 격상하는 전략이 요구된다. 중국도 국제사회에서의 비중이 커지는 만큼 함부로 힘을 행사하는 것은 점점 어려워질 것이다. 중국 리스크를 현명하게 극복하기 위해서는 정부와 민간의 유기적인 협조가 절실하다. 중국 리스크를 관리할 수 있는 시간이 그리 많이 남아 있지 않다. (2011.01.01)

중국의 목표성장률 축소와 한국의 대응

박승록(한국경제연구원 선임연구위원)

지난 14일 중국의 전국인민대표대회(이하 전인대) 11기 4차 회의가 폐막되었다. 전인대에서 논의된 안건 중 12차 5개년 계획과 관련한 내용이 한국경제에 어떤 영향을 미칠지 관심을 모으고 있다. 주요 내용을 보면 중국은 향후 5년간 평균 경제성장률을 7%로 낮추어 질적 성장, 내수 위주의 성장형태로 전환하겠다는 것이다. 경제와 산업의 구조조정을 통해 중국경제의 가장 심각한 문제의 하나인 소득불균형을 해소하겠다는 것도 포함되어 있다. 그리고 신에너지, 바이오 등 7대 전략산업을 육성하겠다는 내용도 있다.

한국의 가장 큰 수출시장이자 해외투자시장인 중국의 향후 이런 경제운용 계획은 한국경제에 어떤 영향을 미칠지 우려감이 앞선다. 중국의 경제성장률이 하락한다면 한국의 자본재, 부품소재의 대중국 수출이 급격히 하락하여 경기에 부정적 영향을 미칠지도 모르기 때문이다. 과연 중국의 이런 경제운용계획은 한국에 어떤 영향이 미칠까? 이를 이해하기 위해서는 중국경제의 본질에 대한 이해가 필요하다.

경제성장률 목표치를 7%로 하겠다는 것의 의미를 살펴보자. 지금까지 중국은 평균 경제성장률 목표치를 8%로 해왔다. 일명 '바오바(保八: 8% 성장률 유지)' 원칙이다. 그런데 실제 중국경제는 지난 2000~2005년간 9.8%, 2005~2010년간 11.2%씩 성장했다. 연도별로 보더라도 아시아 외환위기 때인 1998년 7.8%, 1999년 7.6%일 때를 제외하고 8% 이하로 하락한 적이 없다. 2003년 이후에도 미국발 금융위기 때인 2008년 9.6%, 2009년 9.2% 성장한 것을 제외하고는 10% 이상 고성장을 지속했다.

이런 점을 감안한다면 비록 이번 전인대에서 '바오치(保七: 7% 성장률 유지)' 원칙을 세웠음에도 불구하고 그동안 성장에서 뒤처진 지역에서의 투자 확대와 외자계 기업의 수출 증가세는 지속되어 당분간 7% 이상 성장할 것임에 틀림없다.

한국의 대중국 수출과 경기둔화에 큰 영향은 없을 듯

그럼, 이번 목표치는 어떤 의미를 가질 것인가? 과거 다른 나라의 성장 사례나 중국경제의 고도 성장세로 볼 때 이제 중국 역시 잠재성장률이 점차 하락할 시점에 도달하였다. 경제 규모의 증가로 투자증가가 12차 5개년 계획기간동안 경제성장에 기여하는 정도가 하락할 수밖에 없다. 그런 점에서 향후 경제운용계획으로서 '바오치'는 이런 상황을 반영하는 상징적 의미로 해석할 수밖에 없다.

성장률 목표치를 하향조정한다고 해서 소득분배의 문제가 해결될 수 있을 것인지는 의문이다. 현재 중국의 소득불균등 정도를 나타내는 지니계수 (Gini Coefficient)는 0.5 수준이 넘어서 선진국 문턱에서 주저앉은 아르헨티나 수준이다. 소득분배 문제가 이렇게 악화된 데에는 나름대로 해결하기 힘든 원인이 있었다.

성장 관점에서 보면 중국의 경제성장 과정에서는 주로 투자 즉, 자본투입에 의한 성장이 이루어지다보니 고용 창출이 크게 일어나지 못했다는 특징이 있다. 외자유치가 가능한 동부해안지역 중심으로 성장하다보니 보다 많은 지역이 성장에서 소외되었기 때문에 소득불균등의 문제는 심각해질 수밖에 없었다. 이런 소득불균등 문제를 감수하고 경제성장에 올인(all in)한 결과 인민들의 생활이 '원바오(溫飽; 기본 의식주를 해결하는)' 단계에서 '샤오캉(小康; 의식주가 해결된 중등생활 이상의 복지사회)' 단계로 이행할 수 있었던 것이다.

중국의 경제성장률이 낮아지면 저소득층의 소득도 예전처럼 증가하지 못한다. 내수위주로 성장패턴을 바꿔보려고 하지만 내수를 받쳐 줄 저소득층과 농촌지역의 소득증가는 쉬운 일이 아니다. 불행하게도 성장률이 하락하면 내수 확대가 더욱 힘들어지게 되는 구조가 오늘날 중국경제의 모습이다. 요즘은 높은 성장률에도 불구하고 고물가 때문에 체감 성장률은 예전과 같지 않다. 따라서 당분간 7% 성장목표에도 불구하고, 현재의 투자와 수출을 통한 7% 이상의 성장은 불가피할 수밖에 없다.

보다 장기적으로는 전반적인 성장률이 하락하면서 수출과 투자의 증가율 둔화를 통해 내수비중이 높아지는 과정을 거칠 것이다. 그런 점에서 본다면 이번 중국 전인대의 7% 성장률 목표치 발표는 중국의 성장률을 인위적으로 하향조정하겠다는 의지로 해석하기는 힘들다. 그런 점에서 당분간 한국의 대중국 수출과 경기둔화에 큰 영향을 미칠 수 있는 조치는 아니라고 판단된다.

중국의 경제·산업 구조조정 과정 활용전략 세워야

중국의 경제정책은 "경제건설을 위주로 사회발전을 추진하되, 인본주의 원칙을 토대로 한 지속가능한 경제발전을 추구하며, 사회 공평·정의를 견지해 화합·안정을 유지하고, 인민 민주권익을 보장해 국민의 창조성을 촉진한다"는 중국식 발전노선으로 나타나고 있다. 여기에는 지금까지의 장기 불균형을 해소하기 위해 경제·산업의 구조조정을 추구하되, 새로운 산업을 육성하여 지속가능한 발전을 동시에 추구하고자 하는 의도가 담겨 있다고 볼 수 있다.

따라서 중국 전인대의 목표성장률 축소 조치에 대해 우리의 수출 하락을 염려하기보다는 중국의 경제·산업 구조조정 과정을 활용하고, 앞으로 기대되는 내수비중 확대에 대응하여 중국의 내수시장을 활용하기 위해 노력해야 할 것이다. 아울러 중국의 새로운 산업육성 정책과정에서 격화될 경쟁에서의 우위 확보를 위해 더욱 노력하는 것이 우리의 현명한 대처방법이라고 할 것이다. (2011.03.22)

중국경제의 긴축기조와
한국경제

강준영(한국외대 국제지역대학원 교수, 한중사회과학학회 학회장)

최근 중국경제의 경기 향방에 대한 관심이 뜨겁다. 중동의 민주화 바람이나 일본의 원전사태 등 워낙 굵직한 국제 문제 때문에 일부 가려진 면이 있지만 이미 G2로 성장한 중국의 인플레이션 문제와 이에 대한 중국 정부의 처방이 주목을 끌기 때문이다. 중국과 인플레이션의 합성어인 '차이나플레이션(China-flation)'이라는 말까지 등장하는 상황에서 미국경제의 회복이 여전히 더디고 유럽 일부 국가는 심각한 재정위기를 겪고 있어 중국 경기는 더욱 중요한 변수로 작용할 수밖에 없다. 특히 경제의 25%를 중국에 의존하고 있는 한국의 입장에서는 더욱 관심이 갈 수밖에 없다.

인위적인 경기부양 부작용 막기 위해 긴축기조로 선회

중국은 지금 경제성장세 가속화에 따른 경기과열 및 시중 유동성 급증에 따른 물가상승과 치열한 전쟁을 치르고 있다. 중국은 2008년 하반기 글로벌 금융위기가 발생하자 세계경제의 구원투수를 자처하면서 2010년까지 4조 위안을 푸는 등 대대적인 경기부양책을 펼친 바 있다. 이러한 경기부양책에 힘입어 중국은 높은 경제성장률을 유지하면서 빠른 속도로 금융위기를 극복했지만 인위적인 경기부양에 따른 부작용도 곳곳에서 나타나기 시작했다.

결국 중국 정부는 과잉 유동성을 거둬들이고 물가상승 등 부작용을 해소하기 위해 지속적인 긴축기조로 경제정책을 선회하였다. 중국은 지난달 외환보유액이 처음으로 3조 달러를 넘어서 유동성이 계속 확대되고 있다. 여기에 핫머니 유입, 중국에 대한 직접투자 증가 등이 계속되는 상황에서 인민은행은 인플레이션을 억제하기 위해 지난해 10월 이후 네 차례의 기준금리 인상을 단행해 현재 이자율은 3.25%, 지급준비율은 지난해부터 무려 아홉 차례 인상해 현재 20.5%를 가리키고 있다. 원자바오 중국 총리는 계속해서 모든 수단을 사용해 인플레이션을 통제하겠다고 밝히고 있다.

중국 국가통계국이 지난달 15일 발표한 1분기 국내총생산(GDP) 성장률과 3월 소비자물가지수(CPI) 상승률은 각각 9.7%와 5.4%로 모두 예상치를 웃돌았다. CPI의 선행지수인 생산자물가지수(PPI)도 3월 7.3%로 CPI의 추가 상승을 예고하고 있다. 특히 물가가 식료품을 중심으로 급등해 저소득층의 부담이 가중되고 있다는 점이 문제이다. 물가상승에 실질구매력 하락이 소비 확대의 걸림돌로 작용하는 것도 문제지만 사회불안으로 이어질 위험이 크기 때문에 중국 정부가 각별히 신경을 써야 한다. 주택 가격을 비롯한 부동산 가격 역시 문제다. 그러나 부동산 버블의 이면에는 중국 중앙정부의 투자 위주의 경기부양책과 지방정부의 개발정책이 결합한 특수구조로 거품을 제거하기가 쉽지 않다.

중국 정부는 지준율 인상이나 금리인상으로 기존의 확장적 통화정책 기조를 철회해 나가고 있다. 현재 상황을 보면 중국은 향후에도 유동성 흡수를 위한 추가 지준율 인상과 금리인상 등의 조치가 지속될 것이며, 위안화의 평가절상 추세도 가속화될 가능성이 크다.

소비 중심 성장구조로 전환 필요

주지하다시피 중국의 긴축정책은 중국만의 문제가 아니다. 중국의 선제적인 긴축정책이 주효해 중국경제가 연착륙하면 우리나라의 수입물가 안정에 기여하는 등 우리 경제에도 상당한 도움이 될 수 있다. 반대로 물가 불안을 잡기 위한 이번 조치로 중국의 성장세가 둔화되면 중국에 대한 의존도가 높은 우리나라의 수출이 위축될 것으로 우려된다. 또한 기준금리 인상으로 위안화의 평가절상이 이뤄지면 달러화 약세, 원화 강세를 추동할 수 있다는 점에서 단기적으로는 수출에 부정적인 요인으로 작용할 수 있다.

그러나 좀 더 장기적인 차원에서 보면 보다 긍정적인 면도 있다. 이는 중국의 긴축기조가 중국의 자산버블과 인플레이션 압력 감소를 통해 '지속가능한 발전'의 토대를 마련하는 계기와 동시에 소위 말하는 '차이나리스크(China risk)' 감소로 작용할 수 있기 때문이다. 중국 정부가 천명한 대로 소비 중심의 성장구조로 전환하면 새로운 시장 기회를 제공될 것이다. 특히 중국의 노동자들이 생산자에서 소비자로 전환되면 소비의 안정성장이 기대된다. 특히 도시화 정책의 추진과 소비 확대에 따라 내수 시장에서는 화장품·의류 등 필수 소비재의 중국 진출과 여행·건강·교육 분야 등의 시장 기회 확대도 예상된다.

물론 체크해야 할 점도 많다. 원자바오 총리가 밝힌 대로 올해부터 시작되는 12차 5개년 규획 기간 중에는 임금인상률이 GDP 증가율보다 높아야 한다는 점에서 중국에 진출한 우리 기업에게는 부담이 될 것이다. 또한 에너지 절약 및 환경 친화적 산업구조로의 전환 역시 새로운 시장 기회를 제공할 수 있지만 새로운 비용 상승요인이 될 수밖에 없다. 그리고 한·중 양국 간의 신흥 전략 산업도 한·중 협력 확대의 기회도 있지만 경쟁도 불가피하다.

중국의 존재는 기회와 위협을 동시에 제공한다. 문제는 어떻게 위협요인을 기회요인으로 만드는가에 있다. '중국은 매우 중요한 국가'라는 말은 이제 더 이상 할 필요도 없다. 중국 정부의 전략 선택과 정책 집행의 방향을 정확히 읽어내는 산·관·학 모니터링 체제를 구축하고, 이것이 기업의 정책으로 구현되는 현실적 노력이 필요하다. (2011.05.09)

위안화 국제화에 대처하는 우리의 자세

오대원(산은경제연구소 수석연구원)

중국은 글로벌 금융위기 이후 국제무대에서 G2로 부상하였다. 지난 2009년에 독일을 제치고 세계 최대의 수출국이 되었고, 2010년에는 일본을 제치고 미국 다음으로 큰 경제규모를 갖게 되었다. 올해에는 또 외환보유액이 3조 달러를 초과하여 세계 최대의 외환보유국이 되었다. 중국은 국제통화질서에서도 이러한 경제적 위상에 걸맞은 역할을 기대하면서 이른바 '위안화 국제화'를 추진하고 있다. 위안화 자유태환이 금지되어 있고 자본시장도 폐쇄적인 중국이 위안화 국제화를 논하는 것은 모순으로 여겨지기도 한다. 그러나 중국은 경제특구 방식과 선부론(先富論) 방식의 발전모델에서 보여준 '점-선-면'의 점진적인 개방 방식을 위안화 국제화에도 적용하고 있다. 위안화 국제화는 달러를 대체하는 기축통화로 사용하기보다는 아시아 역내에서 지역통화로 사용되는 첫 단계로부터 차근차근 진행되는 중이다.

한국의 위안화 무역결제센터 부상 가능성

위안화 국제화는 아시아 지역 내의 무역결제 통화부터 시작할 것으로 보인다. 위안화는 지리적 인접성과 중국의 무역구조 등으로 인해 아시아 주변국에 주로 공급될 전망이다. 한국, 일본, 대만, ASEAN 등 아시아 주변국들은 중국과의 무역에서 흑자를 시현하고 있다. 중국은 대신 미국과 EU 지역에서 무역수지 흑자를 늘려 왔다. 이는 중국이 부품·소재 및 자본재를 아시아 주변국에서 수입하여 가공·조립 후 미국과 EU 등으로 수출하는 수직분업형 무역구조에 기인한 덕이다. 이들 대중 무역흑자 국가들은 위안화 무역결제의 결과로 위안화를 중국 경외에서 보유하게 될 것이다.

한국의 2010년 대중 수출은 1384억 달러이며 무역수지 흑자는 696억 달러 수준이다. HSBC는 홍콩의 경우 향후 위안화 무역결제 비중이 50% 내외에 이를 것으로 추정하였다. 만일 우리나라가 중국과의 무역 중에서 50%를 위안화로 결제하였을 경우를 가정하면 한국은 2010년 한 해에만 대중 무역수지 흑자액의 절반인 350억 달러 규모의 위안화(2300억 위안)를 보유할 수 있다. 2010년 무역규모를 기준으로 최근 10년간 평균 증가율을 적용하여 추정하는 경우 누적 규모로 향후 5년 내에 연간 950억 달러, 10년 내 2600억 달러 규모의 거대한 위안화 역외시장이 한국에 형성될 잠재력이 있다.

위안화의 역내·외 순환루트 구축이 선결조건

그러나 위안화 무역결제는 위안화 보유 및 운용에 대한 유인이 보장될 때 활성화될 수 있다. 이에 따라 아시아 주변국에 대한 위안화 역외시장 개설 필요성이 확대되고 있다. 즉, 위안화 국제화의 진전을 위해서는 위안화 운용처로서의 위안화 채권시장 발전과 개방이 필수적이다. 그러나 중국의 자본계정은 FDI를 제외하면 부분적으로만 개방되어 있어 무역상대방이 위안화를 취득하더라도 운용수단이 부족하다는 것이 위안화 무역결제 활성화를 가로막는 요인이 되고 있다. 2010년 말 외국인 투자자의 중국 본토 상장 주식 보유액[B주 시가총액+QFII(적격 외국인 기관투자자) 승인액]은 506억 달러로 내국인 보유액 대비 1.5%에 불과하며 채권시장도 극히 제한적으로 개방하고 있다.

우리나라 통화금융당국은 중국과의 협의를 통하여 한국 내 딤섬본드 채권시장 등 역외 위안화 금융시장 육성 지원책을 마련하는 선제적인 조치를 취할 필요가 있다. 한중 금융당국이 무역을 통해 공급된 위안화의 활용처를 제공해 주어야 위안화 무역결제 활성화의 토양이 마련된다. 우리나라에 무역흑자로 쌓이게 된 위안화는 채권시장을 통해 중국 내 투자자금으로 진입할 수 있어야 한다. 이를 위하여 우리나라 금융당국은 한국계 금융기관이 딤섬본드, 팬더본드 등의 발행을 중국 당국이 허용해 주도록 협상력을 발휘할 필요가 있다. 또 무역거래를 기반으로 형성된 역외 위안화 시장의 자본에 대해서는 중국 내 점포 및 자회사가 활용할 수 있어야 한다. 중국은 한국 금융기관이 수신한 무역결제 예금을 중국 내 점포에 송금하거나 한국의 모기업이 수출대금으로 확보한 위안화를 중국 내 자회사에 송금하는 등 역외 위안화의 역내 유입에 있어서 유연성을 발휘할 필요가 있다. 적어도 무역대금과 같이 출처가 분명한 위안화 자금의 중국 내 유입은 역내시장(On-shore Market)을 교란시키지 않으면서도 위안화 역외시장(Off-shore market)을 활성화하는 긍정적인 측면이 있다. 중국 측으로서도 이를 통해 역내시장 보호 및 역외시장 육성의 일거양득 효과를 기대할 수 있으므로 명분이 서는 일이다.

위안화 무역결제 확대로 달러 의존도 줄이는 전략 유효할 듯

글로벌 금융위기 이후 달러화의 기축통화 역할이 약화되고 있으며, 향후 국제통화질서는 위안화를 포함한 몇몇 지역통화로 다극화될 전망이다. 위안화 국제화가 진행되는 것은 기정사실이다. 이러한 상황에서 우리나라는 중국과의 무역거래가 많고 흑자규모가 크다는 장점을 활용하여 역외 위안화 시장으로 포지셔닝하는 것이 유리할 것으로 판단된다. 금융위기 이후 미국의 양적 완화정책으로 달러화 가치가 하락하고 변동성이 커지고 있다.

중국은 한국의 최대 수출국이므로 위안화 무역결제 확대는 달러에 대한 의존도를 줄이고 금융리스크를 경감시킬 것으로 판단된다. 우리나라의 금융부문은 위안화 무역결제 및 채권시장 수요에 대비해야 한다. 중국과의 무역거래가 빈번한 기업의 경우에는 환위험 회피 및 환전수수료 절감 등 장점을 감안하여 위안화 무역결제를 고려할 필요가 있다. 우리나라와 같은 중소형 개방경제는 기축통화가 2~3개로 분산될 경우 가장 유리한 통화를 선택할 수 있는 긍정적 측면이 존재한다.

다만 현재까지 홍콩을 제외하고는 위안화 무역이 활성화되어 있지 않으므로 우리나라 금융기관과 기업은 점진적으로 대응할 필요가 있다. 중국 은행관리감독위원회에 따르면 금년 말까지 위안화 무역 규모가 중국 전체 무역의 8% 내외에 이를 전망이다. 그러나 그 중 84%가량이 홍콩과의 무역에서 발생하고 있다. 이는 중국 정부 방침에 따라 홍콩의 위안화 역외시장이 테스트 베드로서 활성화되어 있기 때문이다. 위안화 조달 및 운용이 가능한 홍콩과 달리 우리나라는 위안화 역외시장이 발달하지 않은 상태이므로 단기적으로는 위안화 무역결제에 대한 신중한 접근이 바람직하다.

우리나라에는 위안화 국제화를 인정하고 받아들이는 측과 중국 위협론과 맞물려 달갑지 않게 여기는 측이 공존한다. 그러나 이는 이데올로기의 문제가 아니라 실리의 문제이다. 구름 사진을 보고 큰 비가 올 것으로 예상된다면 우산을 준비하고 지붕을 손질한 후 마른 논에 물을 댈 준비를 하는 것이 현명한 선택이 될 것이다. (2011.05.12)

북한과 평화적으로 공존하는 길

복거일(소설가, 문화미래포럼 대표)

지금 한반도의 상황은 아주 위험하다. 천안함 폭침과 연평도 포격에 이어 북한은 마침내 핵무기를 사용하겠다고 위협했다. 실제로 지금 상황은 월남전을 이용해서 북한이 공격적 태도를 보인 1960년대 말 이후 가장 위험하다. 이런 사정은 북한에 대한 우리의 정책이 효과적이지 못했음을 보여준다. 자주 지적되는 것처럼 그런 실패의 큰 부분은 좌파 정권이 펴온 유화정책에서 찾아야 할 것이다. 유화정책이 궁극적으로 성공할 수 없다는 점은 잘 알려졌다. 위협할 때마다 상대가 물러나면 공격적 태도를 보이는 자는 개인이든 집단이든, 자신의 태도를 바꿀 이유가 없다. 오히려 점점 무리한 요구를 하게 된다. 결국 상대가 받아들일 수 없는 요구를 하게 되고, 전쟁이 일어나게 된다. 나치 독일의 위협에 대해 프랑스와 영국이 편 유화정책이 끝내 제2차 세계대전으로 이어진 과정은 이 교훈을 잘 보여준다.

햇볕정책 성공가능성 처음부터 없어

우리와 북한처럼 이념과 체제가 다른 경우 유화정책은 특히 어리석다. 전체주의 정권에겐 자유주의 사회의 존재 자체가 자신의 존속에 항상적인 위험이기 때문이다. 시민들이 자유롭고 풍요롭게 사는 자유주의 사회는 전체주의자들과 그들이 통치하는 사람들에게 그들의 이념이 그르고 그들의 통치에 도덕적 권위가 없다는 사실을 늘 일깨워준다. 자유롭고 잘사는 우리는 더할 나위 없이 사악하고 압제적인 북한 정권에 대한 근본적이고 항상적인 위험이다. 북한이 우리를 그리도 증오하고 침입의 기회를 노리는 것은 우리가 북한에 대해 무슨 적대적 행위를 해서가 아니다. 우리의 존재 자체가 그들의 생존을 위협하기 때문이다. 그래서 북한 정권은 우리와 공존할 수 없고 공존할 의도도 처음부터 없었다. 자연히 '햇볕정책'은 성공할 가능성이 처음부터 없었다.

그러면 우리의 대북한 정책은 실제로 어떤 모습을 했는가? 무슨 허점을 품었나? 여기서 큰 도움이 되는 것은 게임이론(game theory)이다. 1970년대 말 미국 정치학자 로버트 액셀로드(Robert Axelord)는 컴퓨터 프로그램들을 이용해서 '죄수의 딜레마(prisoner's dilemma)'를 푸는 실험을 했다. 죄수의 딜레마는 게임 참가자에게 곤혹스러운 선택을 요구한다. 그에게 합리적 선택은 비협력적 전략이기 때문이다. 그런 곤혹스러움에서 벗어나는 길은, 상황을 바꾸어 반복게임(iterated game)으로 만드는 것이다. 단 한 번의 대면에선 비협력적 전략이 합리적이지만, 여러 차례 만나는 경우엔 협력이 합리적이고 쉽다. 그래서 액설로드는 각 프로그램들이 서로 200회 만나도록 실험을 설계했다.

널리 알려진 이 개척적 연구에서 가장 좋은 성적을 낸 것은 '되갚기(Tit for Tat)'라고 불린 아주 단순한 프로그램이었다. 겨우 다섯 줄짜리 이 프로그램은 그 이름이 뜻하는 것처럼 행동했다. 다른 프로그램과의 첫 대면에서, 그것은 협력했다. 그 뒤엔 상대가 한 대로 했다. 상대가 협력했으면, 그것도 협력했고, 상대가 비협력적이었으면, 그것도 같은 비협력적 태도를 보여서 상대를 응징했다. 이 단순한 행동양식보다 더 나은 결과를 보인 것은 없었다.

착취하려 드는데 계속 협력하는 것은 어리석어

'되갚기' 의 행동양식은 상호적 이타주의(reciprocal altruism)의 전형이다. 남과 협력함으로써 자신의 이익을 도모하는 상호적 이타주의는 인류사회의 구성원리일 뿐 아니라 지구 생태계의 기본원리이기도 하다. '되갚기' 가 분명히 보여준 것처럼, 상호적 이타주의의 요체는 응징이다. 상대가 착취하려 드는데 계속 협력하는 것은 어리석을 뿐 아니라, 비협력적 태도를 보상해 줌으로써 궁극적으로 사회에 해롭다.

'되갚기' 의 성공은 우리의 대북한 정책이 실패한 까닭을 짚어준다. 지금까지 우리는 북한의 도발(Tat)에 대해 한 번도 제대로 응징(Tat)하지 못했다. 그저 북한의 도발이 전쟁으로 치닫지 않도록 하는 데 마음을 썼다. 유화정책을 북한과의 교섭의 기본으로 함은 좌파 정권들은 말할 것도 없지만, 이명박 정권도 본질적으로 유화정책을 기본으로 삼았다. 실은 미국의 대북한 정책도 이런 틀에서 크게 벗어나지 않았다. 북한의 핵무기 개발에 대해 미국은 여러 차례 제재 조치들을 취했고 북한은 상당한 어려움을 겪었다. 그러나 북한이 협상에 나서면, 미국은 제재조치를 소급해서 풀었다. 이런 전략은 북한의 반복적 도발을 부추길 수밖에 없다. 비협력적 태도를 제때에 응징하지 못하면 결과는 필연적으로 나쁘다.

심지어 상대에게 기회를 한 번 더 주는 'Tit for 2 Tat' 전략도 나쁜 상대에게 이용당한다. 그런 전략을 간파한 상대는 먼저 비협력적으로 이익을 챙기고 다음 대면에서 협력한다. 실은 이 'Tit for 2 Tat' 이 우리가 북한을 상대할 때 고른 전략이다. 북한이 공격하면, 우리는 정색하고 선언한다. "북한이 또 도발하면, 단호히 응징하겠다." 그러면 북한은 이내 화해하자고 나서고 우리 사회의 친북 세력이 북한과 대화해야 한다고 거든다. 이어 우리 정부는 여러 이유들을 들어 북한의 대화 제의를 받아들인다. 그러나 그런 협력적 분위기는 오래 가지 못한다. 북한은 다시 공격하고 우리는 이내 응징하는 대신 다시 엄숙하게 선언한다. "북한이 또 도발하면, 단호히 응징하겠다."

컴퓨터 프로그램들을 이용한 실험들에선 'Tit for 3 Tat'이 가장 합리적인 전략인 것으로 드러났다. 'Tit for Tat'을 고른 프로그램들이 만났을 때, 한쪽이 실수나 다른 이유로 본의 아니게 비협력적 태도를 고르면, 보복의 순환이 나온다. 이런 상황을 막으려면, 가끔 너그럽게 대하는 것이 필요하다. 실험 결과는 세 번에 한 번 꼴로 상대의 비협력에 대해 눈감아주는 것이 적절함을 보여준다.

단순하고 효과적인 '되갚기' 전략 선택할 때

의식이 없는 컴퓨터 프로그램들의 경우와는 달리, 사람들 사이의 교섭에선 해명의 기회가 있으므로, 'Tit for 3 Tat'이 가장 나은 전략이라고 단언하기 어렵다. 남북한 사이엔 정보를 교환하는 경로들이 있으므로, 실수나 오해의 여지는 작다. 어쨌든 이런 사정은 응징이 상호적 이타주의의 요체임을 보여준다. 이제 우리는 어리석은 유화정책을 버리고 단순하고 효과적인 '되갚기' 전략을 골라서 북한의 공격을 즉시 응징해야 한다. 실은 그렇게 상호적 이타주의를 추구하는 것이 북한과의 평화적 공존을 기대할 수 있는 단 하나의 길이다. (2011.01.14)

일본경제의 현실과 교훈

정 훈(인천대학교 동북아통상학부 교수)

　　　　　일본경제는 현재 총체적인 난맥상을 보이고 있다. 2010년부터 중국을 비롯한 신흥국들이 뚜렷한 경제회복을 보이고 있는데 반해, 일본경제는 GDP성장률, 경상수지, 실업률, 물가, 환율 등 어느 것 하나 뚜렷한 회복세를 보이지 못하고 있다. 실질GDP 성장률은 최근 조금씩 상승하고 있다고 하지만, 2008년도 -4.1%, 2009년도 -2.4%의 저조한 상태에서 크게 벗어나지 못하고 있다. 또한 경상수지도 2008년과 2009년에 각각 12조 엔과 16조 엔의 흑자를 기록, 2006년과 2007년에 달성한 20조 엔 초과의 실적을 크게 밑돈 후, 2010년에도 글로벌 금융위기 이전 수준을 회복하지 못하고 있는 실정이다. 실업률도 2010년 11월 현재 5.1%를 기록, 글로벌 금융위기 이전의 3.8~4.6% 수준을 훨씬 상회하고 있고, 소비자물가지수도 2009년 3월 이후 계속해서 전년대비 마이너스 증가율을 보여 여전히 심각한 디플레 상태에 빠져 있다. 더욱이 달러에 대한 엔화 환율은 2008년 11월(평균치)에 달러당 100엔 수준에서 96.81엔으로 떨어진 후 아직까지도 100엔 선을 회복하지 못하고 80엔 수준에서 계속 맴돌고 있다.

경제요인 못지않게 정치 리더십 실종으로 경기침체

그렇다면 일본경제가 이렇게 침체에서 벗어나지 못하고 있는 근본원인은 어디에 있을까? 많은 경제전문가들이 다양한 시각에서 일본경제의 침체 원인을 제기하고 있지만, 대략 다음의 네 가지 요인을 들 수 있다.

첫째, 글로벌 금융위기 이후에 대두된 엔고 현상으로 인한 수출 부진을 들 수 있다. 일본은 1991년의 버블붕괴로 인한 내수침체를 상쇄하기 위해 수출비중을 그동안의 10% 수준에서 거의 20% 수준까지 증대시켰다. 그러한 와중에 글로벌 금융위기가 발생하여 달러가치가 하락하고 그 후 남유럽 재정위기가 발생하여 유로조차 가치가 하락함에 따라 엔화가 안전자산으로 여겨져 엔화에 대한 수요가 급증하였고, 그 결과 엔고 현상이 초래되어 이로 인해 일본 기업의 수출이 막대한 타격을 보았다.

둘째, 버블붕괴로 인해 부동산, 주식 등 자산가격이 하락하고 미래의 불확실성이 커짐에 따라 일본 국민들이 소비를 줄이고, 더 나아가 국민들의 저축여력도 감소함으로써 내수가 크게 축소된 것을 들 수 있다. 물론 2002년부터 2008년 글로벌 금융위기 발생 전까지 그동안의 엔저 현상 등에 힘입어 일본의 경기가 일시적으로 회복되기도 하였으나, 전년대비 소비증가율은 지속적인 상승세를 보이지 못하고 부침을 되풀이하였다.

셋째, 그동안의 수출전략이 선진국들의 경기침체로 인해 큰 효과를 보지 못한 것을 들 수 있다. 즉 지금까지 일본은 주로 선진국에 대한 수출에 집중한 나머지 수출을 아시아, 남미 등의 신흥국들로 다변화하는 데 실패하였던 것이다. 이러한 현실은 중국이나 우리나라가 수출처를 다변화함으로써 글로벌 금융위기를 슬기롭게 극복해 나간 것과는 큰 대조를 이룬다고 할 수 있다.

넷째, 일본은 그동안 정치적 불안, 각종 이해관계자(stakeholder)들의 이해충돌 등으로 인해 강력한 리더십이 발휘되지 못했을 뿐만 아니라, 거의 1년에 한 번씩 총리가 바뀜으로써 지속적으로 리더십이 실종되어 온 것을 들 수 있다. 추세적으로 볼 때 일본은 지금까지 경제적인 어려움에 직면할 때마다 구조개혁 플랜, FTA 추진전략 등 수많은 의욕적인 계획들을 발표해왔지만, 그때마저도 장기간에 걸친 리더십의 실종으로 이들 계획을 추진할 수 있는 동력을 자주 상실하곤 하였다.

2011년을 제3의 개국 원년으로 삼겠다고 천명

그렇다고 일본이 이러한 문제점들을 간과한 채 갈피를 잡지 못하고 마냥 방황만 하고 있다고는 볼 수 없다. 일본은 이미 이러한 침체를 타개하기 위한 전략들을 모색하기 시작하였으며, 특히 획기적인 국면전환을 위해 간 나오토 총리는 최근 행해진 신년사에서 2011년을 제3의 개국을 위한 원년으로 삼겠다는 방침을 천명하였다. 일본의 침체탈피 전략은 크게 보아 다음 네 가지로 요약할 수 있다.

첫째는 신(新) 성장전략으로서, 이는 환경 · 에너지 혁신 등 그린 이노베이션, 의료 · 건강 혁신 등 라이프 이노베이션, 아시아 경제, 관광입국, 과학 · 기술 입국, 고용 · 인재 등을 6대 핵심전략으로 선정하고, 2020년까지 환경 · 건강 · 관광 분야에서 100조 엔 이상의 신수요를 창출하고 476만 명의 신규고용을 창출하는 것을 목표로 삼고 있다.

둘째는 FTA의 적극 추진으로서, 일본은 미국을 위시한 아시아 · 태평양 국가들이 대거 참가하는 환태평양 전략적 경제동반자협약(Trans-Pacific Partnership; TPP)에 적극 참여하고, 앞으로 EU · 한국 · 호주 등과의 FTA 체결을 위해 본격적인 교섭에 돌입하겠다는 것이다.

셋째는 신흥국시장 개척으로서, 지금까지 소홀히 했던 아시아 · 남미 · 중동 등의 신흥시장을 적극 공략하겠다는 것이다. 특히 일본은 글로벌 금융위기 이후 떠오르고 있는 아시아시장을 미래의 전략적 시장으로 자리매김하고 인프라 구축기술 수출 등을 중심으로 적극적인 진출을 도모하겠다는 목표를 갖고 있다. 이는 중산층의 증가로 장래 수요 확대가 예상되고 있는 인도네시아, 베트남, 말레이시아 등을 염두에 둔 포석이라 할 수 있다.

넷째는 국내 투자 촉진 프로그램으로서, 일본 정부는 일본 기업들이 현재 여유자금이 풍부한 데도 설비투자에는 소극적이라는 인식에 기초하여, 앞으로 6개월에서 1년 사이에 투자 촉진 프로그램을 실행함으로써 국내 수요를 창출하고 고용을 확대해 나가겠다는 것이다.

시장개방 등 국제화 노력에 박차를 가해야

그러면 일본의 경기침체와 그에 대한 일본의 대응과정으로부터 우리는 무엇을 배울 수 있을 것인가? 일본경제가 우리에게 주는 시사점으로는 크게 다음 네 가지를 들 수 있다.

첫째, 우리는 일본이 2차 세계대전 이후의 경제성장 과정에서 명치유신 때와 같은 국제화를 달성하지 못함으로써 진정한 개국에 실패한 점을 타산지석으로 삼아야 할 것이다. 일본은 그들 사회 특유의 폐쇄성으로 인해 자국경제를 과감하게 개방함으로써 획기적인 국제화를 실현할 수 있는 기회를 상실하였고, 또한 대학생의 유학, 젊은 사원의 해외파견 등을 통해 세계화 시대에 필요한 인재를 육성하는 데 실패하였다. 이러한 경향은 최근 일본의 FTA 체결이 지지부진한 현상을 통해서도 충분히 엿볼 수 있는 바, 이것 또한 농산물 등의 문제에 지나치게 신중한 나머지 때를 놓치곤 했던 데에 크게 기인하고 있다고 하겠다. 따라서 우리는 이러한 일본의 전철을 밟지 않도록 우리 경제를 지속적으로 개방하고 국제화해 나가는 노력을 게을리 하지 말아야 할 것이다.

둘째, 우리는 최근 일본 기업이 엔고 현상으로 인한 생산비 상승을 상쇄하기 위해 품질이 좋고 가격이 싼 외국산 부품의 수입에 눈을 돌리고 있는 점에 착안하여 일본의 이러한 변화를 적극적으로 활용하는 방법을 모색해야 할 것이다. 즉, 품질 및 가격경쟁력 면에서 경쟁국들보다 상대적으로 강점을 지닌 우리의 부품을 수출할 수 있는 일본의 틈새시장을 적극 개척해야 할 것이다.

셋째, 우리는 앞으로 일본이 아시아시장을 적극 공략할 것에 대비하여 우리 제품의 품질, 애프터서비스 등 비가격경쟁력을 향상시키는 데 주력해야 할 것이다. 일본이 중저가품을 중심으로 아시아시장을 침투하는 데는 중국, 아세안 등의 저임금 국가들 때문에 한계가 있는 만큼, 일본은 고가품과 중저가품을 동시에 공급하는 하이브리드 전략을 취할 것이 예상되므로 경쟁국인 우리로서는 이에 대한 충분한 대책이 필요하다. 특히 2011년에는 원화의 평가절상(환율인하)이 예상되므로 그동안 누려온 엔고 혜택이 점차 감소할 가능성에 대해서도 사전 대비하여야 할 것이다.

넷째, 우리는 일본의 경제정책 대부분이 정부 주도적인 성격을 지닌 것으로 경제성장의 견인차로서 민간기업의 중심적 역할이 결여되어 있다는 문제점에 주목할 필요가 있다. 과거를 돌이켜 보면 금융·조세정책 등 일본 정부의 정책 실패로 인하여 민간기업의 투자 의욕이나 소비자들의 소비 의욕이 위축되는 경우가 많았다. 따라서 일본 정부는 과거의 호송선단식 성장 전략을 버리고 민간 기업이 자신의 자율성과 창의력을 최대한 발휘할 수 있도록 기업의 경영 및 투자환경을 개선해 주는 데 정책의 초점을 맞춰야 할 것이다. 일본의 경우와 마찬가지로 우리 정부도 경제에 대한 직접적 개입을 가능한 한 배제하고 민간부문의 활력을 제고시킬 수 있는 간접적 환경조성에 역점을 둘 필요가 있다.

획기적인 조치가 선행되지 않고는 일본경제 부활 어려워

대체로 향후 일본경제를 보는 시각은 두 가지로 엇갈린다. 하나는 일본경제가 이미 중국경제에 추월당했을 뿐만 아니라 머지않아 인도경제에도 역전당할 것으로 전망하면서 일본의 경제력이 현저한 쇠퇴국면에 접어든 이상 앞으로 부활하기가 쉽지 않으리라는 비관적 견해이고, 또 하나는 일본 정부와 기업들이 현재 대반격을 준비하고 있으므로 일본이 조만간 과거의 영광을 되찾을 수 있으리라는 낙관적 견해이다. 일본의 저명한 경제평론가이자 국제공공정책연구센터 이사장인 다나카 나오키(田中直木)는 최근 〈한국경제신문〉과의 인터뷰에서 일본이 오랜 기간에 걸친 방황을 끝내고 이제야 경제정책이 조금씩 가닥을 잡고 경제도 회복의 실마리를 찾아가고 있다고 밝히기도 했다.

결국 일본이 과거의 폐쇄적 경향을 과감히 탈피하지 않는 한, 그리고 1960년대와 같은 강력한 리더십을 회복하지 못하는 한, 한걸음 더 나아가 과거 정부 주도의 호송선단식 경제운영을 버리지 않는 한 머지않은 장래에 일본경제가 확실하게 부활하기는 어려울 것으로 보인다. (2011.01.20)

일본 대지진의 영향과 그 후

이홍배(동의대학교 무역학과 교수)

이웃나라 일본이 대재앙의 소용돌이 속에서 고통을 겪고 있다. 일본 동북부 지역을 덮친 9.0의 대지진은 1900년 이후 지구상에서 네 번째로 강한 규모이며, 이로 인해 발생한 괴멸적인 쓰나미는 400년에 한 번 있을까 말까 한 일이라고 한다. 게다가 대지진과 쓰나미의 여파로 야기된 원전 방사성 물질 유출에 대한 공포는 일본뿐만 아니라 전 세계로 확산되고 있다. 이번 사태로 사상자는 이미 2만 7,000명을 넘어섰으며, 전국적으로 21만 명이 언제 끝날지 모를 피난생활을 하고 있다. 특히 대재앙의 발생지인 동북부 지역은 물론 도쿄 등 수도권에 이르기까지 피해가 확산되면서, 산업 활동은 물론 사람들의 일상적 생활에 필요한 인프라 시설은 이미 정상적인 기능을 상실한 상태이다.

무엇보다도 지난 20여 년 동안 장기 불황이라는 꼬리표를 떼어내기 위해 무단한 노력을 하고 있는 최근 일본경제의 회복 기조가 이번 대재앙으로 인해 무참히 짓밟히는 상황까지 우려된다.

일본인들의 경제회복에 대한 불안감과 비관론 확산추세

이번 대재앙의 여파는 일본경제 곳곳에서 확인되고 있다. 일본 동북부 지역에 집약되어 있는 일본의 수출 주력산업인 자동차, 전기전자, 기계류 등의 부품생산 거점의 붕괴는 상당기간 동안 일본 제조업의 생산 감소를 야기하여 자국은 물론 해외를 아우르는 글로벌 공급망에 막대한 영향을 미칠 것으로 예상된다. 특히 대재앙 발생 후 2주가 지난 시점에서 동북부 지역의 반도체 등 부품생산은 불과 2% 수준에 그치고 있어 도요타, 닛산, 혼다 등 8개 일본 자동차업체는 연평균 일본 내 생산 320만 대의 10% 수준인 30만 대를 감산할 수밖에 없는 실정이다.[1] 자동차산업이 핵심 기간산업으로서 전체 산업에 미치는 파급효과를 감안하면 실로 엄청난 피해가 아닐 수 없다. 더욱이 지역별 계획정전 실시로 인해 이들 자동차업체의 정상 가동 시점조차 예측할 수 없는 상황이 계속되고 있다. 이러한 생산기반 시설 파괴로 인한 악순환은 제조업 모든 업종에서 나타나고 있다. 또한 동북부 지역뿐 아니라 일본 전역에 걸쳐 농수산물의 원전 방사능 피해는 앞으로 더욱 커질 전망이며, 후쿠시마 원전의 재가동이 불가능한 상태이기에 일본경제의 핵심지역인 도쿄를 비롯한 수도권 지역은 만성적인 전력공급 부족에 따른 생산 차질이 확실시 되고 있다. 그리고 재정적자 규모 확대로 국채 발행이 원활하지 못하다는 점에 더하여 3조 달러 규모의 해외자산 환수 가능성과 지정학적 리스크 확산에 따른 엔화가치 상승압력이 고조되면서 엔고 현상이 당분간 지속될 것으로 보여, 과거 수출을 통한 경기회복 메커니즘을 더 이상 기대할 수 없는 상황이다.

이로 인해 일본 기업들은 경영 악화와 자금조달에 어려움을 겪으면서 급기야는 대형 도산이라는 최악의 시나리오도 배제할 수 없을 것이다. 특히 현재 일본 정부는 국채 발행을 통해 복구 재원을 마련하는 등 긴급 양적완화 정책을 전개하고 있으나, 최근 시중은행들의 기업에 대한 대출 규모가 현저히 감소하고 있는 등 기업의 자금조달은 더욱 어려워질 것으로 보인다. 이에 더하여 생활기반 시설 파괴로 인한 일본인들의 허탈감과 불안감이 확산되고 있는 점과 일본 정부의 경기부양책 마련의 어려움, 정치적 리더십

부재 역시 원활한 복구 추진을 지연시키는 요인으로 작용하면서 경기회복에 커다란 걸림돌이 될 전망이다.

이번 대재앙으로 인해 1만 8,000여 가옥과 건물이 파괴되었으며, 재방 등 항만시설은 약 129개소, 도로와 다리 그리고 선로는 각각 2,035개소, 56개소, 36개소가 붕괴되었다. 이에 따른 피해규모만 해도 16년 전 한신 대지진의 약 2.5배에 달하는 약 25조 엔에 달할 것으로 추정되고 있으며, 원전 방사능 유출에 따른 식품, 생활기반 파괴 등 간접적인 피해까지 고려한다면 피해 규모는 추산하기조차 어렵다는 인식이 팽배하다. 따라서 복구를 위한 재정지출 규모 또한 한신 대지진 당시의 3조 2000억 엔 수준을 훨씬 웃돌 것이라는 전망이다.[2]

일본경제 침체는 세계경제 회복기조에도 찬물

이상과 같이 지금 일본 전역은 제2의 쓰나미 공포에 휩싸이고 있다. 이른바 대지진과 쓰나미, 원전 피해 등으로 야기된 경제 쓰나미가 몰려오고 있다. 그리고 이와 같은 일본발 경제 쓰나미는 분명 한국뿐 아니라 세계경제에도 큰 피해를 가져다 줄 것이다.

우리나라의 경우 물론 단기적으로는 제조업 등에서 대일 수출 증가와 농수산물 등의 수입 감소가 예상되고, 일부 부품소재 관련품목의 수입대체 효과 등으로 대일 무역불균형이 개선되는 효과를 기대할 수 있을 것이다. 그러나 이러한 현상은 일시적인 것으로 중장기적으로 보면 우리 경제 및 기업에 상당한 피해를 가져올 것으로 보인다. 우리나라의 기계류, 화학제품, 철강금속 및 전기전자제품 등이 전체 대일 수입에서 차지하는 비중(2010년 기준)은 90%에 육박하고 있으며, 특히 부품소재 관련 품목에서 더욱 현저하다. 그 중 LCD 제조용 장비(80%), 반도체 제조용 장비(30%), 자동차부품 (32%), 플라스틱(66%), 철강(40%) 및 비금속제품(60%) 등은 압도적인 대일 의존도를 보이고 있다.[3] 이와 같은 한·일 양국 간 산업 및 생산 네트워크의 구조적 특징을 고려하면 일본 산업 및 기업의 생산 감소와 경영 악화 그리고 도산 등의 사태는 우리 산업의 생산 감소와 기업의 경영악화 등으로 이어져 동반 침체를 초래하는 상황까지 치달을 가능성도 배제할 수 없을 것이다.

그리고 세계경제에 미치는 영향 또한 지대하다. 일본경제의 침체는 미국을 비롯한 세계경제의 회복기조에 찬물을 끼얹는 결과를 가져 올 가능성이 크다. 단적인 예로 일본이 미국의 국채를 매입할 수 없는 상황에 직면한다면 미국의 경기회복은 그만큼 지연될 수밖에 없을 것이다. 가깝게는 우리나라의 생산거점이자 소비시장인 중국과 ASEAN 등의 생산 및 분업체제에 심각한 균열을 초래하여 이들 산업 및 경제에 큰 타격이 예상된다. 최근 중국이 일본의 복구가 지연될 경우 자국의 경제활동은 크게 위축될 가능성이 높다는 위기감을 내비친 것도 그만큼 아시아 역내에서 일본경제의 역할이 매우 크다는 것을 방증한다. 더욱이 세계 최대 채권국 일본의 글로벌 자금 공급 능력이 급격히 저하되면, 이는 곧 국제 금융시장에 악영향을 미쳐 회복 기조를 보이고 있는 세계경제를 위축시킬 수 있다.

위기 극복과정은 제3의 일본 탄생 서막으로 이어질 수도

이러한 최악의 시나리오를 예견한 듯 우리나라를 비롯한 세계 각국은 일본에 대한 지원을 아끼지 않고 있으며, 일본 또한 미증유의 재정지출을 수반한 대대적인 복구 작업에 돌입한 상태이다.

한 가지 유의해야 할 점은 지금 일본의 복구와 재건에 가장 시급하고 필요한 것이 무엇인가를 찾아 적확한 재정투입과 정책적 지원을 전개하는 것이다. 당연히 붕괴된 생산기반 설비와 생활기반 시설의 신속한 복구가 우선이다. 사회적 인프라 시설 파괴로 인한 유통 및 물류 대란 확산과 이에 따른 산업 생산 감소의 장기화를 피하기 위해서라도 우선적인 재정투입이 이루어져야 할 것이다. 이를 통해 일본인은 물론 일본에 체류하는 외국인 모두가 불안감과 불신을 해소하고 정상적인 생활로 복귀할 수 있도록 해야 한다. 그래야 비로소 경제활동의 선순환 구조가 회복되기 때문이다. 현재 논의되고 있는 아동수당, 법인세 인하, 도로통행요금 상한제 등 기존 제도의 틀 안에서의 재정적 지원은 불충분할 것이다. 우리나라를 위시한 세계 각국 역시 이러한 점에 초점을 둔 정책적 대일 지원 및 협력이 긴요한 시점이다.

돌이켜 보면 일본은 현 난국을 슬기롭게 극복할 수 있는 저력을 충분히 갖고 있다. 메이지유신을 통해 제2의 일본 탄생을 이룩했고, 관동 대지진과 2차 세계대전 패전 이후 급속한 경제 부흥으로 세계 강대국 대열에 진입했으며, 사상 유례없는 버블붕괴로부터 경기회복의 자신감을 되찾았다. 그리고 이번 대재앙은 일본인들의 전통적 단결과 협력의 중요성을 새삼 일깨워 주면서 제3의 일본 탄생의 서막을 알리는 계기가 되고 있다고 판단된다.

뿐만 아니라 기술 강국으로서 제조업의 경쟁력도 여전히 막강하다. 계속되는 장기 불황 속에서도 일본 기업들은 꾸준히 연구개발투자를 증가시켜 왔으며, 그 결과의 하나로 우리나라는 물론 중국의 경제성장이 일본의 막대한 이익을 창출하는 구조적 경제관계도 여전히 유지되고 있다. 물론 재정적 어려움이 있지만, 아무리 국채를 발행한다 해도 과거 여타 국가에서처럼 디폴트 사태가 발생할 가능성도 희박하다. 그리고 여전히 일본인들의 전통적인 희생정신과 자신감 넘치는 모습이 무엇보다도 현 상황을 극복할 수 있다는 믿음을 주고 있다.

일본의 강력한 복구 의지와 일본인들의 꿋꿋한 믿음에 더하여, 우리나라의 적극적이고 진심어린 지원 노력은 머지않아 한 · 일 양국 간 협력의 또 다른 차원에서의 새로운 출발점이 될 수 있기를 기대해 본다. (2011.03.30)

2011년 8월,
한반도 주변의 불안한 국제정세

이춘근(한국경제연구원 선임연구위원)

매년 8월이 되면 한국 사람들은 한반도의 주변 국제 정치에 대해 보다 심각하게 생각하곤 한다. 8월은 한국이 일제에서 독립한 광복절이 있는 달이며, 광복절은 또한 대한민국이 건국된 날이기도 하기 때문이다. 광복은 단지 일본의 압제에서 벗어나는 것만으로 완성되는 것은 아니다. 광복이란 진정한 우리 민족의 국가를 건설함으로써 완성되는 것이다. 그런데 우리는 우리 민족의 완성된 국가를 건설하지 못했다는 사실 때문에, 해방되었다는 의미의 광복절을 기억하지만 그날을 아직 건국절로 축하하지 못하고 있는지도 모른다. 금년은 광복 66년이자 대한민국 건국 63년이 되는 해지만 우리나라의 완전한 건국을 이룩하기 위해 반드시 고려하고 극복해야 할 한반도 주변의 국제정치적 변수들의 진행방향은 우리를 우울하게 만들고 있다.

독도분쟁이 존재하여도 한일관계는 우방이어야

우선 일본과의 관계가 복잡미묘하게 전개되고 있다. 지난 3월 일본 대지진 이후 나타났던 한국 국민들의 일본에 대한 동정심과 지원, 또한 일본 언론과 일본 각계각층 국민들의 한류에 대한 우호적인 열정은 2000년 이상

갈등과 긴장의 연속이었던 한일관계의 불행을 과거의 이야기로 만들 수 있을지도 모른다는 기대를 가질 수 있게 했다.

그러나 작금 야기되고 있는 일본의 독도 영유권 주장과, 대한민국의 격정적인 반응은 한반도의 통일과 평화 유지에 긍정적으로 작용해야 할 일본이라는 변수가 얼마나 요원한 것인지를 다시 깨닫게 해주고 있다. 정부는 신중하게 검토하겠다고 했지만 여당 대표는 독도에 해병대 주둔을 요구했다.

그렇게 요구하는 것이 우국충정의 결과일 수 있으며, 정치가로서 국민의 지지율을 끌어올릴 수도 있지만 전략적인 발상은 아니다. 우리 해병대가 독도에 주둔한다는 것은 일본의 우익 군국주의 세력이 학수고대했던 최고의 선물이 될 것이다. 아무리 독도분쟁이 존재한다해도 한일관계는 우방이며, 최근 일본 사회의 일각에서는 일본 정부를 향해 한국의 자유 민주주의 통일을 지원해야 한다는 건의서를 올릴 정도의 친 대한민국적인 분위기도 형성된 바 있었다. 얼마 전 한국 가수들의 공연을 보기 위해 도쿄돔을 꽉 채운 일본의 젊은이들은 한국을 친구의 나라처럼 생각했을 것이다.

독도에 해병대가 주둔하는 것은 일본의 군국 세력들이 전쟁을 할 수 없게 규정한 일본의 평화헌법을 개정해야 한다고 더욱 목소리를 높일 수 있는 빌미가 될지도 모르며 일본 경찰의 순시선이 아니라 일본 해상 자위대의 군함이 독도 부근을 어슬렁거리게 할 수 있는 빌미를 제공하게 될 것이다. 한국의 해군참모총장이었던 한 해군전략가는 '우리 해군은 일본 해군과 교전할 경우 반나절을 버티기도 힘들 것'이라고 말한 적 (2005년 3월)이 있었다.

과연 대한민국은 이 같은 처절한 현실을 광정(匡正)하기 위해 지난 몇 년 동안 무슨 노력을 했단 말인가? 세계적으로 국가안보가 엄중한 상황인 대한민국의 국방비가 GDP의 2.7%에 불과하다는 사실은 또 어떻게 설명되어야 하는 것인가? 대한민국은 국가안보가 완전히 해결된 나라라는 말인가?

138

미·중 국가안보전략을 예의주시

　중국이나 북한에게는 꼼짝도 못하면서 일본에게는 군사력으로 한번 해보자는 발상도 허무하기는 마찬가지다. 중국은 지난 1년여 기간 동안 적어도 4개의 신형 무기들을 개발하고 실전 배치하기 시작했다고 발표했다. 2010년 7월, 천안함 격침 사건 이후 북한의 도발에 대비한다는 차원에서 동해바다에서 미국 항공모함 함대와 한국 해군이 연합훈련을 벌이던 기간 중 중국은 미국의 항모를 공격하기 위해 개발했다는 동풍 21함대지 미사일을 공개했다. 2011년 1월 미 국방장관이 중국을 방문했던 기간 중 중국은 스텔스 폭격기를 공개하고 비행 실험까지 했다. 8월에는 항공모함을 진수시켰다. 중국 정부의 방어적인 발표와 달리 중국 군부는 중국의 항공모함이 공세적인 목적을 가지는 것임을 분명히 했다. 항공모함을 방어무기라고 강변할 수는 없었을 것이다. 중국은 8월 15일 현존하는 미국 최고의 스텔스 전투기 F-22를 추적할 수 있는 레이더를 개발했고 이를 곧 공개할 것이라고 발표했다.

　중국이 항모를 진수시키는 날 미국은 중국에게 '항모를 만드는 이유가 무엇인지를 말하라'고 요구했다. 또한 미국은 중국이 항모를 진수 시키는 바로 그날 핵 항공모함 조지 워싱턴호를 중국 해역으로 항진하도록 했고, 8월 16일 현재 조지 워싱턴 호는 베트남 인근 해역을 항해 중이다. 미국의 태도를 보고 놀랍다고 생각하는 한국인이 많을 것이다. 그러나 국가들은 원래 그렇게 행동하는 것이다. 미국의 행동은 놀라운 일이거나 비정상적인 일이 아니다. 중국은 아직도 미국의 힘을 당할 수 없다는 현실에 가슴 저미고 있을 것이며 군사력 건설에 매진해야겠다고 결심할 것이다.

　중국이 항모를 진수시키는 날 일본에서는 핵 무장론이 다시 고개를 들고 있으며, 대만은 자체 개발한 항모공격용 미사일을 공개했다. 한반도를 둘러싼 주변국가들 모두가 국가안보라는 오래된 개념이 아직도 국가의 제일 중요한 일임을 재확인하고 있다. 중국이 고도성장을 지속하는 한, 미중 대결은 피할 수 없는 운명이다. 그때 우리나라의 전략은 무엇인가? 그때도 미국은 동맹국이고, 중국은 전략적 동반자라는 한가한 소리를 지속할 수는 없을 것이다.

일본은 이미 미일 동맹을 더욱 돈독히 하고 있으며 중국과 대결 관계에 들어갔음을 숨기지 않는다. 일본의 식자들 중에는 이미 제2차 일중전쟁이 시작되었다고 고백하는 사람들도 적지 않다. 대만, 베트남등 중국 주변의 작은 국가들 역시 미국과의 연계를 더욱 강화, 중국의 부상에 대비하고 있다.

대한민국 국가안보와 평화통일에 피아를 구분하여 대응해야

북한은 자신을 두고 벌이는 미국과 중국의 대 전략게임에서 줄타기를 벌이며 미중 양국을 상대하는 놀라운 전략적 행보를 시작했다. 북한을 향한 미국과 중국의 대전략은 양국 모두 북한을 자신의 영향권 아래 있는 나라로 만드는 것이다. 이를 위해 중국은 현상유지를, 미국은 현상 변경을 도모하는 것이다.

대한민국의 전략은 무엇인가? 대한민국 국가전략의 수립을 위해 우리가 원하는 국가목표가 무엇인가를 먼저 분명히 해야 한다. 우리의 국가목표는 국가안보와 자유 민주주의에 의한 한반도의 평화 통일이다. 목표를 설정한 우리는 대한민국의 국가 안보와 한반도의 자유 민주 평화 통일에 도움이 되는 세력과 방해가 되는 세력을 정확히 구분해야 한다. 그 다음 우리는 우호 세력과는 연계해야하며 비우호 세력과는 대결을 벌일 각오를 해야 한다. 어려운 결정이 아닐 수 없다. 금년 8월 한반도 주변의 국제 정치 현실은, 우리가 금명간 어려운 선택을 하지 않을 수 없는 방향으로 급속하게 변해가고 있는 중이다. (2011.08.17)

간디 스와데시와 인도의 경제성장

오화석(글로벌경영전략연구원 인도경제연구소장)

마하트마 간디는 인도 현대사 최고의 영웅이다. 간디는 영국 식민통치에 대한 비폭력 독립운동으로 불멸의 지도자가 됐다. 간디가 인도 현대사에 끼친 영향은 상상을 초월한다. 간디가 남긴 자취는 요즘도 인도 사회 곳곳에 배어 있다. 그 자취는 많은 부분 긍정적이지만, 부정적인 면도 적지 않다.

많은 사람들에게 간디는 뼈만 앙상한 몰골로 물레를 돌리는 모습으로 기억된다. 영화 '간디'의 한 장면이 겹쳐진 탓이기도 하지만, 실제 간디의 삶과 철학이 그랬다. 간디는 문명생활과 물질주의를 배격하고 도시 대신 농촌을 중시했으며, 자급자족하는 삶을 주창했다. 물론 간디의 이런 삶의 철학과 자세는 그가 살았던 시대를 반영한다. 인도를 지배했던 영국 제국주의에 대한 저항과 반발의 산물인 것이다. 그러나 간디의 삶의 자세와 철학은 독립 이후에도 그의 의지와 상관없이 인도의 경제발전에 크나큰 부정적 영향을 미쳤다.

간디 사상, 독립 이후 인도의 경제발전에 악영향

간디는 독립운동 기간 동안 산업화를 지속적으로 비판하고 반대했다.

간디가 산업화에 반대한 이유는 인간의 이상적 삶의 형태가 목가적 시골생활에 있다고 판단했기 때문이다. 따라서 산업화는 필연적으로 이상적 사회인 농촌의 파괴를 가져온다고 믿었다. 게다가 당시 영국 식민정부는 인도를 산업화시키겠다고 선전했지만, 산업화의 이익은 대부분 영국 자본가들에게 돌아가는 결과를 가져왔다. 이를 직접 목격한 간디로선 산업화를 저지하고 반대하는 것이 당연했다.

간디의 산업화에 대한 회의(懷疑)는 테크놀로지에 대한 반대로 이어졌다. 여기서 테크놀로지란 서구 기술문명을 말한다. 그는 테크놀로지 발전에 대해 영국의 기계파괴운동인 러다이트(Luddite) 같은 반응을 보였다. 즉, 기술이 발전하면 필연적으로 노동자들의 일자리를 빼앗게 된다는 논리였다. 또 산업화에 대한 반대는 도시화에 대한 반감으로 발전했다. 간디에게 있어 인도의 정신과 영혼은 농촌 공동체에 있었다. 그는 "진정한 인도는 몇 안 되는 도시에서가 아니라 70만 개의 마을에서 발견될 수 있다. 마을이 붕괴한다면 인도도 붕괴할 것이다"라고 말하곤 했다.

간디는 영국 식민통치 하에서 발전한 인도 도시들이 농촌경제에 전혀 이득을 주지 못한다고 생각했다. 인도의 사례는 도시화로 인해 농촌지역의 소득 증대와 삶의 질 향상을 가져온 영국이나 유럽 국가들과 달랐다. 간디는 인도 도시들이 농촌의 인재와 자본, 기타 여러 자원을 빼앗아가는 수탈자라고 여겼다. 도시 공장에서 만든 제품들은 인도 농촌으로 들어와 가내수공업으로 먹고 살던 농촌사람들의 삶을 파괴했다고 믿었다. 간디가 합성섬유를 거부하고 면화를 고집한 이유도 바로 여기에 있다. 그는 산업화의 산물인 합성섬유가 인도의 강점인 면화산업을 피폐하게 만들어 농촌을 파괴한다고 생각했다.

간디의 산업화, 도시화, 서구문물에 대한 반대가 종합적으로 나타난 산물이 유명한 스와데시(Swadeshi) 운동이다. 스와데시는 힌디어로 '모국(母國)'을 뜻하는 말로 외래품, 특히 영국 상품을 배척하는 국산품 애용운동이다. 스와데시는 외부시장에 대한 경제적 의존을 피한다. 그러한 의존은 마을공동체를 취약하게 만들 수 있기 때문이다.

간디에 따르면 당시 인도 농촌경제의 핵심은 농민들이 직접 손으로 만든 면직물이었다. 그러나 영국에서 기계로 만들어진 값싸고 대량생산된 직물들이 인도에 홍수처럼 들이닥치자 농촌 지역 직물장인들은 일자리를 잃고, 마을경제는 수렁에 빠졌다. 간디는 농촌의 가내 직물업이 다시 소생해야 한다고 생각했다. 이에 따라 영국산 직물의 유입을 막기 위한 운동, 즉 스와데시를 대대적으로 벌였다.

스와데시 운동의 결과 수많은 인도인들이 신분을 초월하여 영국이나 도시로부터 수입된 공장제품 옷을 배격하는 데 동참했다. 그리고 간디처럼 스스로 실을 잣고 옷을 짜 입는 법을 배웠다. 간디가 돌린 물레는 경제적 자유와 정치적 독립의 상징이 되었다.

간디의 반(反) 산업화, 반 테크놀로지, 반 도시화, 반 외국상품 운동은 인도인들을 자각시키고, 독립을 달성하는 큰 힘이 되었다. 이 점에서 간디가 인도 독립에 기여한 업적은 아무리 강조해도 지나치지 않다. 문제는 이런 인식과 철학이 독립 이후에도 계속됐고, 그 강도는 낮아졌지만 아직도 여전히 계속된다는 데 있다.

산업화는 가난한 인도가 시급히 달성해야 할 가장 중요한 과제다. 인도의 가난은 끔찍하다. 하루 1달러 미만의 돈으로 살아가는 극빈 인구가 자그마치 수억 명이나 된다. 이들이 의식주를 해결하고 교육을 받게 해 인간적인 삶을 영위토록 하기 위해선 산업화가 절실하다. 산업화가 이루어져야 수천 년간 내려온 신분제도인 카스트도 해체될 수 있다.

그런데 산업화는 어떻게 달성되는가? 앞선 기술이 바탕이 돼야 하고, 도시화가 진전되어야 하며, 자급자족경제를 넘어 상품과 서비스의 교류가 적극적으로 이루어져야 한다. 그러나 간디가 인도인들의 마음속에 뿌리 깊게 박은 신념과 철학은 안타깝게도 이와는 정반대의 길이었다. 산업화, 도시화를 반대하고 농촌을 중시해야 한다는 간디의 철학은 카스트제도 등을 유지하려는 기득권층에게 강력한 이론적 무기가 되었다.

스와데시를 통해 자립경제를 달성하려던 간디의 철학은 정반대의 결과를 초래했다. 자립경제 모델이 실패했다는 사실은 간디의 철학을 이어받은 자와할랄 네루(Jawaharlal Nehru) 초대 총리가 죽은 지 몇 년 후 바로 드러났다. 1966년 인도는 제1차 외환위기를 겪는다. 주요 원인은 1950년대 이후 무역과 재정에서의 '쌍둥이 적자'가 지속적으로 악화됐기 때문이다. 무역적자는 위기를 초래할 수준인 국내총생산(GDP)의 5% 수준에 달했고, 재정적자는 GDP의 25%나 됐다. 게다가 인플레이션이 높아 무역적자를 계속 확대시켰다.

위기에 처한 인도 정부는 결국 루피화에 대한 가치를 떨어뜨리는 평가절하를 단행했고, 국제통화기금(IMF)에 구원을 요청했다. 루피화에 대한 평가절하는 곧 스와데시의 패배를 의미했다. 스와데시는 자립경제를 목표로 추구한 정책이었으나 루피화 평가절하는 IMF, 즉 외국세력에의 굴복을 뜻하였기 때문이다. 제1차 외환위기로 인해 인도가 국제적 모멸을 받는 시간은 수년간 이어졌다. 영양부족에 시달리던 빈민들은 곡식을 싣고 온 미국 식량원조 선단(船團)에 의존해 살았다.

두 차례 위기 겪고 개방 시장경제로 대전환

인도 정부의 스와데시 정책은 제1차 외환위기 이후에도 이어졌다. 그러나 1991년 제2차 외환위기를 맞으면서 치명적 타격을 받는다. 1991년 위기는 네루 이후 수십 년간 계속됐던 자립경제 모델에 대한 강한 거부였다. 당시 재정, 무역, 자본 등 '트리플 적자'에 빠져 있던 인도는 옛 소련의 붕괴, 걸프전쟁 발발로 인한 국제유가 급등, 해외 인도인 교포들의 국내 투자자금 회수 등 여러 요인으로 인해 외환위기에 직면했다.

결국 두 차례에 걸쳐 루피화를 평가절하했고, 다시금 IMF에 도움을 요청했다. 자립경제란 자존심은 만신창이가 됐다. 제2차 외환위기를 계기로 인도는 자립경제정책을 벗어던지고 개방적 시장경제로 대전환을 시도한다. 독립 이후 40년간 이어져 온 스와데시와의 결별이었다. (2011.02.10)

미 국가신용등급 강등이 한국경제에 미치는 영향

김창배(한국경제연구원 부연구위원)

미 국가신용등급 강등과 미국경제의 긴축강화로 미국경제의 성장 둔화에 대한 우려가 확산되면서 한국경제에 적신호가 켜졌다. 올 경제성장률 4.5%, 물가상승률 4.0%는 사실상 달성이 어려운 목표가 될 것으로 보인다. 물가보다는 경기쪽에 무게중심을 두는 정책운영이 요구된다.

하반기 성장둔화, 물가상승 불가피

정부는 하반기 경제운용계획을 발표하면서 우리경제의 2011년 성장률을 4.5%로 전망했다. 상반기 3.8%에 그쳤던 우리 경제의 성장률이 하반기에는 다소 개선될 것으로 기대했기 때문이다. 하지만 당시에도 낙관적인 전망이라는 비판이 많았고, 최근 신용등급 강등의 파장을 감안할 때 성장률이 4%미만으로 낮아질 가능성은 더욱 높아졌다. 미국의 성장둔화가 불가피하고 그 여파로 글로벌 리세션의 위험도가 증가하면서 우리 수출이 타격을 입을 수밖에 없기 때문이다. 우리나라의 대미국 수출은 10%에 불과하지만 중국, 멕시코 등을 통한 대미 우회수출의 비중이 높기 때문에 부정적인 영향은 불가피해 보인다. 해외수요 감소의 타격뿐 아니라 환율하락에 의한 수출 감소도 예상된다.

　단기적으로는 글로벌 금융시장 혼란에 따른 안전자산 선호 경향으로 달러 매집, 외국인 주식 매도 등이 강화되면서 원/달러 환율이 상승하고 있지만 이 같은 환율 상승세는 지속되기 쉽지 않을 전망이다. 달러 및 국채 등 미화 자산의 근본적 위상약화로 글로벌 외환보유액 다변화가 촉진되면서 달러 약세 압력이 상존하고 있는데다 미 FRB의 추가 양적완화의 실시 가능성 역시 원/달러 환율의 하락요인이 될 것으로 보이기 때문이다. 수출부문의 둔화는 물론 내수부문의 부진도 심화될 것으로 보인다.

　아직까지는 기업들의 투자계획 변경은 고려되고 있지 않지만 이번 사태가 장기화 국면으로 갈 가능성을 볼 때, 일정 부분 축소 수정이 예상된다. 더구나 개인들의 자산구성에서 주식비중이 높아진 상황에서 주식시장의 침체는 소비마저도 다시 위축시킬 수 있다.

　하반기 물가상황도 기대와는 달리 더 악화될 가능성이 커졌다. 공공요금의 현실화, 장마 및 폭우로 인한 농산물가격 상승 조짐 등 기존의 물가압력이 여전한 상황에서 미 신용등급 강등의 파장은 국내 물가여건에 추가 악재로 작용할 것으로 보이기 때문이다. 세계경제불안의 확대 여파로 국내 성장둔화가 우려되고 있는 상황에서 섣불리 금리인상 카드를 강행하기도 쉽지 않다. 글로벌 수요 위축으로 국제유가 하락의 가능성도 제기되고 있으나 달러 약세로 인한 달러표시 상품가격 상승과 투기수요의 가세로 제한적인 수준에 그칠 것으로 보인다. 소비자물가를 하반기에도 4%대의 고공행진을 지속할 것으로 보는 이유다.

통화 및 재정정책 방향의 재수립 필요

　살펴본 바와 같이 하반기 우리 경제는 예상과는 달리 상반기에 비해 더 큰 어려움에 직면할 가능성이 높아졌다. 따라서 정부는 낙관적인 전망에 근거해 수립한 통화 및 재정정책 방향을 재수립해 금융시장 유동성 및 실물경제 전반에 부정적으로 미칠 영향을 최소화해야 할 것이다.

우선 통화정책의 경우, 대외 불확실성에 더 큰 무게 중심을 두어야 할 것으로 보인다. 물가압력을 감안하면 기준금리 인상이 요구되지만 글로벌 수요위축으로 국제원자재 및 원유의 가격의 상승이 제한될 가능성이 높아지고 원/달러 환율의 하락도 물가상승세 완화에 기여할 수 있을 것으로 보이기 때문이다. 재정 건전성이 무엇보다 중요한 상황에서 단기적으로 정부가 경기방어를 위해 취할 수 있는 유일한 정책 수단은 금리라고 해도 과언이 아니다. 현재로서는 금리동결을 유지하면서 경기의 추이와 주요국들의 금리정책을 지켜보는 것이 시장의 불안 심리를 안정시키는 급선무이다.

재정정책의 경우, 어느 때보다도 재정건전성 확보의 중요성이 높아진 시점이기 때문에 긴축적인 재정기조를 흐트러서는 안된다. 하지만 불요불급한 지출을 억제하고 생산적인 지출을 늘리는 방향으로의 지출구조조정을 통해 지출의 성장기여도를 높일 수 있는 방안도 모색해야 한다. 내년 대선과 총선을 앞두고 재정운용이 방만해 질 가능성이 높으므로 특히 경계해야 할 것이다.

중장기적으로는 향후 수년에 걸쳐 진행될 세계경제의 저성장, 그리고 글로벌 외환보유고의 다변화로 달러 및 미국채의 위상약화가 가져올 국제금융시장의 불안과 파장에 대해 본격적인 대비를 해야 할 것이다. 기업들은 원가절감 방안 및 고부가가치 제품 개발 등을 세계경제 위기의 장기화에 대비하는 전략수립을 강화해야 한다. 2008년 글로벌 금융위기를 기회로 활용했던 우리의 경험이 다시 한번 그 힘을 발휘하기를 기대해 본다. (2011.08.19)

OPEC 증산계획 무산의 정치경제학적 배경과 하반기 유가

최성희(계명대학교 국제통상학과 교수)

지난 6월 8일 오스트리아 빈에서 제159차 석유수출국기구(OPEC) 정례회의가 열렸다. 회의의 주요 안건은 OPEC의 현재 석유 공급량보다 150만 배럴을 추가 증산하는 것이었다. 그러나 사우디아라비아, 쿠웨이트, 카타르, 아랍에미리트 등의 4개국이 증산을 주장하였음에도 불구하고 이란, 에콰도르, 베네수엘라, 알제리, 앙골라, 이라크, 리비아 등 7개국이 증산에 반대함으로써 증산계획은 무산되고 말았다. 회의 종료 후 증산을 주도적으로 추진했던 사우디아라비아의 '알리 나이미(Ali Naimi)' 석유장관은 "이번 회의는 사상 최악"이라며 증산 실패에 대해 강도 높은 불만을 표출하였다.

세계 석유 공급량을 조절하는 석유 수출국 모임인 OPEC이 내부적으로 의견을 조율하지 못할 뿐더러 분파적 의견 충돌을 일으키는 모습에 국제 여론 역시 우려를 나타내고 있다. 전 세계 석유 매장량의 80%를 보유하면서 약 40%의 생산량을 담당하고 있는 국가들이 자칫 석유생산에 차질을 빚을 경우 세계 석유시장에 혼란이 발생할 수 있다는 불안감 때문일 것이다. 하지만 OPEC 내부의 의견 충돌이나 결속력에 대한 문제는 사실 어제 오늘의 이야기가 아니다. 1960년 9월 출범 이후 지속되고 있는 OPEC 결속력의 문제점, 과연 그 원인과 배경은 무엇일까?

생산쿼터 준수에 대한 강제성 없어 OPEC 결속력 약해

우선 OPEC 출범의 역사적 배경부터 살펴보자. 1960년 미국이 자국의 석유산업을 보호하기 위해 원유 수입을 제한하자 산유국들의 석유 판매량이 급감하였다. 게다가 미국의 풍부한 석유 생산으로 석유가격도 큰 폭으로 하락하게 되었다. 석유 수출 이외에 국부를 증진시킬 방법이 없는 대다수의 산유국은 수출 감소와 유가 폭락으로 국가재정 수입이 극도로 악화되기 시작하였으며, 생산량을 줄여서 위기를 극복하고자 하였다. 이러한 과정에서 산유국들이 OPEC을 결성하게 된 것이며, 회원국의 석유생산쿼터를 통해 세계 석유 공급량을 조절하기 시작하였다.

따라서 OPEC 결성의 근본 목적은 생산량과 국제유가 조정을 통해 산유국이 원하는 석유 판매수입의 목표를 달성하는 데 있다. 그러나 개별 회원국에 할당된 생산쿼터를 지키지 않을 경우에도 별다른 제재수단은 없다. 이 때문에 출범 초기부터 OPEC의 결속력은 강화될 수 없는 약점을 가지고 있었다. 왜냐하면 모든 회원국은 오히려 생산쿼터를 위배함으로써 자국의 이익이 극대화될 수 있는 경제적 유인에 노출되기 때문이다.

예를 들어 세계 석유 수요가 줄어들어 OPEC 회원국이 생산쿼터를 줄여야 하는 경우 개별 회원국은 줄어든 쿼터를 위배하고 싶은 동기가 발생하게 된다. 줄어든 쿼터보다 더 많은 생산과 판매를 하게 되면 그 만큼의 많은 판매수입을 확보할 수 있기 때문이다. 자료 분석을 통한 실증연구들 역시 수요 감소로 국제유가가 하락할 경우 OPEC 회원국은 할당된 쿼터를 초과하여 생산한다고 지적하고 있다. 반대로 석유시장에서 수요가 증가하여 유가가 상승세로 접어든 경우 회원국은 할당된 생산쿼터보다 더욱 적게 생산하려는 유인을 갖게 된다. 왜냐하면 유가 상승으로 인해 이미 쿼터보다 적은 생산량으로도 목표 수입이 달성되었기에 조만간 생산량 쿼터가 상향조정될 때까지는 쿼터보다 적게 생산하는 것이 유리하기 때문이다. 국부 증진이 석유 판매수입에 절대적으로 의존하는 산유국의 이와 같은 경제구조와 함께 생산쿼터 준수에 대한 강제성 부족은 OPEC의 결속력이 강화될 수 없는 근원적 배경으로 작용하게 된다.

이번 OPEC 회의 결과 증산이 무산되었던 배경도 회원국 간 이러한 경제적 이해관계가 작용하였다. 증산을 주장한 4개 회원국은 공통적으로 잉여생산능력이 풍부한 산유국들이다.[4] 국제 석유 공급시장에서 언급하는 잉여생산능력이란 현재 생산량을 유지하면서 단기적으로 추가 생산할 수 있는 능력을 뜻하므로, 이들에게 쿼터 증대는 판매량 증산과 수익 증대로 직결된다. 그러나 증산을 반대한 7개 회원국은 상대적으로 미비한 잉여생산능력을 가지고 있다.[5] 따라서 이들에게 쿼터를 확대하더라고 즉각적인 판매량 증대로 연결될 수 없어 수익 증대를 기대할 수 없다. 결국 증산을 주장하는 4개 회원국이 하반기 세계 석유 수요가 약 150만 배럴 증대할 것이라 전망하며 OPEC의 증산을 주장하였지만, 증산을 반대하는 7개 회원국은 세계경제가 다시 침체될 수도 있다는 가능성을 부각시키며 하반기 세계 석유 수요가 하락할 수 있다는 엇갈린 수요 전망을 통해 증산 반대를 표명한 것이다.

서방과의 외교관계에 따라서도 증산 찬반 엇갈려

이렇듯 복잡한 경제적 이해관계와 함께 최근의 OPEC 결속력을 약화시키는 배경으로 정치적 이해관계도 거론할 수 있다. 우선 증산을 찬성하는 회원국은 미국을 비롯한 서방 선진국들과의 외교관계에 있어 친밀성을 유지하고 있으나, 증산에 반대하는 회원국은 자국의 핵실험이나 종교적 갈등으로 서방 선진국과 불편한 외교관계를 가지고 있다. 서방 선진국들은 거대 석유소비국으로서 세계 석유 공급이 증대되기를 원하는 입장이기에 친 외교관계를 가진 회원국은 증산의 입장에 설 수밖에 없는 반면 반 외교관계를 가진 회원국으로서는 증산에 반대할 입장에 직면한다는 것이다. 게다가 최근 OPEC 회원국 간 고질적인 분파 갈등이 심화되고 있다는 점도 OPEC이 의견을 조율할 수 없게 만드는 요인이 되고 있다고 분석된다. 대표적인 사례로서 증산을 주장하는 카타르는 리비아 내전의 반군을 지지하여 카다피 정부의 리비아가 증산에 반대했을 것이라는 관측이 제기되고 있으며, 증산을 주장한 사우디 역시 '시아파' 반정부 시위대를 강경 진압한 '수니파' 바레인 정부를 지지하여 '시아파' 맹주인 이란이 증산에 반대했을 것이라는 추측도 설득력을 얻고 있다.

수요 150만 배럴 이상이면 유가 상승압박 심할 듯

OPEC 결속력 약화로 무산된 증산계획이 국제유가에 어떠한 영향을 가져올 것인지가 문제이다. 하반기 국제유가 변동의 핵심 변수는 역시 수요부문이다. 증산을 주장한 산유국들의 전망처럼 수요가 150만 배럴 이상 상회한다면 국제유가는 상승압박을 매우 심하게 받을 것이다. 비록 사우디를 비롯한 증산에 찬성한 산유국이 쿼터 이상으로 생산량을 높여도 국제유가 상승세가 쉽게 안정되지 못할 가능성이 높다. 반면 증산을 반대한 회원국이 주장한 대로 유럽을 시작으로 하반기 세계 경기침체의 가능성이 다시 대두된다면 하반기 국제유가는 하락세로 반전될 전망이다. (2011.06.17)

● 주

1 일본 NHK 2010년 3월 25일 "동일본 대지진의 피해와 향후 전망" 전문가 토론 특집방송 참조

2 일본 NHK, 일본 아사히신문, 마이니치신문 및 요미우리신문 등의 주요 보도내용 및 기사 참조

3 무역연구원(2011. 3), 『일본 지진에 따른 對日 주요 수입품목 업체 실태조사』 참조

4 국제에너지기구(IEA)에 따르면 2011년 현재 사우디아라비아 324만 배럴, 카타르 20만 배럴, UAE 18만 배럴, 쿠웨이트 13만 배럴의 잉여생산능력을 보유한 것으로 파악된다.

5 IEA에 따르면 내전 중인 리비아의 잉여생산능력은 제로 수준으로 급감하였으며, 알제리 6만 배럴, 에콰도르 1만 배럴, 베네수엘라 10만 배럴 등 7개국의 평균 잉여생산능력이 9만 배럴 수준에 머무는 것으로 조사된다.

성장·고용·복지의 트라이앵글

The Market Economy

일자리 창출은 '서비스 빅뱅'에서

최병일(한국경제연구원 원장)

한국이 세계에서 9번째로 무역 1조 달러를 달성한 국
가 반열에 오르는 대단한 성취를 이룩했지만 국민적 반응은 놀랄 만큼 담담
하다. 무역입국(立國) 경제성장 전략을 구사한 후 세계 유수의 중화학공업국
이 되었지만 고용난은 계속되고 있다. 정부가 내년 경제정책의 최우선 과제
를 일자리 창출로 잡았다는 것은 그만큼 일자리가 심각한 문제라는 방증이
다. '고용 없는 성장' 이란 단어가 일상화된 것은 이미 오래전이다.

고도성장을 거듭하면서 일자리를 창출해내던 시대는 가고 분배의 욕구
가 분출하는 저성장의 시대에 해법을 찾아야 한다는 데 한국 경제가 풀어야
할 고용문제의 어려움이 있다. 고용문제는 크게 두 가지로 집약된다. 첫째
는 내수가 침체되어 수출만으로는 고용이 많이 증가하지 않는다는 것이고,
둘째는 중소기업에 많은 일자리가 있지만 젊은이들이 가기를 꺼린다는 것
이다.

무역의존도가 100%가 된 한국 경제에서 무역으로 만들어내는 일자리는
투자가 만들어내는 일자리보다 적다. 내수를 획기적으로 늘려야 하고, 중소
기업의 고질적인 구직난이 해소되어야 한다. 중소기업의 구직난은 우리의
체면문화가 사라지지 않는 한 쉽게 해결될 것은 아니지만, 중소기업이 중견

기업으로 성장할 수 있는 기회가 만들어지고 정부의 적절한 인센티브 부여가 이루어진다면 어느 정도 해소는 가능하다. 따라서 고용문제의 핵심은 침체된 내수를 획기적으로 확대하는 일이다.

내수증대를 위해서는 선행투자가 있어야 한다. 고만고만한 규모의 투자가 아니라 획기적인 투자가 특히 서비스 분야에 이루어져야 한다. 한국의 서비스업은 제조업이나 다른 국가의 서비스업보다 생산성이 뒤지고 제대로 산업화되어 있는 분야도 드물다. 하지만 이는 뒤집어보면 서비스산업이 발전할 수 있는 기회가 있다는 역발상도 가능하다. 서비스산업에 투자가 활성화되고 생산성이 증대하여 수입을 대체하고 수출산업화되면 '투자 → 고용 → 소득 → 소비 → 시장확대 → 투자' 로 이어지는 선(善)순환 구조를 만들어낼 수 있다. 내수도 확충하고 '버젓한 일자리' 도 많이 제공하게 된다. 그래야 진정한 상생도 되고 동반성장도 이루어진다.

정부는 서비스산업을 대외개방하여 발전시킨다는 계획을 가지고 자유무역지대를 만들기도 하고, FTA 협상도 해보았다. 하지만 그 계획은 여전히 도상(圖上)에 불과하다. 이제는 더 이상 외국에 기댈 것이 아니라 우리 안에 분출하는 투자 욕구를 활용해야 한다. 그러기 위해서는 서비스산업에 투자할 만한 여건을 조성해야 한다.

지난 10여년간 새 정부가 들어설 때마다 서비스분야 발전을 화두로 꺼냈지만, 비전은 미흡했고 기득권의 저항을 돌파하려는 의지와 전략도 부족했다. 감기약을 약국이 아니라 동네 수퍼에서 살 수 있도록 하자는 범국민적인 요구가 어떻게 저항에 부딪히고 좌절당해왔는지를 생각하면 규제개혁을 통해 서비스산업을 활성화하는 '서비스 빅뱅' 을 위한 의지·전략·결단은 남달라야 한다는 사실을 알 수 있다.

성장이냐 분배냐 하는 이분법은 더 이상 유용하지 않다. 이젠 어느 정부가 들어서더라도 고용과 복지를 동시에 달성해야 한다. 기존의 논법, 고답적인 관행, 자신의 몫 지키기에 매여서 '서비스 빅뱅' 을 하지 못한다면 한국 경제는 암울한 미래로 걸어 들어가게 된다. 그 어둠 속에는 계층 간 단절과 사회불안이라는 혹독한 찬바람이 기다리고 있다. 더 이상 낭비할 시간이 없다. (2011.12.21)

성장 없는 고용의 함정

곽태원(서강대학교 경제학과 명예교수)

실업은 여러 가지 사회문제들 중에서 가장 심각한 것이라고 할 수 있다. 특히 청년실업문제는 더욱 그렇다. 쉽게 개선될 기미가 보이지 않는다는 것이 당사자들에게 더 큰 좌절을 가져다준다. 그러니까 정부가 편성한 내년도 예산안을 일자리 예산이라고 말하는 것이나 정치인들이 일자리 대책을 자주 거론하는 것은 지극히 자연스러운 일이라고 할 수 있다.

일자리 대책에 대한 단견적이고 인기영합적인 정책은 옳지 않아

교과서적인 일자리 대책은 경기부양이다. 투자와 성장을 촉진하는 것이 바로 일자리를 만드는 것이라고 믿어왔다. 그런데 이러한 교과서적 처방이 힘을 잃고 있다. 투자나 성장이 이루어져도 일자리가 만족스럽게 늘어나지 못하는 현상이 나타나고 있기 때문이다. 정책당국도 투자촉진이나 성장이 실업대책으로서 유효한가에 대해 회의를 갖고 좀 더 직접적인 일자리 확충 대책을 모색하고 있다. 기업들의 찬조 등으로 기금을 조성하여 자치단체가 일자리를 만들어 보겠다고 나서는 단체장도 생기고 성장보다는 고용이 중심적인 정책목표가 되어야 한다는 주장도 등장하고 있다. 이러한 일련의 현상들은 일자리 문제의 심각성을 인식한 정책책임자들의 충정과 대응을 보여주는 것이라고 할 수도 있다.

그러나 단견적이고 인기영합적인 대응은 문제를 해결하기보다는 오히려 더 꼬이게 할 수 있다는 걱정이 든다. 성장이 고용을 창출하지 못하는 현상을 소위 '고용 없는 성장'이라는 말로 표현하면서 성장의 가치를 폄하하고 나아가서 기업을 비난하기도 한다. 인터넷에서 중요한 지식정보의 공급원 노릇을 하고 있는 위키피디아는 "기업이 돈을 많이 벌면 고용이나 노동자 복지에 쓰는 것이 아니라 설비자동화에 쓰기 때문에" 고용이 늘지 않는다고 설명하고 있다. 성장을 해봐야 노동자들에게 돌아올 것이 별로 없고 더구나 일자리가 없는 자들에게는 아무런 혜택도 없다는 것이다. 기업이 설비자동화를 할 수 밖에 없는 시장여건은 무시한 채 기업의 행태를 은근히 비난하면서 실업의 탓을 기업에 돌리고 있는 것이다.

정부나 정치권의 지나친 일자리 창출의욕은 위험

이러한 생각에 빠져서 정부와 정치인들이 일자리 만드는 일에 몰두하다 보면 자칫 '성장 없는 고용'만 이루어질 수도 있지 않을까 하는 염려가 드는 것이다. 정부가 경기대책 말고도 실업의 감소를 위해서 할 수 있는 일들이 있다. 그러나 일자리를 직접 만들겠다고 한다면 어떤 일을 할 수 있을 것인가? 우선 정부가 내 놓은 대책이나 정치인들이 말하는 대책에 감초처럼 들어가는 것은 창업지원이다. 그럴싸하게 들리지만 문제가 많은 생각이다. 창업의 지원은 필요하다. 그러한 지원의 우선적 목표는 일자리 창출보다는 기술과 산업의 발전에 두어져야 한다. 일자리 창출에 우선순위가 두어지면 지원하는 창업자체의 성공확률은 낮아질 가능성이 커진다. 마치 재정지원 일자리처럼 일부 수혜자들에게 임시적인 지원을 해 주는 효과밖에 거두지 못하는 경우들이 많아질 우려가 있다. 또한 성공하지 못한 수혜자들은 취업으로부터 더 멀어질 위험이 크다. 취업 적령기를 넘기거나 취업의욕이 떨어질 수 있다.

정부나 정치권의 일자리 창출 의욕에 관한 더 큰 우려는 그것이 여러 가지 명목으로 공공부문의 고용이 과도하게 늘어나는 현상을 유발할 수 있다는 점이다. 정부 임시직의 정규직화 이야기도 나오고 있다. 정부나 지방자치단체 그리고 중앙정부와 자치단체 산하의 공기업이나 공공기관 등의 인력운용이 청년실업 해소라는 명분으로 방만해 질 수 있다. 공공부문의 일자리야 말로 청년들에게는 '좋은' 일자리이지만 국가적으로는 세금만 축내는 일자리가 될 가능성이 크다. 최근에 관심을 끌고 있는 그리스 사태는 극단적인 예이기는 하지만 공공부문의 비대화가 경제 전체의 생산성 저하는 말할 것도 없고 규제의 남발과 이에 수반되는 부패와 부조리의 중요한 원인이 될 수 있음을 여실히 보여준다.

'성장 없는 고용'을 우려하게 하는 또 하나의 요인은 취업유발계수가 낮은 기업은 비난하고 노동을 많이 사용하는 기업은 칭찬을 하는 사회적 분위기이다. 이러한 분위기에 휩쓸려 성장은 뒷자리에 두고 일자리 창출을 최우선적 정책과제로 삼게 되면 산업구조를 보다 노동집약적인 쪽으로 유도하는 정책이 추진될 것이다. 이미 부분적으로 그러한 정책이 추진되고 있다. 예를 들면 임시투자세액공제제도를 고용창출투자세액공제로 전환하려는 개편안이 제출되어 있다. 이러한 추세는 생산성 저하에 따른 성장둔화로 연결될 가능성이 크다.

우리 경제를 좀 더 긴 시각에서 보면 성장 없는 고용이 얼마나 위험한 발상인가는 어린아이라도 알 수 있을 것이다. 근로연령인구(20~64세)를 65세 이상 인구로 나눈 값을 노인 부양비율이라고 한다. 이 비율이 1970년대 초에는 14명에 가까운 수준이었다. 14명이 일해서 노인 한 명을 부양해야 하니까 노인문제는 별 부담이 없었다. 그런데 2008년이 되면서 이 비율은 6.3명으로 줄어들었다.[1] 노인 한 사람을 책임져야하는 젊은 사람의 수가 절반 이하로 떨어진 것이다. 그럼에도 불구하고 지금 일하는 사람들이 1970

161

년대의 근로연령층의 사람들보다 훨씬 더 잘 살고 있는 것은 생산성이 몇 배나 더 높아졌기 때문이다. 1970년대에 비해 지금은 훨씬 더 자본과 기술에 의존하고 있기 때문에 노동의 생산성이 높아졌다. 부양비율은 지금도 빠르게 떨어지고 있다. 2030년대 중반에는 2명 그리고 2050년에는 1.5명까지 떨어질 전망이다.[2] 노동생산성이 이 비율이 떨어지는 속도보다 빠르게 상승하지 못한다면 우리 국민의 미래 생활수준은 점점 떨어질 수밖에 없다. 우리가 아직도 그리고 앞으로 수십 년 간 그리고 그 후에라도 성장을 외면할 수 없는 것은 바로 이러한 이유 때문이다. 이것은 먼 뒷날의 문제가 아니다. 당장 성장을 무시한 채 일자리 확대와 복지확대에만 힘을 기울이게 되면 대한민국의 국운은 쉽게 미끄러져 내릴 수 있다. 성장은 복지확대와 재정건전성 유지의 바탕이 되기 때문이다.

긴 호흡을 가지고 근원적인 대책을 강구해야

고용확대의 원천은 기업의 성장이다. 국가나 자치단체가 기업으로부터 돈을 거두어서 일자리를 만들겠다는 것은 매우 무모한 발상이다. 사실 고용 없는 성장이라는 말은 지나친 과장이다. 1970년대에는 고용의 성장탄력성이 0.4였는데 이 값이 점차 내려가서 2000년대에는 0.29인 것으로 나타나고 있다. 여전히 경제가 1% 성장하면 고용도 0.3%쯤 성장한다는 것이다. 이 비율이 낮아진다는 것은 일자리가 줄어든다는 의미로 생각할 수 있지만 오히려 1% 성장하는데 이제는 노동이 1970년대보다 적게 들어간다는 의미로 볼 수 있다. 그만큼 노동생산성이 높아졌다는 것이다. 노동생산성이 높은 기업들이 많아져야 경제전체의 생산성도 높아진다. 비난을 받는 취업유발계수가 낮은 기업 즉 자본과 기술에 더 많이 의존하는 기업들이 많아져야 한다는 것이다.

우리나라 전체 취업자의 83.3%가 300인 미만의 기업에서 일한다. 500인 이상의 대기업에 고용된 근로자는 12.3%에 불과하다.[3] 이러한 통계를 보고 우리나라 대기업의 고용기여율이 너무 낮다고 대기업을 비판할 수도 있다. 그러나 뒤집어 생각하면 이것은 아직도 우리나라의 대기업의 비중이 선진국들에 비해 너무 작다는 말이 된다. 노인부양비율이 1.5가 되는 시대를 무리 없이 맞이하려면 생산성이 높은 기업의 비중이 훨씬 높아져야 하는데 이러한 기업은 대개 취업유발계수가 낮은 대기업이 될 것이다.

그러면 당장 심각한 실업문제를 어떻게 하란 말인가? 경제가 회복되기 전에는 이 문제를 가시적으로 개선할 수 있는 특단의 대책 같은 것은 없다는 사실을 인정하는 것이 필요하다. 고용 인프라의 보완과 개선에 더 투자하는 것은 어느 정도 도움이 될 것이다. 어려운 때를 넘기기 위한 임시적인 수단으로 재정지원 일자리를 제공하는 것도 필요할 것이다. 그러나 좀 더 긴 호흡을 가지고 근원적인 대책을 강구해 나가야 한다. 이를테면 노동시장을 보다 유연하게 하고 규제를 완화하며 외국기업이나 우리나라 기업의 국내 투자가 더 활성화될 수 있게 하는 조치들이 추진되어야 할 것이다.

(2011.12.07)

청년의무고용할당제,
핵심을 무시한 편법

변양규(한국경제연구원 연구위원, 거시경제연구실 실장)

경제활동인구조사에 의하면 우리나라 청년층(15~29세) 인구는 1991년 1212만 1천 명을 정점으로 지속적으로 감소하여 2010년에는 약 19.9% 감소한 970만 5천 명에 머물렀다. 그 결과 15세 이상 인구에서 청년층이 차지하는 비중도 1991년 38.4%에서 2010년 23.9%로 크게 하락하였다. 그러나 청년층 취업자는 인구감소 속도보다 훨씬 빠른 속도로 감소하여 1991년 549만 6천 명이던 청년층 취업자가 2010년에는 391만 4천 명에 그쳐 무려 28.8%나 감소하였다. 그 결과 45.3%에 달하던 고용률도 2010년에는 40.3%에 머물고 있다. 즉, 인구구조의 변화보다 훨씬 빠르게 청년층 노동시장이 위축되는 상황이 지속되고 있는 것이다.

이처럼 청년노동시장이 개선의 기미를 전혀 보이지 않자 일부 여야 국회의원들은 100인 이상 기업에 대해 근로자의 2.5%에 해당하는 청년을 추가로 채용하는 의무를 부과하고 2년간 고용을 보장하는 '청년의무고용할당제' 도입을 추진하고 있다. 이 제도는 지난 2000년 4월 벨기에가 시행한 '로제타 플랜(Rosetta Plan)'을 벤치마킹한 것으로 보인다. 로제타 플랜은 청년층에게 일자리와 훈련의 기회를 주기 위해 벨기에가 2000년 4월 1일 시행한 제도로 근로자 50인 이상 민간부문 사업주는 전체 근로자의 3%에 해당하는 신규 노동력을 실업상태에 놓여있는 청년층으로 채워야하며 이를 달성하지 못할 경우 모자라는 부분에 대해 청년근로자 1인당 하루에 약 3 벨기에프랑, 현재 가치로 환산할 경우 약 150원 정도의 벌금을 내도록 하는 제도이다.

이 제도를 놓고 일부 사용자나 학계에서는 헌법에서 보장하고 있는 경영권 행사의 자유를 침해하는 것이라고 비판한다. 그러나 일부 정치인들은 사용자에게 부담이 되는 것을 알기 때문에 5년간 한시적으로 법안을 추진하겠다는 옹색한 답변만 되풀이한다. 과연 언제부터 우리나라가 헌법에서 보장한 권리를 한시적으로 제한하는 것을 당연하게 생각하게 되었는지 우려스러워진다. 하지만 보다 우려되는 점은 현재 도입 추진 중인 청년의무고용할당제는 우리나라 청년노동시장의 특징을 무시한 근시안적 편법이라는 점이다. 벨기에와 우리나라 청년 노동시장 사이에는 무시할 수 없는 엄청난 차이가 있으며, 이를 무시하고 단지 단기적이며 가시적 효과만을 위해 제도를 도입한다면 긍정적 효과보다는 부정적 효과가 더욱 클 것이 우려된다.

한국 청년 노동시장의 특징 고려 필요

우선 벨기에 청년 노동시장을 살펴보자. 로제타 플랜은 저학력 노동력이 많고 학생들의 학업중단이 사회적 문제가 된 벨기에에서 저학력 청년층이 자연스럽게 노동시장에 흡수될 수 있도록 강제로라도 근로경험을 제공하려는 제도이다. 〈그림 1〉에서 볼 수 있듯이 2001년 벨기에의 대학진학률은 32%로 OECD 평균인 46%에 크게 모자라는 수준이었으며 이러한 추세는 최근까지도 지속되고 있다. 2008년 기준 고교졸업률은 61.2%로 OECD 평균 59.9%와 유사하지만 대학진학률은 30.5%로 OECD 평균 55.9%보다 25%p 이상 낮다. 통계가 보여주는 것처럼 벨기에는 고교졸업 이하의 젊은 노동력이 상당히 많은 국가이다.

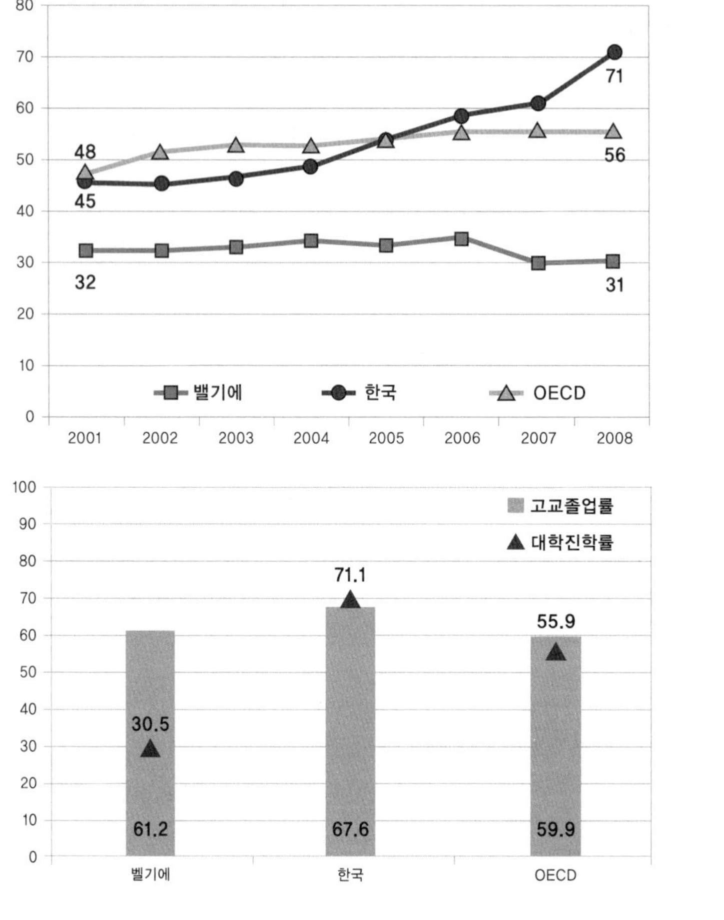

자료: 『Education at a glance 2010』 OECD
주: 대학진학률은 UNESCO의 ISCED level 5A를 기준으로 계산

그런데 저학력 청년층이 가지는 특징 중에 하나는 졸업 후 6개월 이내에 일자리를 찾지 못할 경우 상당수가 장기실업에 처한다는 것이다. 벨기에에서 저학력 청년층에 근로의 경험을 강제로라도 제공하려 했던 이유가 바로

여기 있는 것이다. 저학력 청년층이 장기실업에 처하게 될 경우 사회적으로 상당한 비용이 발생하기 때문에 사용주에게 추가적 비용이 발생하더라도 강제적으로 근로의 경험을 제공하려고 했던 것이다.

일반적으로 강제로 만든 일자리의 질은 낮을 수밖에 없다. 언제든 없어질 수 있는 일자리이다. 실제로 로제타 플랜에 의해 처음 2년 간 만들어진 일자리 중 약 35%는 낮은 질의 일자리였으며 이런 일자리는 장기적으로 지속 가능한 일자리가 아니었다. 그럼에도 불구하고 로제타 플랜이 어느 정도 긍정적 평가를 받는 것은 이런 일자리마저 저학력 청년층에게는 근로라는 소중한 경험을 제공할 수 있었기 때문이다.

그러나 우리나라는 어떠한가? 고등학교 졸업생의 대부분이 대학을 진학하는 상황에서 청년층이 기대하는 일자리는 결코 낮은 질의 일자리가 아니다. 다들 아는 것처럼 청년실업 문제의 핵심은 단순히 일자리가 부족한 것이 아니라 청년 눈높이에 맞는 일자리가 부족하다는 점이다. 취업에 성공한 청년층의 42% 이상이 근로여건 불만족을 이유로 첫 일자리를 그만두고, 젊은 자식이 해외어학연수 등 소위 스펙 쌓는 것을 돕기 위해 부모는 허드렛일도 마다않는 지금 시대에 엄청난 재원을 사용하여 기대에 미치지 못하는 일자리를 만들어 내는 것은 청년층 당사자를 포함해 우리 사회 전체에 엄청난 부담만 안겨줄 뿐이다.

장기적으로 청년실업문제의 해결책 될 수 없어

또 한 가지 우리가 고려해야 하는 점은 로제타 플랜과 같이 강제로 고용을 할당하는 제도는 결코 지속적인 효과를 나타내기 어렵다는 것이다. 로제타 플랜은 기업으로 하여금 최적 요소결합에서 강제로 벗어나도록 만드는 일종의 쿼터제도이다. 따라서 단기적으로 기업에 손실을 안기며 사중손실(deadweight loss)도 발생한다. 그러나 더욱 중요한 점은 장기적으로 기업은 노동대체를 통해 최적의 요소결합으로 다시 돌아간다는 점이다. 즉, 사회적

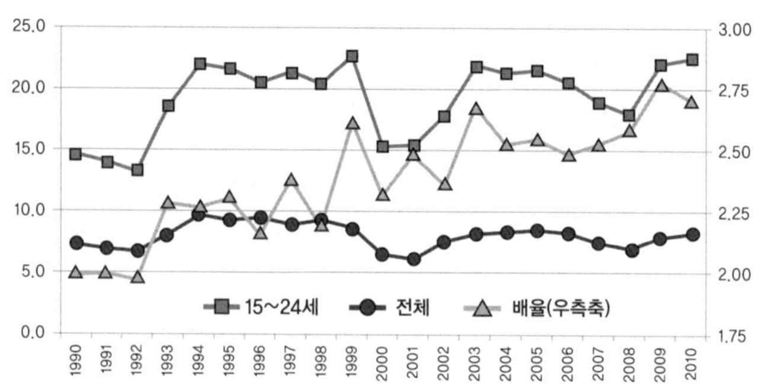

자료: OECD.Stat
주: 청년실업률은 15~24세 청년의 실업률이며 배율은 청년실업률/전체실업률로 정의됨

비용만 수반할 뿐, 로제타 플랜도 결코 구조적 요인에 의해 발생하는 청년
실업 문제의 해결책이 될 수 없다는 점이다.

〈그림 2〉를 보면 1999년 22.6%에 달하던 벨기에 청년실업률은 2000년
15.2%로 크게 줄어든다. 일부에서는 이를 두고 로제타 플랜의 영향이라고
도 한다. 그러나 우선 로제타 플랜은 2000년 4월 1일에 시행되었기 때문에
2000년 실업률 하락의 일정 부분은 로제타 플랜의 영향이 아니다. 또한 청
년실업률 하락은 1990년대 말에서 2000년대 초에 걸친 경기회복의 영향이
크다. 같은 그림에 나타나 있는 경제 전체의 실업률도 1998년 9.3%에서
2001년 6.2%를 하락한 점을 보면 이 시기 청년실업률 하락의 일정 부분은
경기회복에 의한 것이라고 할 수 있다. 즉, 로제타 플랜의 영향은 제한적이
다. 뿐만 아니라 로제타 플랜의 영향은 장기적이지 못하다. 잠시 하락했던
청년실업률은 2003년 21.8%로 급증하였으며 그 이후 경기변동의 영향으
로 다소 하락했을 뿐 여전히 높은 수준이다. 특히 전체실업률 대비 청년실
업률을 나타내는 배율을 살펴보면 1990년 2.0에서 2010년 2.75 수준으로

168

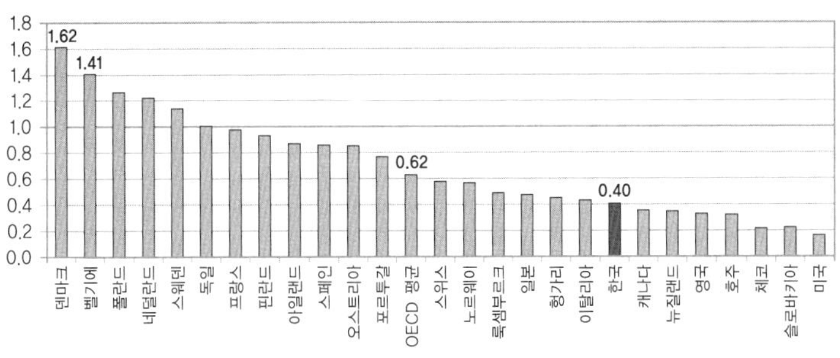

〈그림 3〉 적극적 노동시장정책에 대한 투자

(단위: GDP 대비 %)

자료: OECD.Stat

지속적으로 상승했다. 이는 청년실업이 인구구조, 산업구조 등을 포함한 구조적 요인에 의한 문제임을 다시 한 번 보여주는 것이다.

강제 고용할당보다 청년층의 교육훈련 및 창업지원이 더 효과적

일부에서는 로제타 플랜은 강제로 인적 자본에 투자하게 만드는 장치이므로 장기적으로 노동의 질을 향상시키고 청년층의 고용가능성(employability)을 제고시킬 것이라고 주장한다. 만약 그렇더라도 사중손실까지 감수하면서 반드시 로제타 플랜과 같은 '청년의무고용할당제'를 실시해야 하는지는 다시 한 번 생각해 보아야 한다. 〈그림 3〉이 나타내듯 우리나라가 교육 및 훈련과 같은 적극적 노동시장정책에 투자하는 규모는 GDP 대비 약 0.40%이다. 덴마크의 1.62%, 벨기에의 1.41%에 비하면 1/4 수준에 불과하며 OECD 평균인 0.62%의 2/3 수준에 머물고 있다. 사중손실까지 감수하면서 기업으로 하여금 최적 요소결합에서 벗어나게 하는 정책보다는 적극적으로 교육과 훈련에 투자하는 것이 더 바람직할 것이란 생각이

든다. 캐나다의 YES나 독일의 JUMP와 같은 주요 선진국의 대표적인 청년층 일자리창출사업의 특징이 단순히 일자리를 던져주는 것이 아니라 교육과 훈련을 항상 병행하고, 또한 창의적이며 도전의식이 강한 청년층에 대해 창업지원 역시 아끼지 않고 있는 점을 다시 한 번 생각해 보아야 한다. 나아가 추가 재원을 통해 대학의 구조조정을 진행시키고 중소기업의 근로환경을 개선하는 것이 비록 시간은 더 걸리겠지만 바람직한 길이란 생각을 떨칠 수가 없다. 이제 우리는 엄청난 재원 투입과 비효율성에도 불구하고 청년층들을 최소 2년 간 질 낮은 일자리로 내몰 것인지, 아니면 그 재원으로 청년층의 교육훈련 및 창업을 지원할 것인지 심각히 고민해야 할 시점에 처해 있다. 고기를 주지 말고 고기 잡는 방법을 가르쳐 주라는 유대인의 속담이 생각난다. (2011.08.29)

대학 등록금 문제도
자율화로 풀어야[4]

정갑영(연세대학교 경제학부 교수)

해마다 봄철이 되면 대학가에는 등록금 분쟁이 찾아온다. 개나리꽃이 필 때 시작된다고 일부에서는 '개나리 투쟁'이라는 애칭(?)까지 붙여 부른다. 올해도 예외 없이 많은 대학에서 학생들이 총장실을 점령하고, 수업을 거부하며 거리로 뛰쳐나가는 사태가 발생하고 있다. 예식장에까지 등록금 동결 피켓이 등장하는가 하면, 심지어 스스로 목숨까지 버리는 안타까운 사건도 심심찮게 일어나고 있다.

투쟁이 너무 잦다 보니 요즘에는 언론의 관심도 크게 끌지 못한다. 그러나 좀 더 자세히 들여다보면 영재집단인 KAIST 문제보다 훨씬 큰 사회적 파장을 가져 올 수 있는 심각한 문제일 수 있다. 어떤 시민단체의 조사에서는 무려 60%의 대학생이 등록금 때문에 자살충동을 느꼈다는 충격적인 결과도 있다. 사회적 차원에서도 한 해 1천만 원이 넘는 등록금 문제를 어떻게 해결해야 하는가를 진지하게 고민해야 할 시점인 것 같다.

그렇다고 캠퍼스의 분규가 대학 내부에서 자율적으로 해결될 기미도 보이지 않는다. 등록금 부담이 고통스럽다는 학생들과 경쟁력을 높이기 위해 어쩔 수 없다는 대학의 입장이 첨예하게 대립되고 있기 때문이다. 여기에는 등록금 의존율이 65%가 넘는 한국 대학의 고뇌가 그대로 투영되어 있다.

물론 사회여론도 결코 대학에 우호적이지 않다. 국회는 기상천외한 등록금 상한제까지 제정했고, 언론마다 비싼 등록금과 미흡한 대학경쟁력을 질타하고 있다. 등록금 논란이 국민적 이슈로 부각되면서 대학은 곳곳에서 공공의 적으로 몰매를 맞고 있는 셈이다. 어떻게 이런 악순환에서 탈피할 수 있을까?

직·간접적인 등록금 규제는 경쟁력 향상에 걸림돌

우선 정부가 강력하게 등록금을 규제하는 경우를 생각해 보자. 물론 이미 등록금상한제가 도입되어 올해의 경우에는 소비자물가를 감안한다면 5.1%까지 인상할 수도 있다. 그러나 실제로 등록금 투쟁이 벌어지고 있는 대학들은 5.1%는커녕 2% 내외의 인상을 놓고 줄다리기를 하고 있다. 따라서 법으로 정한 상한제는 이미 실효성이 없는 셈이다. 그보다 훨씬 낮은 수준에서의 인상조차 큰 진통을 겪고 있기 때문이다.

상한제로도 제대로 등록금을 규제하기 힘드니 정부는 기회 있을 때마다 직·간접적인 영향력을 행사하여 등록금의 인상을 막고 있다. 대학평가에 불이익을 준다든가, 다른 재정지원 사업에 감점을 주는 등 다각적인 방법으로 등록금을 안정시키려는 노력을 하고 있다. 이런 노력은 피상적으로 보면 상당한 성과를 거두고 있는 것이 사실이다. 정부에 반기를 들고 사회정서에 반하여 등록금을 대폭 인상하려는 대학이 없기 때문이다.

그런데 문제는 여기서 끝나지 않는다. 등록금 의존도가 높은 사립대학의 관점에서는 등록금을 대체할만한 마땅한 재원조달 방안을 갖고 있지 않기 때문이다. 이런 환경에서는 등록금의 인하가 곧 대학에 대한 투자의 감소로 이어진다. 시간이 흐를수록 대학의 경쟁력은 떨어지고, 외국대학과의 경쟁에서 밀려나기 마련이다. 지금도 얼마나 많은 학생들이 국내보다 훨씬 더 비싼 등록금을 지불하면서도 더 좋은 대학을 찾아 해외로 빠져 나가고 있는가.

가장 중요한 과제는 등록금의 절대 수준보다는 우리도 선진국 수준의 명문을 육성하고, 그런 대학에서 누구나 등록금에 구애받지 않고 교육을 받게 하는 것이다. 무조건 등록금 수준을 낮게 유지한다고 이 문제가 해결되지는 않는다. 아이비리그와 같은 명문을 만들어 우리도 해외로부터 유학생을 받는 수준으로 발전해야 하는데, 이런 목표를 달성하기 위해서는 역설적으로 지금보다 훨씬 더 많은 투자가 필요하다. 따라서 재정여건이 어려운 학생들의 등록금 부담을 덜어주면서 대학에 대한 투자는 더 확대하게 해야 한다.

선진국들은 대학 재정과 등록금 문제를 대체로 세 가지 형태로 해결한다. 다양한 학자금 보조제도로 학생들을 돕기도 하고, 대학이 자율적으로 자체기금을 조성하여 운영하기도 하며, 정부가 대학에 직접적인 지원을 하기도 한다. 우리 경우는 어떠한가. 세 가지 모두 열악하기만 하다. 정부의 직접적인 대학 지원은 미미하면서도 대학의 자율화에는 소극적이고, 그렇다고 다양한 등록금 지원제도가 있는 것도 아니다.

이 결과 세계 10위권의 경제대국에 세계적인 대학 하나 없고, 우수한 인재는 모두 외국대학에 빼앗기며, 등록금에 목숨을 거는 사태까지 발생하고 있다. 경제협력개발기구(OECD) 어느 나라에서 이렇게 참담한 현상을 찾아볼 수 있겠는가. 서울보다 작은 싱가포르나 홍콩보다도 훨씬 더 열악하다. 한국의 대학들은 개나리가 필 때마다 애꿎은 학생들과 등록금 내홍을 겪으며 현상유지에 급급할 뿐이다.

대학 정책 개선하고 학자금 융자제도 다양화할 필요

이런 악순환의 고리에서 탈피하려면 이젠 정부가 정책을 바꿔야 한다. 정부의 선택은 매우 단순할 수도 있다. 적극적으로 재정을 지원하든가 아니면 경직적인 규제를 풀어 자율적으로 재정을 확충할 수 있게 하면 된다. 자율화를 확대하면 대학마다 다양한 재정보완 방안을 마련하게 될 것이다. 이

173

와 함께 다양한 학자금 융자제도를 획기적으로 확대해야 한다.

대학의 궁극적인 사명을 생각하면 이런 정책의 필요성은 더욱 절실하다. 대학은 당연히 미래를 이끌 전문 인력을 양성하여 국가발전에 기여해야 한다. 또한 지식정보화 사회에서 대학의 경쟁력이 곧 선진화의 관건이라는 사실도 부정할 수 없다. 중국과 같은 개도국도 국내총생산(GDP)의 2.5%를 대학에 투자하여 세계 명문을 육성하고 있는데, 우리는 적어도 GDP의 1%라도 투자해야 하지 않겠는가. 실제로 4대강 사업이나 신공항과 같은 사회간접자본에 대한 투자보다 대학의 육성이 훨씬 더 큰 부가가치를 창출할 수 있다. 교육과 의료 등 소프트 인프라가 주도하는 지식경제 시대가 도래하고 있기 때문이다.

세계은행은 최근 연구에서 대학경쟁력의 핵심요소를 우수한 인력과 재정여건, 정부의 규제환경 등 세 가지로 지적하고 있다. 재정은 풍부할수록 좋고, 규제를 풀어 폭넓은 자율성을 주라는 것이다. 한국의 그 많은 대학 중 KAIST와 포스텍만이 세계 수준으로 평가받는 것도 결코 재정여건과 무관하지 않다. 세계 수준으로 성장하기 위해서는 누군가 막대한 재정을 투입해야만 하고, 그 방안을 대학의 자율화에서부터 찾아야 할 것이다. (2011.05.17)

차등등록금의
반(反)시장적 위험성

김정래(부산교육대학교 유아교육과 교수)

　　정부당국의 발표에 따르면 2012년부터 가계 소득에 따라 등록금 부담이 달라지는 '차등등록금제'를 실시한다고 한다.

　　그 구체적인 내용을 보면 정부예산 1조 5천억 원과 대학예산 7천 5백억 원을 들여 가계소득 수준에 따라 차등을 두어 대학등록금을 부담케 한다는 것이다. 전체 대학생의 2.7%인 기초생활수급 대상 가정 학생은 한 해 546만원의 지원을 받고, 소득 수준 하위 10%는 321만원, 하위 20%는 231만원 정도의 지원을 받는 것으로 알려졌다. 또 소득 상위 30%도 38만원 정도의 혜택을 받아, 전체 대학생 등록금 부담은 평균 22%정도 줄어들게 한다는 것이다.

　　또 이러한 당정(黨政) 협의를 거친 내용과 별도로 지난 달 교육과학기술부는 등록금을 감면해 주도록 규정한 '대학등록금에 관한 규칙' 준수 여부를 토대로 대학에 제재를 가한다는 방침이다. 그 제재는 차등등록금제를 실시하지 않는 대학은 정부 재정 지원에서 불이익을 받게 한다는 것이다. 그리고 또 다른 제재 방침으로 교육과학기술부는 내년부터 대학정보 공시 때 저소득층에 대한 장학금 지급 현황도 공개하겠다고 한다.

'차등등록금' 강제는 불합리한 조치

현재 정부의 '대학등록금에 관한 규칙'에 따르면 대학은 해당 학년 등록금 총액의 10% 이상을 학생 장학금으로 써야 하며, 총장학금 규모의 30% 이상을 경제적 사정이 곤란한 학생을 위하여 사용해야 한다고 규정하고 있다. 그럼에도 불구하고, 교육과학기술부가 파악한 최근 2년간 전문대학을 포함한 사립대학의 학비감면에 상요한 장학금 지급 실태는 위의 규정인 10% 이상 사용규정을 지키지 않은 대학이 2009년 31.5%, 2010년 26.8%였으며, 저소득층 감면 비율 30%를 지키지 않은 대학은 2009년 80.3%, 2010년 77.7%였다고 한다.

그러니까 정부의 차등등록금 제도는 일견 대학의 장학금 지급 의무 이행을 독려하고 철저하게 감독하기 위한 것으로 보인다. 그러나 사립대학들이 규정에 따른 장학금 지급을 게을리 한다는 것이 차등등록금제 도입의 논거나 명분이 될 수는 없다. 법령에 정해진 장학금 지급을 게을리 한다면 그 의무사항 이행을 하도록 하는 조치가 따라야지 차등등록금이라는 제도를 국·공립대학도 아닌 사립대학에 강제한다는 것은 납득이 가지 않는 조치이다.

첫째, 차등등록금제는 등록금 제도이기 때문에 장학금 지급 의무 불이행을 핑계로 도입해선 안 된다. 등록금제와 장학금 지급은 별개의 문제이다. 굳이 말하자면, 등록금제는 교육재정 분야의 문제이고, 장학금은 학생 복리(welfare) 차원의 문제이다. 재정은 효율성이 일차적인 준거가 되지만, 복리 문제는 그렇지 않다. 따라서 장학금 지급 실태가 만족스럽지 못하다고 그것을 근거로 하여 등록금제의 근간을 뜯어고치겠다는 것은 합리적인 결정이 아니다.

둘째, 같은 맥락에서 등록금제는 장학금제도와 달리, 시장 원리에 어긋나선 안 된다. 한 마디로 차등등록금제는 반시장(反市場)적이다. 엄연히 대학교육을 공급하는 대학 측에다 소비자인 학생과 학부모에게 같은 교육서비스에 대하여 각기 소득별 다른 가격을 지불하라는 것 자체가 성립하지 않는 발상이다. 학비감면이나 생활비 보조 장학금 지급은 학생의 가계 소득에 따라 충분히 차등을 두어야 마땅하다. 그래야 장학금 지급의 취지에 맞다. 그러나 등록금의 책정 자체를 소득 수준에 따라 차등을 둔다는 말은 납득할 수 없다. 백화점에서 같은 브랜드 제품을 구입하면서 소득별로 차등을 두어서 가격을 지불하게 한다면 그것을 누가 납득하겠는가. 이에 대하여 대학교육은 백화점의 상품이 아니라고 주장할지 모른다. 그러면 같은 서비스를 받는데 소득 수준별로 차등가격을 매긴다면 어떠한가. 한 이발소의 똑같은 서비스인 컷트 요금이 소득별로 다르다면, 이를 누가 수용하겠는가. 이발소마다 가격이 다르거나 한 이발소에서 제공하는 상이한 이용(理容)서비스에 따른 차등가격은 수용할 수 있을지 모르지만, 같은 이발소 내 같은 서비스에 대한 가격은 누구에게나 동일해야 한다. 같은 맥락에서 대학마다 등록금이 달라야 하고, 한 대학에서도 전공이나 분야별로 등록금이 다르게 책정될 수 있지만, 소득별로 다른 금액의 등록금을 납부하게 한다는 것은 수용할 수 없다. 그러나 우리의 경우 대학 등록금을 국가가 통제하는 상황에서 차등등록금을 매기겠다는 발상은 위험하다는 판단에 이르게 한다. 마치 마르크스의 '강령' 처럼, '부담은 능력에 따라, 혜택은 필요에 따라' 차등을 두는 것은 말할 것도 없고, 국가가 모든 가격을 정하는 계획 경제를 닮았기 때문이다.

셋째, 차등등록금제 도입은 교육에 대한 그릇된 관념에 기인한다. 교육을 공공재, 또는 공공서비스라고 보는 시각이 그것이다. 국·공립대학의 경우에 재원조달과 관리를 국가기관이 하니까 그런 오해를 받을 수 있다지만, 국·공립이건 사립이건 교육은 공공재도 아니고 공공서비스도 아니다. 교육받은 결과 획득된 재능과 자질(talent)은 개인의 것이지 그 개인의 자질을 아무런 반대급부 없이 아무나 가져다 사용할 수 있는 것이 아니다. 사유재이다. 만약 사유재가 아니라면, 차등등록금의 혜택을 받아서 진출한 저소득층 출신 인물은 차등 할인된 등록금으로 배운 재능과 자질을 같은 재능을

177

가진 사람보다 낮은 급여와 보상을 받아야 한다는 말이 성립해야 한다. 이런 해괴한 경우가 성립하지 않는 것은 교육받은 결과가 사유재라는 것을 의미한다. 대학이 제공하는 교육은 공공서비스도 아니다. 그냥 공익을 위하여 가져다주는 것이 결코 아니라는 말이다. 다만 대학교육을 포함한 교육의 결과가 공적인 기여를 하는 것은 교육의 외부효과가 크기 때문이다.

넷째, 이번 교육당국의 차등등록금 정책은 야권 일각에서 줄기차게 제기한 이른바 '반값등록금'에 대한 민심무마용으로 보인다. 결론부터 말하자면, 반값등록금이 시장원리는 물론 교육원리에도 부합하지 않는 것[5]과 마찬가지로 차등등록금 제도도 역시 시장원리와 교육원리에도 부합하지 않는다. 그럼에도 불구하고 이러한 해괴하기까지 한 등록금 차등정책을 편다는 것은 정치적 계산에 따른 것이라고 볼 수밖에 없다. 작년 지방선거 패배 이후 이어지는 선거에서 줄곧 연패하는 정부 여당의 딱한 처지를 이해하지 못 하는 바 아니지만, 그렇다고 '반값등록금'에 대한 대안으로 이러한 정책을 버젓이 내놓을 수 있다는 것이 안타까울 뿐이다.

교육부문의 올바른 정책방향은 장학금 확충

사정이 이렇다면, 정책 방향은 당연히 장학금 확충으로 잡아야 한다. 구체적으로 지적하면 다음과 같다.

첫째, 같은 교육을 받으면서 다른 가격을 지급토록 하는 것은 사리에 맞지 않기 때문에 처지가 어려운 학생들에게 장학금을 확충하는 방향으로 가야 한다. 그렇다고 저소득층 학생이라고 하여 무조건적으로 장학금을 지급해선 안 된다. 일정기간 대학 생활에 필요한 학자금과 생활비 일부를 지급하되, 이후 학업 성적에 따라 그 지급 여부와 범위를 조정해야 한다. 예를 들자면, 하위 10% 학생에게는 입학할 당시 학비 면제와 생활비 일부를 지급하도록 한다. 그러나 2학년 진급 시 성적이 상위 20%안에 들지 않으면 생활비 지급은 중단하고, 상위 50%안에 들지 않으면 학비 면제의 범위를 축소하여 일부 학비만 감면토록 한다. 이 규칙은 졸업할 때까지 매 학년 진급마다 적용한다. 하위 20%~30% 입학생에게는 장학금을 이보다 조금 경감하여 지급하고, 같은 방식으로 적용한다. 그리고 이와 함께 소득 수준에 관계없이 학업 우수학생에게는 늘 파격적인 장학금 지급 혜택을 주는 유인 효과를 병행해야 한다. 드워킨의 용어를 빌면, 장학금 정책이 'endowment-insensitive' 뿐만 아니라 'ambition-sensitive' 쪽으로도 초점이 맞추어져야 한다.[6] 저소득층 학생의 학업여건 마련도 중요하지만 장학금 정책은 그들의 학업 증진에 일차적으로 초점이 맞추어져야 한다. 아울러 중산층 이상의 학생들의 면학 의욕도 고취하도록 해야 한다. 그렇지 않으면 장학금 정책은 '밑 빠진 독에 물 붓기(chuck-away)'가 되어 버린다.

둘째, 고등교육정책의 일차적 목적이 무엇인지를 맨 먼저 헤아릴 수 있도록 설정되어야 한다. 국가 중추를 결정할 고등교육정책이 반값등록금 논란을 피하고자 한다거나 아니면 장학금 정책과 등록금 정책을 혼동한 상태에서 설정한다는 것 자체가 정책 아이디어의 빈곤을 드러내는 것과 다름없다. 같은 맥락에서 대학회계 상 몇 가지 문제를 놓고서 대학재정 전체의 틀을 흔드는 방향으로 정책을 강구해선 안 된다. 대학이 정해진 장학금 지급을 하지 않으면 장학금 확충 방안을 마련하도록 하는 것이 순리이다. 이를 빌미로 차등등록금 제도를 도입한다는 발상에 경계심이 앞서는 것은 결코 기우가 아니다.

셋째, 교육평가와 홍보효과도 저소득층 복지에만 매달릴 것이 아니라 교육본연의 학업성취에 맞추어져야 한다. 대학교육공시에 저소득층 장학금 지급 내용을 반영한다고 하였는데, 이에 이의를 제기할 생각은 없다. 하지만 교육공시를 할 적에 학업우수 학생들에게 지급한 장학금 내역도 밝혀야 한다. 장학금 얼마를 몇 명에게 지급했는가보다는 장학금 수혜 학생이 어느 분야에서 어떤 우수한 성과를 거두었는지를 세세하게 밝혀야 할 것이다.

이러한 사실을 묵살하고 차등등록금제를 추진하는 것은 자유민주주의

와 시장경제를 교육당국이 스스로 부정하는 결과를 자초하는 꼴이다. 결국
차등등록금제 도입은 대한민국의 자유민주주의 정체성을 자꾸만 부정하고
자 하는 좌파 논객들의 주장을 그대로 수용하는 모양을 연출하는 것이다.
(2011.11.14)

등록금 부담 완화방안의 일환으로 기여입학제 공론화 필요

이병욱(동아시아지속가능발전연구원 대표)

최근 '반값 등록금' 실현 문제가 정치쟁점화하면서 2011년 6월 임시국회의 교육·사회·문화 분야 대정부 질문에서 민주당 김춘진 의원의 "기부금 입학에 찬성하느냐"는 물음에 김황식 국무총리는 사견임을 전제로 "국민이 납득할 수 있는 원칙과 기준을 세우고 기부금이 가난하고 능력 있는 학생들을 위해 100% 쓰인다면 기여입학제 허용방안을 검토해 볼 여지가 있다"고 화두를 던진 바 있다.

국민정서상 거부감 때문에 제대로 된 논의조차 없어

기부금 입학은 광범위한 의미의 기여입학제[7] 중 하나로 대학에 기여한 공로를 감안하여 정원 외에 별도의 신입생 선발을 허용하는 제도이다. 우리나라에서 3불 정책의 하나로 금기시해 온 기여입학제는 이로운 점이 있음에도 불구하고 국민정서상 거부감 때문에 그동안 제대로 된 논의조차 이루어지지 못했다.

사실 미국 등 해외 대학에서 널리 시행되고 있고, 과거 국내 사립대의 재정난 해소방안의 하나로 제기된 바 있는 기여입학제는 여전히 우리 사회에서는 찬반양론이 팽팽한 미묘한 사안이다. 그러나 기여입학제는 실보다

득이 많고, 일반국민이 우려하는 기여입학제의 부작용을 최소화할 수 있는 보완장치 마련 또한 가능해 보인다.

기여입학제 허용에 따라 기대되는 긍정적인 효과는 다음과 같다. 첫째, 기여입학제는 교육의 평등 실현에 도움이 될 수 있다. 능력은 있지만 경제적 어려움으로 학업을 할 수 없는 처지에 있는 대학생들에게 기부금을 통해 마련된 재원을 그들의 장학금 지급이나 등록금 감면에 사용한다면 취약계층 자녀의 교육기회 확대에 기여할 수 있다. 예컨대 사립대에서 대학 구성원들이 납득할만한 수준 이상의 기부를 행한 사람의 자손 가운데 일정기간 경과 후 어느 정도 학업능력을 갖춘 학생에게만 신입생 입학을 허용한다면 대학은 큰 부작용이나 저항 없이 기부금을 활용하여 수많은 취약계층 학생의 등록금 부담을 완화해 줄 수 있을 것이다.

둘째, 기부금 입학의 허용 문제는 사립대의 학생선발권과 관련된 것으로 우수인재 확보에 기여할 수 있다. 외국의 경우 개인이나 기업 등 외부로부터 기부 실적이 많은 대학들은 우수대학으로 평가되어 실제 우수인재들이 몰리고 있다. 사립대 교육은 본질적으로 사교육 서비스이므로 사립대의 지속가능발전을 위해서라도 국립대와는 달리 기여입학제와 같은 등록금 이외에 재원 조달수단을 어느 정도 인정해 줄 필요가 있다. 특히 재정적으로 취약한 국내 사립대들이 강도 높은 구조조정 노력과 함께 기여입학제를 통해 재정 문제를 해결할 수 있다면 학생들에게 보다 나은 교육 서비스를 제공할 수 있을 것이다.

셋째, 이제 국내 대학들도 교육개방과 외국 대학들과의 글로벌 경쟁에 대비하여 인재 확보와 재정건전화를 위해 노력해야 한다. 국가 차원에서도 기여입학제를 통해 국내 학생들의 해외 유학수요를 줄일 수 있게 된다면 해외유학경비 축소는 물론 국내 대학의 교육여건 개선에도 기여할 수 있다.

물론 대다수 국민들은 기여입학제 허용에 따르는 부작용과 폐해가 발생할 것으로 우려한다. 그러나 해외 대학들의 제도 운용 사례를 벤치마킹하여 기여입학제의 시행방안을 마련한다면 제도 시행에 따른 문제점들은 상당부문 해소될 수 있을 것으로 기대된다.

그동안 기여입학제와 관련하여 제기된 주요 문제점이나 우려사항들은 다음과 같다. 첫째, 기여입학제는 교육의 기회균등을 보장하는 헌법 제31조 제1항에 저촉되며, 둘째, 민주사회의 기본 토대인 실적주의와 성과주의를 말살시키고 배금주의 가치관을 조장한다는 점에서 비교육적이라는 것이다. 셋째, 사회계층의 세습화를 가져와 이는 계층 간의 위화감을 심화시키며, 넷째, 대학 간 불균형적인 발전을 조장한다는 것이다. 다섯째, 구체적인 시행 과정에서 기부금의 용도 외 사용 등 운영상의 문제점과 부작용이 우려된다는 것이다.

그러나 요즘처럼 사립대의 재정난 해소책의 일환으로 추진해 온 등록금 인상이 취약계층의 학자금 부담을 심화시키고 있는 현실에서 기여입학제 허용은 취약계층의 교육비 부담을 낮추어 오히려 교육기회 균등을 보장하는 데 기여할 수 있다. 또한 대학의 강도 높은 구조조정과 병행하여 기부금을 전액 장학금이나 등록금 감면 등에 활용하고 이를 투명하게 공개한다면 제도 시행상 우려되는 부작용은 최소화할 수 있을 것이다. 또 기부금 입학생의 자격을 어느 정도 학업 능력을 갖춘 학생으로 제한하고, 기부금 규모도 학교발전에 기여할 수 있다고 납득할 만한 수준 이상으로 정한다면 기여입학제를 반대하는 측의 우려를 상당부분 해소할 수 있을 것이다. 물론 대학 간판을 중시하는 우리 현실에서 기여입학제 시행은 상당기간 몇몇 사립대와 개별 학과 전공에서 경쟁력이 있는 일부 중위권 대학을 중심으로 이루어질 것으로 보인다. 하지만 장기적으로는 모든 대학의 학과 간 경쟁이 촉진되어 전공별 경쟁력을 갖춘 대학을 중심으로 기여입학제가 활성화되고, 대학의 특성화 또한 촉진될 것으로 생각된다.

긍정 효과 많고 부작용 최소화 보완장치 마련도 가능할 듯

그러나 기여입학제의 도입을 제약하는 국민정서 문제를 해결하기 위해서는 각 대학은 강도 높은 구조조정 노력과 함께 미국 대학의 경우처럼 학생의 입학보다는 졸업을 어렵게 만들어야 할 것이다. 보다 근본적으로는 대학을 졸업하지 않더라도 자신의 실력과 능력만으로 쉽게 취업도 하고 사회적으로 성공도 할 수 있는 사회를 만드는 데 국민 모두가 지혜를 모아야 한다. 그런 의미에서 최근 전문계 고교생 신입사원 채용제도를 15년 만에 부활시킨 IBK은행의 조치는 매우 높이 평가할만한 일이다.

이상과 같이 기여입학제는 실보다 득이 많고 제도 도입방식에 따라서는 교육기회 균등 보장에 기여하고 취약계층의 등록금 부담 경감에도 기여할 것으로 생각된다. 차제에 등록금 부담 경감방안 논의의 핵심인 재원 조달방법과 부담주체 문제 등을 검토하는 과정에서 기여입학제 허용방안도 전향적으로 공론화되기를 바란다. (2011.06.15)

가난, 숨겨준다고 없어지나
– 보편적 복지에 대한 단상

신중섭(강원대학교 윤리교육과 교수)

복지는 윤리적 가르침을 국가가 제도화하여 강제하는 것이다. 모든 윤리는 가난한 사람, 어려움에 처한 사람을 돕는 것이 선이라고 가르친다. 가난한 사람, 어려운 사람을 돕는 행위와 같은 이타적인 행위는 모든 윤리의 핵심적인 덕목이다. 오늘날과 같이 익명화되고 세계화되지 않은 근대 이전의 시대에는 자선은 대개 이웃돕기의 범위를 벗어나지 않았다. 도움을 주는 사람이 누구이고 도움을 받는 사람이 누구인가를 서로 아는 기명의 공동체의 일이었다. 이런 상황에서 도움을 받는 사람은 도움을 주는 사람에게 감사의 마음도 갖게 되고 도움을 주는 사람은 선행의 의미를 스스로 확인하고 보람도 느꼈을 것이다.

그러나 근대 이후 익명의 '거대 사회'가 출현하면서 상황은 변하기 시작했다. 자선행위가 완전히 사라진 것은 아니지만 전통적인 공동체가 와해되고 인간관계가 익명화함에 따라 어려운 사람을 돕는 것은 자선단체나 개인의 몫이 아니라 국가의 역할이라는 인식이 확산되었다. 대부분의 사람들은 서로 돕고 살아야 한다는 도덕적 감성을 떨쳐버리지 못하고 내가 직접 돕지 못하면 국가가 나서서 도와야 한다는 의식을 갖게 된다.

복지국가는 무조건 선한 것인가?

자신이 직접 돕지 못하는 것에 대한 도덕적 부담을 국가에 전가하고 복지라는 이름으로 국가의 자선행위에 우호적인 경향이 생겨났다. 복지국가를 무조건 선한 것으로 생각하는 국민의식의 뿌리는 아마도 공동체에 대한 동경이나 문화적으로 내면화된 도덕적 감성 때문일 것이다. 동경이나 감성은 돕는 행위 자체에만 의미부여를 하기 때문에 그 재원의 출처에 대해서는 무관심하거나 터무니없이 잘사는 부자들에게서 빼앗으면 된다고 생각한다. 국가가 권력으로 비자발적 선행을 강조하는 것은 대단히 비도덕적임에도 불구하고 사람들은 그것을 도덕적이라 믿는다. 도덕이 자발성에 기초한다는 것을 망각한 것이다.

복지의 정당성을 주장하는 사람들은 복지의 당위성을 감성에 호소하려는 경향이 강하다. 그동안 복지 담론을 자유주의자가 아니라 사회주의자가 독점한 이유도 이성이 아니라 감성을 이념 확산의 도구로 삼는 사회주의자의 전략과 맞아떨어져서이다. 합리적으로 생각한다면 인간은 스스로 노력하여 먹고 살 때 자존심과 자긍심을 느끼는 존재이기 때문에 당연히 자기책임의 원칙이 중요하고, 남의 도움으로 먹고사는 것을 바람직하지 않다고 생각해야 한다. 그러나 사회주의자들은 생각이 다르다. 내가 못사는 것은 나의 책임이 아니기 때문에 국가의 도움으로 먹고사는 것이 당당하다는 것이다. 못사는 사람들이 국가에게 인간다운 삶을 요구하는 것은 정당한 인간적인 권리라는 것이다.

물론 자기책임의 원칙을 중시하는 자유주의자들이 복지에 무조건 반대한 것은 아니다. 자신의 노력으로 스스로를 구제할 수 없는 사람들은 국가가 구제해야 한다고 생각하면서, 일자리가 최선의 복지이기 때문에 경제발전을 통한 복지의 확산에 주력해 왔다. 자유주의자들이 어려운 사정에 처한 사람들에 대한 '선별적 복지'가 바람직하다고 생각하긴 하지만, 경제를 발전시켜 그런 사람들이 자립의 길을 걷도록 돕는 것이 더 중요하다고 생각한다.

그럼에도 불구하고 현실에서는 복지가 그것 자체로서 선한 것이고 가능하면 확대하는 것이 바람직하다고 주장하는 선거 포퓰리즘이 확산되고 있다.

보편적 복지는 국가재정으로 감당키 어려워

지난 지방자치단체장 선거를 기점으로, 불우한 사람들을 선택적으로 돕는 선별적 복지를 넘어 모든 사람을 돕는 '보편적 복지'를 실현하겠다는 선심 공약이 정치적 효과를 거두자 '무상급식'과 '무상보육', '무상의료'를 넘어 모든 국민에게 매달 일정액의 '기본소득'[8]을 국가가 보장해야 한다고 주장하는 과격한 세력까지 등장하였다.

보편적 복지는 복지제도상의 급여를 자산·소득조사를 거치지 않고 모든 사람에게 지급하자고 주장한다는 점에서 선별적 복지와 구분된다. 선별적 복지는 가구소득과 재산을 우선적으로 따져 일정한 조건을 충족하는 가구를 복지 수혜자로 제한하였다. 이런 선별적 복지는 빈곤층을 가려내기 위해 조사하고, 끊임없이 이들을 추적하는 과정에서 직·간접적으로 비용이 초래될 뿐만 아니라, 선별된 사람에게 사회적으로 부끄러운 존재라는 낙인감(낙인찍힌 느낌)을 덧씌우게 된다고 비판하면서 '낙인효과'를 과장하고 부각시킨다. 2010년 지방자치단체장 선거에서 '낙인효과'를 명분으로 '무상급식'의 당위성을 역설한 것과 동일한 맥락이다. 무상급식이 학생의 '낙인감'을 없애는 것이 목적이라면, 보편적 복지는 복지 수혜 대상자 모두의 '낙인감'을 없애자는 것이다. 그러나 그들은 무상급식 대상자에게 낙인을 찍는 사람이 없을 뿐만 아니라, 교육과 복지전산망을 통합하여 학교가 아니라 주민센터에 무상급식을 신청하게 함으로써 낙인감과 관련된 문제를 제도적으로 해소할 수 있다는 사실도 받아들이지 않는다.

보편적 무상급식은 어려운 학생들에게 돌아가는 교육적 혜택을 없앨 수도 있다. 재정확보가 쉽지 않은 상황에서 무리하게 무상급식을 추진하려는 지방자치단체는 저소득층 자녀 방과후 식사지원을 축소할 수밖에 없는 상

187

황에 처하기도 하였다. 선별적 무상급식을 시행하면서 경제적으로 어려운 학생들을 집중적으로 지원하는 것이 정당함에도 불구하고 무상급식을 고집하는 것은 선거를 의식한 정치인들의 전형적인 포퓰리즘이다. 교육감 직선제가 초래한 부작용이다.

뿐만 아니라 무상급식과 같은 보편적 복지가 안고 있는 가장 큰 문제는 국가재정이 그것을 감당할 수 없다는 것이다. 선진국에 비해 우리나라의 복지지출이 낮다고 하지만 안심할 단계는 아니다. 한 기관의 연구결과에 따르면 우리나라의 국내총생산 대비 사회복지지출 비중은 2010년 8.9%에서 2020년 15.3%, 2030년 26.9%로 급증할 것으로 나타났다. 이렇게 되면 OECD 평균 19.8%를 넘어서게 된다. 뿐만 아니라 우리나라의 국가채무액은 가파르게 증가하고 있다. 2005년 248조 원에서 2010년에는 394조 원으로 증가하였다. 국가채무액을 국내총생산으로 나눈 국가채무 비율이 2010년 35.2%에서 2020년 54.7%, 2030년에는 103.7%로 증가할 것으로 추정된다. 국제투자가들이 신흥국의 국가채무 비율이 40%를 넘어서면 '투자위험국'으로 판단한다는 것을 고려하면 국가재정의 위험성은 심각하다. 보편적 복지는 지속가능한 복지가 아니다.

정치권의 복지 선거쟁점화는 대단히 위험

2012년 양대 선거를 앞두고 복지를 선거의 쟁점으로 삼으려는 정치권의 발상은 대단히 위험하다. 보편적 복지를 표방하고 있는 민주당에 맞서 한나라당까지도 70%의 복지를 내세우고 있다. 국가의 장래는 생각하지 않고 유권자의 표를 의식해 복지경쟁에 돌입한 것이다. 앞서 경쟁적으로 복지와 재정을 확대하였던 나라들은 지금 고통을 받고 있다. 복지와 재정을 확대하였던 EU의 경제성장률은 둔화되었으며, 작년 말 평균 실업률도 9.8%에 이르렀다. 불황은 청년 실업률을 21.8%까지 끌어올렸다. 부모세대가 누린 복지의 대가가 자식세대에 전가된 것이다. 보편적 복지를 통한 복지의

188

확대는 기업의 투자와 고용 역량을 손상하여 성장률 하락과 실업률 증대를 초래한다는 것은 거역할 수 없는 경제의 법칙이다.

복지를 무조건 '선(善)'으로 보는 정치권의 의식은 변혁되어야 한다. 정치권의 복지에 대한 생각은 근본적으로 바뀌어야 한다. 우리에게 필요한 것은 보편적 복지가 아니라 어려운 사람들을 지원하여 가난에서 벗어나게 도와주는 것이다. 자신의 능력으로 살만한 사람들은 스스로 노력하여 살게 하고, 그렇지 못한 사람들을 도와 자립의 능력을 키워주는 것이다. 국가의 보호 아래 안전하게 살아가는 것보다 스스로 노력하여 자신의 힘으로 먹고사는 것이, 다소 불안하고 힘들더라도 열심히 일하면서 그 일에 만족감을 느끼면서 살아가는 것이 더 도덕적이고 인간적인 삶이라는 것을 잊지 말아야 한다. (2011.01.12)

보편적 복지의 겉과 속

황상현(한국경제연구원 부연구위원)

2012년에는 총선과 대선이 있다. 향후 국민의 표심을
서로 잡으려는 여야의 경쟁이 복지정책을 통해 전개되고 있다. 소득 상위
30%를 제외한 전 계층에 보육지원 · 대학등록금 대출 등을 골자로 하는 한
나라당의 '70% 복지'에 맞서 이번에는 민주당이 '무상급식 · 의료 · 보육'
에 '반값 등록금'을 더하여 이른바 '3+1 무상복지 시리즈'를 내놓았다. 민
주당을 비롯한 야당들은 각각 복지정책 및 방법론에서 조금씩 차이를 보이
지만 모두 '보편적 복지'를 주장하고 있다. 그러나 이러한 인기영합주의에
기댄 보편적 복지의 대가는 결국 국민들이 치르게 되는 것이다.

보편적 세금 없는 보편적 복지 주장은 인기영합주의

복지문제는 결국 세금문제로 귀결된다. 복지 논쟁에서 항상 예로 등장
하는 덴마크, 핀란드, 아이슬란드, 노르웨이, 스웨덴 등의 북유럽 복지국가
들은 복지 수준이 높은 만큼 세금부담 또한 상당히 높다. 이 국가들의 2008
년 GDP 대비 국민부담률은 OECD 평균인 34.8%보다 높다. 또한 총조세
수입에서 개인소득세가 차지하는 비중도 상당히 높다. 덴마크의 경우에는
국민부담률이 48.2%이고 개인소득세가 총조세수입의 52.4%로 절반 이상

을 차지한다. 이와는 대조적으로 우리나라의 경우에는 국민부담률이 26.5%이고 개인소득세가 총조세수입의 15.0%를 차지한다. 즉, 보편적 복지는 '보편적 세금'을 의미하는 것이다.

현재 민주당 내 논의 중인 증세 없는 세입세출 구조조정이나 상위 소득계층에만 한정된 부유세 등은 재원 마련을 위한 근본적인 방안이 아니다. "모든 계층에 무상으로 복지혜택을 주자"는 보편적 복지를 옹호하는 정치권은 그것을 위한 재원 마련으로 "모든 계층에 세금을 부과하자"는 보편적 세금을 주장하지는 않는다. 대다수 국민들이 무상복지의 수혜를 반길 수는 있어도 그에 상응하는 세금 부과는 싫어하기 때문이다. 그러나 보편적 세금 없이 보편적 복지를 주장하는 것은 인기영합주의에 불과할 뿐이다.

보편적 복지는 세부담의 불공평을 초래

보편적 복지는 모든 계층이 무상으로 복지를 향유할 수 있어서 겉으로는 사회적인 형평을 의미하는 것처럼 보일 수 있다. 하지만 실상은 그렇지 않다. 보편적 복지가 세금부담에 있어서도 사회적인 형평을 의미하지는 않기 때문이다.

우리나라는 고용구조에 있어서 자영업자들이 상당히 많은 편이다. 우리나라의 2008년 기준 자영업자 비율은 31.3%로 OECD 평균 15.8%보다 거의 2배 정도 높다. 이와는 반대로 보편적 복지를 시행하고 있는 북유럽 국가들의 자영업자 비율은 OECD 평균보다 낮다. 특히 덴마크는 8.8%, 노르웨이는 7.8%로 상당히 낮다.

이렇게 자영업자 비율이 상당히 높은 우리나라에서 북유럽 국가들을 모델삼아 보편적 복지를 시행한다면 그것을 위한 세금부담에 있어서 근로소득자와 자영업자 간에 불공평이 심화될 수 있다. 근로소득자의 경우와 달리 자영업자의 소득은 파악되기가 어려워 탈세로 연결되기가 쉽다. 따라서 보편적 복지의 시행으로 근로소득자와 자영업자 모두 그 혜택을 누릴 수 있을

국가		국민부담률	조세부담률	사회보장 부담률	법인소득세 비율	개인소득세 비율	자영업자 비율
북 유 럽	덴마크	48.2	47.2	1.0	3.4(7.1)	25.2(52.4)	8.8
	핀란드	43.1	31.0	12.1	3.5(8.1)	13.3(30.9)	12.8
	아이슬란드	36.8	34.0	2.8	1.9(5.2)	13.2(36.0)	12.7
	노르웨이	42.6	33.7	8.9	12.5(29.4)	9.1(21.4)	7.8
	스웨덴	46.3	34.8	11.5	3.0(6.4)	13.8(29.8)	10.4
한국		26.5	20.7	5.9	4.2(15.9)	4.0(15.0)	31.3
OECD 평균		34.8	25.8	9.0	3.5(10.1)	9.0(25.0)	15.8

주: 1) 국민부담률=조세부담률+사회보장부담률
    2) (　)는 총조세수입에서 차지하는 비중

자료 : OECD Stat

지라도 근로소득자만 그 부담을 지게 될 수 있다. 더욱이 우리나라의 자영업자 비율이 매우 높은 것을 고려한다면 많은 수의 자영업자들은 세금을 내지 않고 혜택만을 받게 된다. 그러므로 우리나라 사회에서 보편적 복지란 사회적 형평성을 내포하지 못한다.

보편적 복지는 근로의욕 저하 등 경제적 비효율을 가져와

또한 보편적 복지가 시행되면 모든 계층에 걸쳐 복지수준과 세부담이 증가되어 근로의욕 저하에 따른 경제적 비효율성이 초래된다. 일을 하지 않아도 높은 수준의 복지혜택을 받을 수 있고 높은 수준의 세금으로 인해 일을 할 유인이 낮아질 수 있다. 보편적 복지로 인해 일종의 도덕적 해이(moral hazard)가 발생되어 사회 전체적으로 노동공급이 줄어들어 후생손실을 가져올 수 있다. 더욱이 자영업자 비율이 매우 높아 탈세가 현저한 우리나라에서는 보편적 복지의 시행에 따른 세금인상으로 더욱더 큰 후생손실이 초래될 수 있다. 자영업자들은 세금인상으로 줄어든 소득을 보전하기 위해 소득효과를 갖는 탈세에 대하여 이전보다 더 많은 유인을 가질 수 있다. 이러한 탈세는 비효율적인 자원배분으로 생산에 긍정적으로 기여될 수

192

있는 자원이 낭비되는 등 또 다른 형태로 사회에 부담을 줄 수 있다.[9]

　보편적 복지를 주장하는 정치권은 선거에서 승리하기 위해서라도 국민에게 보편적 복지의 화려한 겉모습만 제시하려 할 것이다. 그러나 보편적 복지의 이면(裏面)에는 대부분 계층에게 부과해야 되는 보편적 세금, 근로소득자와 자영업자 간 세부담의 불공평, 근로의욕 저하와 탈세 증가로 인한 경제적 비효율이 있다. 이러한 것들은 고스란히 국민들에게 큰 부담으로 작용할 것이다. (2011.02.08)

무상 사회서비스 확대는
정권잡기용 정치복지 상품이다

현진권(아주대학교 경제학과 교수)

복지지출 확대정책을 주장하는 이들이 공통적으로 가지는 사고에는 소득분배에 대한 부정적인 태도가 있다. 경쟁구조 속에서 나타난 소득격차는 본질적으로 나쁜 것이므로 복지정책 확대를 통해 이를 교정해야 한다고 생각한다. 즉 시장은 나쁜 것이고, 정부는 시장 문제를 교정하는 선한 역할을 담당한다는 것이다. 따라서 복지지출을 확대할수록 시장의 나쁜 결과인 소득격차를 해소할 수 있다는 것이다. 복지지출에 대한 논쟁은 결국 소득분배, 소득격차에 대한 시각 차이가 근본원인이라고 진단할 수 있다.

시장경제는 경쟁 원리를 바탕으로 하고 있다. 일반적으로 경쟁에 대해 부정적인 인식을 많이 가지고 있는데, 이는 경쟁을 '전쟁' 으로 생각하는 경향이 있기 때문이다. 결국 전쟁은 승자와 패자로 나누는 구조이므로, 승자와 패자의 몫은 합해서 항상 제로가 되는 '제로섬 게임(zero-sum game)' 으로 생각한다. 이는 경쟁의 단면만을 보기 때문이다. 일반적으로 경쟁구조를 소비적인 측면에서 많이 생각한다. 소비 측면에서 경쟁은 승자와 패자가 발생할 수도 있지만, 경쟁의 본질적 특성은 생산 측면에 있다.

하이에크에 의하면 경쟁은 '자발적인 질서(spontaneous order)' 로서 누구의 디자인 없이 자발적으로 작동하는 메커니즘이다. 경쟁이 작동하기 때문에 경제주체들은 새로운 것을 만들어내고자 하는 유인을 받게 된다. 빌 게이츠나 스티브 잡스 등이 새로운 IT 상품을 만들어내는 근본적인 이유는 경쟁이 작동하기 때문이다. 이들이 수많은 시행착오를 거쳐 위대한 IT 상품을 생산할 수 있었던 것은 이들이 인류의 복지를 위해서가 아니라 본인의 사적이익을 추구했기 때문이다. 이러한 사적이익을 추구하는 행위로 인해 결국은 전 세계인이 새로운 IT 세상을 즐길 수 있게 된 것이다. 이들은 전 세계인이 행복하게 사용하고 있는 IT 상품을 개발한 대가로 엄청난 부를 얻었다. 이처럼 경쟁을 생산적인 측면에서 고찰하면 개발한 공급자는 엄청난 부를 획득하게 되고, 수요자들도 새로운 상품에 기꺼이 지갑을 열고 즐길 수 있는 것이다. 생산 측면에서 경쟁은 '제로섬 게임'이 아닌 '양의 섬 게임(positive-sum game)'인 것이다.

경쟁의 본질적 특성은 생산 측면에 있다

경쟁에 선과 악의 개념이 필요 없듯이 경쟁을 바탕으로 한 시장경제의 결과로 나타난 소득분배에도 선과 악의 개념이 필요 없다. 빌 게이츠와 같은 거부가 나타날 수 있었던 것도 결국 경쟁을 바탕으로 한 시장의 결과이다. 반면 빌 게이츠와 같은 업종에서 많은 사람들이 망해서 빈곤층으로 전락한 사례도 많을 것이다. 경쟁을 통한 시장구조에서는 수요자들이 원하는 것을 만들면 부를 얻을 수 있지만, 수요자들이 원하지 않는 재화를 만들면 망한다. 따라서 개인별로 서로 다른 소득수준을 가지는 것은 결국 시장에서 소비자들의 기호에 얼마만큼 충실했느냐에 달린 것이다. 따라서 전체 사회 구성원 간의 소득분배 혹은 소득격차는 시장의 결과일 뿐, 이 결과에 대해 선과 악이란 가치관을 부여해서는 안 된다. 자생적인 질서의 결과일 뿐이므로 결과로서의 소득격차에 대해 악이란 시각으로 접근하게 되면 자생적인 질서를 부정하게 되고, 이를 대체할 수 있는 메커니즘은 국가이며, 곧 사회주의가 되는 것이다. 그러나 21세기에서는 더 이상 사회주의적 논쟁은 필요하지 않으므로 자생적 질서인 경쟁이 작동하는 메커니즘은 인정해야 한다.

복지지출 확대를 주장하는 이들이 많이 사용하는 용어가 '양극화'이다. 양극화는 소득분배에 대해 부정적인 시각을 보여주는 대표적인 용어이다. 소득격차가 두 가지 극단의 분포를 하고 있으므로, 극단들 간에 서로 대치 및 적대시하는 분위기를 조정하는 데 효과적인 용어인 것이다. 양극화는 실증적인 측면에서 고찰해도 객관적인 용어가 아니다. 국제적 소득격차의 수준을 비교해 보면 연구결과에 따라 다양한 실증결과를 보여주지만, 일반적으로 받아들여지는 소득격차의 비교는 다음과 같다. 즉 미국이 가장 소득격차가 심각하고, 유럽이 양호하며, 한국은 이들 두 국가군의 중간수준이라는 것이다. 미국이 가장 소득격차가 심하지만 양극화라는 용어가 사용되지 않는 반면, 우리 사회에서는 상대적으로 미국보다 양호하지만 마치 극단만이 존재하듯이 양극화라는 용어가 매우 보편적으로 사용되고 있다. 양극이 존재하는 사회구조에서는 극 진영 간에 서로 대립하고 투쟁하는 것이 일반적인 정서가 된다. 이런 분위기에서 복지지출의 확대를 주장하게 되면, 자연스럽게 가지지 못한 계층과 이러한 논쟁에 무감각한 중간층 진영에서 이러한 정책방향을 선호하게 된다. 따라서 지금의 무상복지의 주장은 양극화, 소득격차, 복지 확대로의 논리적 연관성을 가지고 있다.

무상복지가 소득격차 해결한다는 것은 착각일 뿐

사회계층 간의 소득격차는 공정한 경쟁구조 속에서 나타난 결과일 뿐이므로 소득격차에 대해서는 가치중립적이어야 한다. 어느 수준의 소득격차가 가장 바람직한가에 대한 해답을 주지 못하듯이, 공정한 경쟁의 결과인 소득격차는 있는 그대로 받아들여야 한다. 사회의 빈곤층을 정부가 무시해도 된다는 것은 아니다. 어느 국가도 빈곤층에 대해 시장경쟁의 결과이므로, 정부가 개입하지 않는 나라는 없다. 이는 빈곤층에 대한 배려차원에서

196

나온 정책이지, 경쟁을 바탕으로 한 시장경제 구조가 나쁘다는 것을 의미하지 않는다.

정치권에서 발단이 된 무상복지는 선별적인 사회서비스를 보편적으로 확대하자는 정책방향이다. 이러한 정책은 여기서 논의하고 있는 소득분배와는 직접적인 관계가 없다. 지금도 빈곤층을 대상으로 선별적 사회서비스가 집행되고 있다. 이를 중류층과 고소득층에게도 서비스를 확대한다고 해서 소득분배가 개선되는 것이 아니다. 따라서 현재 우리 사회에서 논의되고 있는 무료급식, 무료보육 등 무상 사회서비스 확대 정책은 소득분배 개선과 논리적 연계성이 없다. 무상 사회서비스 확대는 정책목표가 뚜렷하지 않지만, 마치 빈곤층 혹은 소득격차 문제를 해결할 수 있을 듯한 착각을 주는 정권잡기용 정치복지 상품이다. (2011.03.09)

20만원, 수치심의 가격
– 무상급식에 대한 하나의 견해

오정일(경북대학교 행정학부 교수)

> 재원은 한정되어 있는데 쓸 곳은 많은 세상에서 편익 대비 비용을 계산
> 하는 것은 불가피하다. 게다가 그것은 무엇이 합리적인지 혹은 정당한
> 지에 대한 사람들의 믿음에도 의문을 제기할 수밖에 없다.
>
> 『모든 것의 가격』 에두아르도 포터

2011년 8월 24일 실시된 서울시 주민투표는 투표율 25.7%로 무효 처리
되었다. 앞으로 서울시는 모든 초등학교, 중학교 학생들에게 무상으로 점심
을 제공할 것으로 예상된다. 이른바 '오세훈 안' 과 '곽노현 안' 의 차이는 하
나다.[10] 부모의 소득이 상위 50%에 속하는 학생들에게 점심을 공짜로 줄
것인지, 돈을 받고 줄 것인지가 쟁점이다. 결과적으로 서울 시민들은 부모
의 소득에 상관없이 모든 학생들에게 공짜 점심을 주자는 '곽노현 안' 을 선
택하였다. 문제는 '곽노현 안' 이 비효율적이면서 불공평하다는 데 있다.
'오세훈 안' 은 비효율적이기는 하나 불공평하지는 않다. '곽노현 안' 을 최
악(最惡), '오세훈 안' 을 차차선(次次善)이라고 할 수 있는 것은 이 때문이다.

198

효율성과 형평성의 측면에서 서울시민은 최악의 안을 선택

정책을 평가하는 두 개의 대 원칙은 효율성과 형평성이다. 무상급식에 있어서 가장 효율적인 방식은 학생들에게 급식비를 지급하는 것이다. 급식비가 지급되면 학생들은 자기가 원하는 점심을 선택할 수 있다. 학교가 직접 급식을 제공하면 학생들은 의무적으로 학교가 주는 밥을 먹어야하기 때문에 선택의 여지가 없다. 학생들의 선택의 여지가 없다는 것은 무상급식이 비효율적임을 의미한다. 무상급식에 있어서 부모의 소득이 적은 학생과 소득이 많은 학생은 다르게 취급되어야 한다. 양자를 같게 취급하는 것은 공평하지 않다. 부모의 소득이 많은 학생은 돈을 내고, 부모의 소득이 적은 학생은 공짜로 점심을 먹는 것이 공평하다. 다른 사람은 다르게 취급되어야 하기 때문이다. 부모의 소득에 관계없이 모든 학생들이 공짜로 점심을 먹는 것은 불공평하다.

효율성과 형평성의 측면에서 두 안을 평가하면 '오세훈 안'은 차차선, '곽노현 안'은 최악이다. '오세훈 안'은 부모의 소득이 충분한 학생들이 학교가 제공하는 점심을 의무적으로 먹어야 한다는 점에서 비효율적이기는 하나 돈을 내기 때문에 불공평하지는 않다. 반면, '곽노현 안'의 경우에는 부모의 소득에 관계없이 모든 학생들이 공짜로 점심을 먹기 때문에 비효율적이면서 동시에 불공평하다. 결과적으로 서울시민들은 차차선이 아닌 최악의 안을 선택한 것이다.

냉철한 논의는 없고 낙인효과 방지만

무상급식의 목표가 가난한 학생들에게 점심을 먹을 수 있는 기회를 주는 것이 아니라 실제로 밥을 먹게 하는 것이라면 가난한 학생들에게만 급식을 제공하는 차선책(次善策)이 효과적일 수 있다. 그러나 오세훈 서울시장과 곽노현 서울시교육감 모두 차선책을 내놓지 않았다. 차선책을 시행하면 무상급식의 대상이 되는 학생, 즉, 가난한 학생이 누구인지 알려지기 때문이다. 정치권에서는 이를 '낙인효과(烙印效果)'라고 부른다. 낙인효과를 방지하기 위해 오세훈 서울시장과 곽노현 서울시교육감은 차선이 아닌 차차선과 최악의 안을 내놓았다.

"부모의 소득이 상위 50%인 학생들에게 공짜로 밥을 줄 것인가, 돈을 받고 밥을 줄 것인가"의 문제를 현학적(衒學的)으로 포장하면 "무상급식이 보편적 복지에 해당하는가, 해당하지 않는가?"가 된다. 그러나 논쟁의 핵심은 낙인효과이다. 가난한 학생들의 수치심을 없애기 위해 나머지 학생들도 공짜로 밥을 먹게 할 것인가가 논점이다. '곽노현 안'에서는 낙인효과가 발생할 가능성이 없다. 모든 학생들이 공짜로 밥을 먹기 때문이다.

민주당과 곽노현 서울시교육감의 주장에 의하면 '오세훈 안'을 시행할 경우 연간 3,070억 원, '곽노현 안'을 시행하면 연간 4,090억 원이 소요(逍遙)된다고 한다. 학생 한 명당 급식 비용이 연간 약 60만원이라는 사실을 감안하면 '오세훈 안'의 경우 약 51만 명의 가난한 학생에게, '곽노현 안'에 있어서는 약 68만 명에 달하는 모든 학생들에게 공짜 점심이 제공된다고 할 수 있다. '곽노현 안'을 시행할 경우 51만 명의 가난한 학생들이 느끼는 수치심을 없애기 위해 상대적으로 부유한 17만 명의 학생들에게 점심이 공짜로 제공된다. 세 명의 가난한 학생이 느끼는 수치심을 없애기 위해 추가로 한 명에게 공짜 점심을 주는 것이다. 학생 세 명당 60만원의 비용이 추가로 소요되므로 학생 한 명당 20만원의 사회적 비용이 발생한다고 할 수 있다.[11] 포터의 표현을 빌리면 '수치심의 가격'은 20만원이다.

정치의 계절에 불어 닥치는 포퓰리즘 태풍에 맞서야

최근 사회 전반적으로 포퓰리즘(populism)이라는 태풍이 불고 있다. 태풍의 진원지는 정치권이다. 부모의 소득에 따라 등록금을 차별적으로 부과하자는 '등록금차별화', 같은 죄를 저질러도 부자는 벌금을 더 내야 한다는 '일수벌금제', 동일한 진료에 대해 소득이 높은 사람은 높은 진료비를 내야 한다는 '진료비차등제'가 대표적인 예이다. 서울시 주민투표가 무효화된 것 역시 포퓰리즘이 작동한 결과이다. 선거 과정에서, 무상급식이 정말 시급한 문제인지, 무상급식에 소요되는 비용을 서울시가 감당할 수 있는지, 가난한 학생들의 수치심을 없애기 위해 모든 학생들에게 공짜로 점심을 제공하는 것이 타당한지에 대한 냉철한 논의는 없었다. 그 결과, "아이들이 먹는 밥을 가지고 장난치면 안 된다"는 선동적인 구호가 힘을 얻었고 주민투표는 무산(霧散)되었다. 정치의 계절에는 포퓰리즘이 재미를 보기 마련이다. 이러한 상황에서 우리의 선택은 하나이다. 2012년 12월까지 포퓰리즘의 태풍에 맞서는 것이다. (2011.08.31)

국가미래보다 득표 영합의
무상 지원, 진보 또는 무지의 상징인가?

이종욱(서울여자대학교 경제학과 교수)

여야가 선거에서 표를 더 얻고, 국민의 지지도를 올리기 위해, 무상 지원 과제를 먼저 발굴하여 발표하는데 열을 올리고 있다. 정치권에서 무상지원은 진보의 상징이 된 것 같다. 또한 무상 지원은 한국 사회의 지식수준으로 보면 대중적 인기로 표를 얻어 정치인의 정치적 생명을 연장시켜 줄 수 있을 것이다.

그러나 현재 정치권에서 진행되고 있는 무상지원 정책의 선점 경쟁이 정말 진보의 상징인가 무지의 상징인지를 논리적으로 따져 보아야 한다. 현재 정치권의 무상지원에 대한 태도는 대한민국 헌법의 전문에 선언된 '우리들과 우리들 자손의 안전과 자유와 행복을 영원히 확보할 것을 다짐하면서'라는 구절이 주는 희망을 사라지게 만들고 있다. 정치나 국민의 진보나 보수의 궁극적 가치는 국민의 노력에 의해 이루어질 국가의 번영된 미래를 위한 것이어야지 정권 연장의 수단으로 되어서는 안 된다.

보호자가 능력이 없는 15세 미만의 아동

경제학은 시장경제원리가 작용하는 곳에서는 '공짜 점심은 없다(no free lunch)'고 가르치고 있고, 이 개념은 자본주의 국가에서 경제학을 배운 전문가 및 학생들에게는 상식이다. 경제학에서도 시장경제원리가 작용하지 않는 곳에서는 '공짜 점심'이 있지만, 그 대상이 되는 사람은 극히 한정된다. 시장경제 원리가 경제운용의 기본인 자본주의 사회에서 사람들은 의식주를 해결하기 위해 노동시장에 참여해야 하지만, 노동시장에 참여할 수 있는 사람의 범위는 국제노동 기구(ILO)의 기준으로 정의된다.

한 나라의 인구에서 16세~60세까지 인구는 경제활동 가능인구이고, 한국에서는 경제활동 가능인구에서 학생, 군인, 주부, 병약자 등을 제외하여 경제활동인구 또는 노동력이라 정의한다. 노동력에 속하는 사람은 근로를 통해 자신의 삶을 개척해 나가야 하는 것이 국민으로서 책임과 의무이다. 또한 노동력에 속하는 부모는 근로를 통해 15세 미만의 자식들을 돌볼 윤리적 책임이 있다.

따라서 국제 기준에 맞는 경제학의 상식으로 보면, 우리가 무상 지원을 걱정해야 하는 그룹은 노동력에서 제외 되는 병약자에 해당하는 가정의 아동들, 결손 가정의 아동, 그리고 60세 이상의 자립 능력이 없는 고령자들이다. 정치와 행정의 비효율로 인해 정부 저축으로 국민들에게 배당을 해 줄 수 없는 한국 정부로서는 무상지원은 국민 세금 부담으로 해결해야 한다. 국가 차원에서 자원은 한정되어 있고, 한정된 자원을 민간부문이나 정부가 효율적으로 이용해야 하는 것은 경제적, 윤리적 책임이다.

한정된 정부 재원으로 무상지원을 해야 한다면, 항상 우선순위를 정해야 한다. 무상지원대상의 우선순위는 결손 가정이나 병약자의 부모로 인해, 기초 생활이 어려운 가정의 아동들이며, 이들에게는 의무 교육 기간 동안 무료 급식과 교육을 넘어, 정기적인 무료 의료 및 치과 검진과 치료까지 국가가 돌보아 주어야 한다. 그리고 이들에게 진정성 있는 배려의 마음이 전달될 수 있는 사회봉사 시스템이 디자인 되어야 한다.

15세 미만의 아동은 미래 한국경제를 이끌어 갈 노동력으로, 한국경제 성장잠재력의 원천이다. 15세 미만의 아동 중에서 병약자 부모 또는 결손

가정에 자라게 되어 급식, 교육, 건강검진 등이 적기에 이루어지지 않는다면, 16세 이상에서 노동력으로 편입되더라도 스스로 삶을 개척하면서 생산성이 높은 노동력이 되지 못하고, 또 다시 국가가 보살펴야 하는 복지 대상이 될 수 있다. 이러한 개인의 불행과 국가 자원 낭비가 발생되지 않도록, 정부는 보호자가 능력이 없는 15세 미만 아동들에 대한 급식, 교육, 건강 검진과 치료(치과 포함)에 더 많은 자원을 투입해야 한다.

퍼주기 복지사업의 현행 시스템

왕따도 근절 못하고, 공교육의 부실로 사교육이 만연해 진 상황에서 학교는 그 본연의 의무도 제대로 이행하지 못하고 있다. 이런 상황에서 특히 결손가정, 기초생활이 어려운 가정에 속한 아동들에 대한 파악은 학교에만 맡길 것이 아니다.

가족에 대한 정보가 많이 담겨 있는 연금, 건강보험, 세금 등에 대한 정보를 활용하여 행정안전부, 지방자치단체, 국세청 등이 적극적으로 나서서 그러한 사람을 찾아 도와야 한다. 그리고 국가차원의 지원 창구를 동사무소나 구청으로 집중하여 어려운 처지에 있는 가족 구성원이 편리하게 접근할 수 있도록 하고, 상담 이후 지원 대상으로 결정되면 체계적 지원이 가능하도록 해야 한다. 그리고 결손가정이나 기초생활이 어려운 자녀에 대한 정기적인 검진과 치료, 특히 치과 치료는 국민건강보험공단의 DB로 관리하면 얼마든지 지원할 수 있다.

결손가정, 기초생활이 어려운 가정의 자녀들에 대해 무상급식, 무상교육, 무상의료를 하려면, 증세를 통한 무상지원을 주장할 것이 아니고, 우선 국가 예산 편성을 지휘하는 대통령과 국회도 기업이 비용을 아끼기 위해 '마른 걸레'를 다시 짜듯이 비효율적인 예산을 절약하여 무상지원 재원 마련을 고민해야 한다.

복지가 정부 운영의 우선순위가 되면서, 정부 차원의 복지 사업에서 가장 큰 취약점이 복지 사업의 실행 효율성과 성과 측정이다. 복지 사업에서 예산 편성은 가장 쉬운 일이고, 복지 전달 체계가 적기 적소에 배정될 수 있는 행정 실행 시스템이 가장 어려운 과제이다. 현재 16개 부처에서 289개 복지사업이 실행되고 있다. 이는 전형적인 공급자 위주 정부주도 사업으로, 복지 수요자는 어느 부처에 어떤 사업이 있는지 모르게 되어, 이런 구조 속에서는 예산 소진에 중점을 두는 퍼주기 복지사업이 될 수밖에 없다.

중앙부처, 지자체, 공공기관의 복지 관련 정보를 통합 관리하는 사회복지통합관리망(행복e음)을 활용해 2011년 예산 집행에서도 6월 기준으로 복지부정 수급액이 3351억 원, 부정 복지 수급자는 13만 9,000명으로 집계되었다. 이 금액은 서울시가 2011년 초등학교 친환경 무상급식에 소요하는 예산 약 3924억 원에 이른다.

소득재분배를 세금으로 하자?

복지는 미래 경제적 자원 육성을 위한 투자이므로 사회학·행정학이나 사회복지적 접근은 보조적 지표가 되어야 하고 경제적 관점에서 예산편성·집행 효율·경제적 기여에 대한 평가가 이루어져야 한다. 그러나 복지 예산의 증가에 비해 성과 평가 결과는 미흡하다. 복지 예산의 집행 효율 및 경제적 기여도가 높은데도, 결손 가정, 기초 생활이 어려운 가정의 자녀들에 대한 무상 지원·급식, 교육 및 의료의 비용이 부족하여 증세를 해야 한다면, 노동력에 속하는 국민 어느 누구도 반대하지 않을 것이다. 그러나 위에서 언급된 국제적 기준의 상식으로 생각하지 않고, 세금을 더 거두어 무상지원을 하자는 논의를 주장한다면, 이는 이미 논의가 끝난 '세금으로 할 수 없는 것'을 하겠다고 우기는 것이다.

경제학에서는 정부가 세금을 이용해 소득재분배 하는 것은 불가능하다는 것이 20세기 초 이탈리아 경제학자 월프레드 파레토가 완성한 파레토 법칙으로 잘 알려져 있다. 소득재분배의 가장 좋은 수단은 국민의 경제적 생산성을 올려 주는 것이므로, 부양해 줄 보호자가 없는 아동들에 대한 무상 지원은 국가의 중요한 소득재분배 정책이다. 실제로 소득과 부의 분배를 직접적으로 바꿀 수 있는 유일한 정책은 인플레이션 정책이다. 인플레이션은 중산층으로부터 부를 빼앗는다. 인플레이션은 노동력의 생산성을 파괴함으로써 그들로부터 부를 빼앗는다.

야당의 무상 지원 공세나 인플레이션에 대한 우려는 정책 수단을 가지고 있으면서 이러한 문제들을 선제적으로 해결하지 못한 대통령을 중심으로 한 정책 당국의 책임이다. 정권의 치적 쌓기 및 홍보만 치중하지 말고, 국민 삶에 무엇이 더 나아졌는지 생각해 보아야 한다. 또한 정치권은 여야가 몰입하고 있는 무상지원이 진보의 상징이 아니고 무지의 상징이라는 것도 인식해야 한다. (2011.12.21)

타임오프 · 복수노조 교섭창구 단일화 제대로 시행되어야

이상희(한국산업기술대 교양학부 교수)

우리나라는 지난 1997년 여야 합의에 의해 노조법(노동조합 및 노동관계조정법) 제정 당시 노조전임자 급여지급을 금지하고(노조법 제24조, 제81조 4호), 복수노조를 허용하되 단체교섭 창구 단일화 방안을 마련키로 하였다(노조법 부칙 제5조). 복수노조 허용 및 교섭창구 단일화 제도 마련과 노조전임자 급여지급 금지는 글로벌 노동기준 및 노사관행에 부합하는 노동환경 정비를 위해 단결권 등 부족한 노동기본권은 보강하되 불합리한 노조전임자 급여지급 관행은 시정하자는 데 그 취지가 있었다. 다만 복수노조 교섭창구 단일화 방안 마련은 물론, 노조전임자 급여지급 금지 등을 한꺼번에 시행하는 데에는 적지 않은 어려움이 예상되고, 특히 산업현장의 노사관계에 부정적인 영향을 미칠 것을 우려하여 법 제정 이후 5년간 그 시행을 유예하였다(노조법 부칙 제5조, 제6조).

법 제정 후 13년 유예 끝에 시행키로

그러나 5년이 지나서도 노조전임자 급여지급 금지나 복수노조 허용을 위한 교섭창구 단일화 방안 마련에 대한 노사정 간 첨예한 이해 대립으로 좀처럼 시행에 대한 결정을 보지 못하고, 다시 2001년, 2006년 두 차례의 법 개정을 통해 각각 5년씩 2회, 3년씩 1회, 총 13년의 유예기간을 거쳤다. 우여곡절 끝에 2010년 1월 1일 법 개정을 통해 노조전임자 급여지급 금지 규정과 이를 보완하는 이른바 타임오프제가 도입되고, 복수노조 허용 시행에 대한 보완으로 교섭창구 단일화 방안이 마련되었다.

이에 따라 타임오프제는 2010년 7월 1일부터 시행되었고, 복수노조는 다가오는 2011년 7월 1일부(2010. 1. 1 노조법 부칙 제1조)로 시행될 예정이다. 특히 타임오프제는 법 시행일 당시 유효한 단체협약이 법 시행에 따라 타임오프제를 위반하는 경우에는 법 시행에도 불구하고 해당 단체협약의 체결 당시 유효기간까지는 효력이 있는 것(노조법 제24조)으로 보는 경과조치를 두고 있기 때문에 올해에도 타임오프제 도입 사업장이 적지 않다. 말하자면 타임오프 · 복수노조는 이제 겨우 시행단계에 접어든 셈이다.

그런데 최근 양대 노총을 중심으로 이 제도에 대한 비판과 그 개선안으로 타임오프제 폐지 및 노조전임자 급여지급 노사 자율, 복수노조 교섭창구 단일화 폐지와 자율교섭권 보장 등 노조법 개정 요구가 제기되고, 이것이 야당의 정치권과 연계된 노동법 개정론으로 발전하고 있다. 올 봄에도 노사관계 정치가 적지 않게 달아오를 전망이다.

원래 타임오프 · 복수노조 허용 및 교섭창구 단일화는 제도 시행을 위한 노사 간 자율적 노력이 전제된 것이다. 법 제정 시 시행 유예기간 동안 정부로 하여금 복수노조 교섭창구 단일화 방안을 강구토록 하였으나(노조법 부칙 제5조), 이 기간 동안 노사 간 협상의 진전이 없었다. 또 같은 기간 동안 노조전임자에 대해서는 노사협의에 의해 전임자 급여 지원 규모를 점진적으로 축소하도록 노력하되, 그 재원은 노조의 재정자립에 사용하도록 하였으나(노조법 부칙 제6조), 노사는 이러한 노력을 전혀 하지 못하고 오히려 전임자 규모는 더 증가하였다. 새 제도의 개선 절차에서 노사 간 협상에 의한 자율적 시행을 기대하였으나 시행일까지 세 차례 유예하여 총 13년에 걸친 갈등과 긴장의 시간만 보내게 된 것이다.

우여곡절 끝에 시행에 들어간 새 제도의 마련도 노사 간 협상력, 여야 간의 정치적 계산 등 복잡한 과정들이 모두 반영되었으므로 노사정 간 협의가 충분히 이루어진 것으로 보아야 한다. 타임오프 기준 마련조차 민주노총 참여 시차, 근로자면제심의위원회 기한 내 결정 논란 등 어려운 과정을 거쳤지만 노사정 간 협의 절차에 최선을 다한 과정을 거친 것으로 보아야 한다. 말하자면 현행법은 노사 간 자발적 협의 내지 협상력을 기초로 정부 추진의 의지가 보완되어 이루어진 것으로 이해되어야 한다.

선진국 노사관행·국내 노사관계 특성 반영돼

한편 현행 타임오프·복수노조 제도는 주요 선진국의 노동기준 내지 노사관행을 충분히 고려하고, 국내의 노사관계적 특성도 반영된 것으로 이해되어야 한다. 그간 우리나라는 기업별 노사관계라는 특수한 지배 상황 가운데 복수노조 금지에 대한 적지 않은 논란이 있었고, 국제노동기구(ILO)로부터도 수차례 개선 대상으로 지목되어 왔다. 이에 따라 우리나라는 복수노조를 허용하지 않을 수 없었고, 이 경우 ILO도 인정하는 바와 같이 단체교섭 창구 단일화 방안은 적절히 마련될 수 있는 것으로 이해되었고, 현재 마련된 시스템도 이들 기준으로부터 벗어나 있지는 않다. 배타적 교섭대표제를 가진 미국과 캐나다는 물론 여타 국가에서도 반드시 교섭창구 단일화는 아니지만 단체교섭권의 행사에 대해서는 적지 않은 조율 기제를 가지고 있기 때문이다.

기업별 노사관계는 불가피하게 노조전임자 제도에도 적지 않은 영향을 끼친 것으로 이해되고 있으나, 우리나라에서 운용되고 있는 노조전임자의 규모와 산업현장에 미치는 영향은 너무 컸다는 지적이 지배적이었다. 또 우리나라에서 운용되고 있는 노조전임자라는 특별한 제도나 관행이 여타 선진국에서 비교 가능할만한 것이 정확치 않은 등 이해당사자 간 해석상 다툼도 적지 않았다. 또 타임오프 상한 기준의 설정도 노사정 간 지난한 협상과정을 거친 것은 물론, 결과적으로 우리나라의 특수한 기업별 노사관계가 고려되어 노조 재정자립도가 낮은 중소기업에 대해서는 산업현장의 전임자 실태에 미흡치 않도록 하는 기준을, 노동조합의 재정자립도가 높은 대기업일수록 노조 재정으로 충당할 수 있는 기준이 마련된 것으로 이해되어야 한다.

타임오프 · 복수노조 허용 및 교섭창구 단일화 제도는 당장은 큰 흠이 없다고 보아야 한다. 또 시행의 당위성이나 개정 논란에 대해서는 그간의 노사정 간 협의와 협상과정도 고려되어야 한다. 현행 제도는 결코 정부가 밀실에서 일방으로 제정하고 운영했던 과거 노동정책의 결과물과는 당연히 차별성이 있음을 인정해야 한다. 당사자인 노사 주체는 당연히 불만이 있을 것이다. 그러나 그것은 협상의 산물이다. 협상과정에서 전부를 움켜쥘 수는 없다.

더욱이 타임오프 · 복수노조 허용 및 교섭창구 단일화 제도의 일부 흠이나 문제점에 대한 개선이 아니라 처음부터 노사자율에 맡기는 시스템으로 제도 전부의 시행을 포기토록 하는 개정 요구는 받아들이기 어렵다. 타임오프제는 이미 시행에 들어갔고, 지난해에는 산업현장의 도입과정에서 일부 어려움도 있었지만(새 제도 시행에서 그 정도 어려움은 예견된 것이다), 무난하게 정착되고 있다는 평가가 지배적이다. 또 복수노조 허용 및 교섭창구 단일화 제도 시행에 따른 산업현장의 혼란 내지 어려움을 예견하는 몇 가지 전망에도 불구하고 대체로 무난하게 정착될 것으로 보인다.

다각적인 협의 거친 후 마련된 제도이므로 시행 후 개선을

정부로서도 어렵게 마련한 제도를 본격적으로 시행해 보지 못하고 새로 고치자는 주장을 받아들일 이유는 없다. 정책의 신뢰도나 예측가능성에 치명적인 손상을 초래할 것이기 때문이다. 물론 제도 자체가 시행에 상당한 문제를 내포하고 있다면 달리 판단될 수도 있다. 우리나라는 1996년 말부터 1997년 초반까지 3개월간 전개된 노동관계법 개정 파동의 역사를 이미 뿌리 깊게 경험하였기 때문에 그러한 우를 범할 가능성은 적다. 다만 정부는 시행 초기에 면밀한 모니터링을 할 필요가 있다. 타임오프는 이미 작년부터 시행에 들어갔지만 복수노조 허용 및 교섭창구 단일화는 오는 7월 1일부터 시행에 들어가기 때문에 시행과정의 모니터링을 통해 혹 마련된 제도의 보완 필요성은 없는지 치밀한 검토가 필요하기 때문이다.

오랜 기간 동안 노사정 간 힘겨운 협의를 해왔고, 수많은 전문가들이 참여하는 등 다각적인 과정을 거쳐 마련된 타임오프 · 복수노조 허용 및 교섭창구 단일화 제도는 제대로 시행되어야 한다. 이 제도를 마련하기까지 상당한 논의와 협의과정이 있었고, 시행 시 큰 문제가 없다고 예견될 정도로 제도 자체도 합리적이고, 오랜 기간 추진하지 못했던 제도 시행과 정책 신뢰도 제고 등이 고려되어야 하기 때문이다. 제도 개선이나 보완 여부는 우선 시행 후 검토해도 늦지 않다. (2011.04.13)

신임 고용노동부장관에게 바란다

박영범(한성대학교 경제학과 교수)

MB정부가 2년이 남지 않은 상황에서 새로 임명될 이채필 고용노동부장관은 아마 MB정부의 마지막 고용노동부장관이 될 가능성이 큰데, 그 앞에 놓인 과제는 결코 녹녹치 않다. MB정부의 선진화 정책도 마무리 지어야 하고 현안 과제도 많은데 최근의 노정관계로 볼 때 해결책을 찾기가 쉽지는 않을 것 같다.

고용노동 분야에서 현 정부 들어 가장 괄목할 만한 실적은 노사관계의 안정화라 할 수 있다. 노동부 자료에 따르면 노사분규 건수는 지난 2005년 287건, 2007년 115건보다 다소 줄어 2008년에 108건이었고 2009년엔 121건으로 늘었다가 2010년엔 86건으로 100건 이하로 크게 줄어들었다. 노사 갈등에 의한 근로손실일수도 2008년 810만 일, 2009년 63만 일, 2010년 51만 일로, 2002년의 158만 일에 비해 대폭 감소하였다. 특히 공공분야에 있어서 불합리한 노사관행이 많이 개선되었다. 일정직급 이상의 직원을 채용할 때 노조의 동의를 필요로 하거나 정리해고 시 노조와의 합의를 필요로 하는 많은 공공기관이 가지고 있는 불합리한 단협 조항들이 합리적인 수준으로 개선되었다.

노사관계 선진화 입법이 잘 정착되도록 노력해야

그러나 신임 고용노동부장관이 처한 요즘 정치적 상황은 법과 원칙의 준수라는 노사관계 정책기조를 흔들리게 할 수도 있다. MB 정부는 한나라당과 한국노총의 정책연대의 기반 위에서 민주노총에 대해 원칙적인 대응을 할 수 있는 구조를 만들어 왔는데, 한국노총은 이용득 위원장의 취임 이후 민주노총과 공조하여 야3당과 함께 노동법 개정을 요구하고 있다. 내년도 총선을 염려한 한나라당은 노동관계 현안 태스크포스(TF)를 만들어 한국노총의 요구를 검토하겠다며 한국노총에 적극적으로 구애(?)하고 있다.

신임 장관은 차관 시절 그러했듯이 원칙을 가지고 산업현장에서 법과 질서가 지켜지는 노사관행이 정착되도록 행정력을 집중해야 한다. 현재 정부와 한국노총, 민주노총의 소통채널은 거의 작동하지 않는 것으로 보인다. 법과 원칙의 준수라는 기조를 유지하되 대화채널을 복원하여 적극적으로 대화하고 설득하는 것도 필요하다.

야3당과 공조한 양대 노총의 노동법 개정 요구에도 현명하게 대처하는 것이 필요하다. 2009년 말 13년간 유예하여 왔던 노조전임자에 대한 사용자의 급여지급 금지조항와 사업장단위 복수노조 허용과 관련된 노동관계법이 통과되었다. 노조전임자에 대한 급여지급 금지에 대한 대안으로 근로시간 면제제도(타임오프제)가 2010년 7월부터 시행되었고, 올해 7월부터는 사업장단위 복수노조가 허용된다.

노동계는 근로시간 면제제도의 무효화와 복수노조의 교섭창구 단일화를 문제 삼으며 자율화를 요구하는 등 노동관계법을 전면적으로 개정할 것을 주장하고 있다. 신임장관은 한나라당과 공조체계를 잘 유지하여 13년 만에 시행되는 노사관계 선진화 입법이 잘 정착되도록 적극적으로 노력하여야 한다.

최저임금 등을 노동시장 양극화 해소 대안으로 운영해선 안 돼

노동시장 양극화의 심화와 함께 신임 장관이 또 넘어야 할 두 개의 큰 산은 사내하도급 근로자 문제와 올해 최저임금의 결정이다. 지난해 대법원이 현대자동차 사내하청 근로자 2명에 대해 불법파견임을 인정하고 고법으로 원심을 파기 환송한 이후 사내하도급은 문제가 된 현대자동차뿐만 아니라 사내하청을 많이 활용하고 있는 조선이나 철강업계에서도 이슈가 되고 있다.

올해 최저임금 협상에 대해서 양대 노총은 상당한 역량을 집중하고 있다. 특히 민주노총은 올해 임협의 기준이 되는 임금인상률을 제시하지 않고 최저임금 수준의 25% 인상을 요구하고 있다. 올해 처음으로 열린 최저임금위원회의 전체 회의에서 노동계 위원들의 불참으로 아직까지 위원장이 선출되지 못하는 상황이 지속되고 있다. 사내하도급 근로자, 최저임금의 적용 대상이 되는 근로계층을 배려하여야 한다는 것은 분명하나 두 현안과 관련된 정부 정책이나 제도 운용이 양극화 해소의 대안으로 운영되어서는 안 된다.

참여정부 시절 최저임금은 양극화 해소의 주요 수단으로 활용되어 왔다. 5년 동안 최저임금 인상률이 10%를 넘지 않은 해는 2003년(8.3%)과 2005년(9.2%) 두 해뿐이었으나 참여정부 시절 양극화는 해소되지 못하였다. 오히려 경비와 같은 단속적 근로자의 최저임금 인상이 고령노동자의 일자리를 빼앗았을 뿐이었다. 특히 최저임금은 60만 명의 외국인 근로자의 급여수준과 연계되어 있으므로 우리나라 중소업체의 사정 등을 고려하여야 한다.

현대자동차의 사내하청 근로자가 정규직 근로자와 같은 생산현장에서 일하고 있으나 급여는 70~80% 수준인 것은 불합리한 측면이 있으나 현대차 사내하청 근로자 문제가 우리나라 비정규직 문제의 본질이라고 보는 것은 무리다. 오히려 현대차 사내하청 근로자 문제가 우리나라 비정규직 문제의 해결을 어렵게 하는 측면이 있다.

단기 실적에 연연하지 않는 중장기적 고용정책 세워야

MB정부는 한해 60만 개, 총 300만 개 일자리 창출을 제시하며 시작하였으나 성적표는 초라하기만 하다. 통계청 자료에 따르면 2008년에는 고용이 전년대비 14만 5천 명이 늘어났으나 2009년에는 글로벌 금융위기로 오히려 7만 2천 명이 줄어들었다. 2010년에는 경기 회복과 함께 일자리가 늘어나긴 했으나 기대치에는 미치지 못했다. 특히 청년층 일자리 문제는 심각하다. 청년 실업률은 2011년 3월 현재 9.5%로 2008년 3월 현재 7.6%에 비해 2%p가량 높을 뿐 아니라 2010년 3월의 9%에 비해서도 높다. 취업애로 계층도 2011년 3월 현재 215만 명으로 2008년 3월의 159만 명보다 많을 뿐 아니라 2010년 3월의 209만 명보다도 많다. 경기회복세에도 불구하고 현장에서 느끼는 일자리 사정은 나아지지 않고 있다는 이야기이다.

고용노동부는 노동부에서 이름을 바꾼 후 고용정책의 총괄부처로서 여러 가지 고용정책 대안을 쏟아내고 있으나 사실 우리나라 고용 문제는 상당 부분 구조적인 문제이기 때문에 단기적인 실적에 연연하지 않는 것이 좋다. 오히려 지금까지 단기적인 처방에만 주력하여 문제를 키워 왔다고 할 수 있다. 신임 고용노동부장관은 고용정책 총괄부처의 수장으로서 중장기적인 비전을 먼저 제시해 주길 바란다. (2011.05.26)

● 주

1 OECD, Society at a Glance, OECD Social Indicators, 2011
2 OECD, 같은 보고서
3 2009년 기준, 자료 고용노동부 고용정책실, 전국 산업별 성별 규모별 사업체수 및 종사자수.
4 일부 내용 필자의 동아일보 칼럼(2011. 4. 22)에서 인용
5 반값등록금과 '촛불' 광장의 망령, KERI 칼럼 485호, 2011년 6월 20일자 참조.
6 Ronald Dworkin, 1981, 'What is Equality?', Philosophy and Public Affairs Vol. 10.
7 김형근(1992)은 기여입학제를 "개인 또는 기업이 특정 사립대에 토지 · 건물 · 금전 · 기타 물질을 무상 기부하거나 그 대학 설립이나 발전에 비물질적으로 기여하는 등 현저한 공로가 있는 경우 관련 자손이 당해 대학에 입학을 지원할 때 그 대학이 정하는 적절한 기준에 의해 입학이 가능할 수 있도록 신입생 일반사정 방법에 있어 특례를 인정하는 제도"(p.105)로 규정하는 반면, 김신복 교수는 기여입학제(기여우대제)는 기부금 입학이 갖는 부정적 인상을 완화시키면서 특혜입학 결정의 대상에 신축성을 두고자 하는 의도를 반영하는 개념으로 보고 있다(김신복, 1992; 윤정일 외, 1996).
8 기본소득은 '시민소득', '보장소득'으로 불리기도 한다. 사회구성원 모두가 물질적 · 사회적으로 살아갈 권리를 최우선적으로 보장하기 위해 "사회구성원 모두에게 조건 없이 매월 그들에게 필요한 돈을 지급해야 한다"는 것이다. 우리나라에서는 최광은 사회당 대표가 기본소득을 주장하는 대표자다. www.vop.co.kr 참고.
9 Alm, James, "The Welfare Cost of the Underground Economy," Economic Inquiry 23(2), 1985, pp.243~263.
10 이하에서는 모든 학생들에게 무상으로 점심을 제공하는 방안을 '곽노현 안', 부모의 소득이 하위 50%인 학생들에게는 무상(無償)으로, 나머지 학생들에게는 유상(有償)으로 점심을 제공하는 방안을 '오세훈 안'이라고 한다.
11 20만 원에는 점심을 선택할 수 없는 학생들이 느끼는 비효용 즉, 먹고 싶지 않은 점심을 억지로 먹어야 하는 고통은 포함되어 있지 않다.

금융과 정치의 대혼란을 넘어서

The Market Economy

대공황의 경제이론과 금융위기 책임론

김우택(한림대학교 경제학과 명예교수)

19세기 경제학의 혁명, '한계혁명(Marginal Revolution)'의 주역 중 한 사람인 레옹 발라(Léon Walras)는 "경제학계에는 많은 학파가 있지만, … 그 중에서 내가 인정하는 것은 두 가지뿐이다. 하나는 증명하지 않고 결론을 내리는 학파이고, 다른 하나는 자기들의 결론을 증명하는 학파이다"라고 했다.[1] 그의 지적처럼 지금도 대공황이나 최근의 금융위기를 놓고 "월가의 탐욕"이니 "시장의 광기"니 하는 검증된 적도 없는 속설이 경제이론으로 포장되고 있다. 그러나 발라의 바람 위에서 발전해 온 신고전파 주류경제학은 그동안 엄밀한 검증을 거친 대공황을 설명하는 이론들을 축적해 왔다.

대공황 원인을 설명하는 유효한 세 가지 이론

1929년 대공황의 원인을 설명하는 지금도 유효한 주류경제학의 이론은 유동성 축소 이론(liquidity-squeeze theory), 디플레이션 기대 이론(expected-deflation theory), 그리고 은행권 붕괴 이론(banking collapse theory) 등 세 가지로 요약될 수 있다. 중앙은행에 의한 유동성 감축이 경기순환상의 평범한 경기후퇴를 대공황으로 만들었다는 첫 번째 이론은 미국의 경우 유동성 감소의 원인이 통화당국(연방준비제도)의 긴축정책에 있으며, 여타 국가들의 경우 금본위제도의 고수와 같은 외환제도와 관련된 정책의 결과인 만큼, 대공황의 원인을 정책실패로 해석하는 입장이다.

두 번째와 세 번째 이론은 대공황의 근본적 원인을 설명하는 이론이기보다는 유동성 감소로 촉발된 생산 감소와 물가하락이 어떻게 시장메커니즘을 통해서 대공황으로 파급·확산되었는지를 설명하는 것이라는 점에서 첫 번째 이론을 보완한다. 디플레이션 기대 이론[2]은 평범한 불황을 대공황으로 확대시킨 중요한 채널을 제시한 것이다. 어빙 휘셔(Irving Fisher, 1923, 1925)[3]가 대공황 이전에 제기한 가설을 토빈(Tobin, 1975), 서머스와 드 롱(Lawrence Summers and Brad De Long, 1986) 등이 발전시킨 이론으로 소비자와 기업들의 디플레이션 기대심리가 불황 확산에 중요하게 작용했다는 설명이다. 사람들이 일단 가격이 떨어질 것으로 기대하게 되면, 소비자나 기업이나 모두 구매를 보류하고 가격이 떨어질 것을 기다리게 되며, 차입 또한 꺼리게 된다. 명목이자율이 얼마든지 간에 가격이 떨어지면 지금보다 높은 가치의 돈으로 빚을 갚아야 하기 때문이다. 따라서 기업들이 모든 투자지출을 미루면서 더 싸질 때를 기다리게 되기 때문에 민간투자가 급격히 감소한 것이 불황으로 악화된 중요한 원인이라는 설명이다.

제3의 공황 이론인 은행권 붕괴 이론은 현 연방준비제도이사회 의장인 버냉키(Ben S, Bernanke, 1983)[4]가 제시한 위기 확산 경로에 대한 설명이다. 은행의 부실이 기업대출 감소로 이어져 기업들의 투자가 어려워질 뿐만 아니라 운영자금도 조달할 수 없게 되면서 불황의 골이 깊어지는 경로를 강조한 이론이다.

이 이론은 엄밀히 따지자면 은행 및 비은행 금융기관들의 금융 중개기능 마비로 이어지는 두 경로인 '부채-디플레이션' 경로와 '금융 중개비용 상승' 경로로 구성된 이론이다. '부채-디플레이션' 아이디어의 연원도 어빙 피셔(1933)[5]로 거슬러 올라가는데, 이 아이디어는 당시 학계의 지지를 얻지는 못했지만, 루스벨트 대통령은 이를 경청했고 정책에도 반영했다. 디플레이션으로 인한 부채부담의 증가는 채권자와 채무자 간의 단순한 부의 재분배에 지나지 않으며, 이 두 그룹의 한계소비성향이 크게 다를 이유가 없다는 논리가 학계에서는 우세했던 것이다. 그러나 '대리인비용 이론'의 관점에서 보면, 기대하지 못한 부의 재분배는 거시경제적으로 중립이 아니라는 견해가 힘을 얻으면서 버냉키가 이 아이디어를 되살려낸 것이다. 뿐만 아니라 '부채-디플레이션' 효과가 일정 수준을 넘어서면, 두 번째 경로가 작동을 시작하게 된다. 부실채권의 증가와 담보자산의 가치하락이 은행과 여타 금융기관들의 건전성에 심각한 위협이 되고, 나가서는 은행의 예금인출 사태의 위험에 대비해 은행들도 자산의 유동성과 안정성을 높이는 노력을 해야 하기 때문에 은행의 대출능력은 현저히 감소될 수밖에 없다. 버냉키의 1983년 논문은 1930~1933년 동안의 미국에서의 은행 위기와 파산이 바로 이 메커니즘에 의해 확산되면서 대공황으로 악화되었음을 보여준 것이다.

통화쇼크로 대공황을 설명한 유동성 축소 이론은 프리드먼과 슈워츠의 주장[6]으로 알려져 있지만, 실은 대공황 당시 케인스도 제기한 가설이다. 그는 1931년 "투자 감소가 현 사태를 설명하는 전부라는 데 추호의 의심도 없다"면서, 그 투자 감소의 복합적인 원인으로 높은 이자율, 연방준비제도이사회의 긴축정책, 미국 이외 지역에서의 금 부족, 미국의 해외투자 감소 등을 지적했는데, 이 모두가 미국 연준의 긴축적인 통화정책의 결과라는 점에서 그는 하나의 원인을 제시한 셈이다.[7] 이 가설은 프리드먼과 슈워츠의 정교한 통계분석을 통해서 철저한 가설검증을 거친 가장 믿을만한 대공황 이론으로 자리 잡게 된다. 그들은 누구나 쉽게 당시의 자료에서 확인할 수 있는 통화와 산출(혹은 가격) 간의 상관관계가 통화에서 산출/가격 쪽으로 향하는 인과관계임을 입증함으로써, 수많은 불황 중에 하나로 끝났을 1929년 불황을 대공황으로 만든 원인이 통화 공급에 있었음을 보여주었다. 이들의 분석전략은 실험실 상황과 같은 에피소드를 찾아 인과관계를 밝히는 것으로, 실험실에서 통제된 실험을 할 수 없는 사회과학 연구의 한계를 극복하는 우회적 방법을 택한 것이다. 산출이나 가격변수와 무관한 이유로 통화량의 변화가 생긴, 즉 통화량의 변화를 '외생적'인 것으로 해석할 수 있는 에피소드를 찾아 그 이후 나타난 산출과 가격의 변화가 외생적 통화정책의 결과임을 보여주었던 것이다. 그렇다고 이 한 번의 가설검증으로 이 이론이 정설로 굳어진 것은 물론 아니다. 그간 새로운 데이터와 새로운 통계학적 검증기법이 개발될 때마다 수많은 재검증이 이루어져 왔다. 가장 최근의 재검증이 보드도와 랜던-레인(2010)[8]이다.

대공황 발생은 정부와 통화당국 탓

상기한 세 공황이론에 보완적인 역사적 설명도 있다. 테민(Temin 1989)과 아이켄그린(Eichengreen 1992, 1996)이 그것이다. 대공황이 큰 충격과 불안정한 파급 메커니즘이 만들어낸 합작품이라는 것이 이들의 주장으로, 테민이 제1차 세계대전이라는 큰 충격에 무게를 두었다면, 아이켄그린(1996)은 큰 충격보다는 불안정한 파급 메커니즘에 무게를 둔 설명을 제시했다. 전쟁 이전과는 달라진 1920년대의 상황, 즉 노동시장과 상품(commodity)시장이 갖고 있던 전통적인 유연성 상실, 쉽사리 쇼크를 수용하지 못하는 시스템, 정부의 신뢰성 결여 등의 문제 때문에, 시스템에 교란이 발생했을 때, 안정화 방향으로 이동하던 금융자본이 도피하면서 작은 교란이 위기로 확산되었다는 설명이다. 게다가 금본위제도(고정환율제) 하에서 충격을 조정하는 방법은 디플레이션인데, 만약 가격(특히 임금)이 경직적이라면, 불황이 유일한 해결책일 수밖에 없게 된다는 설명이다. 최근 이들은 특히 금본위제도라는 국제금융시스템과 이데올로기화한 금본위제에 대한 집착(gold standard mentalité)이 정책당국의 정책 선택의 폭을 제한한 것이 통화정책 실패의 근본 원인이라는 주장을 펴고 있다.[9]

경제학은 대공황이 왜 일어났는지를 잘 설명하는 검증된 이론들을 이미 제시했다. 그것은 시장의 광기나 비합리적 경제주체를 가정하지 않는다. 이 이론들의 공통점은 정부와 통화당국에 책임을 묻고 있다는 점이며, 이 점에 관해서는 통화주의자와 케인지언 간의 이론도 없다.

"대공황은 독일을 시작으로 다음은 미국에서 전형적인 경기위축으로 시작되었다. 이 특별할 것 없는 경기후퇴가 중앙은행들과 정부들의 행동으로, 특히 1931년 여름과 가을의 일련의 통화위기 와중에서의 경제정책들은 불황을 완화시키지 못했고, 오히려 악화시켰다. 번영기에 잘 작동하던 조치들이 1930년대 초의 경기후퇴에는 파괴적인 결과를 초래했다."[10]

"1920년대와 30년대 초의 경제정책 결정자들은 수은으로 모차르트를 치료했던 18세기 의사들과 같았다. 경제병 치료에 그들은 전적으로 무능했을 뿐 아니라 환자를 죽였다."[11]

대공황을 통화정책의 실패로 규정한 프리드먼과 슈워츠는 자신들의 결론에서 매우 흥미로운 추론을 보여주었다. "만일 연방준비제도이사회가 만들어지지 않았다면"이라는 반사실적(counter-factual) 가설의 당연한 귀결은 대공황기에 상업은행의 절반 가까이가 문을 닫거나 다른 은행에 흡수 합병되는 것과 같은 은행권 붕괴는 일어나지 않았을 확률이 높다는 것이다. 그 같은 사태를 막기 위해 만들어진 중앙은행 제도가 오히려 문제의 원인이었다는 사실은 경제사에서 흔히 만나는 '역사의 아이러니' 중 하나인 셈이다.[12] (2011.01.17)

금융제도, 효율성이 우선인가 안정성이 우선인가?
: 200년 넘은 경제학의 난제

허찬국(충남대학교 무역학과 교수)

경제위기는 오랜 시간에 걸쳐 쌓여온 공적, 사적 제도와 관행으로 구성된 경제시스템이 크게 오작동하여 나타나는 것이므로 자연스레 그 원인이 다양할 수밖에 없다.[13] 대체로 시장의 자기조정 기능과 선진국 금융정책을 신뢰하던 필자에게는 2008년 글로벌 금융위기가 더 충격적이었고, 그동안 보아 온 경제학의 어떤 틀이 2008년의 위기를 설명하는 데 적합할까 하는 의문이 있었다. 이런 가운데 접한 토머스 사전트(Thomas Sargent) 뉴욕대 교수의 논문 "Where to draw lines: stability versus efficiency"는 암중모색 중에 만난 밝은 등대와 같아 이를 소개하고자 한다.[14]

사전트 교수의 논문은 근대적 금융시스템이 지향해야 할 경제적 기능을 둘러싸고 상반되는 시각이 상존해 왔으며, 경제학자나 정책입안자들이 아직까지 해결의 실마리를 찾지 못한 어려운 문제들이 있음을 적시한다. 결국 어떻게 금융규제 시스템을 잘 고안하여 이런 문제들에 대처해야 할지 고민하는 수밖에 없다는 메시지를 담은 사전트 교수의 논문은 다음과 같은 밀턴 프리드먼(Milton Friedman)의 글을 인용하며 시작한다.

"정부가 통화제도를 관장하는 것이 적절하다는 생각은 널리 받아들여져

왔다. … 이렇게 거의 무의식적으로 정부의 역할을 받아들이는 현실은 이렇게 정부에 역할을 위임하는 것이 어떤 근거에서 바람직한가에 대한 철저한 이해가 필요하다. 그 이유는 정부의 개입이 통화제도를 정립하는 것과 같은 적절한 분야에 그치지 않고 더 나아가 자유로운 사회에서 정부 개입이 부적절한 개개인의 자원분배에까지 확산될 위험이 높아지기 때문이다.”[15]

사전트 교수는 애덤 스미스(Adam Smith), 월터 배젓(W. Bagehot), 케인스(J. M. Keynes), 밀턴 프리드먼, 토빈(J. Tobin), 루카스(R. Lucas) 등 영미 주요 경제학자들과 지난 수십 년 간의 통화금융이론을 개괄하면서 19세기부터 금융통화 분야에서 효율성과 안정성이라는 두 지향점 간의 대체관계가 존재해 왔다고 설명한다. 시장경제에서 원활한 상거래를 뒷받침하기 위해 필요한 만큼의 통화와 신용을 민간의 자율과 경쟁에 의존하여 공급하는 것이 좋을지, 아니면 민간에서 발생하는 신용과 중앙은행이 공급하는 통화를 엄격히 구분지어 경제의 안정성을 강조할지는 경제학의 오래 된 문제이다.[16]

효율성과 안정성을 대변하는 두 시각으로 진성어음주의(real bills doctrine)와 통화수량설(quantity theory)을 든다.[17] 진성어음주의는 원활한 경제활동을 위해 필요한 금융결제수단의 원활한 공급을 강조하는 시각임에 반해, 통화수량설은 공적인 금융결제수단의 공급을 제한함으로써 효율성의 손실을 감수하더라도 전체 금융시스템 및 물가안정 등 경제 전체의 안정성을 제고해야 한다는 시각이다.

논문의 내용과 별도로 2008년 위기의 경우를 보자. 진성어음이론에 따르면 민간 분야의 상거래 증대로 인해 발생하는 각종 결제수단에 대한 수요 증대는 문제가 되지 않는다. 그런데 2008년 사태를 전대미문의 위기로 발전시킨 결정적 금융상품은 신용부도스왑계약이었다.[18]

이 거래는 정부나 공적기관의 개입이 없이 민간 주체들 간 자발적으로 체결된 것으로 일종의 진성어음이라고 할 수 있다. 이런 파생상품의 기초가

되는 주택담보대출의 부실화가 확대되면서 문제의 규모가 엄청나게 커졌다. 공적인 예금보험 대상이 되는 대형 상업은행들을 비롯하여 미국과 유럽의 대형 금융사들이 광범위하게 위험에 노출되어 있는 가운데 문제를 악화시킨 것은 누가 얼마나 되는 손실을 안고 있는가를 알지 못했다는 점이다. 세계적 대형 은행들 간에도 통상적인 자금 대차거래마저 기피하며 미국과 주요 유럽의 금융시스템의 마비가 일촉즉발의 상황에 이르렀다. 1930년대 대공황과 같은 후폭풍이 상당기간 지속될 시스템 붕괴가 실제로 벌어질 수 있는 상황이다. 이 경우에도 당사자 책임과 정책의 일관성을 강조하는 시각에서는 당사자(혹은 문제된 기업의 주주)들이 손실을 책임지도록 하면 될 것이라고 할 수 있다. 더욱이 공적 개입이 향후 도덕적 해이를 더 악화시킬 것이기 때문에 그렇게 해야 한다는 주장도 있을 수 있다.[19]

사전트 교수의 논문에 따르면 19세기 말 영국의 학자 월터 배젓은 평소 영국중앙은행이 상업은행들이 어려움에 처했을 때 지원에 나서지 않을 것이라고 믿도록 하되, 실제로 예금인출 사태 등과 같이 어려움에 처했을 때는 우량담보를 받아 무제한 지원하는 것이 바람직하다고 주장한다. 하지만 이것은 불가능한 처방이다. 굳이 현대경제학의 이성적 기대이론을 들지 않더라도 경제주체들은 궁극적으로 중앙은행의 지원을 염두에 두고 행동하기 때문이다. 그런데 과연 정부와 중앙은행이 민간 금융기관이 알아서 하라고 할 수 있을까? 현실적으로 불가능한 일이다. 이렇게 알면서도 울며 겨자 먹기 식으로 공적개입을 할 수밖에 없게 되는 상황을 동태적 비일관성(time inconsistency)이라고 한다. 이 문제는 다른 경제정책에도 등장하는 난제이다.[20]

효율성 중시하는 진성어음주의

원래 진성어음주의는 애덤 스미스가 18세기 영국의 중상주의를 비판하기 위해 제시한 이론이었다. 금 보유 확대를 국부 증대로 보는 시각을 배격

225

하며 교환수단으로 은행이 진성어음(즉, 위험이 낮은 단기채권)에 바탕을 둔 지폐를 발행하여 결제수단으로 사용하고, 남는 금의 수출을 통해 소비재나 투자재를 수입하는 것이 경제 전체의 후생 증진을 위해 더 나은 선택이라고 주장했다. 하지만 시간이 지나고 상황이 바뀌면서 진성어음이론은 통화를 어떻게 공급하는 것이 좋은가에 관한 이론으로 받아들여지게 되었고, 이론에 충실하게 통화 공급을 하면 물가불안으로 이어진다는 비판을 받게 된다. 금본위제하에서는 지폐와 금과의 교환비율이 통화의 가치를 결정짓는 역할을 한다. 즉, 고정된 양의 금에 비해 지폐통화 공급이 크게 늘면 자연히 같은 액면의 지폐가 교환할 수 있는 금의 양이 줄어든다. 돈의 가치가 떨어지고 금과 더불어 다른 물건의 값이 상승하게 된다. 통화 공급이 줄면 그 반대의 상황이 전개될 것이다. 그런데 금본위가 폐지되었을 때 지폐의 가치를 결정해주는 기준이 없어지게 되면서 통화의 가치, 즉 물가가 불안해지게 된다. 현대적 중앙은행제도하에서도 진성어음주의의 입장은 중앙은행이 재할인창구를 통해 제시되는 '진성어음'을 일정할인율을 적용하여 무제한 매입해야 한다고 본다. 이렇게 되면 시중에 공급되는 통화(혹은 유동성)의 양은 크게 변할 수 있다. 따라서 통화 공급이 예측하기 어렵게 변화하는데 물가가 안정되기를 기대하기는 불가능해진다.

유동성 공급 통제를 통한 안정성 제고

이런 문제점에 대한 비판이 나오면서 민간 신용과 중앙은행이 공급하는 통화와의 엄격한 분리를 통해 경제의 안정을 도모해야 한다는 주장인 화폐수량이론이 등장한다. 재미있는 것은 이런 학설이 보통 미국 시카고대학 경제학자들 사이에서 구체화됐다는 점이다. 프리드먼 이전 세대 학자들에 의해 나온 제안은 은행들로 하여금 받은 예금 전액을 준비금으로 보유하도록 하자는 것이었다. 단순히 은행이 신용창조를 하지 못하도록 하자는 주장이다.[21] 통화금융 분야가 경제 전체에 문제가 되는 것을 막아 안정성을 담보해야 한다는 취지이다. 프리드먼은 이러한 원래 시카고대학 경제학자들의 제안을 이론적으로 보강하기 위해 은행들이 중앙은행에 예치하는 준비금에 이자를 주는 방안 등을 제시하였다. 그런데 그 이후 이어진 이론적 검증에서 프리드먼의 새로운 제안은 신용과 통화를 분리하려는 원래 시카고대학 경제학자들의 100% 지준방안을 무산시키는 결과를 초래하는 것으로 밝혀진다.

사전트 교수의 논문은 여기 설명된 것보다 더 자세하게 관련 논의를 소개하고 있다. 프리드먼과 같은 뛰어난 경제학자도 통화금융과 관련하여 흔들림 없는 시각을 견지하지 못하는 것은 그의 지적 능력이 모자람을 반영하는 것이 아니라 신용통화제도의 효율성과 안정성 간 상충관계 문제가 그만큼 어렵다는 점을 보여준다고 해석해야 할 것이다.[22]

2008년 위기 이후 문제해결 더 복잡해져

사전트 교수는 논문 끝부분에서 아직까지 동태적 비일치성과 같은 어려운 문제의 해결방안을 찾지 못했다고 우려한다. 결국 어떻게 금융규제 시스템을 잘 고안하여 어려운 문제에 대처하는 노력을 기울일 수밖에 없다고 결론지으며 폴 볼커(Volcker) 전 연방준비제도이사회(FRB) 의장의 2010년 뉴욕타임스 기고문을 인용한다.

"… 몇 가지 매우 중요한 문제들이 아직도 해결되지 않았다. 심각한 우려는 (이번에) 광범위하고 성공적으로 수행된 정부와 중앙은행들의 잠재 및 실재 대형 부실 금융사 구제가 도덕적 해이 문제를 남긴다는 것이다. 예금보험과 최종 대부자 기능 등 오랜 기간에 걸쳐 구축되고 유지되어 왔던 일반 상업은행들의 안전망이 이번에 임시변통의 수단으로 투자은행, 주택융자금융사, 그리고 세계 최대의 보험사에게까지 제공되었다. 이런 과정에서 구제대상 금융사들의 경영진, 채권단, 그리고 주주들까지도 보호되는 결과를 낳았다. '대마불사'라는 표현이 이제 우리의 일상적 단어가 됐다. 이것은 금융시스템의 다른 부분과 밀접히 연결고리를 유지하는 대형 금융사들이 향후 난관에 봉착하였을 때 공적지원을 기대할 수 있게 되었다는 의미를 지닌다. … 감정적 반응은 차치하고서라도 (암묵적 공적 지원은) 결과적으로 시장에서의 자금조달, 위험부담 등에 있어 대형 금융사들이 경쟁적 우위를 누리는 결과를 가져온다. 이대로라면 앞으로 금융사들이 위험부담을 더 늘리고, 부채이용을 확대하는 유인을 제공함으로써 금융시스템이 더 취약해지는 결과를 가져올 것이다. 우리는 이보다 나은 해결책을 찾아야 한다."[23]

금융부실 처리, 정치적 고려보다 원칙에 입각해야

사전트 교수 논문의 주된 고려대상은 영미 전통의 금융선진국들이다. 이들의 금융통화 시스템은 200년 가까이 금융관련 정책 및 제도가 여러 가지 시행착오를 겪으며 진화하여 성숙한 시장이다. 이에 비해 상대적으로 한국의 시장금융의 역사는 매우 짧다. 그나마 정책당국의 막강한 영향권 내에서 금융업이 진화해 왔다. 지금 상황도 크게 다르다고 보기는 어려울 것이다. 그렇기 때문에 국내 금융부문의 현안들을 어떻게 해결하는가가 매우 중요하다.

최근에도 저축은행 구조조정이 현안이다. 이번만 아니라 그 이전에도 부실금융사 처리과정을 보면 한국의 경우 '대마불사'의 대마 기준이 상당히 낮고 원칙은 차선적 고려가 되는 인상이다. 앞서 보았듯이 금융의 역사가 길고 원칙을 강조하는 금융 선진국들에서도 임시변통 조치들에 대한 경고가 엄중하다. 실질적 금융 역사가 짧고 금융부실 처리와 관련해서 원칙보다는 정치적 고려가 자칫 더 쉽게 작용하는 우리의 경우 임시변통 조치에 대해서 더 깊은 고민이 있어야 할 것이다. 왜냐하면 금융의 역사가 짧은 우리로서는 향후 한국 금융의 전통을 정의할 전례가 되고, 더 나아가 한국 금융의 성격과 특징을 결정짓는 일이기 때문이다. (2011.03.21)

독립된 금융감독원
'재정건전원' 설립하자

오정근(고려대학교 경제학과 교수, 한국국제금융학회 학회장)

금년 들어 한국경제에는 이슈도 많지만 단연 그 으뜸은 저축은행사태와 구미재정위기다. 연초부터 부정불법대출, 그 부정불법을 무마하기 위한 전방위 정관계 로비 등 금융부정불법의 총체적 완결판을 보여준 저축은행 사태는 아직도 끝나지 않은 채 한국사회를 분노케 하고 있다. 대통령도 이례적으로 금융감독원을 방문하여 질책을 하기도 하였지만 감독실패와 더불어 금융정책의 실패가 보다 근본적인 원인이라고 해야 할 것이다.

뜬금없이 서민금융기관인 상호신용금고에 저축은행이란 허명을 씌운 뒤 예금자보호한도를 은행과 같은 수준으로 올리고 프로젝트 파이낸싱을 허용하고 소위 88클럽이라는 정책을 도입하여 우량하다고 판단되는 경우에는 인수합병이나 검사면제 등 특혜를 주기 시작할 때부터 알아보았어야 했다. 한국 사회에서 이러한 일련의 정책들이 정치적 배경 없이 가능하였겠는가.

한국의 관치금융은 금융위기의 주요원인으로 지적

사실 35년간 고도성장을 구가해 오던 한국경제가 1997년 금융위기를 당한 것도 그 중요한 원인 중의 하나로 관치금융이 지적되었다. 개발초기에는 제한된 자원을 주요 성장부문에 배분하려고 하다보니 관치금융이 불가피한 측면도 있었다. 그래서 한은법도 개정하여 재무부 수중에 넣고 은행법도 개정하여 은행들도 국유화하였다. 그러나 경제규모가 커지고 그러한 초기 관치금융의 폐해가 커지면서 금융자유화가 줄기차게 주장되어 일부 추진되기도 하였으나 한번 맛들인 관치의 재미를 쉽게 놓아줄 리가 있겠는가.

급기야 관치로 배분된 금융은 부실화되면서 금융위기가 발생하였고 그 결과 위기의 중심에 서게 된 재정경제원은 재정경제부로 격하되기까지 하였다. 이러한 점을 배경으로 위기 발생 후 한국과 IMF 간에 체결된 "양해각서"에서는 한국이 '운영상 재정상의 자주성'이 확보된 '강력하고 독립된' 통합금융감독원을 설립할 것을 요구하였다. 말하자면 관치로부터 독립성이 확보된 금융감독원을 주문한 것이다.

그러나 새로 탄생한 금융감독원의 모습은 달랐다. 독립성은 온데간데없고 통합에만 역점을 둔 거대 공룡감독원의 모습을 드러내었다. 특히 난데없이 금융감독원 내에 2국1실의 행정조직을 갖춘 금융감독위원회라는 어정쩡한 조직이 등장하였다. 170조원의 공적자금이 투입되고 100여만명의 실업자를 양산한 금융위기 후속조치로서는 원인과 결과가 전도된 납득하기 어려운 결과가 도출된 것이다. 관치금융이 위기의 원인으로 지목되었던 한국사회에서 비난과 우려가 쏟아진 것은 당연하였다. 이에 대해 정부는 단순히 금융감독위원회 업무를 지원하는 조직이라는 해명이 나오기도 하였다.

그 후 세월이 흐르면서 금융감독위원회는 금융감독원의 상전기관 노릇을 하면서 일이 있을 때 마다 금융감독위원회와 금융감독원의 위상과 역할에 대한 논란이 이어졌다. 그러다 드디어 금융감독위원회는 금융감독원과 독립된 금융위원회로 분리승격하면서 명실공히 금융감독원을 통할하는 행정부처의 역할을 하게 되었다. 그 후 새로운 금융조치들이 나올 때는 신관치라는 수식어들이 따라다니곤 하는 것은 어쩌면 당연한 귀결인지도 모른다.

한국 금융위기 역사를 돌이켜 볼 때 이해하기 힘든 이러한 정부조직 개편을 보면서 저축은행 사태는 예고된 것이나 다름없었다. 상전인 금융감독위원회나 그를 이어 받은 금융위원회의 정책들과 무관하지 않을 수도 있는 사안들에 대하여 하부 기관인 감독원이 감독하고 검사하는 데는 한계가 있을 수밖에 없다. 한국사회를 송두리째 뒤흔들어 놓은 저축은행사태를 계기로 감독제도 개편을 위한 태스크포스까지 구성하였지만 속 시원한 근본적인 해결책을 제시하지 못하고 말았다. 전대미문의 부정불법이 판을 친 이번 저축은행 사태를 교훈으로 이제는 보다 근본적인 선진국다운 금융감독제도를 도입해야 한다. 그 방향은 독립적이고 전문화된 분권적인 감독제도에서 방향을 찾아야 할 것이다.

재정건전성 확보의 중요성을 보여주는 구미재정위기의 교훈

저축은행 사태가 국내에서 발생한 문제라면 해외에서 발생하여 세계경제는 물론 한국경제를 뒤흔들고 있는 사태가 바로 미국과 유럽에서 발생한 구미재정위기다. 구미재정위기의 교훈은 재정건전성이 확보되지 않고는 경제성장도 사회안정도 달성될 수 없다는 점이다. 재정위기의 본질은 국가부채는 쓰는 사람과 갚는 사람이 다르고 따라서 쓰는 사람은 계속 더 쓰려고 하는 과정에서 일단 국가부채가 어느 수준을 넘어서면 줄이기가 쉽지 않다는 점이다. 더 중요한 문제는 재정지출이 정치적 포퓰리즘이나 도덕적 해이가 뒷받침될 때는 일인일표제 선거에 토대를 둔 민주주의 국가에서는 통제를 할 수 없다는 점이다.

한국 소득세의 경우 상위 20%가 세수의 84%를 부담하고 있는 것처럼 대부분의 세금이 상위소득계층에 집중되어 있다. 그 결과 대다수 국민들은 직접적인 부담을 느끼지 않게 되어 공공재 수요는 거의 무한정에 가깝게 되고 결국 상위소득계층 부담만으로는 늘어나는 수요를 따라갈 수 없게 되어 파국에 이르게 된다는 것이 경제학에서 가르치고 있는 '공유지 비극'의 시사점이다. 그 결과 재정은 천문학적인 국가부채로 귀결된다. 국가부채가 과도하지 않기 위해서는 이를 관리하는 정부나 국회의 역할이 중요한데 오히려 정치적인 이유로 더 많은 지출을 주장하는 경우에는 국가부채는 브레이크 없이 달리는 차와 같이 언젠가는 한계에 이르고 파국을 맞게 된다.

만약 국가부채 비율이 100%에 도달하면 이자율이 5%라고 가정할 경우 다른 재정수지가 균형을 이루어도 이자지급으로 재정수지는 마이너스 5%가 된다. 재정적자를 줄이는 방법은 경제성장으로 세수가 증가하거나 정부지출을 줄이는 길 밖에 없는데 성장을 위한 지출을 줄이면 세수감소 → 재정적자 확대의 악순환이 반복되기 때문에 부득이 사회보장성 지출을 줄이게 되어 국민들의 저항에 직면하게 되고 선거를 앞둔 정치권에는 줄이기는커녕 우선 당장 집권을 위하여 오히려 더 늘리겠다는 주장도 서슴지 않게 된다.

따라서 민주주의와 재정건전성 확보를 어떻게 조화를 이룰 것인가가 중요한 과제로 대두되고 있다. 민주주의 발상지인 그리스가 재정위기로 풍전등화의 위기에 직면한 가운데 재정지출 삭감정책에 항의하는 노조시위로 불타고 있는 모습은 민주주의와 재정건전성 조화문제가 얼마나 중요한지를 다시금 일깨워 주고 있다. 재정건전성 면에서는 건실하다고 주장하고 있는 한국도 재정통계를 국제기준에 부합되게 다시 편제할 경우에는 안전하지 못하다는 연구보고서들이 속속 나오고 있다. 특히 급속히 악화되고 있는 잠재성장률 하락으로 세수는 감소하는 반면 빠르게 진행되고 있는 고령화로 복지지출은 기하급수적으로 늘어날 것으로 예상되고 있어 더욱 이 문제가 중요해지고 있다.

독립적 국가재정 통제기구 설립 필요

이 문제의 해결대책으로 중장기적으로 지속가능한 재정계획을 수립하고 강력하게 통제할 수 있는 재정건전원 같은 국가재정 통제기구를 설립할 필요가 있다고 생각된다. 잠재성장률과 세수전망, 국민조세부담률 전망, 성장 복지 안보 등 부문별 재정지출 전망 등 여러 가지 시나리오별 부문별로 조화를 이루면서 지속가능한 재정수지와 정부부채를 추정전망하고 그러한 분석을 토대로 중장기 재정계획을 수립하는 기구다.

그리고 무엇보다 중요한 것은 특별한 외부변수의 변화가 없는 한 어떤 경우에도, 심지어 정권이 바뀌어도 범위를 초과하는 지출을 할 수 없도록 강력한 재정통제기구가 되어야 한다. 그러려면 원장은 한번 임명되면 중앙은행 총재와 같이 임기 중에는 특별한 사유가 없는 한 해임이 불가능한 독립된 기구가 되어야 한다. 필요하면 헌법기관으로 할 수도 있다. 재정건전원 안에 최고 의사결정기구인 재정건전위원회를 두어 동 위원회에서 중장기 국가재정정책의 기본틀을 결정하도록 한다. 국민의 대표기관인 국회에 정기적으로 출석하여 보고하고 청문에 응하도록 함은 물론이다. 이렇게 결정된 중장기 국가재정계획 범위 내에서 재정부는 세제를 개편하고 예산을 편성하여 집행하면 되는 것이다. 이렇게 함으로써 민주주의와 재정건전성의 조화를 어느 정도 달성할 수 있을 것으로 기대된다.

선진국은 다름 아닌 선진적인 제도를 구비한 국가다. 여러 가지 제도 중에서 돈과 관련된 부분은 정치와 정부로부터 독립적으로 운영되는 것이 바람직하다. 그러한 견해를 토대로 돈을 다루는 중앙은행과 금융감독의 독립성은 오래전부터 주장되어 온 바이다. 여기에 더하여 이번 구미재정위기를 계기로 중장기 재정도 독립된 기구가 통할할 수 있다면 봇물처럼 쏟아지고 있는 포퓰리즘과 그에 편승한 정치적 도덕해이로부터 국가와 국민의 미래를 구할 수 있음은 물론 궁극적으로는 민주주의와 재정건전성이 조화를 이루게 될 것으로 기대된다. (2011.10.28)

부산저축은행 사건과 부패 척결

김인영(한림대학교 정치행정학과 교수)

경제학자 레프(Nathaniel H. Leff)는 부패(corruption)를 "관료로부터 은혜를 사는 행위(the practice of buying favor)"라고 규정했다. 전형적인 예로 수입, 수출, 투자 또는 생산면허, 외국환을 획득하거나 탈세를 하기 위해서 관료에게 뇌물을 공여하는 행위를 지목했다.

이러한 부패행위는 그 폐해와 부작용 역시 심각하다. 부패가 정치적 불안정과 사회의 와해를 가져오며, 행정기관에 대한 존경심을 떨어뜨리고, 정부에 대한 신뢰를 실추시키기 때문이다. 부패의 더 큰 부작용은 국민 전체의 사기를 저하시킨다는 점이다. 문제는 여기서 끝나지 않고 부패가 스스로 부패를 낳고 정치인들과 행정 관료들의 법 준수의식을 흩트려 사회의 존립까지도 위협한다.

전·현 정권 고위 관료와 실세 정치인 대거 연루

최근 밝혀지기 시작한 부산저축은행 비리는 정치인과 고위 공직자들이 가담해 있다는 점, 그것도 우리나라 사정(司正)기관의 최고 엘리트층이 부패의 사슬 속에서 움직여 왔다는 추악한 사실이 국민의 분노를 자아내고 있다. 정부의 고위 공직자들은 물론이고, 부정(不正)을 감시해야 할 사정기관

의 엘리트 관료가 부패행위에 연루되어 있다고 한다면 일반시민이나 하위
직 공무원들은 왜 그들만 도덕성을 간직해야 하는지에 대해 의문을 갖게 되
는 것이다.

부산저축은행 비리에는 신용금고라는 대부업 수준의 사금융 집단을 저
축은행으로 만들어준 김대중·노무현 전 정부와 그 대부업자들의 비리를
막아주고 감추어 준 현 정부 모두에 책임이 있다. 김대중 정부와 노무현 정
부 아래서 부산저축은행은 지연과 학연을 동원하여 기형적으로 덩치를 키
웠다. '상호신용금고'에서 '저축은행'으로 바뀌었다. '은행'이라는 간판을
얻음으로써 날개를 달게 된 것이다. 거기에 이자를 더 준다고 하여 서민의
돈을 긁어모았다. 하지만 이명박 정권이 들어서면서 부동산 경기가 침체되
고 프로젝트 파이낸싱(PF) 등 곳곳에서 형편없는 부실경영이 드러나기 시작
하면서 저축은행들의 부실 문제가 심각해졌다. 저축은행 경영진은 퇴출로
부터 살아남기 위하여 이명박 정권의 실력자들에게 구명 로비를 시작했다.
현재 드러난 것만으로 감사원의 모 감사위원은 1억 원과 물방울 다이아몬
드를 받았고, 직전 금융감독원장은 재임 시절 부산저축은행 그룹에 대한 검
사 무마 청탁을 받고 담당 실무진들에게 부당한 영향력을 행사했다는 의혹
을 받고 있다. 또 부산저축은행 경영진은 검사기관인 금융감독원에 로비를
함과 동시에 대출브로커 등을 활용해 정·관계에 바람막이 로비를 했다. 세
무당국 역시 로비의 대상이 되어 부탁을 받고 세무조사를 무마해 줬다는 정
황이 드러났다.

결국 전 정권 민주당이든 현 정권 한나라당이든 저축은행 비리사건에
대한 책임을 서로 떠넘긴다고 책임이 덜어지지도 감추어지지도 않는다. 민
주화 이후 깨끗함을 자랑하는 과거 두 정권과 '공정사회'를 구현하겠다는
현 정권의 고위 관료와 실세 정치인들이 대거 연루되어 있다는 사실에서 추
론해 본다면 지금은 여야 정치권 모두에 태풍급 대쇄신이 필요한 시기이다.
부패에 연루된 여·야 정치인들과 고위 관료에 대한 검찰의 수사가 계속될

것이고, 부패에 연루된 사람들은 재판을 받게 될 것이다. 그리고 국민은 내년 4월 총선에서 부패 정치인들을 표로 심판할 것이다.

하지만 우선 당장 시급한 과제가 있다. 금융감독원, 감사원 등 금융 감독기관과 국세청 등 세무 감독기관들의 존재 이유를 되찾아주는 일이다. 부산저축은행의 경우 2010년 12월 말 기준으로 BIS 비율이 5.13%라고 공시했지만, 영업정지 후 금융감독원이 실사한 BIS 비율은 −50.29%였다. 이러한 금융사기단의 거짓이 가능했던 것은 금감원이 저축은행에 대한 정기검사에서 부정을 찾아내지 못해서이다. 그런 것을 찾아내라고 금감원을 만들고 감독기능을 준 것인데, 무슨 이유에서인지 감독기능을 버려버리는 직무유기를 한 것이다. 우리는 결국 '감시자를 누가 감시해야 하는가' 라는 근본적인 물음에 직면하게 된다.

부패방지 교과서에서 제시된 최선의 부패방지 거버넌스(governance for anti-corruption)는 다각적 접근법(multi-pronged approach)이다. 감시기관들 간에 상호 견제하게 하고, 정치권에 정치적 책임성(political accountability)을 갖게 하고, 경쟁 및 시장경제 중심의 경제정책으로 개혁하며, 공공부문의 투명성을 제고하고, 마지막으로 시민사회의 참여(civil society participation)를 확보하는 것이다. 부패방지를 위한 공치(共治) 해결법이다.

소문으로만 그리고 설마 하며 믿었던 부실금융 소유자와 금융 감독기관 고위 관료의 유착은 '공정사회(公正社會)' 건설을 위해서든 아니면 선진국으로의 진입을 위해서든 더 이상 용납될 수 없다. 금융 감독기관 고위 관료들의 부패를 막는 방법으로 정부는 퇴직 공직자의 유관기업과 대형 로펌 취업을 일정기간 금지시키기로 했다. 하지만 그것으로는 턱 없이 부족하다.

금융기관에 대한 감시, 정부와 민간이 함께 하는 구조 만들어야

눈여겨 볼 것은 감사원과 금감원의 업무 분담, 상호 견제 등 경쟁은 그래도 작동했다는 사실이다. 김황식 총리가 과거 감사원장 시절 "저축은행 부동산 프로젝트 파이낸싱(PF)을 감사했더니 오만 군데서 청탁과 압력이 들어왔다"고 했다. 총리의 발언으로 미루어 볼 때 결국 해답은 감독기관을 다양화하고, 권력으로부터 독립시키고, 감사기관끼리 상호 감시하게 하고 경쟁을 시키는 것이다. 나아가 독립된 민간이나 시민사회 금융 감시기구를 추가해서 관료부패를 감시케 하는 조치도 필요하다.

마지막으로 부산저축은행 사건 등 금융부패의 근원은 결국 정부가 모든 권한을 쥐고 있는 우리나라의 관치금융 시스템 때문임을 염두에 두어야 한다. 1997년 외환금융위기의 근원도 비판의 대상이 되었던 대기업의 투자 때문이 아니라 결국은 관치금융이 근본 원인이었다. 따라서 정부가 하는 금융 감독능력이 현재의 수준이라면 선진국 진입은 요원하다. 결국 금융 산업을 포함한 금융 감독기능의 민영화가 궁극적인 해답일 수 있다.

현재의 금융감독원에서 부패한 몇몇 고위직책 담당자들을 들어내고 바꾼다고 금감원의 풍토가 바뀔 것이라고 믿는 국민은 없다. 부산저축은행 비리와 같은 사건이 재발하지 않게 하려면 금융기관에 대한 감시도 정부와 민간이 함께 하는 구조를 만들어 상호 경쟁을 시키는 방안을 도입해야 한다. 최근 국내 기업 중에서 가장 강력한 내부 감사 시스템을 가지고 있는 삼성조차도 "그룹 전체에 부정부패가 퍼져 있는 것 같다"고 내부 부패 척결을 외치고 자정(自淨)에 비상을 걸고 있다. 기업이 이러할진대 정부는 더 분발해야 제2, 제3의 부산저축은행 사건을 막을 수 있다. (2011.06.13)

저축은행 부실과
'서민의 금융편의'라는
미사여구 뒤의 진실

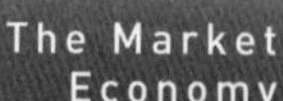

이태규(한국경제연구원 연구위원)

최근 저축은행의 영업정지로 예금자들의 원성이 자자하다. 일부 지역에서는 향후 선거에까지 그 영향이 미칠 것이라는 말도 나도는 상황이다. 지난 2월에는 업계 1위 저축은행에 대해, 얼마 전에는 2위와 3위를 포함한 7개 저축은행에 대해 영업정지 조치가 내려짐으로써 결국 업계 1위부터 3위까지의 대형 저축은행 모두가 영업정지를 당하게 되었다. 문제는 예금자들이 입을 피해인데 예금보험 한도인 5천만 원 초과 예금자와 후순위채권 투자자가 3만 명 이상으로 알려져 있어 큰 손실이 예상된다. '서민의 금융편의'를 도모하기 위해 설립된 저축은행이 오히려 서민에게 회복하기 어려운 재산상의 손실을 입힌 셈이다.[24]

저축은행의 높은 금리는 위험도를 나타내는 지표

저축은행중앙회 홈페이지에는 '은행보다 높은 금리를 지급함으로써 서민의 재산증식에 크게 기여'하고 있다고 저축은행의 수신업무를 설명하고 있다. 높은 금리로 서민의 재산증식을 도와준다는 것은 좋은 일이다. 이 좋은 일을 일반은행은 왜 못하는 것일까. 저축은행이 일반은행보다 질적으로 더 나은 인력이나 금융기법을 보유하고 있는 것도 아니고 영업지역도 더 넓

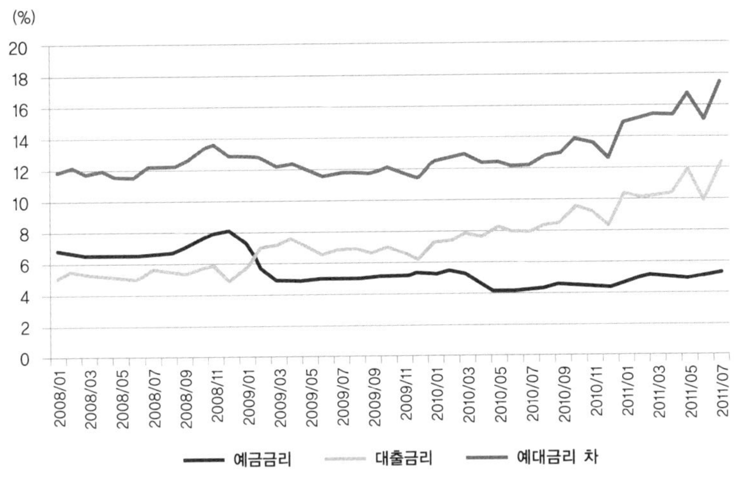

은 것도 아닌데 이 같은 고금리를 제공할 수 있는 이유는 무엇인가. 그것은 저축은행이 자산운용에 있어 일반은행보다 훨씬 높은 위험을 추구하기 때문이다. 2011년 7월 기준 저축은행의 대출평균금리는 17.5%인 반면 일반은행의 대출평균금리는 5.86%를 기록하였다.[25] 이 같은 높은 대출금리를 수취함으로써 고금리의 예금을 제공하는 것이 가능한 것이다.

2011년 7월 기준으로 보면 예·대 금리차는 11.64%p로 저축은행의 이자마진은 매우 높은 편이다. 하지만 문제는 대출회수율이다. 대출회수율이 높다면, 적어도 일반은행과 비슷하다면, 저축은행은 안정적이고 높은 수익을 올릴 수 있을 것이다. 하지만 높은 금리를 감수하고서라도 저축은행으로부터 대출을 받는 가계나 기업은 상대적으로 신용 고위험 계층일 수밖에 없다. 즉 일반은행으로부터의 대출이 여의치 않은 계층이라는 것이다. 결국 저축은행의 대출회수율은 일반은행에 비해 평균적으로 낮을 수밖에 없다. 어떤 이유로 대출회수율이 크게 낮아질 경우 약속했던 높은 금리의 예금은

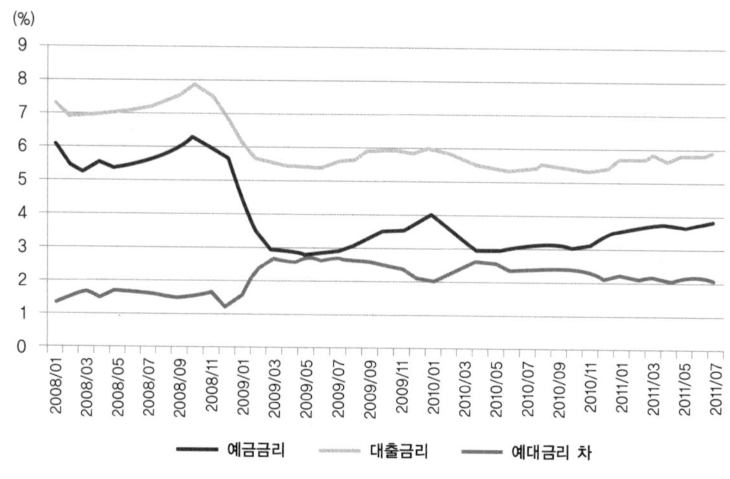

주 1. 신규취급액 기준
  2. 예금금리는 1년 정기예금 기준
자료 한국은행 경제통계시스템

공수표(空手票)가 되어버린다. 예금금리가 높으면 높을수록 저축은행은 높은 금리로 자산을 운용해야 하고 이에 따라 자산의 부실 가능성도 높아질 수밖에 없다. 결국 저축은행의 높은 예금금리는 '서민의 재산증식'에 대한 기여도라기보다는 저축은행의 위험도를 나타내는 지표라고 보는 것이 정확하다.

〈표 1〉과 〈표 2〉는 일반은행과 저축은행의 예금 및 대출금리, 그리고 예·대 금리차의 추이를 나타낸 것이다. 일반은행의 경우 예금금리와 대출금리 모두 비슷한 폭의 변화를 보이며 동행하고 있으며 예·대 금리차는 2010년 들어 하향안정세를 보이고 있는 것을 알 수 있다. 반면 저축은행의 경우 2010년 들어 예금금리의 변화 폭보다 대출금리의 변화 폭이 훨씬 큰 것을 알 수 있다. 특히 대출금리가 크게 상승하였고 그 결과 저축은행의 예·대 금리차도 상승추세를 보이고 있는 것을 알 수 있다. 예금금리와 대출금리는 서로 동행하고 그 변화 폭도 유사한 것이 일반적이며 이 같은 경

240

향은 일반은행과 저축은행 모두에서 2010년 이전까지는 확인된다.

2010년에 들어서는 저축은행은 이 같은 경향에서 벗어나 대출금리의 상승 폭이 두드러지게 되었으며 예·대 금리차도 확대되었다. 다른 조건이 일정하다면 예·대 금리차가 커질 경우 은행의 수익성에 도움이 되어야 한다. 하지만 저축은행의 경우는 아니었다. 지난 2009년 회계연도(2009년 7월 ~2010년 6월) 저축은행 업계는 7700억 원이 넘는 당기순손실을 기록하였다. 결과적으로 보면 저축은행의 경우 대출금리의 상승 폭이 커진 것은 자산운용의 위험도가 높아진 것을 반영하는 것에 다름이 아니었다. 즉 일종의 리스크프리미엄의 상승으로 해석할 수 있다.

위험도에 합당한 규제가 필요

본질적으로 저축은행은 고위험-고수익을 추구하는 금융기관이다. 영업 정지 된 저축은행들에서 불법대출 등 도덕적 해이도 심각한 수준이었던 것으로 드러났지만 이는 부실의 원인이라기보다는 고위험-고수익 추구의 결과에 가깝다. 고위험의 영업구조로 인해 부실이 생길 가능성이 크고 일단 부실이 발생한 경우 도박에 가까운 위험을 선택하여(여기에는 불법행위도 포함된다) 단번에 부실을 만회하고자 하는 도덕적 해이가 발생하고 이는 결국 부실의 크기를 더욱 증폭시킨다.

고금리의 혜택을 누리고자 하는 저축은행 예금자는 일반은행 예금자에 비해 부실 위험에 더 많이 노출된다. 예금보험 한도 내에서는 예금이 안전하다지만 은행 부실 시에는 즉시 예금액을 찾을 수 없기 때문에 예금자는 유동성 위험에도 노출된다. 게다가 예금보험기금 내의 저축은행 계정으로는 예금보험금 지급을 포함한 구조조정을 진행하기가 역부족이어서 공적자금 투입이 불가피한 것으로 알려져 있다. 결국 예금보험의 혜택을 받더라도 이는 세금으로 충당되어야 하므로 국민 전체적으로 보면 돈을 이 주머니에서 저 주머니로 옮긴 것에 불과하다.

저축은행의 영업구조에 내재된 위험성을 감안하면 저축은행이 일반은행보다 완화된 건전성 규제를 받는 것은 시정되어야 함이 옳다. 법적으로 저축은행에 요구되는 자기자본비율은 7%(2010년 9월 이전에는 5%)로 일반은행의 8%보다 낮다. 위험을 고려한다면 저축은행에 요구되어지는 자기자본비율이 일반은행보다 낮아야 할 이유가 없다. 5천만원인 예금보험의 한도도 저축은행에 대해서는 그 한도를 축소하는 것이 필요하다.

높은 위험에 대해서는 그 위험에 합당한 건전성 규제가 필요하다. 규제의 강도는 위험도와 비례하도록 설계되어야 하며 이것이 금융기관 이용자에게 시그널로 작용할 수 있어야 한다. 저축은행의 영업구조가 가지는 위험을 서민이 다른 계층에 비해 더 감당할 능력이 있다고는 보기 어렵다. '서민의 금융편의'를 도모하고 '서민의 재산증식에 기여'하는 것은 저축은행의 경제적 본질이 아니다. 저축은행은 고위험-고수익의 영업구조를 가진 금융기관이며 해당 금융기관을 이용하는 소비자는 이를 인지하고 자기 책임 하에 거래를 하여야 한다. 저축은행이 제공하는 고금리는 최종적으로, 어떤 형태로든, 누군가의 비용으로 되돌아온다. 미사여구 뒤의 진실은 '공짜점심은 없다'이다. (2011.10.07)

서민금융 활성화 방안

양준모(연세대학교 경제학과 교수)

우리나라의 서민금융은 어디로 가고 있는가. 부산저축은행 사태로 촉발된 저축은행의 위기는 서민금융 전체에 대한 위기로 증폭되고 있다. 부산저축은행 사태는 서민금융기관이라는 명칭이 유명무실하다는 것을 반증하고 있다. 저축은행 사태의 핵심은 자금조달과 자산운영에서 서민이 실종되었다는 것이다. 다시 말해서 이번에 문제가 되었던 몇몇 예금주들의 예금조기인출 사태에서 알 수 있듯이 예금주들은 상당한 재력가이거나 서민과는 거리가 먼 사람들도 포함되어 있었다. 또한 자산운영에서도 서민들에 대한 대출에서 문제가 발생한 것이 아니라 대규모 부동산 프로젝트파이낸싱 대출에서 문제가 발생하였다. 이 또한 서민과는 거리가 먼 것들이다. 따라서 저축은행은행 사태를 일부 금융기관 종사자들의 비리로만 보아서는 문제 해결이 되지 않는다.

저축은행은 자금조달비용, 프로세싱비용, 리스크관리비용, 일반관리비 등 비용적 측면에서 경쟁 우위에 있지 않았다. 일부 대부전문업체들이 서민들을 파고들 때, 저축은행은 높은 자금조달비용으로 인해 고위험을 추구하는 자산운용 행태를 보였다. 결국 서민금융이 서민을 외면하고 대부전문업체들만 호황을 누리는 이상한 결과를 초래하게 되었다.

이러한 서민금융의 메카니즘을 이해하지 못하고 서민정치가 난무하고 있다. 최근 뉴스에 의하면 우리은행이 서울시의 '협찬 1호' 민간 회사가 됐다고 한다. 서울시는 14일 우리은행 자금 100억 원을 기반으로 창업 마이크로 크레디트를 내년부터 운영할 계획이라고 밝혔다. 서울시는 이 기구를 통해 저소득층과 영세 자영업자, 실직자 등에게 최대 3000만 원까지 연 3% 금리로 대출할 계획이다. 우리은행이 협찬한 100억 원을 기반으로 소수의 사람들은 3%의 낮은 이자율로 대출을 받겠지만, 수많은 서민들은 더 높은 대출금리로 어려움을 겪고 있다. 신용도가 높은 서민들은 더 많은 이자를 내고, 금융기관들은 가계대출의 기반 위에 돈을 번다. 그렇게 번 돈으로 공공기관에 협찬하여, 더욱이 원금의 회수가 불확실한 곳에 평균보다 더 낮은 금리로 대출한다. 혜택을 보는 사람도 소수이다. 이러한 서민금융에 대한 접근 방식은 지속가능한 방식이 아니다. 정치인들은 주목을 받고 많은 일을 한 것처럼 알려질 수 있다. 그러나 실제로 금융시스템은 왜곡되고 대출받은 사람은 대출받은 사람대로 더 큰 어려움을 겪게 될 가능성이 높아진다. 결국 정치인들만 혜택을 보는 제도인 것이다.

현 서민금융기관의 근본적 문제

서민들을 위한 금융기관을 학술적으로 정의하기는 매우 힘들다. 어떤 금융기관이 서민이란 이유로 금융서비스를 거부하겠는가. 일반적으로 서민 금융기관은 서민들이 주로 이용하는 중소규모의 금융기관들을 통칭한다. 은행들은 신용도가 최소한 5등급 이상인 우량 고객만을 대상으로 영업을 한다. 신용도가 낮거나 소득이 적은 서민들은 은행을 이용하기가 매우 어렵다. 자기자본으로만 영업을 하는 대부업체들이 신용도가 7등급에서 10등급인 사람들을 대상으로 영업을 해서 이익을 내는 것을 감안한다면 은행들이 알짜만을 상대로 영업을 하고 있는 셈이다.

신용도가 7등급에서 10등급인 사람들은 2010년 기준으로 약 700만명

수준이다. 금융회사의 가계부문에 대한 신용대출은 증가하고 있는 추세이나 7등급에서 10등급의 신용도를 가진 사람들에 대한 대출은 감소하고 있다. 이러한 현상이 발생하는 기본적인 이유는 금융시장의 과점화이다. 은행권의 경우 상위 3개사의 자산비중이 은행권 전체의 약 40%를 차지하고 있다. 비은행권들의 자산규모는 저축은행, 신용협동조합, 신용카드, 리스, 할부금융, 신기술금융 등을 다 합쳐도 상위 1개 은행의 자산규모 밖에 되지 않는다. 이와 같이 금융권이 극심하게 과점화되어 있기 때문에 은행권들이 구태여 위험을 더 감수할 필요가 없는 것이다.

비은행권의 금융기관은 따라서 나머지 신용등급을 가진 사람들을 대상으로 경쟁을 해야 하는 것이다. 그러나 이러한 상황에서 비은행권은 이중의 부담을 짊어지게 된다. 제도적으로 자금조달 비용이 낮은 금융상품을 보유하고 있지 못하기 때문에 서민들을 대상으로 하는 금융기관들의 자금조달 비용이 높다. 대출위험에 따라서 이자율을 차등 적용하거나 대출규모를 조정하는 것이 금융의 기본이다. 하지만 과점화된 금융시장에서 신용도가 높은 사람들은 은행권이 독차지를 하고, 나머지 시장에서 서민금융기관들이 영업을 하기 때문에 자금조달 비용이 고스란히 전가된다. 따라서 서민들은 이중으로 피해를 보게 되는 것이다. 결국 근본적인 문제는 경쟁이 제한된 시장에서의 차별화 현상인 것이다.

금융시장의 경쟁 제한과 차별화 현상의 문제점을 이해하지 못하고 이를 미소금융을 통해서 해결하려는 것은 잘못이다. 개발도상국에서 미소금융이 성공한 요인은 바로 과점화된 시장에서의 시장에서 소외된 사람들에게 기본적인 금융기법을 응용하여 접근하였기 때문이다. 금융의 기본인 모니터링은 밀착형 관리방법으로 보완하고 신용관리는 연대보증의 기법을 이용한 것이다. 이미 우리나라와 같이 금융이 발전한 곳에서는 연대보증으로 인한 문제, 그리고 현대화 과정에서의 개인주의의 확산 등으로 이러한 금융기법을 이용할 수 없는 상황이다. 미소금융의 또 다른 성공요인은 소액대출과 대출 다변화를 통한 위험관리이다. 이것도 이미 금융이 발전된 우리나라에서는 신용등급의 체제를 개선함으로써 접근해야 할 문제이다. 결국 이러한 보완책이 없이 미소금융적 접근을 확대하게 되면 여러 가지 문제가 발생하고 지속가능하고 선순환적 서민금융이 자리잡을 수가 없다.

자금조달비용을 낮추고 위험관리 기능을 강화해야

서민금융을 활성화하기 위해서는 현재의 금융시장을 보다 경쟁적으로 만들 필요가 있다. 금융시장이 지나치게 경쟁적일 경우, 과도한 위험 부담으로 거시 건전성이 위협받을 수는 있다. 하지만 외환위기 이후 우리나라의 금융시장이 지나치게 과점화되고 있기 때문에 경쟁을 제고시킬 필요가 있다.

단기적으로는 과점화되어 있는 시장에서 지속가능한 서민금융 활성화 방안은 무엇인가. 우선, 특정 그룹을 위해서 인위적으로 대출금리를 낮추는 것보다는 시장기능이 작동하도록 시스템을 정비해야 한다. 서민들이 위험에 상응하는 금리를 부담하면서 더 많이 금융서비스를 받기 위해서는 시스템적으로 불리한 서민금융기관들의 자금조달 비용을 낮추고 위험관리기능을 강화해야 한다.

자금조달비용을 낮추고 위험관리기능을 강화하는 방안으로는 서민금융 대출 담보부 ABS(asset backed securities)를 시장에서 발행하도록 하고 공공자금이 후순위채를 매입하거나 신용보강에 참여하는 방안을 생각할 수 있다. 물론 ABS 발행 시 철저하게 전문가들이 위험도를 평가하여 할인폭을 결정하여 지속가능성을 확보하는 것이 중요하다. 그리고 이러한 ABS를 시장에 판매함으로써 서민금융을 위한 자금을 시장에서 조달하도록 해야 한다. 단기적인 활성화 방안과 더불어 정부가 서민금융기관의 건전성을 확보하고 불법적인 자산 운용 행위를 근절하는 감독과제를 책임있게 수행해야 한다. 서민금융기관들이 투명한 지배구조를 갖추고 자본시장에서 자본을 조달할 수 있도록 해야 한다. 이와 같이 시장에 기반을 둔 서민정책을 실시할 때, 서민금융 시스템이 강화되고 서민금융이 보다 효율적이고 공평해질 것으로 판단된다. (2011.12.05)

반값 보금자리주택,
"우물쭈물하다가 이럴 줄 알았지"

조동근(명지대학교 경제학과 교수)

버나드 쇼는 노벨문학상을 수상한 극작가이지만 해학적인 독설가로 더 잘 알려져 있다. "우리가 결혼하면 당신의 지성과 내 미모를 가진 아이가 태어날 것"이라는 무용가 이사도라 던컨의 편지에 "추남인 내 얼굴과 당신의 텅 빈 머리를 가진 아이가 생길지 모르지요"라고 응수한 장본인이기도 하다. 그의 묘비에는 잘 알려진 대로 "우물쭈물하다가 내 이럴 줄 알았다"가 쓰여 있다.[26]

인기영합 정부의 '우물쭈물' 정책 행태

정부는 지난 5일 그린벨트 보금자리주택지구 내 '반값아파트'를 더 이상 공급하지 않겠다고 발표했다. 그동안 그린벨트 내 반값아파트의 '로또성'에 대해 많은 전문가들이 우려를 표명했지만 철저히 백안시되었다. 보금자리주택은 처음부터 충분한 논리에 기초했다고 보기는 어렵다. '보금자리'란 작명에 나타나듯이 보금자리주택 정책은 '온정적 간섭주의(paternalism)'의 '따듯한 시혜'를 내포했다. 마치 국가가 신혼부부와 저소득층의 주거를 책임져 주는 듯한 신호를 보낸 것이다. 출발부터 인기영합주의에 빠진 것이다. 이제 반값아파트 공급 중단을 포함해 이명박 정부의 역점

248

사업인 보금자리주택 정책은 큰 변화를 맞게 될 것이다. "우물쭈물하다가 내 이럴 줄 알았지"란 독백 아닌 독백이 스치고 지나간다. 시장원리를 무시한 채 인기에 영합한 '우물쭈물하는 행태'는 이미 비극을 잉태하고 있었다.

정부가 개설한 보금자리주택 홈페이지에 의하면 '보금자리주택'은 공공이 짓는 중소형 분양주택과 임대주택을 포괄하는 '새로운 개념'의 주택으로 정의되어 있다.[27] 새로운 개념은 과거 공급자 위주의 일방적인 공급에서 벗어난 소득계층별 수요에 부응하는 '수요자 맞춤형 주택'이라는 것이다. 그럴 듯해 보이지만 공공과 민간부문 간의 역할분담 차원에서 볼 때 보금자리주택은 정책적 적합성을 갖지 못했다. 시장이 더 잘할 수 있는 것은 시장의 몫으로 남겨놓아야 하기 때문이다. '수요자 맞춤형 주택'은 '기본적'으로 시장의 몫이다. 공공부문이 주택건설을 놓고 민간부문과 경합할 이유는 없다. 시장이 채울 수 없는 부분을 메우는 것이 공공부문의 역할인 것이다.

보금자리주택 정책에 대해 긍정적 평가를 내릴 수 없는 이유는 보금자리주택이 시장교란 요인으로 작용했기 때문이다. 정부의 손에는 그린벨트를 '해제'할 수 있는 규제 권한과 사업의 채산성에 구애받지 않는 공기업인 '토지주택공사'가 쥐어져 있었다. 정부는 땅 짚고 헤엄친 격이었다. "그린벨트가 이명박 정부의 '사유지'인가" 그리고 "보금자리주택 시행과 관련해 쌓인 부채와 경영 비효율은 누가 부담할 것인가"라는 질문이 제기될 수 있다. 정부는 국민을 위한 보금자리주택을 표방했지만 실제로는 '우월적 지위'에 기초해 민간 건설시장을 사실상 '구축(crowding out)' 해 온 것이다.

"결과적으로 반값아파트였다"는 자기 합리화

'반값아파트' 포기 논란과 관련해 한나라당은 7일 "보금자리주택이 반값아파트를 건설하기 위해 추진된 것은 아니다"라고 설명했다.[28] 땅값이 비싼 강남의 그린벨트를 싸게 공급해 '결과적으로' 주변시세의 반값인 아파트가 일부 공급되었으나, 로또아파트는 '극히 일부' 고 다른 보금자리주택은 주변시세의 85% 수준에서 공급해 왔다는 것이다. 보금자리주택을 주변시세의 85%로 공급하는 원칙은 앞으로 계속 유지될 것이며, 그렇게 되면 주택가격의 하향 안정에 기여할 것이고 결국 서민들의 주택마련에 큰 도움이 될 것이라는 설명이다.

하지만 한나라당의 설명에는 심각한 '인식오류' 가 숨어 있다. 보금자리주택이 반값아파트를 건설하기 위해 추진되지 않은 것은 맞다. 하지만 "결과적으로 반값아파트였다"는 것은 '무책임의 극치' 가 아닐 수 없다. 그러한 논리에 따르면 사전적으로 의도하지 않은 것은 책임질 필요가 없다. 반값아파트의 출현과 그 부작용은 충분히 예견가능한 일이었다. 정부는 그린벨트 보금자리주택을 추진하기 위해 "전용면적 60㎡ 소형 아파트 부지의 경우 조성원가, 중형인 60~85㎡는 조성원가의 110%로" 용지 가격을 묶어 놓았다. 그 이상은 안 되고 그 이하만 가능한 일종의 '최고가격' 을 설정한 것이다. 강남권의 로또 보금자리주택은 그렇게 해서 탄생한 것이다. 올해 초 청약을 한 서울 강남 세곡, 서초 우면지구 아파트 분양가는 주변시세인 3.3㎡당 2000만~2500만 원의 절반에도 훨씬 못 미치는 924만~1056만 원에 공급됐다.

로또아파트가 '극히 일부' 라는 정책인식은 위험하기 짝이 없다. '극히 일부' 임에도 여전히 문제는 남는다. 사람들의 행태는 '기대' 에 영향을 받는다. 로또 복권이 "로또 복권 당첨자 중심으로 소수만이 팔리는가"를 생각해 보면 그 이유가 자명해진다. 로또아파트는 공급되는 주택 수에 청약률을 곱한 것만큼의 엄청난 '대기수요' 를 만들어낸다. 반값아파트의 '역풍' 으로 민간주택 공급 물량이 급감하고 대기수요 증가로 매매거래 침체와 전세가격 상승이 뒤따랐다. 전세시장이 '공급자 중심' 으로 변하면 공급자의 이해가 우선 반영되기 마련이다. '반(半)전세' 는 시장의 자생적 산물로 일종의 '혁신' 이다. '반(半)전세' 를 수용할 능력이 없으면 더 외곽으로 나가야 한다. '전세유민'이라는 신조어는 이렇게 만들어졌다.

주변시세의 85% 가격으로 공급함으로써 주택가격 안정에 기여하겠다는 것은 미몽(迷夢)에 지나지 않는다. 돌을 던져 연못을 메울 수는 없다. 낮은 가격에 주택을 공급해 주택가격이 안정되는 것이 아니라 주택공급이 늘었기 때문에 주택가격이 안정되는 것이다. 뿐만 아니라 '15%의 염가 판매'는 정당한 논거에 기초하고 있지 않다. 공공부문은 어떤 이유에서든 '눈먼 돈'을 만들지 말아야 한다. 15% 염가 판매는 수요자 입장에서는 '특혜'이며, 공급자 입장에서는 생산에 참여한 생산요소 소지자에게 마땅히 돌려줘야 할 것을 보상하지 않은 일종의 '착취'인 것이다. 정부가 그 부담을 대신 안았다면 '재정부담'으로 연결된다. 그린벨트를 풀어 전용면적 $60 \sim 85 \text{m}^2$인 '중형 아파트'를 적정가 이하로 판매하겠다는 것은 이해하지 못할 일이다. 이는 '주거복지'와 무관한 인기영합이다. 특혜는 지속가능할 수 없으며, 시장을 치명적으로 교란시킬 뿐이다.

보금자리주택의 염가 판매는 또 다른 차원에서 숨은 비용을 내포한다. 싸게 공급된 만큼 추가 규제가 부과되기 때문이다. 5년 의무거주와 7~10년 전매제한 조치가 그것이다. 이는 재산권과 주거이전의 자유를 사실상 제한하는 것이다. 과다한 규제는 규제회피 행동과 탈법을 양산할 뿐이다. 차라리 정상가격에 구매하게 하고 재산권을 정당하게 행사하게 하는 것이 정도이다.

분양 전제 보금자리주택보다 '임대주택' 공급 확대가 우선

그린벨트는 40년간 지켜져 왔다. 그린벨트는 도시의 무분별한 확산을 막는 데 결정적으로 기여했지만, 한편으론 토지소유주의 재산권은 크게 침해되었다. 그린벨트를 풀어 보금자리주택이란 명분으로 일부 계층에게 특혜를 준 것은 어떤 이유로도 정당화될 수 없다. 특혜의 이면에는 그린벨트 내 토지 소유자의 희생이 존재한다. 보금자리주택을 염가에 공급하기 위해 한국토지주택공사(LH공사)의 부실이 가중되었다면, 그 부담은 일반 국민의 희생을 의미한다. 그린벨트는 정권을 쥔 사람이 마음대로 할 수 있는 '공유지'가 아니다. 40년을 지켜온 그린벨트라면 차라리 후세대를 위해 남겨져야 한다.

'주거복지' 향상은 정부의 중요한 주거정책 목표가 아닐 수 없다. 하지만 '주거의 질' 제고는 정부의 힘만으로 할 수 있는 사안은 아니다. 그 대부분은 '시장의 몫'이다. 정부의 정책소임은 취약계층의 '주거의 접근도'를 최소 수준 이상으로 높여 주는 것이다. 따라서 정부의 주택정책의 본령은 '임대주택' 공급 확대이어야 한다. 물론 임대주택이라고 질 낮은 소형만을 고집할 필요는 없다. 질을 높이더라도 임대아파트라면 문제는 없다.

이명박 정부의 가장 큰 패착은 보금자리주택을 통해 '주거의 질'을 평균적으로 올릴 수 있다고 자만한 것이다. 정책의 본질은 '한계적 개입'이다. 따라서 방향성과 인내가 중요하다. 이명박 정부는 설명되지 않은, 정당화되지 않는 특혜를 일부 계층에게 주었고, 민간 건설업체와 불필요한 경합을 벌였을 뿐이다. 따라서 보금자리주택에 대한 점검은 만시지탄이 아닐 수 없다. 이제라도 늦지 않았다. 분양주택 비중을 대폭 축소하고 임대주택 비중을 대폭 늘리는 쪽으로 방향을 틀어야 한다. 현재 보금자리주택에서 임대 후 분양전환이 가능한 주택을 뺀 순수 공공임대는 전체 보금자리주택의 '30%'에 지나지 않는다. 가구 분화 등으로 전세난이 심화될 것이 예상되기 때문에 중기적으로 "공공부문이 보유하고 관리하는 주택 재고"를 늘려야 한다.

이명박 정부는 "시장중심의 경제운영"을 표방했다. 하지만 '시장중심의 경제운영'에 대해 깊이 천착하지 못했다. 시장중심의 경제운영이 갖는 의미를 깊이 이해한 것으로 보이지 않는다. 출범 초기 '비즈니스 프렌들리(business friendly)'와 '마켓 프렌들리(market friendly)'를 혼동한 것도 그 방증이다. 이명박 정부는 '친(親)기업'은커녕 '기업과 각을 세우는(business unfriendly)’ 길을 선택했다. 일부러 그런 것 같지는 않고, 부지불식간에 그렇게 된 것 같다. 이념과 가치의 정체성에 대한 깊은 성찰과 고민 없이 인기를 좇아 좌고우면했기 때문이다. “우물쭈물하다가 내 이럴 줄 알았지”란 독설을 깊이 새기고 초심으로 돌아가야 한다. 이념적 정체성은 ‘성공한 정부’의 필요조건 그 이상이다. 성공한 정부는 ‘목표’가 아닌 ‘결과’이다. 원칙에 따른 국정운영이 성공에 이르는 길이다. (2011.04.12)

253

5장 금융과 정치의 대혼란을 넘어서

DTI 규제 강화, 가계부채 개선에 최선의 선택이었나

이소영(한국경제연구원 부연구위원)

　　지난 2010년 8월 한시적으로 도입했던 DTI(총부채상환비율) 자율 적용이 3월 말로 종료되면서 DTI 규제가 강화되었다. 이러한 DTI 규제 강화의 배경은 가계부채가 꾸준히 증가하고 있어 가계부채 문제의 현실화가 우려되는 가운데 DTI 규제를 통해 주택담보대출의 증가를 억제함으로써 "가계부채를 선제적으로 관리하겠다"는 것이다.[29] 그러나 과연 DTI 규제의 강화가 가계부채에 긍정적인 영향을 줄 수 있을 것이라고 단언할 수 있을까.

주택담보대출이 가계부채 확대에 미치는 영향 크지 않아

　　우리나라의 가계대출 중 주택담보대출이 차지하는 비중은 과거 몇 년간 꾸준히 증가해 왔다.[30] 이러한 사실은 주택담보대출의 증가가 우리나라 가계부채 확대에 상대적으로 큰 영향을 미쳤음을 시사한다. 그러나 최근 가계대출의 추이를 살펴보면 주택담보대출이 가계부채 확대에 미치는 영향이 과거만큼 크지 않음을 알 수 있다. 2010년 4/4분기 현재 우리나라의 가계대출은 약 746조 원으로 전년동기 대비 54조 원가량 증가한 것으로 나타나지만 전체 가계대출에서 주택담보대출이 차지하는 비중은 48%로 동일하다.[31] 즉 최근 주택담보대출 이외의 가계대출도 주택담보대출과 비슷한 비율로 증가하고 있으며, 주택담보대출 이외의 가계대출의 증가도 주택담보대출의 증가만큼이나 가계부채의 확대에 영향을 미치고 있다는 뜻이다.

이처럼 가계대출의 확대의 절반 정도는 주택담보대출 이외의 가계대출의 확대에 기인한다는 점을 고려하였을 때, 현 시점에서 주택담보대출을 억제하는 DTI 규제 강화가 가계부채의 안정화에 미칠 수 있는 영향은 제한적이다. 게다가 DTI 한도까지 대출을 받는 경우는 많지 않기 때문에[32] DTI 규제의 강화가 어느 정도의 주택담보대출 억제효과를 가져올지도 미지수이다. 따라서 DTI 규제의 강화가 주택담보대출의 억제를 통해 가계부채의 안정화에 기여할지 여부는 불투명하다고 볼 수 있다.

반면 과거 경험에 비추어 보았을 때, 이번 DTI 규제의 강화가 부동산시장에 미칠 수 있는 영향은 꽤 뚜렷하다. 과거 정부의 DTI 규제 정책의 변화[33]와 우리나라의 주택 매매거래량의 추이를 살펴보면 이번 DTI 규제 강화가 주택 매매거래를 축소시킬 것이라는 점을 예상할 수 있다. 최근 5년간 서울의 아파트 매매거래량 변화율을 보면 대체로 DTI 규제 강화(2006년 11월, 2007년 2월, 2009년 9월과 10월) 후에는 아파트 매매거래량이 감소하고 DTI 규제 완화(2008년 11월, 2010년 8월) 후에는 아파트 매매거래량이 증가한 것으로 나타나고 있다. 정부가 주택거래의 활성화를 유도하기 위하여 이번 DTI 규제 강화와 함께 고정금리 비거치식 분할상환대출의 경우 DTI 비율을 상향조정한다든지 취득세를 감면한다든지 하는 보조방안들을 추진하고 있지만, 이러한 보조방안들이 DTI 규제 자체가 잠재적 주택 매매 수요자에게 주는 심리적인 효과까지 상쇄시키기는 힘들 것으로 보인다.

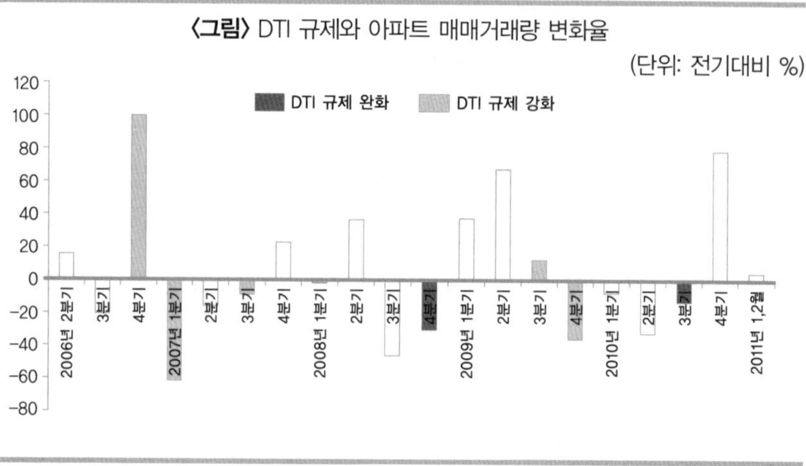

자료: 국토해양부

　여기서 짚어볼 문제는 DTI 규제 강화로 인한 주택 매매 시장의 침체가 오히려 가계부채 문제에 부담요인이 될 수 있다는 점이다.[34] 이는 유동화가 쉽지 않은 실물자산에 높게 편중되어 있는 우리나라 가계의 자산구조[35]와 밀접하게 연관되어 있다. 앞에서 언급했듯이 과거 우리나라의 가계부채는 주택구입을 목적으로 한 주택담보대출을 중심으로 확대되어 왔으며, 여기에 과거의 꾸준한 주택가격 상승이 더해져서 가계의 실물자산 축적으로 이어졌다. 결과적으로 우리나라 부채보유가구의 총자산 대비 부채규모는 평균 0.21로 우리나라 가계의 최종적인 부채상환능력(실물자산 처분을 통한)은 양호한 수준이다. 그러나 소득 및 금융자산 대비 부채규모로 부채보유가구의 일차적이며 실질적인 부채상환능력을 평가할 경우 그 내용이 달라진다. 소득에 비해 금융부채규모가 큰 일부 가계들은 보유금융자산 대비 부채규모도 높기 때문에 금리인상이나 소득 감소로 인해 채무부담이 증가하는 경우 일차적인 부채상환능력이 크게 저하될 수 있다. 따라서 만약 주택매매시장의 침체로 부동산 처분을 통한 부채조정 또는 부채상환마저 어렵게 된다면 가계부채 문제의 현실화 가능성은 더 높아질 수 있는 것이다.

부동산 거래 활성화는 가계부채 부실화 위험 최소화에 한몫

정부는 이번 DTI 규제 강화를 통해 가계부채의 선제적 관리를 꾀하고 있지만, 과연 최선의 선택이었는지 아쉬움이 남는다. 물론 우리나라의 가계부채가 소득에 비해 빠르게 증가하고 있으며 다른 나라들에 비해서도 낮지 않은 편이라는 점을 고려하였을 때, 향후 가계부채 증가세를 둔화시키기 위한 노력이 필요한 것은 사실이다. 그러나 최근 가계대출의 증가를 주택담보대출의 증가 탓으로만 돌릴 수 없다는 것을 고려하였을 때 과연 이러한 정부의 정책이 얼마나 효과적일지는 미지수다. 가계부채의 선제적 관리만큼 중요한 것이 현재 가계부채의 관리일 것인데, DTI 규제 강화로 인한 주택 매매 시장의 침체가 부동산 처분을 통한 부채조정 및 부채상환 가능성을 낮춰 오히려 가계부채 문제에 취약하도록 만들 수 있다는 점 또한 우려되는 부분이다. 우리나라와 같이 가계자산이 부동산 등의 실물자산에 높게 편중되어 있는 상황에서 부동산 거래 활성화는 가계부채 부실화 위험을 최소화하는 데에 중요한 역할을 한다는 것을 간과해서는 안 될 것이다.

(2011.05.04)

국회와 지방의회에 토론종결 규칙을 도입하자

황수연(경성대학교 행정학과 교수)

지난해에도 역시 국회와 지방의회의 안건 통과 과정에서 물리력의 행사가 빈발하였다. 이제 그 원인과 해결책을 숙고해야 할 때이다. 의회에서 의원들이 과반수 의결(majority rule)로 안건을 통과시키면 비효율적인 안건이 통과될 가능성이 높다. 안건이 과반수로 통과되면 다수파에게 편익이 돌아가지만 비용은 전체가 부담한다. 다수파가 자기들에게 돌아오는 편익은 전부 고려하지만 비용은 절반만 고려할 것이기 때문이다. 의회에서 과반수 의사결정 규칙을 사용하여 안건을 처리할 때 그 안건이 대부분의 의원들이 동의하는 일반 입법 성격의 안건이면 문제가 없다. 그러나 가까스로 과반수만 찬성하는 안건들이 많은데, 그런 안건들은 비효율적일 가능성이 크다.

효율적인 안건만 통과되도록 하려면 만장일치 규칙을 사용하면 된다. 만장일치 규칙에서는 총편익이 총비용을 넘는 안건만, 즉 순편익이 존재하는 안건만 통과되어 외부비용이 발생하지 않는 장점이 있다. 그럼에도 불구하고 만장일치 규칙을 사용하면 더 큰 편익을 얻으려고 협상에서 완고한 자세를 취하는 의원들이 있을 수 있으므로 사회적으로 효율적인 안건도 통과되지 못하는 결과가 나올 수도 있다. 그래서 만장일치가 아닌 의사결정 규

258

칙이 필요하다. 그렇지만 만장일치에서 너무 많이 벗어나서 과반수 의결까지 내려오면 다시 앞서 말한 문제가 발생한다.

토론종결 규칙 도입으로 외부비용 줄일 수 있어

따라서 만장일치에서 벗어나되 너무 많이 벗어나지 않아야 할 것이다. 사안에 따라 다르지만, 예를 들어 3분의 2결(決)과 같은 보강된 다수결이 바람직할 것이다. 이러한 보강된 다수결이면 의사결정 비용이 그리 크지 않고 과반수결에 비해 외부비용도 줄일 수 있어서 좋다. 그래서 버지니아학파 공공선택학자들은 보강된 다수결의 바람직함을 역설하고 그의 사용을 권유하고 있다. 그 방법에는 여러 가지가 있지만 여기서는 미국 상원에서 사용하는 것과 같은 토론종결 규칙(cloture rule)에 주목하고자 한다.

토론종결 규칙은 다음의 방식으로 운용된다. 우선 소수파 의원들에게 필리버스터(Filibuster)를 충분히 허용한다. 그러나 60%의 찬성으로 필리버스터를 막고 토론종결(cloture)을 할 수 있다. 그리고 안건을 투표에 부친다. 이렇게 되면 그 안건의 통과에 적어도 60%는 찬성하게 되어 안건의 통과로 소수파에 끼치는 외부비용이 과반수결의 경우보다 현저히 줄어든다. 더욱 바람직하기로는 그 다음 단계인 안건의 통과에 3분의 2결(決)과 같은 보강된 다수결을 사용하는 것이겠지만, 설사 안건 통과가 현재처럼 주로 과반수 의결로 처리된다 하더라도, 전 단계에 60% 토론종결 규칙을 사용하면 외부비용을 현저하게 줄일 것이다.

과반수 의결 때보다 물리력 행사 유혹도 줄일 수 있어

안건을 단순히 과반수로 통과시키는 규칙에서는 반대하는 소수파가 몇 명의 의원들의 지지를 추가로 얻으면 결정 결과를 뒤바꿀 수 있기 때문에 결정을 뒤엎고 싶은 유혹이 강할 것이다. 그 유혹은 때로 물리력의 행사로 표출된다. 그러나 보강된 다수결로 통과되면 그런 유혹은 줄어든다. 따라서 토론종결 규칙의 사용은 앞에서 살펴본 외부비용의 감소라는 이점 외에도 물리력 행사라는 유혹을 줄일 수 있다는 이점도 가지고 있다.

첫째, 필리버스터와 토론종결 규칙이라는 길이 열려 있기 때문에 소수파가 물리력에 호소하지 않고도 안건 통과를 막을 수 있다. 둘째, 토론종결 규칙은 안건을 보강된 다수결로 통과시키는 효과가 있는데 보강된 다수결에서는 통과된 안건을 소수파가 뒤엎을 가능성이 낮기 때문에 전복시도를 덜할 것이다. 셋째, 토론종결 규칙이 물리력 행사라는 유혹을 줄임으로써 물리력을 행사하는 사람들의 수가 줄어들게 되면 사법 당국이 이들 소수를 처벌하기가 쉽고 그래서 물리력 행사에 대한 처벌이 더욱 확실하게 되는 선순환구조가 형성될 것이므로 소수파들의 물리력 행사라는 유혹이 더욱 줄어들 것이다.

이러한 큰 이점을 가지고 있는 토론종결 규칙을 우리 국회와 지방의회에 도입하면 어떨까? 그렇게 하면 특히 물리력 행사가 줄어들지 않을까? 미국과 영국 같은 정치 선진국에서는 물리력 행사 없이 의정 활동이 이루어지는데, 왜 우리는 의정 활동의 추한 모습을 보아야만 하는가? 경제와 산업도 과학과 기술도 예술과 스포츠도 저만치 앞서서 달리고 있는데, 정치와 의회는 왜 이 모양인가? 올해에는 물리력 행사 없는 의정을 보고 싶다.
(2011.01.19)

한국에 로널드 레이건은 없는가?

박동운(단국대학교 경제학과 명예교수)

미국의 40대 대통령 로널드 레이건(Ronald Reagan, 1981.1~1989.1)은 국무회의 도중 코를 골면서 잠을 잔 대통령으로도 알려져 있다. 그런데도 그는 최근에 들어와 부동의 인기 1위인 16대 대통령 에이브러햄 링컨 다음으로 인기가 치솟고 있다. 그가 '미국 국민 모두가 자유롭고 풍요롭게 살아가는 나라 미국'을 만들었고, '세계 사람들 모두가 자유롭고 평화롭게 살아가는 세상'을 만들었기 때문이다.[36]

그런데 미국은 '잘못된 금융제도에다 이에 대한 관리 잘못'으로 2008년 미국발 글로벌 금융위기를 불러일으켜 세계경제를 하루아침에 패닉 상태로 몰아넣었다. 미국은 또 2011년 8월 막대한 재정적자로 디폴트 상태에 몰리게 되자 빚내서 빚갚기로 하고 가까스로 디폴트 상태에서 벗어났지만, 신용등급 강등으로 이번에는 세계 주식시장을 패닉 상태로 몰아넣었다. 타임지는 표지에서 이를 "The Great American Downgrade"라고 표현했다.

세계 제일의 경제대국 미국이 방만한 재정운용, 민주당 주도의 복지정책 확대, 정치적 포퓰리즘이 바탕이 된 확대 재정정책 등으로 인해 국위가 추락되어가는 것을 지켜보면서 질문을 던지지 않을 수 없다. 미국에 로널드 레이건은 없는가?

레이건의 삶- 스포츠 해설가에서 대통령이 되기까지

먼저 레이건의 삶을 정리한다. 레이건은 1911년 2월 6일 일리노이주 탐피코라는 작은 도시에서 태어났다. 그는 1931년 대학을 졸업하고 일리노이의 한 라디오 방송국 스포츠 해설가로 취직했다. 그는 경기장에서 실제로 경기를 보는 것처럼 분위기를 살려 방송한 덕에 인기를 얻었고, 이를 계기로 영화배우가 되었다. 그는 영화 〈사랑은 방송 중〉을 시작으로 1964년 배우생활을 마칠 때까지 53편의 영화에 출연했다. 정치에 관심을 가진 레이건은 영화배우조합 회장으로 일하면서 일류 배우들이 수입의 80% 이상을 세금으로 빼앗기는 것을 보고 분개했고, 조합원들의 단체교섭을 성공적으로 이끌었고, 조합내 공산주의의 침입을 막아냈다.

레이건은 프랭클린 루스벨트 대통령의 목소리를 들으면서 성장했다. 그는 대학을 졸업하고 20년 이상 루스벨트를 선전하고 다녔고, 루스벨트가 4선을 하는 데도 일조했다. 그는 1948년 선거에서 민주당의 트루먼을 지지했고, 1950년 캘리포니아 상원의원 선거에서는 공화당 닉슨의 반대편에 섰다. 그 후 그는 제너럴일렉트릭 대변인으로 일하면서 진보성향의 민주당을 버리고 전통적 가치관을 수호하는 보수성향의 공화당으로 돌아섰다.

레이건은 1962년 공화당원으로 등록하여 캘리포니아 주지사 선거에서 공화당의 닉슨을 지지했다. 그는 1964년 공화당의 대통령 후보 배리 골드워터를 지지하는 연설을 하면서 자신의 모습을 드러냈다. 이 연설에서 그는 커져만 가는 미국 정부의 규모와 간섭을 줄이겠다고 약속했다. 또 미국인과 미국기업에 대한 과중한 세금을 줄여 미국경제를 살리겠다고 약속했다. 나아가 제국주의적 공산주의는 반드시 해체되어야 하고, 자신이 그 일을 하겠노라고 약속했다. 이 연설 덕분에 레이건은 하루아침에 전국적인 인물로 부상했다.

1966년 정치 신인인 레이건은 3선 경력의 민주당 에드먼트 브라운 캘리포니아 주지사에게 도전하여 압승을 거둔 후 주지사에 연임되었다. 이어 대통령에 도전했지만 닉슨과 포드에게 후보 자리를 양보해야 했다. 1980년 드디어 기회가 왔다. 레이건은 보통 사람들이 은퇴 생활을 하는 70세의 나이에 다시 한 번 대통령에 도전했다. 권력을 갖기 위해서가 아니라 16년 전 자신이 국민에게 약속한 정책을 실천하기 위해서였다. 그는 현직 대통령 지미 카터를 압도적인 차이로 물리치고 40대 대통령에 당선되었다. 그리고 그는 대통령이 되어 국민들에게 한 약속을 모두 지켰다.

그는 역대 대통령 가운데 가장 많은 나이에 대통령에 당선되어(69년 349일) 가장 오래 살다가(93년 119일) 2004년 6월 5일 알츠하이머병으로 세상을 떠났다.

작은정부를 만들고자 했던 레이건의 경제철학, 레이거노믹스

레이건은 1981년 1월 21일 대통령 취임사에서 미국이 당면한 문제를 다음과 같이 진단했다. "정부는 우리의 문제에 대한 해결책이 아닙니다. 정부 자체가 문제입니다."

뉴딜정책 이후 존슨 정부의 '풍요한 사회(Affluent Society)'를 거쳐 팽창일로를 걸어온 거대한 미국정부가 국민들로 하여금 국가에 더욱 의존하게 만들었다는 것이 레이건의 진단이었다. 의존하는 국민들의 수가 많으면 많을수록 국가는 더 많은 예산을 쓰게 되고, 늘어난 예산을 맞추기 위해 더 많은 세금을 거두게 되어 궁극적으로 거대한 정부가 개인의 자유와 기업 활동을 방해한다고 레이건은 믿었다. 또 거대한 정부는 거대한 재정적자를 낳게 된다고 그는 믿었다. 뿐만 아니라 늘어난 통화는 인플레이션을 불러와 물가를 불안하게 만든다고 그는 믿었다. 결국 거대한 미국정부는 미국경제가 안고 있는 문제의 핵심이라고 그는 믿은 것이다.

레이건은 거대한 미국정부를 작은 정부로 만들려고 했다. 그는 간섭보다는 자유, 집단보다는 개인, 분배보다는 성장, 의존보다는 자치를 강조했다. 레이건은 이것이 바로 미국과 미국인이 추구해야 할 가치관이라고 믿었다. 그는 미국이 이 길을 가게 되면 미국 국민 모두의 자유가 보장되고, 미국이 또다시 번영하는 나라가 되리라고 확신했다. 이러한 미국이 바로 레이건이 제시한 비전이었다.

레이건은 대통령에 취임한 지 한 달도 채 되지 않은 1981년 2월 18일 상하원 합동회의에서 다음과 같은 네 가지 경제계획을 발표했다.

첫째, 1982년도 연방예산 414억 달러 삭감을 요구했는데, 삭감의 주 대상은 뉴딜정책과 민주당 정부가 추진했던 '풍요한 사회' 건설로 인해 지나치게 확대된 사회복지 프로그램이었다.

둘째, 소득세를 3년 동안 해마다 10%씩 삭감하여 모두 30%를 삭감하고, 기업에 투자공제와 감가상각비용을 허용하여 투자 활성화를 요구했다.

셋째, 기업이윤을 축소시키고 경제성장을 둔화시키는 각종 정부규제를 완화하거나 철폐하여 기업 활동 활성화를 요구했다.

넷째, 인플레이션을 억제하고 금리를 안정시키기 위해 통화공급 증가 완화를 요구했다.

레이건은 자신이 제시한 이와 같은 경제개혁 프로그램(정부지출 삭감, 감세, 규제 완화·철폐, 통화 긴축)을 '미국의 새로운 시작: 경기회복을 위한 프로그램'이라고 불렀다. 이 같은 경제철학은 곧 '레이거노믹스(Reaganomics)'라는 말로 불리게 되었다(이를 본 따 김대중, 노무현, 이명박 정부도 '노믹스' 시리즈를 내놓았다). 레이건의 경제정책은 시간이 좀 걸리기는 했지만 확실한 효과를 나타냈다. 다만 세계평화 구축을 위한 국방비 지출 증가가 예산적자를 해결하지 못했다는 점을 제외하고는.

동서냉전을 종식시켜 세계 평화를 실현한 레이건

마거릿 대처 전 영국 수상(1979.5~1990.11)은 2002년에 출간된 저서 『국가경영(Statecraft)』의 표지 다음 쪽에서 이렇게 썼다. "이 책을 로널드 레이건에게 바친다. 세계는 그에게 너무나 많은 빚을 지고 있다." 무엇을 뜻하는 말일까. 이는 레이건 대통령이 냉전을 종식시켜 세계를 핵전쟁의 위협으로부터 구해낸 것에 대한 감사를 나타낸 말이다. 마거릿 대처 전 영국 수상도 이 프로그램에 참여했다.

정치 세계에 뛰어들면서부터 레이건은 공산주의는 없어져야 할 세력이라고 믿었다. 대통령이 된 후 레이건은 1979년 12월에 벌어진 소련의 아프가니스탄 침공을 강하게 비판한 후 아프가니스탄을 원조하기 시작했다. 그는 소련이 '악의 제국을 유지하는 대가'를 톡톡히 치르게 하려는 정책을 면밀히 검토했다. 그는 공산주의 세력을 꺾기 위해 유럽에 중성자 핵무기를 설치했다. 레이건이 취한 핵심조치는 막대한 돈이 들어가는 전략방어계획(SDI: Strategic Defence Initiative; 날아오는 적의 미사일을 우주공간에서 낚아채는 방어시스템 구축)으로 알려진 미사일 방어 프로그램이었다. 이 프로그램의 명칭은 공상과학영화 가운데 하나인 스타워즈(Star Wars)에서 따 온 것이다. 이 프로그램은 소련의 장군들과 지도자들로 하여금 더 이상 미국과 경쟁할 수 없다는 것을 깨닫게 하는 데 결정적으로 기여했다.

그 결과는 실로 대단한 것이었다. 처음에는 소련 지도자들의 분노와 불안이 폭발했지만 소련 지도부는 분명히 변하기 시작했다. 말하자면, 레이건의 구상대로 그들은 미국과의 경쟁을 포기하는 길을 택한 것이다. 레이건은 처음에는 소련과의 정상회담을 거절하다가 곧 능숙한 외교관으로 변신하여 소련의 지도자 미하일 고르바초프와 만났다. 이 회담은 공산주의 붕괴의 서막으로 입증되었다. 레이건이 1987년 베를린에서 고르바초프에게 "이 장벽을 허물어 버리시오(Tear down this wall)" 하고 놀랄만한 요구를 했을 때 사람들은 이를 공허한 희망으로 생각했지만 결과는 그렇지 않았다.

목표를 향한 레이건의 전략은 적중했다. 동서냉전의 상징인 베를린 장벽이 드디어 1990년 10월 3일 무너졌고, 이어 자유세계의 적인 소련도 무너지고 만 것이다. 이 결과 마거릿 대처가 쓴 대로, 세계는 자유롭고 평화로운 세상이 되어 로널드 레이건에게 너무나 많은 빚을 지게 된 것이다.

레이건과 작은 정부

작은 정부 실현을 위해서는 재정지출과 조세를 삭감해야 한다. 레이건은 대통령에 취임하자마자 그렇게 했다. 그 결과를, 미국의 정부규모(GDP)에 대한 일반정부총지출 비율 변화가 보여준다.

미국의 정부규모는 1978년 30.0%로 일본과 함께 OECD 국가 가운데서 가장 작았고, 최근에 들어와서는 아일랜드와 앞서거니 뒤서거니 하면서 세계에서 가장 작은 정부를 유지해 왔다. 미국의 정부규모는 글로벌 금융위기 직전인 2007년 36.8%, 2010년 42.2%로 증가했지만 30여 년 동안 사실상 35% 안팎을 유지했다. 이는 1981년에 정권을 잡은 레이건 대통령의 작은 정부를 실현하려는 노력이 가져온 결과다. 앞선 정부가 작은 정부 실현에 성공했는데 뒤에 오는 정부가 이를 깨뜨리기란 쉽지 않는 법이다. 관련된 예로, 마거릿 대처가 1979년 정권을 잡고 영국을 시장경제로 살려내자 뒤이어 뉴질랜드가 1984년에, 아일랜드가 1987년에, 독일이 2000년대 초에, 스웨덴이 2007년에, 프랑스가 2007년에 시장경제를 표방하고 나선 것 등을 들 수 있다.

보다 구체적으로 OECD 국가들의 정부규모 변화를 보자. 세계경제가 호황에 접어든 1992년부터 글로벌 금융위기 전 해인 2007년까지의 16년을 대상으로 한다. 1992년 정부규모 OECD 평균치는 42.4%였는데 2007년에는 39.9%로 2.5%포인트 감소했다. 같은 기간 OECD 30개국 가운데 정부규모가 증가한 나라는 한국을 비롯하여 일본, 룩셈부르크, 포르투갈, 스위스 다섯 나라뿐이고, 한국 외에는 증가폭이 작다. 나머지 25개국은 정부규모가 모두 감소했다. 특히 세계에서 정부규모가 가장 큰 나라 스웨덴은 1992년 69.4%에서 2007년 51.4%로 15년 동안 무려 18.0%포인트 감소했다.

이 같은 추세를 통해 알 수 있듯이, 세계는 그동안 작은 정부를 만들고자 경쟁적으로 노력해 왔다. 이는 분명히 로날드 레이건 대통령의 기여다.

266

방만한 재정의 미국, 복지천국을 만들려는 한국

지금 레이건은 죽고 없지만 그의 영향력은 미국과 미국인의 마음에 뚜렷이 남아 있다. 레이건이 살아 있을 때인 1998년 미국 사람들은 워싱턴국립공항을 레이건 워싱턴국립공항으로 이름을 바꿨다. 2001년 미 해군은 새로 진수한 항공모함의 이름을 'USS 로널드 레이건 호'로 명명했다. 아직 살아 있는 사람의 이름에 이와 같은 영광을 준 것은 해군 역사상 처음 있는 일이라고 한다. 뿐만 아니라 미국 전역에 걸쳐 많은 연방 빌딩이 레이건과 레이건을 연상시키는 이름으로 개명되었다.

이뿐만이 아니다. 레이건 탄생 100주년이 되는 2011년 유럽에서는 여러 나라가 미국의 독립 기념일인 7월 4일을 전후해 기념행사를 열어 레이건의 업적을 기렸다. 헝가리 의회는 레이건을 추모하기 위해 2011년 6월 28일 특별회의를 열어 다음날 수도 부다페스트의 미국 대사관 앞 자유의 광장에 그의 동상을 세웠다. 체코는 수도 프라하에서 6월 30일 미 대사관 앞거리를 '로널드 레이건 거리'로 개명하는 행사를 벌였다. 영국은 7월 4일 미국 독립기념일에 맞춰 런던 그로브너 광장에서 레이건의 동상 제막식을 가졌다.

그러나 미국은 정부의 방만한 재정 운용으로 디폴트 직전에서 가까스로 기사회생한 상태다. 그러한 미국은 세계 주식시장을 패닉 상태로 몰아넣고 있다. 미국은 지금 로널드 레이건이 필요하다. 미국에 로널드 레이건은 없는가? 물론 정치가들이 앞장서서 복지천국을 만들려는 한국도 로날드 레이건이 필요하다. 그래서 묻는다. '한국에 로널드 레이건은 없는가?' (2011.09.26)

선제적 금리 정책이 필요한 이유

최성환(대한생명 경제연구원 산업경영실장, 고려대 국제대학원 겸임교수)

"올려야 할까? 내려야 할까? 아니면 계속 동결해야 할까?" 우리나라의 중앙은행인 한국은행이 기준금리를 놓고 목하 고민에 빠져있다. 물가상승세가 만만치 않은 가운데 국내 경기는 주춤거리고 있기 때문이다. 물가만 본다면 금리를 몇 차례 더 인상하고 싶지만 경기를 보면 반대로 금리를 인하해야 할 판이다. 중앙은행으로서는 가장 피하고 싶은 상황에 처하고 있는 것이다. 도대체 왜 이 지경까지 온 것일까?

한국은행은 작년 7월부터 지난 6월까지 모두 5차례에 걸쳐 금리를 1.25%포인트 인상, 기준금리를 3.25%로 높였다. 글로벌 금융위기 이후 성장세가 회복되고 있는 가운데 물가상승세가 이어질 것으로 예상했기 때문이다. 실제로 소비자물가상승률은 올 들어 1월부터 9월까지 9개월 연속 4%대를 유지했고 특히 8월에는 전년동월대비 5.3%까지 급등했었다. 이후 9월 4.3%에 이어 10월에는 3.9%로 안정되는 모습이기는 해도 당분간 물가상승 압력이 지속될 것이라는 전망이 우세하다.

하지만 한국은행은 7월부터 유럽 재정위기 등 국내외 불확실성이 커지고 있다면서 금리를 동결하고 있다. 금리를 올리고 싶지만 경기가 둔화될 가능성이 높아지고 있어서 좀 더 지켜보겠다는 것으로 해석할 수 있다. 주요예측기관들은 올해 우리나라의 성장률이 4%에 채 못 미치고 내년 성장률은 3% 중후반대로 더 낮아질 것으로 내다보고 있다. 심지어 내년 성장률이 2% 후반대까지 급락할 것이라는 비관적 전망도 나오고 있다.

선제적이면서도 공격적인 호주와 이스라엘의 금리인하 행보

이런 가운데 브라질과 인도네시아 등 일부 신흥시장국과 호주와 이스라엘 등이 금리를 인하하기 시작했다. 유럽중앙은행(ECB)과 중국 또한 그간의 금리인상 모드에서 금리 인하를 모색하고 있다는 뉴스가 나오고 있다. 가장 최근인 11월 1일 금리를 인하한 호주중앙은행의 경우를 한번 들여다보자. 호주중앙은행은 글로벌 금융위기가 시작된 2008년 9월 금리를 인하하기 시작해 2009년 4월까지 6번에 걸쳐 정책금리를 7.25%에서 3.0%까지 대폭 낮췄다. 그러나 글로벌 금융위기가 회복되는 조짐이 보이기 시작한 2009년 10월부터는 금리를 인상하기 시작했다. 불과 6개월 만에 인하에서 인상으로 방향을 돌린 것이었다. 주요국 중에서는 이스라엘중앙은행(2009년 9월) 다음으로 빠른 행보였다. 이후 2010년 11월까지 7번의 인상을 통해 정책금리를 4.75%까지 끌어올렸다. 작년 12월부터는 금리를 동결해오다 이번에 1년 만에 금리를 인하하는 쪽으로 다시 방향을 틀고 있는 것이다.

주요 언론들은 호주중앙은행의 이번 금리 인하에 대해 '물가가 안정세로 돌아서고 있는 가운데 유럽 발 재정위기 확산으로 글로벌 경기의 둔화가 예상되는 만큼 이에 선제적으로 대응하기 위해 금리를 내렸다'는 해석을 내놓고 있다. 호주의 소비자물가상승률은 6월말 전년동월대비 3.6%에서 9월말에는 3.5%로 둔화되는 흐름을 보이고 있다. 반면 호주의 성장률은 2009년 1.4%에서 작년에는 2.7%로 높아졌지만 올해는 1.8% 또는 그 아래로 둔화될 전망이다. 내년에는 성장률이 3%를 넘어설 것이라는 전망도 있지만 글로벌 경기가 둔화될 경우 2%대로 내려앉을 것이라는 우려의 목소리가 높아지고 있는 상황이다.

5장 금융과 정치의 대혼란을 넘어서

　　호주는 이스라엘과 우리나라와 함께 국제통화기금(IMF)이 선진국으로 분류하는 34개국 중 이번 글로벌 금융위기 때 마이너스 성장을 피해간 3개국이다. 2009년 성장률에서 호주가 1.4%로 가장 높았고 이스라엘이 0.8%, 우리나라가 0.3%로 그 뒤를 이었다. 금리를 내리고 시중에 돈을 푸는 금융정책 뿐 아니라 정부가 재정지출을 늘리고 세금을 깎아주는 재정정책까지 동시에 시행된 데다 나라마다 상황이 다 다를 것이므로 금융정책 덕분이라고만 할 수는 없다. 하지만 대공황 이후 가장 큰 위기라는 글로벌 금융위기를 맞아 대다수 국가의 성장률이 큰 폭의 마이너스로 떨어지는 상황에서 1%대의 성장률로 방어하는데 선제적이면서도 공격적인 금융정책이 혁혁한 전공을 세웠다고 평가할 수 있을 것이다.

선제적 금리정책, 이번에야말로 우리가 해야할 때

　　이 대목에서 한국은행의 금리 행보에 대한 평가를 살펴보자. 사실 한국은행은 그간 선제적인 금리 인상 또는 인하가 아니라 뒤늦은 대응이라는 비판을 받아왔다. 필자는 금융위기의 조짐이 보이는 가운데 미국의 FRB가 2007년 9월 금리를 인하하는 것을 보고 그 해 연말부터 한국은행도 금리를 내려야 한다고 주장했다. 그러나 한국은행은 2008년 8월 거꾸로 금리를 올렸다. 국제유가가 배럴당 140달러대를 돌파하는 등 국제원자재가격의 급등으로 물가가 가파르게 오르고 있기 때문이었다. 하지만 당시 유가 급등과 같은 공급측 요인에 의한 물가상승의 경우 금리 인상이 물가억제에 그다지 도움이 되지 않는다는 주장이 오히려 더 설득력 있게 받아들여지는 상황이었다. 그러다 곧바로 글로벌 금융위기가 본격화되면서 불과 두 달 후인 2008년 10월부터는 금리를 인하하기 시작했다. 역사에는 가정이 없다지만 만약 두 달 전에 금리를 올리지 않고 진작부터 내리기 시작했더라면 2009년 성장률이 0.3%가 아니라 1.3%(?)가 될 수도 있지 않았을까?

　　이후 글로벌 경제와 우리 경제가 회복되기 시작한 2009년 후반부터 필자를 비롯한 대다수 전문가들은 금리를 인상해야 한다고 주장했다. 하지만 한국은행이 금리를 인상한 것은 2010년 7월이었다. 이스라엘과 호주와는 경제 및 금융 환경이 다르기는 해도 9~10개월이나 늦은 시작이었다.

　이제 다시 상황이 변하면서 한국은행이 아직도 금리 인상을 저울질하고 있는 가운데 이스라엘(2011년 9월 금리 인하)과 호주가 다시 방향을 바꿔 금리 인하 모드로 진입했다. 한국은행은 이스라엘과 호주의 금리 인하를 어떻게 보고 있을까? 섣부른 인하로 볼 것인가 아니면 선제적으로 잘 대응하고 있는 것으로 볼 것인가? 물론 친구 따라 무턱대고 강남 갈 수는 없는 노릇이지만 과거의 경험상 좋은 친구라면 믿을 만하지 않을까? 더욱이 최근 처하고 있는 경제 및 금융 환경이 엇비슷하다면 더더욱 그렇지 않을까? 실제로 한국은행이 지금 상황에서 금리를 내린다고 하면 호주와 엇비슷한 평가가 나오지 않을까? 다른 한편에서는 한국은행이 본연의 임무인 물가안정을 포기했다거나 가계부채 증가를 부추기고 있다는 등의 비판도 피할 수는 없을 것이다. 그럼에도 불구하고 필자는 한국은행에게 묻고 싶다. "이번에야말로 선제적으로 금리를 인하해야 할 때가 아닐까?"(2011.11.07)

이슬람채권법 제정을 기대하며

김상호(호남대학교 무역학과 교수)

지난 국회에서 무산된 이슬람채권법에 대해 국회에서 재논의를 통해 법제화해야 한다는 주장이 다시 일고 있다. 이슬람채권인 수쿠크(Sukuk)는 이자거래를 금지하는 이슬람 율법인 샤리아에 따라 발행되는 채권을 일컫는다. 이 채권의 인수자는 이자를 받는 대신 채권 발행자가 제공하는 물건을 인수하고, 이를 채권 발행자에게 다시 빌려주는 형식으로 사용료를 받는다. 예컨대 '수쿠크 알 이자라'의 경우 채권 발행자가 제공하는 부동산을 매입한 후 이를 채권 발행자에게 다시 임대하여 발생한 수익을 채권 투자자들에게 배당한다. 이 거래는 채권 발행자가 원래 자신 소유의 자산을 다시 구입함으로써 종결되는데, 이 재매입 확약이 이 채권 거래의 핵심이다. 수쿠크는 채권 발행자가 자신의 자산을 담보로 제공하는 일반 채권과 달리 발행과 상환 시 실제 자산의 법적인 양도가 이루어지며, 이에 따른 각종 세금이 부과된다. 그러나 수쿠크에 수반되는 자산 거래는 담보 확보를 위한 명목적인 것이므로 이에 대해 세제혜택을 제공하자는 것이 수쿠크법의 요점이다.

자금조달 경로를 아랍권으로 확대하기 위한 정책

현 정부는 지난 2009년 정기국회에서 이슬람채권에 면세 혜택을 주는 조세특례제한법 개정안을 제출했다. 이 개정안은 이슬람채권의 적극적인 도입으로 국내 기업의 자금조달 경로를 아랍권으로 확대하기 위한 정책이다. 이 법안은 지난해 12월 국회 기획재정위원회 전체회의에서 의원들의 반대로 통과되지 못했고, 지난 2월 임시국회의 쟁점으로 부각됐다. 그러나 야당과 한나라당의 일부 의원들은 수쿠크법이 현 경제 상황에 역행하고, 특정 종교에 대한 특혜라며 반대한 바 있다.

정부의 이슬람채권법 도입은 2009년 한전이 수주한 UAE 원전수출 계약과 관련이 있는 것으로 알려지고 있다. UAE에서 원전을 건설할 한국 회사들이 400억 달러에 이르는 막대한 건설자금을 조달하는 데 큰 어려움을 겪고 있다. 특히 원전 수주에서 우리와 경쟁했던 미국이나 일본으로부터 자금차입이 불가능해 이슬람권의 국부펀드를 기업자금으로 융통하려고 시도하고 있다. 나아가 정부는 이 법안이 1997년 아시아 금융위기, 2008년 글로벌 금융위기를 거치며 실감했던 외환 도입처의 다변화에 기여할 수 있을 것으로 기대하고 있다.

스쿠크법에 반대하는 일부 의원들은 이슬람채권에만 세금혜택을 주는 것은 형평상 맞지 않다고 주장한다. 예컨대 지자체 중 외화 채권에 대해서는 이자수입에 대한 소득세, 법인세를 면제하나 그 외 국세, 지방세, 양도소득세, 부가가치세를 면제하는 것은 지나친 특혜라고 말한다. 이는 수쿠크 발행에 따른 부동산 거래의 의미를 충분히 이해하지 못한 것으로 이해된다. 하지만 정부는 입법과정에서 이러한 의견을 충분히 고려해 타 자금에 대한 역차별이 있다면 해소해야 할 것이다. 또한 스쿠크법 실시에 따른 경제적인 효과와 문제점도 차제에 충분히 논의되고 보완되어야 할 것이다.

우려할 문제는 이 법안을 종교적인 관점에서 바라보고 있는 기독교계의 입장이다. 기독교의 일부 지도자들은 스쿠크의 발행과 운용이 이슬람 신자

273

들로 구성된 샤리아 위원의 통제를 받는다는 점을 지적하고 있다. 이들에 따르면 샤리아는 종교지도자, 변호사, 금융전문가로 구성되어 있으며 스쿠크 자금이 이슬람 율법에 따르므로 종교적 색채에서 자유로울 수 없다는 것이다. 특히 이슬람 교리인 자카트에 따라 이익금의 2.5%를 기부해야 하는데, 이 자금이 알카에다 같은 테러집단에 쓰일 수도 있다고 우려하고 있다. 이는 선량한 무슬림을 극소수 테러단체와 동일시하는 매우 위험한 발상이다. 또 이들은 이슬람채권이 국내에서 이슬람 선교 차원으로 활용될 것도 걱정하고 있다.

이슬람채권 규모 급성장세 250억 달러에 달해

한국경제는 이슬람의 본 고장인 중동과 깊은 관계를 맺으며 성장해 왔다. 한국경제는 1970년대 두 차례 석유위기로 발생한 세계경제 불황의 높은 파고를 중동건설 붐으로 헤쳐 나올 수 있었다. 제2차 석유위기로 세계경제가 침체되어 있던 1977년부터 1982년까지 5년 동안 우리나라가 중동에서 건설수주로 벌어들인 외화는 거의 500억 달러에 달했다. 1977년 당시 한국의 총 수출액이 100억 달러였음을 고려하면 그 규모를 짐작할 수 있다. 이러한 중동 붐은 우리 기업과 근로자들의 피땀 어린 정성과 열정으로 가능했지만 이러한 성실성을 높이 평가한 중동 이슬람국가들의 열린 자세도 그 이유라 할 것이다. 이러한 중동과의 좋은 인연은 지금까지 계속되어 2009년 한국 기업은 중동 전체 건설사업의 4분의 1에 이르는 총 360억 달러(약 44조 원) 상당의 건설계약을 따내 제2의 중동 붐을 맞이하고 있다.

수쿠크법은 종교적인 쟁점이 아닌 경제적인 문제일 뿐이다. 설사 종교적인 문제라 할지라도 대한민국은 종교의 자유가 보장된 나라이다. 더욱이 이슬람 금융의 정신은 결코 기독교의 전통에 위배되는 것은 아니다. 오히려 이슬람은행은 혼란스럽기 그지없는 다른 금융기관과 그 종사자들이 본받아야 할 고귀한 원칙을 잘 보여주고 있다. 최근 세계 금융위기와 더불어 바티

칸 교황청은 무이자, 완전담보, 이윤과 비용의 공유 등 이슬람 금융의 원칙을 병든 세계금융 질서를 바로잡을 수 있는 좋은 개념이라고 평가했을 정도이다.[37] 이슬람은행의 영업방식은 고소득을 취하기 위해 마구잡이로 위험을 추구하다 전 세계를 경제위기에 몰아넣은 미국 투자은행의 한심한 작태와 대조적인 새로운 금융질서가 추구해야 할 높은 가치를 제시하고 있다.

현재 이슬람은행은 51개국에서 300곳 이상이 영업을 하고 있으며, 매년 10~15%의 높은 증가율을 기록하고 있는 현 금융체계에서 성장이 가장 빠른 사업부문이다. 〈이코노미스트〉(2009. 11. 12)에 따르면 전 세계적으로 약 8220억 달러에 달하는 자산이 샤리아에 따라 운영되고 있으며, 이슬람채권은 2010년에 24% 성장해 250억 달러에 도달한 것으로 추정되고 있다. 한국은 이슬람채권을 발행해 성장하는 이슬람 금융의 역동성을 경제적인 활력으로 이용해야 할 것이다. 이는 오랜 세월 맺어왔던 중동 이슬람 국가들과의 좋은 인연을 계속 이어나갈 수 있는 좋은 방안이기도 하다. (2011.03.29)

이슬람채권법은 경제논리로 풀자

임병화(한국경제연구원 선임연구원)

2009년 9월 정기국회에 처음 제출되었던 이슬람채권법(이하 수쿠크법)이 지난 2월 국회에서도 통과되지 못했다. 한국기독교총연합회(이하 한기총)에서 이슬람 자본의 국내 유입에 반대하면서 수쿠크법을 지지하는 국회의원의 낙선운동을 불사하겠다는 식으로 4.27 재·보궐 선거를 앞둔 정치권에 압력을 가했기 때문이다.

수쿠크(Sukuk)는 불로소득을 인정하지 않는 이슬람 율법 샤리아(Shariah)에 따라 이자를 받지 못하는 이슬람 자본을 끌어들이기 위해 만든 금융상품이다. 상품 구조에 따라 현재 총 14종류의 수쿠크가 존재하는데 이번 조세특례제한법 개정안의 대상이 되는 것은 이자라(Ijarah)와 무라바하(Murabahah)의 두 가지 수쿠크이다.[38]

이자라 수쿠크의 구조를 살펴보면 다음과 같다. 먼저 자금을 얻으려는 채무자(정부나 기업)는 특수목적회사(special purpose vehicle, 이하 SPV)를 설립하여 투자자를 끌어 모은다. SPV가 수쿠크를 발행하여 투자자와 자금을 모으는 역할을 하는 것이다. 채무자는 돈이 확보된 SPV에게 자신의 대지나 빌딩과 같은 실물자산을 미리 정해진 가격에 판매하고 SPV는 매입한 자산을 채무자에게 임대해 준다. 그러면 임차인이 된 채무자는 SPV에게 정기적으로 임대료를 지불하고 SPV는 임대료 수입을 그대로 투자자에게 넘기는 형식이다. 따라서 투자자가 얻는 소득은 이자소득이 아니라 임대소득이 된다. 만기가 되면 채무자는 자신의 실물자산을 미리 정해진 가격으로 매입하기 때문에 실질자산의 가치변화와 무관하게 원래 상태로 되돌아온다. 실질적으로는 채권과 같지만 이슬람 자본의 투자자가 얻는 수익은 명목상 이자가 아닌 실질수익을 받는 차이가 있다. 즉, 이슬람 율법을 비껴갈 수 있는 것이다.

무라바하 수쿠크의 경우는 투자자의 수입이 대지나 건물의 리스가 아니라 상품(금속, 오일 등)의 판매로부터 발생한다는 차이가 있다. 먼저 SPV는 무라바하 수쿠크를 발행하여 투자자로부터 자금을 모아 상품시장에서 상품을 구매한다. 상품을 구매한 SPV는 채무자에게 마진을 더해 팔고 채무자는 SPV로부터 구입한 상품을 다시 상품시장에 팔아 자금을 마련하는 것이다. 이때 채무자는 SPV가 더한 마진을 일정기간 나눠 지급하고 만기가 되면 원금을 포함한 모든 금액을 갚는 구조로 되어 있다. 무라바하의 투자자는 상품의 판매대행을 통한 마진으로부터 수익을 얻기 때문에 실질소득이 되는 것이고 이슬람 율법에서 자유로울 수 있다.

우리나라에서 문제가 되는 것은 실질자산을 매매하는 과정에서 양도세와 취득·등록세 등 부가적인 세금이 발생한다는 사실이다. 또한 임대 수입에 대한 부가가치세와 종합소득세까지 붙기 때문에 회사 입장에서 수쿠크를 발행할 때 기존 외화표시채권에 비해 부가적인 세금을 지출해야 하는 부담이 존재한다. 따라서 수쿠크 발행에 붙게 되는 각종 세금을 면제하여 기존 외화표시채권과 유사한 수익구조를 만들겠다는 것이 이번 수쿠크 관련 조세특례제한법 개정안의 골자이다.

설득력이 떨어지는 수쿠크법 반대 논리

수쿠크법을 반대하는 가장 큰 이유는 과세 형평성 차원에서 옳지 않다는 논리이다. 이슬람 자본에 대한 자산거래에 붙는 양도세, 취·등록세 등의 세금 면제는 이슬람 자본에 대한 특혜라는 것이다. 하지만 수쿠크 거래는 외국자본의 국내 자산 매입이라는 관점에서 보면 안 된다. 대지나 건물 등의 유형자산의 매매가 포함된 이자라 수쿠크의 경우를 살펴보자. 채무자가 자신의 유형자산을 이슬람 자본의 투자자에게 판매를 하는 구조이지만 중요한 점은 미리 정해진 가격에 판매하고 만기가 되면 다시 정해진 가격에 구입한다는 것이다. 즉, 만기가 될 때까지의 실물자산의 가치변화가 거래가격에 전혀 영향을 주지 못한다. 또한 이자라 수쿠크 소유자는 유통시장(secondary market)에서의 거래가 가능하지만 이는 임차인에게 피해가 가지 않는다는 가정에서 거래가 가능하기 때문에 유통시장 존재에 따른 채무자의 위험성도 없다. 다시 말해 수쿠크 투자자에겐 실물자산을 매매할 권리는 없고 자산소유로부터 얻는 소득에 대한 권리인 수익적 소유권만을 가지게 된다. 따라서 이번 론스타와 같이 외국자본의 국내자본 소유로 인한 논란이 일어날 가능성은 없다고 볼 수 있다. 결론적으로 말하면 수쿠크 거래에서의 유형자산 매매는 기존의 외화표시채권과 같은 형태로 만들기 위한 하나의 형식에 불과할 뿐 실질적인 양도가 일어나는 것이 아니다.

결국 수쿠크법 도입에 대해 과세의 특혜가 아니라 다른 나라들과 동등한 위치에서 자금을 끌어오기 위한 환경 마련으로 보는 것이 바람직하다. 현재 우리나라에서 달러나 유로의 외화표시채권 거래는 이자소득에 대해 면세를 해주고 있는데 수쿠크의 경우 양도세나 취·등록세로 인해 부가적인 세금이 붙게 된다. 따라서 이슬람 자본을 끌어들이기 위해서는 달러나 유로에 비해 많게는 4% 가까이 추가적인 세금을 지불해야만 하는 것이다. 하지만 이는 미국과 같은 영미법체계(common law) 국가의 경우 명목적 소유권이 아닌 수익적 소유권에 대한 과세가 없어 채무자와 SPV와 거래 시 발생하는 수익적 소유권 이전에 대한 세금이 붙지 않는다는 점을 생각해 보면 수쿠크법은 오히려 영미법체계의 여러 국가와 이슬람 자본의 유치경쟁에 있어서 과세 형평성을 부여하는 것이라 할 수 있다.

수쿠크법 반대의 두 번째 논리는 한기총 등 개신교 측에서 반대하는 종교논리로 이슬람 자본이 들어왔을 때 종교적 이해관계 충돌에 의한 대량의 자금 유출 가능성을 꼽는다. 그러나 종교의 자유를 허락하고 있는 우리나라에서 종교적 이해관계 충돌이라는 것이 무엇을 의미하는지 명확하지가 않다. 더욱이 자금 유출이 이루어진다는 것은 국가 간의 종교 갈등을 의미하는 것인데 너무 지나친 걱정이라 할 수 있겠다.

세 번째로는 수쿠크 발행과 운영을 맡은 샤리아 위원회는 수익금의 2.5%(자카트)를 기부하도록 하였는데, 이 돈이 테러단체에 흘러들어갈 가능성이 있다는 것이다. 아직 수쿠크 거래가 이루어지지 않는 우리나라와는 달리 영국, 싱가포르와 최근의 일본, 미국까지 수쿠크 거래를 시작하였는데[39] 이들은 누구보다 테러단체에 대한 감시가 높은 나라들이다. 앞으로 수쿠크 시장이 전 세계적으로 규모가 커진다고 보았을 때 자카트의 투명성을 요구하는 국제적 공조가 커질 가능성이 높다. 더욱이 자카트가 석유 수입을 비롯한 모든 이슬람권 경제 행위에 붙는다는 사실로 보면 한기총의 주장은 이슬람 경제권과의 모든 거래를 금지하라는 말과 같다.

마지막으로는 민주당 등 야당의 정치논리로 수쿠크가 아랍에미리트(UAE) 원전 수주의 자금 대출용이라는 주장이다. 하지만 이러한 정치권의 반대 논리는 수쿠크법이 훨씬 전부터 시작되었다는 점에서 설득력이 떨어진다.

수쿠크법의 첫째 목적은 외화 다각화

처음 정부가 이 법을 추진하게 된 배경에는 외화자금의 다각화에 가장 큰 이유가 있었다. 현재 외화자금이 주로 미국과 유럽에 의존하고 있는 우리나라는 1997년 외환위기와 2008년 금융위기를 경험하면서 안전자산으로부터의 자금조달 필요성을 절실히 깨달았다. 외화의 집중으로 인한 유동성 부족은 우리나라의 환율과 주식시장이 미국이나 유럽의 경제 상황에 따라 크게 출렁이는 모습을 보였고, 이러한 파동은 우리 경제를 힘들게 만든 장본인이었다. 이에 오일머니로 무장한 이슬람 자본은 글로벌 경제위기에 크게 흔들리는 자산이 아니라는 점에서 상당히 매력적인 자본이라 할 수 있다. 더욱이 금융위기를 거치면서 안전한 자산이라는 것을 입증하듯이 전 세계 수쿠크 시장은 영국, 싱가포르를 중심으로 지난해 390억 달러 규모로 급성장하였고 이는 전년도에 비해 54% 증가한 규모이다.[40]

더욱이 수쿠크법의 통과는 중동 진출을 꾀하는 우리나라 기업들에겐 용이한 자금조달창구를 열어주게 된다. 중동 현지의 투자자들이 사업 성공 가능성을 객관적이고 보다 정확하게 평가할 수 있기 때문에 국내 은행이나 투자자들에 비해 상대적으로 우리나라 기업에 높은 신용을 부여할 수 있으며, 이를 바탕으로 안전한 자본을 끌어올 수 있는 것이다. 뿐만 아니라 항공사나 정유사 등 이미 이슬람권 경제에 직접적 관련이 있는 기업들에게는 다양한 자금조달창구를 제공하여 경쟁을 통해 유리한 자금을 끌어들일 수 있게 될 것이다.

기업뿐만 아니라 한국거래소의 중동 진출에도 큰 도움이 될 수 있다. 2010년 3월 한국거래소 자회사인 코스콤(KOSCOM)은 말레이시아에서 세계 최초로 이슬람 상품 거래시스템인 무라바하 시스템(Commodity Murabahah House, CMH) 개발에 성공하였다. 현재 말레이시아가 지난해 전 세계 수쿠크 발행의 78%를 차지하고 있는 만큼 코스콤의 IT시스템이 수쿠크 거래시스템의 중심에 있다고 볼 수 있다. 따라서 수쿠크법이 통과되면 인지도가 높은 우리나라 IT시스템을 기반으로 한국거래소의 원활한 중동 진출이 가능할 것이다.

수쿠크법 통과되면 금융시장 활성화에도 도움될 듯

무엇보다도 수쿠크 발행은 국내 금융시장의 유동성을 높여주는 데 도움을 줄 것이다. 우리나라 시장의 유동성 문제는 언제나 지적되어 왔던 문제이다. 유동성이 풍부해져야 2010년 11월에 있었던 옵션쇼크와 같이 외국자본에 의해 우리나라 시장이 휘둘리는 상황이 발생하지 않으며 외부 충격에도 견딜 수 있는 건강한 금융생태계가 형성되는 것이다. 미국 및 유럽 자본과 연계도가 낮은 이슬람 자본이야말로 외화 다각화와 풍부한 유동성 공급이라는 두 마리 토끼를 한 번에 잡을 수 있는 자본이라 할 수 있다.[41] 특히 프랑스, 이집트, 홍콩, 일본 등 2011년에 새롭게 수쿠크 발행을 발표한 나라들이 크게 늘고 이를 위한 관련법 개정을 하고 있다는 사실은 이슬람 자본의 필요성을 전 세계적으로 인식하고 있다는 것을 뜻한다.[42]

현재로서는 수쿠크법의 국회 처리가 불투명하다. 민주당에서는 법안 처리 유예에서 더 나아가 폐기까지 주장하고 있는 실정이다. 무엇보다 걱정되는 것은 수쿠크법의 처리 무산으로 인한 이슬람 금융시장에서의 한국 신뢰도 추락이다. 이미 법통과를 예상하고 현지 투자은행과 전략적 제휴를 맺었던 우리나라 은행이나 증권사들에겐 영업활동에 제약이 생길 수밖에 없다. 특히 얼마 전 이슬람 금융 허브를 표방하는 말레이시아 정부가 산업은행의 채권 발행에 수쿠크를 포함하지 않으면 자금조달이 어렵다고 말한 점[43]은 시사하는 바가 크다. 그렇지 않아도 뒤처져 있는 국제 경쟁에서도 후퇴하는 결과를 낳게 되는 것이다. 더 늦기 전에 합리적인 논의 자체가 사라진 수쿠크법에 대해 경제적으로 접근하여 수쿠크법 통과를 위한 노력이 필요할 때다. 얼마 전 이정배 교수(감리교신학대 신학과)가 "우리는 이슬람권에 가서 그렇게 선교하려고 기를 쓰면서 이슬람이 한국에 들어오는 것을, 그것도 경제적인 관점에서 들어오는 것을 막는 건 문제"라고 말한 점은 한 번 생각해 봐야 할 부분이라 여긴다. (2011.04.11)

● 주

1 Robert Heilbroner, Teachings from the Worldly Philosophy, 1996.(『고전으로 읽는 경제사상』, 민음사, 2001, p.258)

2 먼델(Mundell) 효과로도 불린다.

3 Fisher, Irving, "The Business Cycle Largely a 'Dance of the Dollar'," Journal of the American Statistical Association, December 1923, 18, pp.1024~1028.
　　　　　　, "Our Unstable Dollar and the So-Called Business Cycle," Journal of the American Statistical Association, December 1925, 20, pp.179~202.

4 Bernanke, Ben, "Nonmonetary Effects of the Financial Crisis in the Propagation of the Great Depression," American Economic Review 73, June 1983, pp.257~276.

5 Fisher, Irving, "The Debt-Deflation Theory of Great Depressions," Econometica, October 1933.

6 Friedman, Milton, and Anna J. Schwartz, 1963. A Monetary History of the United States, 1867~1960. Princeton University Press.

7 Keynes, John Maynard. 1931. "An Economic Analysis of Unemployment (Harris Lectures)." Reprinted in The Collected Writings of John Maynard Keynes, Vol.13, edited by Donald Moggridge. London: Macmillan, 1973; pp.349~351.

8 Bordo, Michael D., and John Landon-Lave, "The Lessons from the Banking Panics in the United States in the 1930s for the Financial Crisis of 2007-2008". NBER Working Paper No.16365, September 2010.

9 Eichengreen & Temin, 2010, "Fetters of Gold and Paper," NBER Working Paper No.16202.

10 Eichengreen & Temin, 2010.

11 Temin, Peter, Lessons from the Great Depression, The MIT Press, 1989, p.12.

12 Friedman and Schwartz, 1963, pp.167~168.

13 세계관에 따라 2008년 위기에 대한 다양한 시각이 있을 수 있다. 예를 들어 금융부문은 근원(近原)일 뿐이며 더 깊이 보면 지난 10여 년간 주택보유 확대를 추진해 온 평등주의 정책기조가 더 중요하다고 생각할 수 있다. 하지만 통상 경제정책의 평등지향 정도를 보면 유럽 국가들이 미국보다 훨씬 더하다 해야 할 것이다. 그런데 위기가 미국에서 시작된 것에 대해서는 이런 시각이 더 설명해야 할 필요가 있어 보인다(좌승희, 2010, Causes and Effect: Government Policies and the Financial Crisis, P. Wallison, 2009).

14 http://homepages.nyu.edu/~ts43/research/phillips_ver_9.pdf

15 The appropriateness of governmental responsibility for the monetary system has of course been long and widely recognized. ⋯ This habitual and by now almost unthinking acceptance of governmental responsibility makes thorough understanding of the grounds for such responsibility all the more necessary, since it enhances the danger that the scope of government intervention will spread from activities that are to those that are not appropriate in a free society, from providing a monetary framework to determining the allocation of resources among individuals(Milton Friedman, A Program for Monetary Stability, 1960, p.8).

16 여기에 덧붙여 사전트의 논문은 대규모 은행인출(bank run) 사태 방지와 금융사들이 지나친 위험감수 방지라는 또 다른 문제에 대해서도 다루고 있다.

17 정부의 간섭을 받지 않는 은행들 간의 경쟁에 의해 통화와 신용이 공급되도록 하는 것이 좋다는 시각의 자유은행주의(Free banking)도 진성어음주의와 비슷한 맥락에 있다.

18 Credit Default Swap(CDS) 시장은 2003년만 해도 4조 달러 미만이었으나 2007년 말에는 세계 총

GDP 규모를 상회하는 60조 달러를 넘어서며 폭발적으로 증가한다. 미국 최대의 보험사인 American Insurance Group(AIG)를 비롯하여 공적자금이 투입된 대부분 대형 금융사들의 관련 손실이 눈덩이처럼 커지며 국제금융 시스템의 붕괴가 임박한 상황이 되었고, 결국 엄청난 규모의 정부 공적자금 개입으로 이어졌다. CDS 거래가 이렇게 폭증한 것은 이 거래가 부도위험을 헤징해야 할 대출 유무에 상관없이 누구나 투기목적으로 참여할 수 있다는 것과 관련이 크다.

19 실제로 2007년 영국의 대형 주택금융 대부업체 Northern Rock이 파산했을 때 미국 경제학자 Larry Summers가 (공적자금 지원의 부작용을 우려하는) 영국 중앙은행 총재 Mervyn King에게 "지금은 도덕적 해이 문제를 제기할 때가 아니다"라고 했다(Sargent, p.23).

20 2004년 노벨경제학상을 수상한 Kydland와 Prescott의 주요 공로 중 하나로 동태적 일관성(time consistency) 문제에 대한 기여가 꼽힌다.

21 시카고대학 내에서도 이런 제안과 정반대가 되는 주장이 있었다. 게리 벡커는 은행들이 전적으로 자기책임하에 아무 제한 없이 영업을 할 수 있도록 해야 한다는 자유은행론(free banking)을 주창했고, 밀턴 프리드먼 자신도 한때 비슷하게 금융업에 정부 개입을 배제해야 한다고 주장하였다. 사전트는 이러한 예를 적시하며 이와 관련된 문제가 쉽지 않음을 보여준다.

22 사전트 교수의 논문에서 동태적 비일관성과 관련된 갈등을 배젓의 글을 인용하여 보여준다 (Sargent 2010, pp.28~29).

23 Paul Volcker, "How to Reform Our Financial System," New York Times, 2010.1.31. (http://www.nytimes.com/2010/01/31/opinion/31volcker.html)

24 저축은행은 서민과 중소기업의 금융편의를 도모하고 저축을 증대하기 위한 목적으로 1972년에 설립된 지역금융기관이다.

25 금리는 신규취급액 기준 가중평균금리이다(「7월중 금융기관 가중평균금리」, 한국은행, 2011.9).

26 I knew if I stayed around long enough, something like this would happen.

27 정부는 "공공이 재정 또는 기금의 지원을 받아 건설, 매입하여 분양 또는 임대를 목적으로 공급하는 주택"으로 정의하고 있다.

28 한나라당 정진섭 의원은 '보금자리주택건설특별법 개정안'을 대표 발의했다. 동 개정안의 주요 내용은 보금자리주택 용지가격을 인상해 반값아파트 공급을 막고 보금자리주택 시행사에 민간 건설사를 포함시키는 것이다.

29 기획재정부, 「주택거래 활성화 방안」, 2011. 3. 22.

30 2007년 4/4분기에 45%, 2008년 4/4분기에 46%, 2009년 4/4분기에 48%로 나타남. 한국은행 경제통계시스템

31 한국은행 경제통계시스템

32 2010년 6월 기준 서울의 주택담보대출의 DTI 평균이 23%이며, DTI 한도 소진 비율도 20%에 그친 것으로 나타난다(박상언, 「8·29 활성화 대책 이후 내집마련 전략」, 한국경제 칼럼, 2010. 9. 1).

33 기획재정부, 「2010년 하반기 경제정책 방향」, 2010. 6. 24.

34 이소영, 『가계부채 현황 및 추이와 시사점』, 한국경제연구원, 2011. 3.

35 2010 가계금융조사를 분석한 결과에 따르면 우리나라 부채보유가구의 가계자산 중 실물자산이 차지하는 비중은 81%이다.

36 김형곤, 『로널드 레이건 가장 미국적인 대통령』, 살림, 2007.

37 Lorenzo Totaro(2009. 3. 4), "Vatican Says Islamic Finance May Help Western Banks in Crisis," Bloomberg L.P., http://www.bloomberg.com/apps/news?pid=20601092&sid= aOsOLE8uiNOg&refer=italy.

38 최근에 가장 발행규모가 큰 두 가지 수쿠크로 2010년 3~4분기에 발행된 전 세계 수쿠크의 80%가 넘는 규모를 가지고 있다. 이 중 상품의 거래를 통해 자금을 모으는 무라바하 수쿠크의 규모는 전체의 반 이상을 차지할 정도로 가장 많이 발행되는 형태이다.

39 현재 일본에서 노무라홀딩스(Nomura Holdings Inc)가 2010년 7월, 1억 달러를 비롯하여 올해 일본국제협력은행(Japan Bank for International Cooperation)에서 1억 5천만~2억 달러 규모의 수쿠크 발행을 발표하였다. 또한 미국은 2006년 East Cameron Gas Company의 1.65달러를 시작으로 2009년 10월에는 제너럴일렉트릭(GE)가 5억 달러의 수쿠크를 발행하였으며 올해에도 수쿠크 발행을 발표한 상황이다.

40 http://www.zawya.com/sukuk/Story.cfm/sidZAWYA20110220095942

41 멀리는 외국인의 채권투자 위험을 분산시켜 국내의 안정적인 통화정책에 도움이 될 수 있다. 최근 KDI 보고서『외국인 채권투자의 국내 장·단기 금리 차에 대한 영향 분석』에 의하면 최근 증가한 외국인 채권투자가 국내 장·단기 금리 사이의 연계성을 약화시켜 통화정책 결정에 애로사항으로 작용한다고 밝히고 있다.

42 영국은 2003년, 싱가포르와 아일랜드는 2006년과 2009년에 각각 제도를 정비했으며 일본은 2010년에 은행법을 개정하여 이자수익과 동일한 면세를 하고 있다.

43 동아일보,「'이슬람 돈 창구' 말聯, 한국에 대출 거부」, 2011. 3. 3 참조

다가올 미래,
대한민국의 선택

The Market Economy

한국에서 스티브 잡스가 나오기를 기대한다면

김현종(한국경제연구원 연구위원)

스티브 잡스 사후, 전 세계적으로 그에 대한 추모와 관심이 나타나고 있으며 한국도 예외는 아니다. 우리나라는 다른 선진국에 비해 IT기기에 대해 유난히 관심이 많아 세계적으로도 스마트폰으로 전환한 비율이 높은 국가 때문인지 스티브 잡스에 대한 일반 대중들의 인지도는 매우 높았다. 그리고 한국에서도 어김없이 스티브 잡스 같은 인물이 나오도록 하기 위해 마련되어야할 제도에 대한 논의도 크게 일고 있다. 소프트웨어 산업에 대한 지원에서부터 시작하여 창의적 사고를 제고시키는 교육환경 조성에 이르기까지 다양한 논의가 펼쳐지고 있다.

생각해보면 스티브 잡스는 나쁜 경영자이기도 하다. 최소한 도덕적으로는 말이다. 애인이 낳은 자신의 아이를 부정하기도 했으며, 자신의 프로젝트가 실패로 끝나자 회사내 경쟁자를 쫓아내고 그의 프로젝트를 가로채는 등 염치없는 행동을 보이기도 했다고 한다. 이는 쫓겨나기 이전의 이야기라 치고 애플에 복귀한 이후의 그의 행동을 회상해도 여전히 도덕군자의 모습과는 거리가 멀었다. 노력했으나 자신의 주문에 못 미치게 디자인했던 직원을 해고까지 했으며, 트레이드 마크가 된 터틀넥을 주문하기 위해 일본에 있던 의류회사 직원을 미국까지 오게 만들어 제작토록 만든 비화도 전해진다. 자신은 리드대학을 다녔고 중퇴했음에도 직원은 일류대학인 스탠포드 출신을 우대했다는 소문도 있어 한국 사회에서라면 도덕성 논란에 휩싸여 상당한 곤욕을 당했을 수도 있었을 것이다. 그럼에도 불구하고 그의 정확한 직관과 강력한 리더십으로 밀어붙여 획득한 성공의 열매가 그의 어두운 반면들을 모두 가리고도 남았을 뿐 아니라 전 세계 많은 사람들이 그를 추모하도록 만들고 있다.

운영체제(OS)의 독점이 성공의 원동력

그렇다면 무엇이 그를 성공으로 이끄는 원동력이었는지에 대해 생각해보자. 10년 전만해도 마이크로소프트의 아성에 도전할 수 있는 IT기업은 없을 것으로 여겨지고 있던 환경을 무엇이 짧은 시간 안에 바꿔놓을 수 있는 힘이 됐는지에 대한 질문이기도 하다. 스티브 잡스는 동일하게 운영체제(OS)로 경쟁해서 PC시장에서의 우위를 점하는 것이 어렵다는 것을 파악하고 있었을 뿐 아니라 IT환경의 변화를 가장 먼저 포착하여 기회로 만들었다. 애플로 돌아와 아이맥(iMac)을 성공시킨 이후 스티브 잡스가 아이팟이라는 mp3플레이어를 처음 선보였을 때 신제품 발표에 기대가 컸던 애플 마니아들조차 반신반의한 태도를 보이기도 했다. 그러나 그는 무엇이 차세대에 독점력을 갖게 하는 것인지에 대해 정확히 파악하고 있었다. 스티브 잡스는 iTunes의 성공을 위해 음악계의 거두인 U2를 직접 만나 설득했으며, 영화계의 동참을 이끌어내기 위해 검은색 터틀넥과 청바지 차림을 버리고 턱시도로 갈아입고 참석하는 등의 노력을 보였던 것이다. iTunes의 성공은 결과적으로 iOS를 장착한 아이폰과 아이패드의 성공으로 이어졌고, 애플은 이렇게 성공시킨 운영체제인 iOS를 바탕으로 전 세계로부터 막대한 수익을 창출해 낼 수 있었다.

애플의 IT기기 운영체제인 iOS는 현재 수익의 원천이자 마이크로소프트와 구글보다 높은 기업가치를 보장해주는 원천이다. 그렇기 때문에 한때는 이러한 iOS의 가치에 쉽게 무임승차하려는 기업도 나타났었다. HP가 인수하기 이전 팜(Palm)사는 자사의 운영체제인 web OS를 통해 팜 기기를 iTune에서 애플 기기로 인식하여 접속되도록 하는 기능을 포함시켰던 적이 있었다. 한때 PDA기기 시장의 일등 기업이었던 팜의 화려했던 과거를 회상해볼 때, 참으로 속 없는 행동처럼 보였다. 이러한 팜 측 행동에 대해 애플은 지속적인 업그레이드로 저지했다. 팜은 이러한 애플의 대응에 스마트폰 OS시장에서의 시장지배적 지위 남용으로 유럽위원회에 제소하려는 움직임도 보였다. 미국에서는 당연히 이러한 행위가 시장지배적 지위남용이 적용되지는 않기 때문에 팜이 미국에서는 당연히 제소하기 어려워 시장지배적 지위남용행위 금지규제 적용에 더 적극적인 유럽위원회에 제소하려 했던 것이다. 이 에피소드는 팜 측의 포기와 이후 HP로 인수되면서 흐지부지 됐지만 애플 운영체제의 가치를 다시금 알려주는 사례가 됐다.

무형의 재산권 보호를 위한 관련제도의 정비가 우선되어야

검은색으로만 생산되던 아이폰이 얼마전부터 흰색 제품으로도 판매된다고 회자됐던 적이 있다. 겨우 색상을 바꾼 것이 뉴스가 된다는 사실이 더 신기하게 느껴진다. 아이폰은 하드웨어 자체만으로는 매력적인 상품이 되기 어렵다. 액정크기도 3.5인치밖에 안되고 배터리도 교체하지 못하며 메모리디스크를 추가할 수도 없는 등 제약이 크다. 그리고 최근에 발표된 아이폰4S도 4세대 데이터통신 규격을 지원하지 않는다. 더구나 애플은 고장난 아이폰을 리퍼폰으로 교체해주며 담뱃재가 떨어진 맥북은 수리를 안해준다고 한다. 그럼에도 불구하고 여전히 아이폰 매출이 증가하고 있는 것은 독점적으로 iOS를 장착한 제품을 판매할 수 있는 권한이 얼마나 막강한지를 알려주는 하나의 지표가 된다. 승자독식에 대한 지나친 우려가 제기되기도 하지만, 마이크로소프트가 독식하던 IT시장은 다시 승자독식의 유인을 갖고 도전한 스티브 잡스의 노력으로 전환된 것이다.

우리사회에서는 승자독식에 대한 우려가 크지만, 독점력의 원천이 되는 무형자산에 대한 재산권 보호가 확보되어야만 독점력에 도전하려는 유인은 제고될 수 있다. 독점을 무너트리는 것이 독점하려는 유인에서 비롯된다는 것은 아이러니한 현실이기도 하다. 따라서 재산권의 보호는 가장 중요한 사회적 인프라이다. 특히 무형의 재산일수록 보호가 더 중요한 의미를 갖는다. 한국경제가 하드웨어가 강한 것은 그나마 유형의 자산에 대해서는 재산권 보호가 어느 정도 이루어지기 때문이다. 무형의 자산은 보이지 않기 때문에 보호를 하지 않으면 쉽게 사라져버린다. 한국에서도 스티브 잡스와 같은 정확한 직관과 강력한 리더쉽을 발휘하여 선도하는 경영자를 바란다면 그러한 준비로서 재산권 보호를 제고시키는 관련 제도를 정비해야 하는 것이 우선되어야 할 선결 과제이다. (2011.10.24)

진화하는 디지털경제와 규제 및 보호로 퇴행하는 아날로그정책

조경엽(한국경제연구원 금융재정연구실장)

디지털화는 글로벌 생산구조에 일대 변혁을 가져오고 있다. 아무리 복잡한 생산 공정과정도 쉽게 코드화 할 수 있고, 코드화된 정보를 세계 곳곳에 있는 다양한 기업들에게 전송하여 부품을 생산하고 조립하는 시대에 살고 있다. 노동자의 경험과 지식에 의존하면서 모든 부품을 단일 생산 시설 내에서 생산하던 시대는 끝났다는 의미이다. 아이패드가 애플의 이름을 달고 시장에서 판매되고 있지만, 이에 내장되는 부품은 세계 곳곳에 흩어져 있는 여러 기업에서 생산되고, 대만에 본사를 둔 제조사가 중국의 노동자와 생산시설을 이용하여 조립하는 생산방식을 따르고 있다. 모듈화로 정의되는 이러한 생산방식은 첨단이나 비첨단을 가리지 않고 거의 모든 산업에서 일어나고 있는 현상이다.

모듈화 생산방식으로 생존을 위한 경쟁이 더욱 치열

중국은 모듈화된 글로벌 생산체계에서 한 축을 담당하면서 비약적인 경제성장을 이룩하고 있다. 대부분의 중국 기업이 공급사슬의 맨 아래 단계인 단순 조립업무를 담당하고 있지만, 선도기업이 요구하는 세부규격, 품질표준, 납품일정, 납품단가 등을 맞추는 과정에서 상당한 수준의 기술을 보유한 기업으로 성장하고 있다. 그중 하이얼, 화웨이, 레노보 등 일부 중국기업은 세계적인 브랜드를 가진 기업으로 성장하였다. 중국 기업들이 제조업의 강자로 등장하면서 과거에 첨단제품으로 분류되었던 컴퓨터, TV, DVD플레이어, 디지털 카메라, 기타 가전제품 들이 이제는 일용품처럼 싼 가격에 세계시장에 판매되고 있는 실정이다. 모듈화 생산방식으로 인해 선진 혁신기업들도 새로운 분야를 개척하고 독점적 부가가치 창조를 위한 끊임없는 변신을 강요받고 있다. 선도기업들은 보편화되는 분야를 중국기업들에게 넘기면서 독점적이고 코드화되지 않은 노하우를 적용할 수 있는 새로운 분야로 발 빠르게 옮겨 가고 있다.

모듈화 생산방식 때문에 상품의 회전 주기가 빨라지고, 새로운 혁신 기술이 물밀듯이 쏟아지고 있으며, 제품의 수명주기도 점점 단축되고 있다. 이러한 변화로 생존을 위한 경쟁은 더욱 치열해지고 있다. 제품주기의 단축이 표면화되면서 제품을 생산하고 납품하는 하청업체들은 생산의 유연성과 비용절감을 위한 압력을 끊임없이 받고 있다. 새 디자인을 발굴하고 시시각각 변하는 주문에 신속하게 대처할 수 있는 역량을 갖추지 못한 기업은 언제라도 모듈화된 공급사슬에서 추방될 수 있다. 모듈화 생산체계를 주도하는 선도 기업들도 치열한 경쟁에 직면하기는 마찬가지다. 새로운 제품을 끊임없이 선보이고, 경쟁사의 제품을 보편화하여 경쟁을 강요하고, 새로운 분야에서 기회를 창출하지 못한다면 정상의 자리를 다른 경쟁기업에게 언제라도 내주어야 하는 상황이다. 델과 HP가 애플에 선두자리를 내주고 있으며, 마이크로소프트가 구글의 도전으로 어려움을 겪고 있는 것도 정상을 지키기가 얼마나 어려운지를 보여주는 사례이다.

모듈화세계에서 아날로그적 정책이 난무하는 나라

새로운 글로벌 생산체제하에서 선도기업들은 대규모 설비투자보다는 여러 업계를 손쉽게 넘나들고 혁신을 주도할 수 있는 지식개발 투자에 더

291

관심을 갖고 있다. 모든 자본을 하나의 완제품을 만드는데 필요한 시설과 장비에 투자할 경우 시시각각 변하는 글로벌 환경에 능동적으로 대처하기 어렵기 때문이다. 모듈화 세계에서는 자신이 만든 혁신적인 기술도 필요에 따라 과감히 시장에서 퇴출시키는 "파괴적 혁신"이 다반사로 일어나고 있다. 애플이 설비투자를 통한 제조업에서 완전히 손을 때고, IBM이 컴퓨터 제조업을 중국 기업에 매각한 이유도 새로운 글로벌 생산구조 하에서 선도기업으로 살아남기 위한 하나의 생존전략으로 이해할 수 있다. 그러나 미국 정부나 국민들은 제조업 시설이 미국에서 중국으로 이전된다고 해서 애플이나 IBM을 탓하지 않는다. 애플이 창출하는 부(富)가 직·간접적으로 막대한 고용창출과 투자촉진효과를 가져오고 있다는 사실을 잘 알고 있기 때문이다.

모듈화 생산 과정에서 창출되는 대부분의 수익은 이를 선도하는 선진기업의 몫으로 돌아가는 것이 사실이다. 그렇다고 해서 상대적으로 낮은 수익을 올리고 있는 하위 단계의 중국기업들이 글로벌 생산체계를 부정하거나 선도기업의 경영전략을 죄악시하지는 않는다. 이들은 글로벌 생산체계에 참여하고 경쟁함으로써 글로벌 기업으로 성장할 수 있는 기회를 잡을 수 있다고 믿기 때문이다.

우리나라의 대부분의 기업들도 글로벌 생산체계에 참여하여 선도기업, 납품업체 또는 조립업체로써의 역할을 담당하고 있다. 스마트폰, 스마트TV, 반도체 메모리 칩 등 우리 기업이 생산 공정과정을 주도하고 새로운 표준을 설정해 나가고 있는 제품을 찾아보기란 어렵지 않다. 그러나 우리 기업이 내일도 정상을 유지한다는 보장은 없다. 혁신을 통해 새로운 분야를 끊임없이 발굴하고 고부가가치를 창출함으로써 선도기업의 위치를 유지하는 것은 기업의 몫이다. 그러나 투자, 고용, 이윤폭, 심지어 가격설정까지 간섭을 받는 환경에서 선도 기업으로서의 살아남기란 불가능에 가깝다. 한계가 없는 혁신이 요구되고 여러 업계를 자유롭게 넘나들어야 하는 모듈화 세계에서 설비투자를 강요하고, 생산성이 낮은 인력을 의무적으로 고용하고, 수익의 한도를 정하려는 아날로그적인 정책이 넘쳐나는 나라에서 글로벌 경제를 주도할 수 있는 선도기업이 탄생하기를 기대하는 것은 과욕일 것이다.

'공생발전'이라는 구호는 오히려 '해(害)'

새로운 글로벌 생산체계에서 공생발전은 경쟁을 통해 이루어지고 있다. 수많은 경쟁 납품 업체를 제치고 지속적으로 선도기업과의 관계를 유지하기 위해서는 납품업체들도 끊임없는 기술개발을 통해 선도기업의 요구사항을 보다 빠르고 저렴하게 생산할 수 있는 노하우를 축적해야만 한다. 나아가 선도기업의 요구사항을 넘어 보다 효율적인 부품을 개발함으로써 선도기업이 계약을 끊을 수 없는 상황을 스스로 만들어야 한다. 실제 중국이나 대만의 기업들이 추구하고 있는 경영전략들이다.

우리나라에서는 납품단가 인하, 납품품질 등에 대한 요구는 납품업체의 존립을 위협하는 부당행위로 취급받기 십상이다. 그러나 공생발전이라는 명목으로 하청업체를 보호하려는 정책은 오히려 이들의 경쟁력을 저하시키고 글로벌 생산체계에서 퇴출시키는 결과만을 초래할 것이다. 모듈화된 생산체계 하에서 국내기업들보다 유리한 하청업체를 찾기란 선도기업들에게 그리 어려운 일이 아니기 때문이다.

세계의 모든 기업은 무한 경쟁 속에서 생존의 게임을 펼치고 있으며 이러한 과정이 서로 윈윈(win-win)하는 공생의 길이라 믿고 있다. 우리나라의 대기업은 물론 중소기업들도 이러한 무한 경쟁에서 자유로울 수가 없다. 공생발전이란 구호 아래 정부의 보호와 대기업의 선의만을 기대한다면 우리 중소기업의 미래는 없을 것이다. 중국, 대만 등의 기업과 당당히 경쟁을 하고 글로벌 공급사슬의 한축을 담당할 수 있을 때 중소기업의 미래가 보장될 것이다. '일감몰아주기' 과세, '초과이익공유제', '청년의무고용할당

제', '중소기업 적합업종', '공생발전'을 위한 각종 규제 등 디지털 시대에
걸맞지 않는 아날로그 정책이 만연하는 환경 속에서는 선도기업의 설 자리
도 사라질 것이 분명하다. 이제 정책도 디지털화를 도모할 때이다.
(2011.09.07)

성공의 후폭풍: Hubris

박진규(중앙대학교 경영대학 교수)

신문이나 TV에서 시장에서 잘나가던 기업들이 새로운 기술이나 시장변화에 의해 갑자기 어렵다든지 또는 더 심한 경우 아예 산업을 떠나야 한다는 뉴스를 자주 접한다. 주된 이유 중 하나가 새로운 기술을 따라가기에 충분한 역량(capability)을 가지고 있지 못해서라는 것이다. 그러나 충분한 역량을 가지고 있는데도 불구하고 최고 경영진들이 잘못된 결정을 해서 기업이 어려운 상황에 놓이기도 한다. 이 글의 관심은 충분한 역량을 가지고 있는데도 왜 기업들은 잘못된 결정을 하는가에 초점을 두고 있다.

시장의 변화를 간과한 노키아와 폴라로이드의 'Hubris(자만)'

먼저 한때 휴대폰 시장을 호령하던 노키아를 살펴보자. 노키아는 한때 휴대폰 시장에서 선두주자였다가(50%이상의 시장점유율) 현재 top-tier 시장에서는 애플과 삼성에 밀리고, 심지어 low-tier 시장에서조차 한국, 대만, 중국 기업들과의 경쟁에서 힘들어 하고 있다. 노키아의 가장 큰 실수는 휴대폰 시장이 일반 휴대폰 시장에서 스마트폰 시장으로 변화할 때 시장의 변화를 간과한 것으로 알려져 있다(BusinessWeek June 6–12, p.57~61). 애플

사가 2007년 처음 아이폰이라는 스마트폰을 시장에 출시했을 때, 노키아는 아이폰을 시장성이 없다고 판단했다. 노키아가 아이폰이 시장에 나오기 전에 터치스크린을 사용해 봤지만 고객들의 반응은 싸늘했다는 것을 상기하면서 아이폰 또한 시장에서 크게 성공하지 않을 것 이라고 여겼고, 또한 아이폰은 MMS(Multimedia messaging) capability가 없고 통화 사운드 질이 떨어져 시장성이 없다고 판단하여 아이폰이 처음 시장에 나왔을 때 노키아는 크게 신경을 쓰지 않았다.

더 이상한 것은 아이폰의 판매가 붐을 일으키고 있을 때조차, 아이폰에 대해서 크게 신경을 쓰지 않았다는 것이다. 아이폰의 붐은 기술적 그리고 마케팅에 대한 지원을 통한 다양한 소프트웨어를 제공하는 앱스토어의 확대라는 것이었다. 노키아 또한 애플 사의 아이폰처럼 앱스토어를 가지고 있었지만, 기술적 그리고 마케팅에 대한 지원을 하지 않았다. 오히려 노키아가 도미넌트하고 있는 일상적인 휴대폰 마켓에 더 포커스를 두고 있었다. 일반 휴대폰에서의 성과가 압도적이었기 때문에 일반 휴대폰과 스마트폰 마켓을 합칠 경우 여전히 부동의 1위 자리를 고수할 수 있어, 휴대폰 시장이 일반 휴대폰에서 스마트 폰으로 이동한다는 것을 간과한 채 자신들이 늘 일등이라는 'Hubris(자만)' 에 빠져있었던 것이다.

2009~2010년 애플 사의 아이폰은 스마트폰 시장, 특히 '하이엔드' 시장에서 일등을 굳혀가고 있을 때, 구글이 애플의 독주를 막기 위해 안드로이드 OS시스템을 노키아의 라이벌 기업들에게 나눠 주고 있을 때조차, 노키아는 여전히 '로우엔드' 휴대폰 시장에서의 높은 시장 점유율에 도치되어 있었고, 마침내 스마트폰 시장에 적극적으로 움직이려고 할 때는 이미 너무 늦어 타 기업들의 역량을 따라 잡기가 힘든 것이 지금의 상황인 것이다. 노키아가 무려 50%가 넘는 시장점유율로 휴대폰 시장을 기술적으로 호령했다는 것을 고려해볼 때 그리고 노키아보다 훨씬 작고 기술적으로 밀렸던 기업들조차 스마트폰 시장에서 선전하고 있다는 것을 볼 때, 노키아의 고

위 경영자들의 새로운 기술과 시장에 대한 자만은 더욱더 크게 보여 진다.

우리 기업들, '자만의 덫'에 빠지지 않았는지 되돌아 볼 때

하버드대학의 Mary Tripsas 교수의 연구에 의하면 노키아 뿐만 아니라 카메라 제조업체인 폴라로이드 회사 또한 기업의 자만에 의해 신기술을 받아들여야 하는 타이밍을 놓쳤고 결국 기업의 생존위기에 놓이게 되었다. 기존 아날로그 방식의 카메라 산업에서 폴라로이드는 시장점유율에서 압도적이었을 뿐만 아니라 기술적으로 늘 첫 번째를 고집했다. 그러나 카메라 산업이 아날로그에서 디지털 방식으로 변화할 때, 폴라로이드는 여전히 자신들의 기술력을 지나치게 믿은 나머지 디지털 카메라에 필요한 기술이나 마케팅을 등한시하여 결국 시장에서의 생존에 관한 고민을 하는 상황까지 처하게 되었던 것이다.

기업이 잘못되어가고 있을 때 주로 언급되는 주된 이유가 기업의 역량 부족이라고 막연하게 언급되지만, 노키아나 폴라로이드의 예들은 충분한 역량이 있었음에도 최고 경영자의 잘못된 결정으로 기업이 생존이라는 심각한 상황에 직면할 수 있고, 그러한 잘못된 결정이 최고 경영자의 자만에서 시작된다는 것을 보여준다. 비단 노키아나 폴라로이드 뿐만 아니라 많은 기업들이 자신들의 성공에 도취해 새로운 시장이나 기술변화를 등한시하여 어려움에 처하는 경우를 많이 접한다.

누구나 성공을 하면 그 성공을 만끽하고 싶고, 그것이 지나치다 보면 자만의 덫에 빠지게 되는 것이다. 시장에서 크게 성공한 기업일수록 주위에서 최고라는 칭찬을 많이 들을 것이며, 그 칭찬에 의해 휴브리스에 쉽게 노출된다. 모든 기업은 성공하고자 노력하지만, 성공하고 나면 휴브리스는 자연스럽게 일어나는 것이어서, '휴브리스 제로' 조직을 만들기는 매우 힘들어 보인다.

우리나라는 대기업 위주의 경제이며, 반도체, 전자, 자동차에서 글로벌

297

경쟁력을 갖추고 있을 뿐만 아니라, 세계 시장을 선도하는 기업들도 나오고 있다. 그러한 대기업들이 스스로의 자만에 빠지지 않았는지, 지나치게 현재 기술이나 역량에 대해 자신을 한 나머지 잘못된 선택을 하고 있는 것이 아닌지에 대해서 스스로 뒤돌아 볼 만한 시기인 것 같다. (2011.11.04)

누가 '우리'고, 누가 '남'인가

김용열(홍익대학교 국제경영학과 교수)

누가 '우리'고 누가 '남'인가? 얼핏 들으면 정치나 외교에서 내 편과 네 편을 가르는 말처럼 들리지만 한때 치열했던 '우리 기업 논쟁'을 이야기하려는 것이다. 클린턴 대통령 시절 노동부장관을 역임한 라이시(R. B. Reich)는 〈하버드 비즈니스 리뷰〉에 "Who is Us?"(1990), "Who is Them?"(1991)이라는 논문을 기고하였다. 논문의 개요는 다음과 같다. 미국 기업으로서 해외에 진출하여 경영활동을 하는 미국 다국적기업의 해외 자회사가 미국 기업이냐 현지 기업이냐, 거꾸로 외국 기업으로서 미국에 투자하여 미국에서 사업하는 외국 다국적기업의 자회사는 미국의 입장에서 외국 기업이냐 미국 기업이냐? 이 점을 둘러싸고 라이시 장관과 당시 대통령경제자문위원회 타이슨(L. D. Tyson) 의장 사이에 치열한 논쟁이 벌어졌고, 이를 '우리 기업 논쟁'이라고 부른다.

세계화 시대의 '우리 기업 논쟁'

이 해묵은 이야기를 왜 지금에 와서 하는 것인가? 필자는 얼마 전 어느 포럼에 "우리나라에 진출해 있는 외자계 기업의 연구개발 활동에 대해 정책지원의 범위를 확대할 것인가"의 토론에 참가하였다. 1990년대 초라면 모르겠지만 이미 글로벌화의 물결이 안방에까지 불어닥친 작금의 시점이기에 제도와 행동은 물론이고 관행과 의식의 측면에서도 세계화가 진전되었을 터인데 의외로 외국계 투자기업에 대해 왜 정책적 지원을 하느냐는 반대 의견이 많은 것을 보고 놀란 적이 있다.

우리나라 기업이 미국이나 유럽에 진출하여 활발한 해외사업을 하는 것은 참으로 자랑스럽고 바람직한 일이다. 그런데 냉철히 생각해 보면 우리 기업의 해외 자회사는 진출한 국가에 세금을 내고 현지인을 고용하며 그 나라 GDP와 무역수지에 공헌을 한다. 반면에 우리나라에 들어와 있는 외국 다국적기업의 한국 자회사는 우리나라 정부에 세금을 내고 우리 대학의 졸업생들을 취업시키며 그 자회사가 창출하는 부가가치는 우리나라 GDP로, 그 자회사가 해외에 판매하는 수출액은 우리나라 무역수지로 집계된다.

이런 점에서 라이시 장관은 미국 기업으로서 해외에 나가 있는 자회사보다 외국 기업으로서 미국에 들어와 있는 자회사가 더 미국에 도움이 되고 미국의 입장에서 '우리 기업'에 속한다고 주장했던 것이다. 마찬가지로 우리나라에 진출한 외국계 기업의 한국 자회사에 대해 국내 기업과 동일한 자격으로 R&D 활동을 정책적으로 지원하는 것은 당연한 일이 아닐까? 국내 기업에 돌아갈 지원 혜택을 외국 기업에 할당한다고 반대할 일이 아니라 것이다.

우리 기업들이 해외에 나가 활약하고 현지로부터 환영이나 우대를 받는데 대해서는 긍지를 느끼면서 우리나라에 들어온 외국 기업에 대해 배타적인 의식을 갖는 것은 전형적인 이중 잣대(ambivalence)에 해당한다. 여기에는 기업의 세계화 내지 해외 진출과 관련하여 국가 또는 기업 레벨의 이해관계가 상충되기 쉽다는 점이 내재되어 있다.

기업의 세계화는 무국적적(border-less)으로 이루어질 수 있지만 국가의 세계화는 국경과 주권의 개념을 충분히 인식하면서(border-full) 전개되어야 한다. 기업의 세계화는 필수적인 과제임에도 불구하고 기업들의 해외 진출이 대규모로 그리고 지속적으로 이루어지게 되면 국내 산업은 공동화될 가능성이 높다. 일찍이 버논(R. Vernon)은 『Sovereignty at Bay(1971)』에서 다국적기업의 세계적 활동이 국가 주권을 위협하게 될 수도 있다고 언급하였다.

외투기업 차별대우는 안 되지만 국내 기업 역차별도 곤란

어려운 이론을 동원하지 않더라도 이미 우리나라 대기업 중 상당수가 국내에서 더 이상 사업을 확대하거나 투자를 하지 않겠다고 결정한 경우가 많다. 이로 인해 경기가 좋아지더라도 고용이 확대될 개연성은 별로 없는 상황이다. 이러한 간극을 메워줄 수 있는 주체가 바로 외국인투자기업이다. 외투기업이야말로 우리 기업일 뿐 아니라 우리 경제에 많은 도움을 준다.

문제는 우리나라 기업들이 해외로 나간 만큼 또는 그 이상으로 외국인투자기업이 우리나라에 들어올 수 있도록 투자환경을 개선할 수 있는가에 달려 있다. 국내 기업이 외면한 지역에 해외 기업이나 기관을 유치하여 지자체가 활성화된 몇몇 사례를 우리는 기억해야 한다. 외투기업이 R&D를 통하여 혁신을 하고 경쟁력을 높이도록 지원하고 유도할 의무는 그 외투기업의 소속 국가가 아니라 우리나라에 있는 것이다. 물론 외투기업에 대한 지원 수준과 조건은 국내 기업과 동일해야 하고, 이들 기업에 특혜나 예외를 인정해서는 안 된다. 외투기업을 차별해서도 안 되지만 국내 기업을 역차별한다면 곤란하다.

말로는 진정한 글로벌화, 의식의 선진화를 외치지만 막상 현실이 되면 외투기업은 지원 대상에서 제외해야 한다고 주장하거나 외투기업이 거둔 성과를 부정적으로 인식하는 등 국내 기업과 외투기업을 구분하는 경향이 아직 남아 있는 것으로 보인다. 이 점에 관해서는 지식인이나 오피니언 리더들도 크게 다르지 않다. 태풍이나 지진 피해가 우리나라를 비켜갔다고 해서 다행이라는 말이나 생각을 바꿔야 하는 시대에, 우리는 살고 있는 것이다. (2011.01.25)

허각과 박지성

배진영(인제대학교 국제경상학부 교수)

한국은 지금 콘테스트 전성시대이다. 작년 〈슈퍼스타 K〉의 돌풍적인 인기를 바탕으로 이제 너도나도 이와 유사한 프로그램을 제작하여 시청자들에게 즐거움을 준다. 심지어 아나운서 선발도 주말 연예 프로그램의 한 코너로 콘테스트 형태의 공개채용을 취할 지경이다. 이로부터 어려운 환경에도 굴하지 않고 잘 자라준 평범한 우리의 젊은이가 국민스타로 등극하는 모습을 지켜볼 수 있었다. 사람들은 이런 프로그램을 통해 개천에서 용이 나오는 진정한 인간승리의 과정을 함께 하면서 감동한다. 사람들은 주말의 가요 프로그램에 검증 없이 등장하는 젊은 가수들의 가창력에 종종 실망하였고, 그들의 등장에 방송사와 연예 엔터테이먼트사의 독점적 커넥션에 의혹과 소외감을 느껴왔던 참이었기에 이들에게 콘테스트의 즐거움은 더 하다. 특히 토너먼트 방식이라 경쟁에 참가한 사람들은 매번의 과정을 통과하기 위하여 혼신의 힘을 다 쏟아 붓고 시청자들은 그들의 이런 진지하고 열정적인 모습에 큰 박수를 보낸다. 이 프로그램은 동시에 승자와 패자의 결정에 시청자들이 직접 참여하고 이로부터 스릴과 긴장감을 주기에 시청자에게 다가서는 방송은 이보다 더 재미있는 요소를 갖추기가 힘들다. 시청자들은 이것이야말로 진정 '깨끗한 경쟁'이라고 생각한다.

하지만 이것은 경쟁의 또 다른 참모습을 일깨워주지 못하고 사람들로 하여금 경쟁을 두려워하고 피하려는 마음을 갖게 할 수 있다. 〈슈퍼스타K〉에서 국민스타로 등극한 허각은 100만 명에 이르는 경쟁자를 물리치고 1등이 되었다. 또 다른 허각이 되기 위해 올해에도 〈슈퍼스타K〉에 그만한 숫자가 콘테스트에 참가신청을 했다. 정말로 치열한 경쟁이라 하지 않을 수 없다. 〈나는 가수다〉 프로그램에 출연한 어느 가수는 열창을 한 후 병원으로 실려 가기도 했단다. 1등을 뽑는 이런 콘테스트는 100m 달리기 경주와 하등 다를 바 없다. 그것은 일반인들이 살아가는 삶 속의 경쟁 모습은 아니다. 그것은 주어진 규칙 속에서 1등이라는 하나의 목표를 향해 서로 질주하는 게임이다. 시청자들은 그 게임에 열광하는 것이다. 그것은 로마시대 검투사들의 혈투와 다를 바 없다.

삶의 경쟁과 게임의 경쟁은 다르다

삶의 경쟁과 게임의 경쟁은 여러 면에서 다르다. 게임은 정해진 규칙 하에 게임 참여자들이 하나의 목표를 향해 최선을 다한다. 한 사람만이 그 목표를 성취할 수 있다. 그래서 게임은 항상 치열할 수밖에 없다. 사람들은 그 경쟁의 치열하고 격렬함에서 오는 희열을 맛보기 위해 관람료를 지불하고 게임을 보러 간다. 이에 반해 삶의 경쟁에는 어떤 규칙도 없고 각자의 목표는 다양할 뿐만 아니라 그것을 성취하기 위한 수단과 방법도 동일하지 않다. 그곳에는 남과는 다른 새로움을 찾아내기만 하면 모두가 승자가 될 수 있는 기회가 생긴다. 이것은 게임이 한 사람 또는 일정한 순위에 든 사람들에게만 승자의 월계관을 씌어주는 것과는 확연히 다르다.

게임은 모든 경기자들이 동일한 조건에서 시합을 해야 하기 때문에 게임의 규칙은 구체적으로 제시되어야 한다. 그러나 삶의 경쟁은 다름을 찾는 과정이기 때문에 그곳에는 근본적으로 규칙이 없어야 한다. 자유로움 속에서 다름과 새로움을 찾아낼 수 있기 때문이다. 게임의 결과는 분명히 승자와 패자로 나뉘며 승자만이 게임이 내건 모든 것을 가져간다. 그렇지만 게임도 영합(zero-sum) 게임은 아니다. 왜냐하면 게임에서 승자가 가져가는 것은 패자가 갖고 있던 것을 빼앗아가는 것이 아니기 때문이다. 영합의 게임이라 말할 수 있는 것은 동물이나 인간의 세계에서 폭력에 의한 탈취의 경우에만 한정한다. 이에 반해 삶 속의 경쟁은 모두에게 승자가 될 수 있는 기회를 주기 때문에 그 경쟁은 가치가 불어나는 정합(positive-sum)의 과정이다.

맨체스터 유나이티드의 박지성은 많은 한국 사람들로 하여금 영국 프리미어리그 축구게임이 열리는 주말을 설렘으로 기다리게 한다. 최근 그의 눈부신 활약으로 그에 대한 찬사가 곳곳에서 이어지고 있다. 그는 한국을 넘어 이제 세계적인 스타다. 그것도 세계인들이 가장 즐겨하는 스포츠 종목에서 말이다. 필자의 눈에는 그가 축구 선수로서 스피드와 기술적인 면에서 결코 세계 최고는 아닌 것으로 보인다. 그의 스피드는 경쟁자들에 비해 월등하지 않으며 볼터치도 세련되고 기교가 있다고 말할 수 없다. 그가 볼을 잡으면 혹시 실수하지 않을까 하는 두려움으로 그의 게임을 지켜본다. 그렇지만 그는 세계 최고의 축구클럽인 맨체스터 유나이티드에서 당당히 주전 선수로 뛰고 있다. 그는 이달 말 '별들의 잔치' 라 할 수 있는 UEFA 챔피언스 리그 결승전에서도 주전으로 뛸 것이 분명하다. 그는 어떻게 이런 자리에 오를 수 있었는가?

그는 축구장이라는 한정된 공간에서 다른 선수들이 좀처럼 보여주지 못하는 그만의 끊임없는 '공간 창출' 과 '이타적인 플레이' 로 새로운 유형의 축구를 선보이고 있다. 스피드와 기술을 겸비한 선수가 아니더라도 최고가 될 수 있다는 것을 그는 우리에게 보여준다. 그는 남이 할 수 없거나 남이 생각하지 못한 틈새를 노려 영국, 더 나아가 세계 축구 역사에 그의 이름을 올리고 있다. 스피드만을 본다면 또는 공을 다루는 기술만을 본다면 그는 결코 1등이 아니다. 그는 그만이 갖고 있는 강건한 체력을 바탕으로 남과는 다른 것을 보여줄 뿐이다. 그의 이런 자질을 꽃피우게 하는 맨체스터 유나이티드의 퍼거슨 감독도 대단한 사람이다. 히딩크나 퍼거슨이 없었다면 그의 자질이 이처럼 만개하지 못하고 그는 평범한 축구선수로 남아 있었을지도 모른다. 지금의 그를 생각하면 그것은 그에게 너무도 억울한 일이다.

각기 자신의 분야에서 1등이 되는 사회가 역동적

100만 명 중에 당당히 1등을 한 허각도 우리의 멋진 젊은이지만 남과는 다른 새로운 축구 유형을 보여주는 박지성도 더 말할 나위 없이 소중한 우리의 젊은이다. 우리 곁에는 콘테스트의 열풍 속에 눈에 띄지 않지만 박지성과 같이 남과의 다름과 새로움을 찾으려는 무수히 많은 젊은이들이 오늘도 땀방울을 흘리고 있다. 이들의 땀방울이 헛되지 않도록 자유로운 경쟁의 장을 마련하고 시스템 속에서 새로움과 다름을 수용하면서 그들의 노력이 꽃피울 수 있도록 해야 한다. 콘테스트를 통해 단 1명만이 1등이 되는 사회보다 새로움과 다름을 통해 모든 젊은이들이 자신의 분야에서 1등이 되는 사회가 훨씬 역동적이고 강건한 사회이다. (2011.05.20)

기업가정신의 어제와 오늘

황인학(한국경제연구원 선임연구위원)

> J. Micklethwait & A. Wooldridge(2005)
> "오늘날 한 나라의 국력은 그 나라가 보유하고 있는 군함의 수가 아니라 그 나라에 내세울만한 민간 기업이 몇 개 있느냐로 가늠하는 게 더 적합하다. 예를 들어 미국은 2001년 기준으로 그런 기업들이 550만 개나 있는 반면, 북한은 하나도 없다. 또한 민간기업의 수가 많을수록 그 나라의 정치적 자유도 높다고 봐도 무방하다."[1]

6·25전쟁 당시 UN군 사령관이었던 맥아더 장군은 "대한민국이 전쟁에서 회복되려면 최소한 100년은 걸릴 것"이라고 했다. 당시 종군기자로 왔던 영국의 타임지 기자는 "대한민국에서 민주주의의 꽃이 핀다는 것은 쓰레기통에서 장미가 피어나기를 바라는 것과 같다"며 한국의 미래를 절망적으로 봤다. 부존자원, 자본, 기술 그 어느 것 하나 제대로 없는 나라에서 전쟁은 그 나마 남아 있는 것도 파괴하고, 나라와 국민을 더 궁핍하게 만들었다. 외국의 구호물자를 받아도 보릿고개를 넘지 못하는 이가 부지기수(不知其數)였다. 묵은 곡식은 떨어지고 보리는 아직 여물지 않아 먹을 게 없는 춘궁기(春窮期)는 참으로 태산보다 넘기 어려웠던 시대였다. 경제개발계획

이 추진되기 직전인 1961년에는 필리핀만 해도 우리보다 세 배나 잘 사는 선진국이었고 부러움의 대상이었다.[2]

그로부터 50년이 지난 지금 대한민국은 저개발 농업국가에서 근대적인 산업국가로 기적처럼 변신하였다. 쓰레기통에서는 장미가 피지 않겠지만 대한민국은 산업화와 민주화를 동시에 꽃 피우는 기적을 일궈냈다. 2009년 11월에는 OECD 산하의 개발원조위원회(Development Assistance Committee; DAC)에 가입하면서 피지원국이 지원국으로 지위를 전환한 유일한 나라가 되었다. "From Chips To Ships" 말 그대로 반도체 칩에서부터 자동차, 선박에 이르기까지 전 세계에 수출을 하는 제조업 강국이며, 2010년 기준으로 세계에서 7번째로 상품 수출을 많이 하는 나라가 대한민국이다. 1인당 국민소득은 비약적인 증가를 거듭하여 2만 달러에 이르고, 필리핀을 포함하여 많은 아시아인들에게 대한민국은 '코리안 드림'을 이루기 위해 가고 싶은 동경의 나라가 되었다. 보릿고개, 지금의 청소년들에게 이 낱말은 국어사전을 찾아봐야 이해할 정도로 가난의 '보릿고개'는 지난 역사가 되었다.

한국 산업 발전과정은 창업 1세대의 도전과 성취 과정

저개발 농업국 상태에서 50년도 되지 않아 선진공업국으로 도약한 한국 경제발전의 과정은 기적이다. 부존자원은 물론이고 산업 인프라도 없고, 자본과 기술, 경험도 없는 상태에서 철강, 정유·화학, 기계, 전기·전자, 자동차, 조선 등 거의 모든 제조업 분야에서 국제경쟁력을 갖춘 나라로 발전한 것은 기적이다. 한국경제의 기적은 저변에 우리 국민의 높은 근면성과 교육열이 있었기 때문에 가능했다. 그러나 인적자원 외에는 사실상 아무것도 내로라 할 게 없는 상태에서 선진 공업국으로 도약하는 데에는 개발연대 창업 1세대의 기업가정신이 절대적인 역할을 했다. 산업 인프라와 자본, 기술을 제대로 갖춘 선진국 기업들도 감히 하지 못하는 대규모 투자를 무모하다 싶을 정도의 도전정신으로 불모지(不毛地) 환경에서 감행하고, 온갖 시련을 혁신적인 발상으로 극복하면서 성공에 이르는 과정은 삼성, 현대, LG, SK, POSCO 등 창업 1세대들의 기업가정신을 빼면 설명이 불가능하다. 한국 산업의 발전과정은 이들 창업 1세대들의 도전과 성취 과정이었다.

대한민국 창업 1세대의 기업가정신은 이미 존재하는 생산요소들을 새롭게 해석하여 신제품을 만들거나 또는 혁신적인 방식으로 재결합하여 부가가치를 높이는 차원이 아니었다. 자본, 기술, 주변 인프라, 경험과 같은 주요 생산요소가 부족한 상태, 즉 사실상 무(無)에서 산업을 만들어내는 기업가정신이었다. 이 때문에 대한민국의 기업가정신이 높이 평가되고 국내외 경영학계가 연구대상으로 주목하는 것이다. 그런 에피소드는 많다. 현대그룹 창업자로서 지난 3월 21일자로 타계 10주기를 맞은 고(故) 정주영 회장의 경우만 봐도 경부고속도로와 소양강댐 건설 이야기, 미국의 반대를 이겨내면서 1974년 자동차 독자 모델 '포니'를 만들어 성공시킨 이야기, 조선소를 짓기도 전에 거북선 그림이 있는 500원짜리 지폐를 들고 유조선 건조 계약을 따내고 1974년 6월에 조선소 건립과 함께 동시에 2척의 배를 성공리에 진수시켜 세계 조선사에 전무후무의 기록을 세운 이야기, 1984년 폐유조선을 이용하여 서산방조제 물막이 공사를 마무리한 이야기, 일본에 밀려서 다들 안 된다던 88서울올림픽을 성공리에 유치했던 이야기 등등 영웅적 서사시와 같은 사례들이 넘친다.

기업가정신은 경제발전과 사회발전에 가장 핵심적인 요소이다. 산업화에 필요한 기술과 자본, 부존자원이 부족했어도 선진국 반열에 오를 수 있었던 것은 진취적인 기업가정신이 왕성하게 발현되었기 때문에 가능했다. 앞으로 우리나라가 10대 경제대국으로 발전하고, 더 잘 살려면 기업가정신이 계속 확산되어야 한다. '기업가적 발견(entrepreneurial discovery)'이 계속되지 않으면 우리와 똑같은 풀 세트 제조업 구조를 가진 중국에게 금방 추격당하여 지금 가진 세계시장을 잃을 수도 있다. 다행히 이제는 자본도 있고, 기초·원천기술은 아직 미흡하지만 제조기술, 상용화기술은 많이 나아지는 등 과거 무(無)에서 유(有)를 만들어내야만 했던 개발연대에 비해 물적 환경도 좋아졌다.

니트족 100만 명 시대, 청년층 기업가정신 약하기 때문

그런데도 기업가정신은 오히려 쇠퇴하고 있다며 걱정하는 이들이 많다. 과거 개발연대에서 보던 모험투자가 잘 보이지 않는다고 한다. 아무 것도 하지 않으면서 일할 의지도 없는 청년백수, 이른바 '니트족(Not in Education, Employment or Training; NEET)'이 100만 명을 넘어선 것도 청년층의 기업가정신이 약하기 때문이라 한다. 대한민국 창업 1세대들이 20대에 창업했던 것에 비하면 지금 청년 기업가정신은 문제가 있어 보인다. 특히 많은 중소기업들이 일할 사람을 구하지 못해 외국인 근로자를 고용하는 등 구인난을 겪고 있는데, 이들 중소기업에 취업해서 대기업으로 성장시키겠다는 도전정신을 발휘해야 할 것이다. 대기업에 일자리가 날 때까지 기다려서는 우리나라에 대기업의 수가 상대적으로 많지 않기 때문에 가망이 없다.

기업가정신과 관련, 또 다른 문제는 중소기업이 중견기업, 대기업으로 성장하는 경우를 갈수록 찾아보기 어렵다는 점이다. 다른 나라에 비해 우리나라는 중소기업이 많고 대기업은 적은 편이라 능력 있는 중소기업 중에는 대기업으로 도약하는 사례가 종종 있을 법한데도 사실은 그렇지 않다. 제조업 부문에 국한해서 볼 때, 인구 1만 명당 대기업의 수는 우리가 0.07개로, 일본(0.14)의 1/2, 독일(0.21)의 1/3에 불과하다. 반면에 인구 1만 명당 소기업의 수는 우리가 9.7개로 독일의 7.1개, 일본의 5.8개에 비해 월등히 많다.[3] 이처럼 중소기업의 개체도 많고, 한계선 위에 있는 중소기업도 있지만 상당히 우량해서 대기업으로 성장할 여지가 충분해 보이는데도 실제 성장 사례는 대단히 희소하다. 왜인가? '키우지 못한다' 면 몰라도 키울 수 있음에도 '키우지 않는다' 면 뭔가 단단히 문제가 있음이다. 이와 관련 곧 중소기업을 졸업해야 할 만큼 건실한 기업들을 대상으로 기은경제연구소에서 조사한 결과는 충격적이다. 응답기업인의 55%가 사업 축소나 외형 확대 포기 등의 방법을 동원해서 중소기업의 지위를 계속 유지하기 위해 열심히 노력(?)하겠다는 것이다.

기업들의 '피터팬 신드롬' 은 이중적인 기업정책 탓

능력이 있고 성장의 기회가 있어도 중소기업으로 남기 위해 애쓰는 까닭은 무엇인가? 여러 가지 설명이 가능하겠지만 가장 중요한 요소는 중소기업이 되면 지원과 보호, 동정을 받지만 대기업이 되면 지원이 끊기는 동시에 질시와 비판, 규제의 대상이 되기 때문이다.[4] 정부와 사회와의 관계적 측면에서 보면 중소 규모로 남는 것이 전혀 이상하지 않은 합리적인 선택인 셈이다. 중소기업으로 계속 머물고자 하는 일종의 기업들의 '피터팬 신드롬' 은 대기업은 규제하고 중소기업은 지원하는 이중적인 기업정책에서 비롯된 측면이 많다. 최근 들어 정부는 대·중소기업 동반성장을 많이 강조한다. 대기업이 좀 더 양보하고 솔선해서 협력 중소기업의 경쟁력을 높이고 성장을 지원하라는 압박인데, 기업을 키우지 않는 게 유리한 선택이 되도록 만든 정부정책은 그대로 둔 상태에서 얼마나 효과가 있을지 의문이다. 정부가 진정으로 기업가정신을 고양시키려 한다면 가장 먼저, 기업을 키우는 게 유리한 선택이 되도록 경제제도의 인센티브 구조를 개선해야 할 것이다.

(2011.03.25)

글로벌 경제 위기를
한국 기업 도약의 전기로 만들려면?

송재용(서울대학교 경영대학 교수)

글로벌 경제 위기 상황에서 각국 정부의 대규모 유동성 투입과 경기부양책으로 급속히 회복되던 세계 경제가 그리스 및 남유럽 국가의 재정위기로 인한 유럽의 위기, 미국의 신용등급 추락 등으로 인해 더블 딥에 직면할 가능성이 높아지고 있다. 하지만 이번 위기가 제2의 대공황이나 장기침체로 비화되지 않는 이상 한국 기업들은 이 위기를 주력 사업에서의 점유율 제고는 물론 비즈니스 모델 혁신, 해외 기업 M&A, 해외 우수인력 확보 등을 통해 한국 기업들의 최대 현안 과제인 신성장 동력 확보의 기회로 삼기 위한 전략을 수립해야 하며, 정부도 이러한 노력을 적극 지원해야 한다.

글로벌 경제 위기의 여진이 계속되는 세계 경제

2008년도 가을 리만 브라더스 붕괴 이후 제2의 대공황까지 우려되었던 세계 경제가 각 국 정부의 사상 유례없는 대규모 유동성 투입과 경기 부양책으로 인해 2009년도 3월 이후 상당 부분 회복하였다. 하지만 경제위기의 여진은 계속되어서 2010년 이후 그리스 등 남유럽 국가들의 재정위기가 불거져서 EU발 글로벌 경제 위기의 재현 가능성에 대한 우려가 높다. 또한 심각한 재정 적자 등으로 인한 미국의 신용등급 하락 및 부동산 시장의 침체, 소비 심리의 위축으로 미국 경제도 심상치 않다.

이번 글로벌 경제위기의 규모와 심각성을 볼 때 향후 세계 경제의 진로에 대한 불확실성은 여전히 매우 높다. 최근의 글로벌 경제위기 상황은 한국 기업들에게 심각한 위협이다. 하지만 이번 위기가 제2의 대공황 내지는 세계 경제의 장기 침체로 가지 않는 이상 선진국 경제의 심각한 침체로 인해 선진국 기업이 움츠리고 있는 현 상황이야말로 한국 기업이 글로벌 선도 기업으로 부상할 수 있는 절호의 기회를 제공해 주고 있다는 점도 간과하지 말아야 할 것이다. 외환위기를 겪으면서 구조조정과 핵심역량 강화에 매진함으로써 한국에서 세계적인 기업들이 탄생하였듯이 이번 위기를 또 하나의 도약의 전기로 삼아야 할 것이다.

경제위기와 한국 기업의 경쟁력 강화

이번 위기가 제2의 대공황이나 장기침체로 비화되지 않는 이상 현금 유동성 측면에서 여력이 있는 한국 기업이라면 이 위기를 주력 사업에서의 점유율 제고는 물론 한국 기업들의 최대 현안 과제인 신성장동력 확보의 기회로 삼기 위한 전략을 수립해야 한다. 무엇보다도 이러한 심각한 불황기는 시장의 지위가 바뀌고 산업구조가 재편되는 시기로서 한계기업의 도산과 구조조정으로 인한 시장 점유율 제고가 가능하다. 한국의 주력산업인 메모리 반도체, LCD, 조선 등에서도 경쟁력이 취약하거나 무리한 확장을 시도하였던 글로벌 경쟁자들 상당수가 이번 위기로 인해 도산하거나 점유율 저하를 경험하고 있다. 반면, 그동안 재무적 건전성과 핵심역량을 강화해 왔던 한국 기업들은 최근의 원화 가치 절하로 인한 상대적 수출 경쟁력 강화까지 더해져서 세계 시장 점유율을 더욱 높일 수 있을 것이다. 이 여세를 몰아 핵심사업의 경쟁력과 지배력을 높이기 위한 조치들을 취한다면 경제위기의 궁극적 승자로 자리매김할 수 있다.

2010년도에 삼성전자가 153조의 매출에 17조 원이 넘는 영업이익이라는 사상 최대의 실적을 달성한 이유도 삼성전자의 주력업종인 메모리 반도체 등에서 일본, 대만 경쟁자들이 경제 위기로 인해 투자를 제대로 하지 못하고 경쟁력 약화를 경험하고 있는데 반해 삼성전자는 탄탄한 경쟁력을 바탕으로 핵심역량을 보다 강화하고 투자를 지속하여 시장지배력을 높인데 기인한 바가 크다고 할 수 있다. 이번 경제위기의 와중에서 선전하고 있는 현대기아차나 포스코 등 다른 한국 대표기업들의 상황도 비슷하다. 특히 외환 위기 이후 지난 10년간 주력산업에서 성장 동력을 찾기 위해서 중국, 인도 등 신흥시장을 적극 공략하여 신흥시장에서의 점유율을 대폭 향상시켰는데 이번 글로벌 경제위기에서 선진국과는 달리 신흥시장의 경제는 잘 버텨 주었던 점도 한국 기업들이 선전할 수 있었던 주요 배경이었다.

경제위기는 신성장동력 창출의 적기이다

하지만 이번 경제위기를 도약의 전기로 만들려면 여기에서 안주하면 안 되고 여력이 있는 기업이라면 비즈니스 모델 혁신, M&A 등을 통한 신성장동력 확보에 적극 나서야 한다. 경제 위기가 오게 되면 수요자 측면에서 고객 니즈도 변화하게 되는데 이를 먼저 파악하여 새 제품, 기술, 서비스, 비즈니스 모델을 선도하는 기업이 강자로 부상하게 된다. 특히 후발/신생기업의 경우 패러다임 변화의 시기가 평상시에는 따라 잡기 힘들었던 선도기업을 상품이나 비즈니스 모델 혁신을 통해 추월할 수 있는 절호의 기회가 될 수 있다.

더 나아가 경제 위기 시대에는 국내외의 저평가된 기업들을 인수하여 기존 사업의 경쟁력을 제고함은 물론 신성장동력을 확보할 수 있는 절호의 호기라고도 할 수 있다. 내재가치가 우수하지만 일시적 유동성 위기를 겪고 있거나 주가가 과도하게 하락한 기업을 싸게 살 수 있는 기업 바겐세일 기간일 수 있기 때문이다. 학계나 컨설팅사의 연구에 의하면 경기 침체기에

313

낮은 가격으로 성사된 인수가 호황기에 행해진 인수보다 월등히 높은 가치를 창출했다. 특히 한국의 선도 기업들은 주력산업이 성숙기에 접어들어 성장성, 수익성 저하로 고민해 왔기에 좋은 기업을 싸게 살 수 있는 지금이 인수를 통한 기존 산업의 지배력 강화와 신성장동력 확보의 전기가 될 수 있다. 최근 유럽의 경제위기로 인해 소비재 산업에서 좋은 브랜드가 비교적 저렴한 가격으로 매물로 나온 상황하에서 만다리나 덕, 네파, 아닉 구탈 등 유럽의 일류 브랜드를 한국 기업들이 연이어 인수하고 있는 것은 이러한 측면에서 긍정적으로 평가할 수 있다.

또한 여력이 있는 기업이라면 국내외 우수 인력 확보를 통해 신성장동력 창출에 필수적인 미래 핵심 역량 확보 활동도 꼭 필요하다. 글로벌 경제위기로 인해서 많은 기업들이 도산하거나 구조조정을 하게 되어 정상적인 상황에서는 확보하기 쉽지 않았던 글로벌 우수 인력 확보가 용이해질 수 있기 때문이다.

경제위기에 대한 합리적 대응과 전략적 사고 필요

글로벌 경제위기와 이로 인해 고조된 불확실성 상황은 기업에게 기회와 위협을 동시에 제공하므로 경제위기의 전개와 불확실성에 대한 보다 냉철하고 합리적 대응과 전략적 사고가 절실히 요청되는 시점이다. 특히 외환위기를 극복하는 과정에서 기업 체질을 획기적으로 강화시켰던 한국기업들의 경우에는 이번 경제위기를 주력 산업에서의 글로벌 경쟁력 강화와 신성장 동력 확보의 전기로 활용하는데 전략의 초점을 맞추어야 한다. 이를 위해 본원사업의 핵심역량과 경쟁력 강화에 주력하는 한편 비즈니스 모델 혁신과 해외 M&A를 통한 신성장 동력 창출 노력도 강화해야 한다. 이와 동시에 기업의 자원은 한정되어 있고 글로벌 경쟁은 심화되기에 비주력, 적자 사업은 보다 과감하게 정리할 필요가 있다. 과거 한국 기업들은 사업 포트폴리오의 조정에 소극적이었지만 글로벌 초경쟁과 패러다임 변화의 시대에는 주력사업에서의 핵심역량 강화와 신사업 발굴, 한계 사업 정리가 동시에 이루어져야 한다. 또한 글로벌화와 글로벌 경쟁은 향후에도 강화될 것이기에 중국, 인도 등 신흥시장을 중심으로 시장을 확대하면서 기술, 인재 등 자원의 글로벌 소싱도 강화하여 글로벌 네트워크 상에서의 경쟁 우위 확보를 추구해야 한다.

정부도 신성장동력 산업 분야에서 보다 적극적인 R&D 투자와 기업 투자 및 규제 환경 개선을 통해서 기업의 신성장동력 창출 노력을 지원해야 한다. 외환위기 이후 21세기의 첫 10년간은 일부 IT산업을 제외하고는 대규모 신성장동력 산업이 거의 발굴되지 않아 한국 경제는 1990년대까지 신성장동력으로 발굴, 육성되었던 조선, 중공업, 메모리반도체, 휴대폰 산업 등에 대한 의존도가 여전히 높은 상황이다. 이처럼 외환위기 이전에 진입한 주력 산업들이 속속 성숙기에 접어들고 중국의 부상으로 치열한 글로벌 경쟁으로 인한 성장의 정체에 곧 직면할 것으로 예상되고 있다. 따라서 국가적으로나 기업적으로나 향후 우리를 먹여 살릴 신성장동력의 발굴은 가장 시급한 현안 이슈가 되었다. 최고의 복지는 양질의 일자리 창출이라는 점에서 신성장동력 창출을 위한 국가 차원의 노력과 투자는 현 단계 한국경제의 최대 현안 이슈라는 점을 명심해야 할 것이다. (2011.10.17)

저출산 대책,
효과는 없고 기업 부담만 가중

유진성(한국경제연구원 부연구위원)

우리나라는 2006년 '제1차 저출산·고령사회 기본계획'을 수립하고 이후 5년간 총 42조 2천억 원을 투입했다. 이 가운데 19조 7천억 원을 저출산 대책에 투입하였다. 하지만 2006년 합계출산율[5]이 1.12명이었고, 2009년에도 1.15인 것을 고려하면 제1차 기본계획의 효과는 거의 없었다고 볼 수 있다. 이에 정부는 '제2차 저출산·고령사회 기본계획(2011~2015)'에서는 총 78조 5천억 원을 투입하고 그 가운데 39조 7천억 원을 저출산 부문에 투입할 계획인 것으로 알려졌다. 그런데 제2차 저출산·고령사회 기본계획에서는 민간부문의 참여를 유도한 것이 지나쳐 민간부문의 참여를 강제함으로써 기업의 부담을 가중시킬 것으로 우려된다. 그리고 제2차 기본계획이 본래 목적인 출산율 제고에 성공할 수 있을지도 의문시된다.

정부의 책임을 기업에 전가… 기업 부담 가중 우려

2008년 6월에 정부는 '육아기 근로시간 단축제도'를 도입하여 육아휴직 대신 근로시간을 주당 15~30시간으로 단축하여 최대 1년간 사용하도록 하되, 허용 여부에 대한 재량은 사업주에게 부여하였다. 그러나 제2차 기본계획에서는 '육아기 근로시간 단축 청구권'을 도입하여 육아기 근로자가 근로시간 단축을 청구하면 특별한 사유가 없는 한 이를 허용하도록 규정하였다. 근로시간 단축과 관련된 쟁점은 각 기업이 처한 상황에 따라 자체적으로 결정되어야 하는 사항이다. 아직 노동시장이 유연하지 않고 노사관계가 불안한 우리나라 상황에서 이러한 제도의 도입은 대체인력 확보, 숙련근로자 확보 등의 측면에서 기업들에게 적지 않은 부담이 될 것으로 예상된다.[6]

근로시간 단축제도를 이용하게 되면 근로시간 단축 청구권에 더하여 근로시간 단축비율에 따라 육아휴직급여의 일부도 추가적으로 제공하도록 되어있다. 육아휴직 시에는 이전의 육아휴직급여 50만 원 정액제에서 육아휴직 전 임금의 40%로 조정하여 육아휴직급여를 최소 50만 원에서 최대 100만 원으로 상향조정하였다. 육아휴직급여의 재원이 고용보험이라는 사실을 감안하면 육아휴직 관련 급여의 증가는 개별기업의 부담으로 돌아갈 수밖에 없다. 다시 말하면 정부가 지원하는 재원은 없어 결국 모든 부담은 기업에 전가되고 있다는 것이다. 또한 배우자 출산휴가도 무급 3일에서 유급 3일로 조정하고 최대 5일까지 사용할 수 있도록 확대함으로써 기업의 인건비 비용을 증가시킨다.

보육시설의 경우 우리나라는 2009년 12월 기준 전국 보육시설 가운데 국공립 보육시설이 차지하는 비중은 5.4%에 지나지 않는다. 반면 스웨덴의 국공립 보육시설 비중은 75%(2005년), 일본은 53%(2006년), 호주는 34%이다.[7] 그럼에도 불구하고 공공보육시설을 확충하기보다는 기업 내 보육시설 설치를 강제하고 있는 실정이다. 즉 제2차 기본계획에서는 직장보육시설 설치 의무를 이행하지 못하는 기업에 대해서는 그 기업의 이름을 공개하는 명단공표제도를 도입하고 있어서 직장보육시설 설치를 사실상 의무화하고 있다. 직장보육시설에 대한 기준이 완화되기는 하였지만 직장보육시설 설치는 각 기업이 직면한 재정상황, 작업장의 위치에 따른 보육시설 설치가능여부, 직장 내 수요에 따른 직장보육시설 설치 편익 및 비용 비교 등 여러 가지 경우를 고려하여 기업이 처한 여건에 따라 기업 스스로 결정하도록 해야 하는 문제이다. 이를 일률적으로 모든 기업에게 강제하는 것은 바람직하지 못하다. 뿐만 아니라 이러한 저출산 대책으로 인한 기업의 부담 가중은 노동시장에서 기업이 여성인력 채용을 기피하게 함으로써 오히려 여성의 취업을 더욱 어렵게 만들 수 있다.

저출산 대책 효과도 의문… 근본적인 문제에 집중해야

앞에서도 언급했듯이 현재와 같은 저출산 대책이 실효를 거둘 것으로 기대하기는 어렵다. 선진국의 경우에도 저출산 대책으로 출산율을 제고시킨 나라는 많지 않다. 설령 출산장려정책을 통해서 출산율을 높인 나라라 할지라도 저출산 대책을 위해서 막대한 예산이 투입되었고, 그 효과가 나타나기까지는 장기간의 시간이 필요하였다. 출산율 제고의 성공적 경우로 언급되는 프랑스의 경우에도 저출산 대책을 위한 지출규모가 이미 1980년에 GDP 대비 2.4%였고 2007년에는 3%까지 확대되었다. 그 결과 1994년에 1.66명까지 떨어졌던 합계출산율이 2010년에 2.01명으로 증가하였다. 그러나 우리나라의 경우 2007년 기준 GDP 대비 0.5%로 선진국에 크게 못 미치고 있으며 2015년에도 GDP 대비 0.8%에 그치는 수준일 것으로 예상되고 있다.[8] 우리나라의 경우 정부의 재정상황 및 추가 재원조달 문제 등을 고려해 볼 때 선진국 수준의 저출산 관련 지출 확대는 어려워 보인다. 따라서 모양새만 그럴싸한 현재의 저출산 대책이 실제로 우리나라의 출산율 반등을 가져올 수 있을지 의문시 된다.

우리나라의 저출산 문제는 경제적인 요인 외에도 인구사회학적인 요인, 개인 가치관의 변화 등에 기인한다. 사회 전반에 걸친 만혼·미혼화의 문제는 초산 연령을 높여 출산율의 저하를 가져온다. 여성의 경우 경제활동 참여 욕구는 증가하는 추세이지만 출산 후 노동시장 재진입이 어려운 현실로

318

출산을 미루거나 포기하는 경우가 많다. 사회적으로 남녀평등의 시대가 도래하였지만 육아나 가사 등의 가정일은 여성의 책임이라는 가정성(domesticity) 신념 체제는 크게 변하지 않았다.[9] 이는 여성의 직업과 가정의 양립을 어렵게 하여 출산을 기피하게 만든다. 사교육비를 포함한 교육비의 증가는 가정에서의 다산을 부담스럽게 만든다. 이러한 상황에도 불구하고 현재의 저출산 대책은 앞에서 언급한 실질적 요인들에 대한 대책보다는 주로 가계에 대한 금전적 지원에 집중하고 있는 형태이며 결과적으로 큰 효과를 기대하기 어렵다.

요컨대 저출산 문제는 특수계층만의 문제가 아니라 우리나라 국민 전체의 문제이므로 저출산 대책은 온 국민이 정책의 수혜자가 될 수 있는 노동시장의 유연성과 안정성 확보, 학교교육을 통한 결혼 및 출산에 관한 올바른 가치관 정립 및 가사분담 남녀 불평등 해소, 사교육비 절감을 위한 교육제도 정비, 외국인 노동인력의 적극 활용 등에 보다 많은 관심을 기울여야 한다. 저출산 대책이 불가능한 단기적 정책성과에 집착한 나머지 기업의 경쟁력을 해치는 일은 없어야 하겠다. (2011.02.18)

베이비붐 세대의 은퇴와
고령화에 대비해야 할 때

설 윤(한국경제연구원 연구위원)

베이비붐 세대[10]가 정년퇴직 연령인 만 55세를 처음 맞은 올해를 기점으로 2030년까지 향후 20여 년 동안 우리 사회에 대량 은퇴가 이어질 전망이다. 이와 더불어 의학기술의 발달과 경제성장에 따른 생활환경 개선 등으로 인해 우리나라의 인구 고령화도 급속히 진행되고 있는 상황이다. 통계청은 2026년에는 65세 이상의 고령인구 비율이 20% 이상을 차지하게 되어 초고령사회로 진입할 것이며, 2050년에는 38.2%로 세계 최고령 국가가 될 것이라고 전망하고 있다.[11](〈표〉 참조) 더욱이 우리나라가 최고령사회로 진입하는 데는 26년밖에 걸리지 않아 프랑스 154년, 미국 94년, 독일 77년, 일본 36년에 비해 상당히 짧은 시간이 소요될 것으로 예상된다.

우리 사회의 베이비붐 세대 은퇴는 인구의 고령화 추세와 맞물려 개인 및 가계, 거시 및 재정, 그리고 금융측면 등 경제 전반에 걸쳐 파급효과를 야기할 수 있다. 단지 생산 가능한 인구가 감소하는 공급 측면에서 뿐만 아니라 은퇴 이후 가계의 소비수준이 감소함으로써 총수요 감소로 전이될 가능성 또한 크다는 측면도 고려해야 할 것이다. 이러한 개인 및 가계 측면에서의 부정적인 영향은 거시 및 재정 측면으로 파급될 것이다.

<표> 우리나라 인구 고령화 추이 및 전망

구 분	2000년	2010년	2015년	2020년	2025년	2030년	2040년	2050년
고령인구 비율(%)	7.2	11.0	12.9	15.6	19.9	24.3	32.5	38.2
고령인구(천 명)	3,395	5,357	6,381	7,701	9,768	11,811	15,041	16,156

자료: 통계청

베이비붐 세대 은퇴, 공급뿐 아니라 수요 감소로 이어져

개인 및 가계 측면에서 볼 때 우리나라 베이비붐 세대는 노후를 대비한 보유자산이 상대적으로 적어 은퇴 이후 취약계층으로 전락할 가능성이 높다. 이들의 총자산 규모는 약 3억 1천만 원으로 전체 가구의 평균보다 높은 수준이지만, 주요 선진국과 비교했을 때는 낮은 수준이다. 또한 부채비율이 높고 가구주의 연령대가 높을수록 가계의 전체 자산 중 부동산 자산의 비율이 높다.[12] 고령인구의 대다수가 부동산에 크게 의존하고 있어서 부동산 가치가 하락하면 가계자산 감소로 이어져 노후생활에 어려움을 겪을 것이다.

또한 은퇴 후 노후생활을 위한 경제적 수단으로 가장 큰 부분을 차지하는 연금도 은퇴 이후의 소득을 대체하기에는 턱없이 부족하다. 우리나라의 연금소득 대체율[13]은 42.1% 정도로 OECD 국가들의 평균인 68.4%에 훨씬 못 미치는 수준이며, 적정소득 대체율 또한 65.0~75.6% 수준에 머물러 있다.[14] 이와 같이 베이비붐 세대의 은퇴 후 노후생활에 필요한 자금이 충분치 않으므로 소비감소를 통한 개별 주체의 후생감소를 예상할 수 있다.

소득의 생애주기 가설에 따르면 합리적인 경제주체의 소비는 생애에 걸친 효용극대화로 평활화되어 은퇴 후에도 은퇴 이전과 동일한 수준을 유지해야 할 것이다. 그러나 실증분석 결과를 보면 은퇴 직후 소비감소는 일반적인 현상으로 나타나고 있다.[15] 또한 소비는 은퇴를 미리 준비하는 자발적인 은퇴자의 경우와 같이 은퇴 이전에 충분히 예상된 요인뿐만 아니라 비자발적 은퇴와 같은 경기변동 등의 예상치 못한 충격에도 영향을 받는 것으로 나타난다. 이러한 은퇴 후 소비수준의 변화는 개별 가구의 후생은 물론이고

321

나아가 국가의 재정건전성과 경제성장과도 밀접한 관련이 있다.

과거 베이비붐 세대의 은퇴와 고령화가 가장 빠르게 진행되었던 일본경제가 우리에게 주는 시사점은 크다. '잃어버린 10년'을 경험한 일본경제의 침체 원인은 여러 가지 경로를 통해 모색되어 왔으며 그 원인 중의 하나가 내수부진이다.[16] 이러한 배경에는 고령화에 따른 소비성향의 저하가 원인으로 지적되고 있다. 일본은 이미 2005년에 고령자인구 비율이 20%를 넘어 세계 최초로 '초고령사회'에 진입하였다. 고령층의 증가는 전체 소비규모의 위축을 초래하였으며, 이는 내수부진으로 이어져 전체 일본 경제성장률의 하락으로 이어졌다.

따라서 고령화가 일본보다 더 빠르게 진행되고 있는 우리나라의 인구구조의 변화에 따른 총수요의 감소는 불가피할 것으로 보인다. 특히 총수요 중 소비감소는 궁극적으로 경제성장률 저하로 이어지기 때문에 향후 전체 인구의 상당부분을 차지할 고령화 세대를 중심으로 한 소비패턴을 주목해야 할 것이다.

실버산업과 신성장 산업화 · 고연령대 상품의 개발 서둘러야

이러한 맥락에서 잠재적 수요를 견인하기 위한 장기적인 과제에 대해 고민해야 할 시점이다. 먼저 가계의 소비패턴의 변화는 구체적으로 연령대와 성별 등 인구학적인 특성뿐만 아니라 연금이나 자산규모 등 현재 소득수준에 따라 다양하게 나타날 것이다. 향후 우리나라 내수시장에서 고연령대의 소비가 차지하는 비중은 크게 증가할 것이므로 고연령대에 맞는 상품개발이 필요하다. 또한 의료, 복지 등 고령화와 관련된 실버산업과 같은 신성장 산업화를 통하여 내수시장을 육성해야 할 것이다. 이는 나아가 우리나라의 잠재성장률을 제고할 수 있는 방법이 될 수 있다.

또한 보유자산의 금융 측면에서 베이비붐 세대의 은퇴와 고령화를 대비한 금융상품 개발과 육성이 필요하다. 주택연금, 퇴직연금, 개인연금의 연금 상품과 건강보험 및 보장성 보험상품의 개발과 시장을 육성하고 고령화에 대비한 은퇴설계 등 금융 수요의 증가에도 대비해야 할 것이다. 아울러 부동산 위주의 가계 자산구조의 변화를 이끌기 위한 주택연금자산과 같은 금융자산으로의 원활한 전환 또한 필요하다. (2011.07.25)

100세 시대, '주거복지'에 대한 새로운 접근

김현아(한국건설산업연구원 연구위원)

집이 없어도 고민, 있어도 고민

최근 집 없는 사람이나 집을 갖고 있는 사람 모두 "집" 때문에 고민이 많다. 전자의 경우에는 치솟는 전세값과 월세전환 때문이며 후자의 경우에는 집이 팔리지 않기 때문이다. 몇 억씩 하는 고액의 전세주택도 많다. 집값의 상당부분이 부채인 일명 '하우스 푸어'도 있고 전 재산인 집 한 채를 처분해야 하는 경제적 어려움에 처한 사람들도 많다. 2010년 인구주택총조사 자료에 의하면 전세가구의 1/4이 타지에 주택을 보유하고 있다고 한다. 임차인이면서 동시에 임대인인 경우가 적지 않다는 것이다. 이쯤 되면 최근 주택에 대한 국민들의 고통이 단순히 주택이 있고 없고의 문제가 아니라는 것을 알 수 있다.

지난번 서울시장 선거에서 나타났던 2040의 고민도 주택문제와 관련이 깊다. 취업난이 가중되고 임대료가 급등하면서 20대의 주택시장 진입은 더더욱 어려워졌다. 늘어난 수명에 비해 경제활동 영역에서는 퇴출압박에 시달리는 40대도 마찬가지이다. 과거 같으면 40대는 주택시장에서 가장 활발한 소비를 하는 시기이다. 주택의 규모를 넓혀 이사하거나 투자목적으로 추가 부동산 구매를 고민하는 시기였다. 그러나 관련 통계들을 살펴보면 지난

2004년 이후 주택보유율, 자가 거주율이 모두 크게 하락한 계층이 바로 40대 중반에서 50대 초반의 계층이다. 분명한 것은 임대가격이 급등하고 매매가격이 하락세를 보이는 현 시점에서 집 없는 사람만큼 집 있는 사람들의 주거불안이 생각보다 크다는 것이다.

인구구조 변화에 대한 대응, 표면적이고 너무 편중되어 있어

그러나 여전히 주택정책이나 각종 대책은 무주택자 중심이다. 1~2인 가구에 대한 고민 역시 무주택자를 우선순위에 두고 있다. 그러나 1~2인 가구의 스펙트럼은 매우 넓다. 저소득층으로 공공의 보호와 지원이 필요한 계층이 있는가 하면 가처분 소득이 많은 골드세대들도 있다. 뿐만 아니라 은퇴 후 금융자산 감소로 부동산 자산 의존도가 높은 가구들도 있다. 그러나 1~2인 가구에서도 집을 갖고 있는 사람들에 대한 출구전략은 없다. 이는 다주택자에 대한 이야기가 아니다. 안정적인 정주를 위해 거주주택을 마련하려는, 혹은 1주택을 보유하고 있지만 곧 은퇴시기가 다가오는 보편적인 한국의 청년층과 베이비 부머들에 대한 이야기인 것이다.

리차드 탈러(Richard Thaler)교수의 '정신적 자산계정(Mental Accounting)' 이론에 따르면 사람들은 자산을 유형별로 다르게 취급하고 있으며 번만큼 소비하고 위기상황이 닥치면 소비를 먼저 줄인다고 한다. 그러나 배우자가 사망하는 등 특별한 위기 상황이 닥치면 그제야 주택이나 연금과 같은 자산계정을 이용한 소비를 한다고 한다. 주택이 단순 자산이 아니며 '정주' 라는 인간생활의 기본 그릇임을 보여주는 증거라고 할 수 있다. 현재 은퇴 후의 삶의 기간을 대략 25년으로 본다. 그러나 앞으로 수명이 늘어나면서 은퇴 후 삶의 기간은 더 늘어날 것이다. 은퇴 후에 어디서 어떻게 거주할 것인지가 더욱 중요해졌다. 특히 '주거' 는 인간생활에 필수 요소이며 연령이 높을수록 '주거안정' 에 대한 욕구는 더욱 높아진다.

전 계층으로 확산되고 있는 주거불안 문제

한국은 베이비부머라고 불리는 50대 가구의 부동산 자산비중이 높다. 비율적으로는 65세 이상의 가구들이 더 높지만 절대적인 금액 면에서 보면 이들이 가장 높다. 그런데 이들의 상당수가 지금 주택을 처분하고 싶어 한다. 탈러 교수 이론에 비추어볼 때 딱히 특별한 위기상황은 아니지만 워낙 부동산 자산비중이 높고 늘어난 노후생활에 대한 대비에 조급해지고 있기 때문이다. 이들은 부동산의 일부를 현금화하거나 거주주택의 규모를 줄여 나가려는 시도를 하고 있다. 그러나 가격상승에 대한 기대감이 낮아지면서 좀처럼 처분이 쉽지 않다. 매도자 역시 아직은 손실회피 경향이 크다. 그러다 보니 주택거래는 안되고 전세가격은 계속 강세가 유지되는 것이다.

100세 시대를 고민하면서 우리는 집 없는 사람들에 대한 고민과 함께 집을 처분하고 옮겨가려는 사람들에 대한 고민도 해야 한다. 집 가진 사람들의 주택처분이나 분할 이용(Share house)이 곧 집 없는 사람들의 주거문제 해결과 관련이 있기 때문이다. 모자란 재정과 택지여건 속에서 계속 임대주택을 짓는 것보다 기존 주택을 임대 가능한 주택으로 바꾸거나 주거공간을 나누어 살 수 있게 하는 것이 더 효과적이고 빠른 대안일 수도 있다. 현재 주택연금제도가 시행되고 있기는 하지만 이것만으로는 다양한 노후자금과 주택처분 수요를 충당하기 어렵다.

그러나 정부의 대책 그 어디에도 이러한 고민을 발견할 수 없다. '복지'에 대한 논의도 많이 제기되고는 있지만 집을 가진 사람들의 '주거복지'까지는 아직 요원한 듯하다. '주거'는 모든 계층에 적용되어야 하는 복지다. 저출산·고령화와 같은 인구구조의 변화 역시 '주거복지'에 그 해답이 있다.

또다시 우리 앞에 닥친 주택에 대한 고민, 이제는 100세 시대를 준비하는 새로운 '주거복지'에서 그 답을 찾아야 할 때다. (2011.11.25)

326

2011년 한국경제 회고와 향후 과제

안순권(한국경제연구원 연구위원)

올해 우리 경제는 충격의 연속이었다. 연초에는 이상 한파와 폭설, 구제역 등이 농축산 공급의 차질을 빚으며 물가와의 전쟁에 불을 댕겼다. 설상가상으로 중동과 북아프리카에서 시작된 재스민 혁명이 중동 정세의 불안과 함께 국제유가의 상승을 초래하며 우리 경제를 압박했다. 3월에는 일본 동북지방의 대지진과 후쿠시마 원전사고가 글로벌 부품 소재 공급망을 흔들며 세계경제에 큰 충격을 주었다. 우리 경제로서는 일본 기업들의 조업차질에 따른 반사이익을 누려 충격이 적었던 것은 그나마 다행스런 일이었다.

6월 말에는 말도 많고 탈도 많았던 미국의 2차 양적완화가 끝나며 그 전후로 외국인자금의 유출가능성이 금융시장을 불안케 했다. 7~8월에는 긴 장마와 폭우가 신선식품의 공급 장애요인으로 작용하면서 물가불안에서 벗어나는 듯 했던 우리 경제의 발목을 또 다시 잡았다. 물가의 고공 행진은 올해 우리 경제의 가장 어두운 모습 중 하나였다. 기상악화, 국제유가 및 원자재가격 상승과 경기회복에 따른 수요확대 등으로 소비자물가는 높은 상승률을 지속하여 연간 목표치인 4% 달성이 쉽지 않았다. 전세가격이 크게 상승하여 서민들의 주거불안을 심화시켰다.

더 큰 문제는 선진국의 재정위기였다. 지난해부터 시작된 유럽재정위기가 우리 경제와 금융시장을 괴롭혔다. 그리스의 디폴트 가능성이 거론되는 가운데 8월 초 미국의 국가신용등급이 강등되는 초유의 사태가 벌어졌다. 미국의 국가신용등급 강등과 그 후 전개된 유럽 재정위기의 심화로 주가가 급락하고 환율이 급등하는 모습을 보였다. 이로 인해 9월 중에는 제2의 리먼 사태가 올지도 모른다는 우려가 커지기도 했다. 유럽 재정위기 우려가 고조되면서 유럽계자금을 중심으로 외국인자금이 대거 이탈하여 증시의 변동성을 높였다. 지난해 1~11월 중 외국인들은 주식시장에서 9조 6천억 원을 회수했다.

유럽위기에서 한숨 돌릴 무렵인 12월 19일 김정일 위원장 사망이라는 대형 사건이 우리 경제를 덮쳤다. 유럽 재정위기와 세계경기 둔화 등으로 가뜩이나 어려운 가운데 우리 경제의 최대 약점인 북한리스크가 불거진 것이다.

올해 우리 경제는 대외여건 악화로 성장세 둔화

글로벌 금융위기 이후 빠른 회복세를 보이던 세계경제에 2011년 들어 적신호가 켜졌다. 올 하반기부터 글로벌 금융위기의 후유증이 본격적으로 나타나기 시작했기 때문이다. 주요 선진국들은 금융위기 극복을 위한 막대한 재정지출의 후유증으로 재정위기에 빠져 세계경제 경기둔화의 원인을 제공했다. 미국의 신용등급 강등도 재정적자 확대에 따른 국가채무 상한선 확대를 둘러싼 여야간 정치공방의 산물이었다. 중국 등 신흥국들은 위기극복을 위해 공급된 글로벌 유동성의 유입으로 인한 물가불안을 억제하기 위해 금융긴축을 실시하였고 이로 인해 성장세가 둔화되었다.

우리 경제도 대외여건이 악화되면서 지난 2/4분기 이후 성장이 점차 둔화되었다. 대내외 여건이 점차 악화됨에 따라 정부와 주요 연구기관의 성장률 전망치도 하향 조정을 거듭했다. 정부는 지난해 경제성장률 전망치를

5%로 잡았다가 6월 말 4.5%로 내렸는데 이어 12월에는 3.8%로 대폭 하향조정하였다.

높은 물가수준과 저소득층의 어려움으로 체감경기가 부진한 것도 우리 경제의 어두운 단면이었다. 금융시장의 변동성이 확대된 가운데 가계부채가 높은 증가세를 지속, 900조 원에 육박한 것도 불안요인으로 작용했다.

2012년 한국경제의 성장세 둔화는 불가피

2012년 우리 경제는 올해 못지않게 어려울 것 같다. 세계경제의 불확실성 확대로 한국경제의 성장세 둔화는 불가피할 것으로 보인다. 정부와 한국은행은 올해 경제성장률을 지난해보다 0.1% 포인트 낮은 3.7%에 머물 것으로 전망했다. 대다수 국책 및 민간연구소들도 내년 성장률이 올해보다 낮거나 같을 것으로 보고 있으며 성장률 전망치도 정부의 전망치와 비슷하다. 내년에는 하반기보다 상반기에 경제가 더 어려울 것으로 예상된다. 상반기에는 선진국 경기둔화 및 불확실성이 지속되면서 3%대 초반의 다소 낮은 성장률을 기록하겠으나, 하반기에는 불확실성이 점차 해소되면서 3%대 후반으로 성장률이 다소 높아질 전망이다.

세계경제 둔화, 원화 강세기조 등으로 인해 수출증가세가 둔화되면서 순수출의 성장기여도는 하락할 것으로 예상된다. 내수 역시 수출둔화를 보완해 성장을 주도할 여력이 부족할 것으로 보인다. 민간소비는 물가상승률 둔화에 따른 실질구매력 개선에도 불구하고 경기하강에 따른 취업자 증가폭 악화 및 임금상승률 둔화, 가계부채 규제강화 등의 영향으로 부진이 지속될 것이다. 건설투자는 주택건축을 중심으로 부진이 완화되겠으나 설비투자는 수출증가세 둔화, 대내외 불확실성 확대에 따른 투자심리 위축으로 증가율이 낮아질 전망이다. 경기둔화의 여파로 취업자 증가폭도 올해 40만 명에서 내년에는 28만 명에 그칠 것으로 예상되었다. 소비자물가는 글로벌 경기둔화에 따라 유가 등 원자재 가격이 안정되고 수요 측면의 상승압력도 완화되면서 연평균 3.2% 상승할 것으로 전망되었다.

정부가 내년 성장률 전망치를 당초 제시한 4.5%에서 3.7%로 대폭 낮춘 것은 우리 경제 상황이 '준(準) 경제위기'에 가깝다는 것을 의미한다고 볼 수 있다. 만일 그리스의 디폴트(채무불이행)가 현실화되고 이탈리아·스페인 등의 재정위기가 더 확산되거나 중국 경제의 성장률이 예상보다 악화될 경우 세계경제의 성장세가 더욱 위축될 수 있다. 따라서 정부가 올해 성장보다는 위기대응 및 안정에 주력하기로 한 것은 적절한 정책 방안이라 할만하다.

여기에다 김 위원장 사망의 영향을 반영하여 내년 성장률 전망치를 다시 수정해야 될 상황이 올지도 모른다. 단기적으로 김 위원장 사망이 체제불안이나 붕괴로 이어질 가능성이 낮아 거시지표에 큰 영향을 주기는 어려울 것으로 보인다. 그러나 체제불안이 장기화 되거나 돌발사태가 벌어져 국가신용등급이 하향 조정될 경우 우리 경제에 금융위기 수준의 충격을 줄 수도 있다. 외국인 자금유출이 늘어나 주가가 하락하고 환율이 상승하게 되면 원유 등 원자재 가격이 올라 물가를 압박하게 될 것이다. 소비·투자심리 위축이 겹치게 되면 저성장·고물가 기조에 빠져 내년 성장률은 더 낮아질 수 있다.

북한 리스크는 정부든 기업이든 모든 가능성을 열어 두고 대비하는 수밖에 없다. 글로벌 투자자들과의 소통을 통해 북한 리스크 때문에 우리 경제와 금융시장이 차별대우를 받지 않도록 치밀한 위기대응 시스템을 가동해야 한다. 주변국과 국제공조를 강화하여 북한 체제의 연착륙 유도를 통해 경제에 미칠 파장을 줄여나가야 한다. 유럽 재정위기와 북한 리스크로 인한 외자이탈이 외화유동성 위기로 전이되지 않도록 방어벽을 쌓는 것도 중요하다.

성장과 도약의 기회로

경기하강의 충격을 줄이려면 재정의 조기집행 등 적절한 시기를 놓치지 않는 정책집행이 필요하다. 수출여건이 힘들더라도 한미FTA 발효 등을 활용하여 해외시장 공략에 주력하고 서비스 규제개혁을 통한 내수산업의 성장잠재력을 높여야한다. 서비스업 활성화, 유연근로제, 스마트워크 확대 등을 통해 일자리를 늘리면 내수기반 확대에 도움을 줄 수 있다. 일자리가 늘어 가계의 소득이 개선되면 민간 소비여력이 향상될 수 있기 때문이다. 여기에다 가계부채의 적절히 관리와 부실 방지를 통해 소비여력을 높이고 금융기관의 부실화 가능성을 줄이는 노력도 중요하다. 선제적 위기대응과 내수 활성화 노력에도 불구하고 위기가 본격화될 경우 추경예산편성 및 금리인하 등 보다 강력한 경기부양책을 동원하는 비상계획도 마련해 두어야 할 것이다.

대내외 경제여건이 어려운 현실에서 올해는 총선과 대통령선거를 치루는 정치변수까지 가로놓여있다. 선거정국에서 표만 의식한 선심성 공략 남발로 재정건전성을 악화시켜 성장잠재력을 훼손시키는 일은 피해야한다. 총선·대선에서 정치권이 정권을 잡기 위한 경쟁을 하더라도 경제를 더 어렵게 하는 일은 자제해야 한다. 북한의 새로운 지도부에 대한 정책수립 및 집행 과정에서 남남갈등에 빠지지 않도록 초당적인 대북정책 추진이 필요하다. 웬만한 북한 리스크에도 패닉(공황)에 빠지지 않을 정도로 우리 경제의 체질이 강화되었고 국민들도 성숙해졌다. 2008년 글로벌 금융위기를 성공적으로 극복하고 북한 리스크에 의연해진 우리 경제의 저력을 발휘해야 할 때다. 민관정(民官政)이 힘을 모아 위기를 새로운 성장과 도약의 기회로 삼아야 한다. (2011.12.28)

고유가 논의, 여론 재판에서 탈피해서 과학적 분석에 기초해야

이선화(한국경제연구원 부연구위원)

'민생 챙기기'라는 국정과제에서 출발한 정부의 물가 대책이 주요 원자재가격에 대한 미시적 행정지도라는 우려스러운 방향으로 흘러가고 있다. 유가의 경우 연초 이명박 대통령이 "주유소의 행태가 묘하다"는 언급과 함께 직접적으로 가격체계의 문제점을 지적함에 따라 집중적인 관리와 조사의 대상으로 떠올랐다. 특히 얼마 전 정유사에 대한 '팔 비틀기'의 일환으로 내놓은 리터당 기름값 100원 인하 조치에 대한 소비자의 체감도가 낮게 나타나면서, 정유사의 가격인하가 주유소 가격으로 전이되었는지, 정유사가 실질적 가격인하를 실시하였는지에 대한 갑론을박이 이어졌다. 나아가 실질적 유가 인하는 정부의 유류세 인하를 통해서만 가능하다는 의견이 지배적 여론으로 대두하면서 고유가에 대한 논란은 정유사 대 주유소, 민간 가격 시스템 대 정부의 유류세 등 책임 소재 공방전의 양상마저 띠게 되었다.

유가의 비대칭성 · 부당이익 논란

문제의 발단은 앞서 언급한 바와 같이 대통령이 유류 공급시장의 "상식적이지 않은" 가격 움직임에 의문을 제기한 데서 비롯되었다. 구체적으로 국제 유가가 상승할 때와 하락할 때 국내 가격의 조정패턴이 비대칭적이라는 것이며, 이는 석유 공급자들이 원유 상승기에 부당한 이득을 취하는 것이 아니냐는 심증의 단서를 제공하였다. 대통령의 발언 직후 공정거래위원회는 정유사와 LPG업계의 불공정 거래행위에 대한 전 방위적 기업 조사를 착수하였으며, 경제부처들은 석유가격 안정화를 위한 별도의 태스크포스(T/F)를 꾸려 시장에 대한 구조적 진단에 나섰다. 전자의 경우 시장에서의 가격 움직임이 정유사들의 부당공동행위, 즉 담합의 결과물이라는 점에 주안점을 두고 있으며, 후자는 석유시장의 투명성 및 경쟁 제고를 통한 과점이익 축소에 초점을 맞추고 있다.

가격의 비대칭성 또는 하방경직성이 담합 등 불법행위의 소치라거나, 정유사나 주유소가 이를 통해 폭리를 취한다는 통념은 어디까지 사실에 기초하고 있는가? 논란의 출발점이 된 가격의 비대칭성, 즉 하방경직성에 대해 석유가격 T/F가 두 달 간의 연구 끝에 내놓은 결론은 사실상 현 상황에 대한 의미 있는 해석을 제시하지 못하였다. T/F의 결론은 가격 비대칭성의 사례가 상당수 확인되었다는 것이나, 그 원인에 대한 설명으로는 유통구조에 따른 가격경쟁의 제한 '가능성', 가격 상승기와 하락기에 소비자 탐색행태의 차이점 등 기존 가설들을 나열하는 선에 그쳤다. T/F의 가격 비대칭성 연구는 부당행위나 폭리 등 정치적 기호에 끼워 맞춘 '정답'으로부터 거리를 두고 기초 데이터에 충실하려 한 점을 높이 살 수 있다. 그러나 여기에서도 엄밀한 이론적 고찰 없이 가격 비대칭성이 합리적이지 못한, 어떤 해결되어야 할 과제로만 다루어진다는 점에서는 아쉬움을 남긴다.

이하에서는 시장구조나 제도적 관행을 모두 고려한 총체적 분석은 아니지만, 석유가격 데이터에 대한 몇 가지 관찰을 통해 가격 비대칭성이 지극히 정상적이고 건전한 경제행위의 부산물일 가능성을 제시하고자 한다. 우선 〈그림 1〉은 원유가격과 정유사의 세전 공급가격(좌), 정유사의 세후 공급가격과 주유소 판매가격(우)의 추이를 비교한 것이다. 각 그림에 나타난 두

333

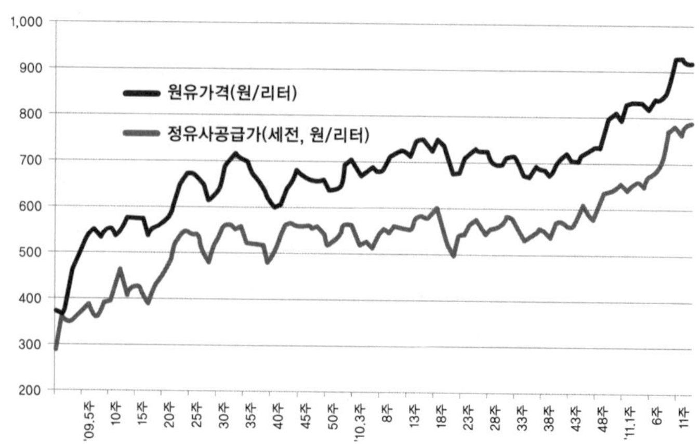

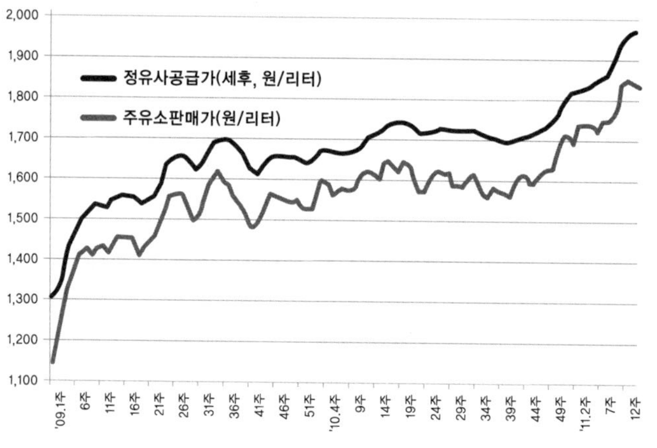

개의 가격 시리즈는 거의 동일한 패턴으로 움직이고 있으며 각각의 상관계수는 전자가 0.977, 후자가 0.96으로 나타났다. 즉, 정유사와 주유소의 가격 변동은 거의 대부분이 원료가격의 변동에 의해 설명된다고 할 수 있다. 단, 이 그림으로서는 정유사 단계와 주유소 단계 모두에서 가격 마진에 눈에 띄는 시점별 변화를 확인하기 어려우며 가격 비대칭성 또한 식별하기 어

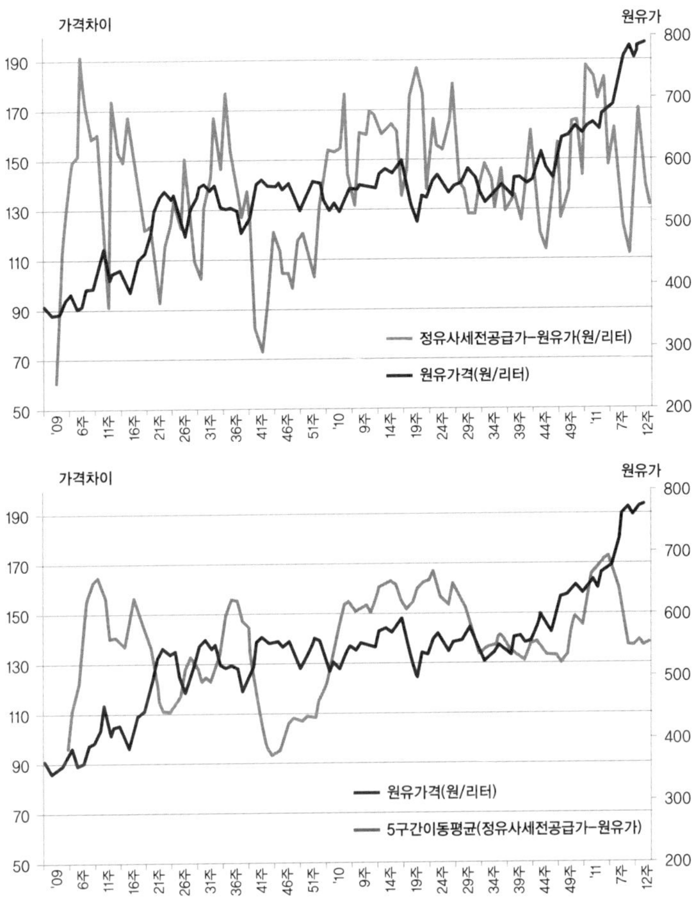

〈그림 2〉 원유가격 변동에 따른 정유사 공급마진 추이(주간평균과 이동평균)[20]

렙다.

〈그림 2〉와 〈그림 3〉은 정유사와 주유소 단계에서 가격마진[18](생산비용으로 원료가격만을 고려한 것)이 원료비의 변동에 어떻게 반응하고 있는지를 보여준다. 좌측의 가격 마진 시리즈는 주간 마진변동을 원 데이터 그대로 보여주고 있으며, 우측은 주간 가격마진의 이동평균값을 나타내고 있다. 정

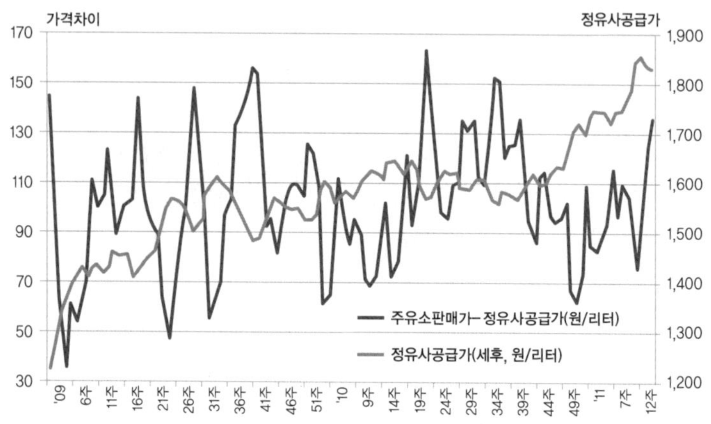

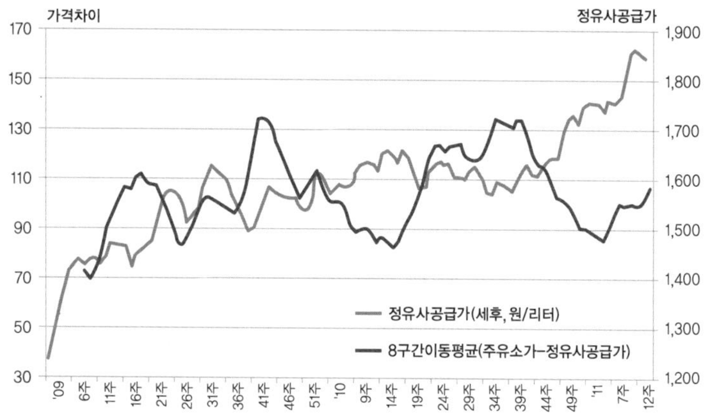

<그림 3> 정유사 공급가 변동에 따른 주유소 판매마진 추이(주간평균과 이동평균)

유사 가격마진과 원유가의 가격 변동 사이의 상관계수는 −0.475이며 주유소 판매가격 마진과 정유사 공급가 변동 사이의 상관계수는 −0.752로 나타났다. 원료비가 상승하는 시점에 정유사와 주유소의 마진폭은 오히려 줄어들었으며 이 관계는 주유소 시장에서 보다 분명하게 확인되었다. 주유소 시장의 판매가격 마진 추이를 보면, 정유사 공급가격이 상승하는 직후에 오히

려 마진폭이 줄어드는 현상이 반복적으로 발견된다. 즉, 소비자들이 체감하기에는 주유소 가격이 급격히 상승한 것으로 보이지만 주유소 판매가는 오히려 원료비 상승분 일부를 마진폭 감소로 상쇄하는 완충(buffer)의 역할을 담당한 것으로 보인다. 이는 불완전경쟁 시장에서 공급충격(supply shock)이 왔을 때의 가격결정 모형에서 설명하는 바와 같다. 〈그림 3〉은 또한 급격한 공급쇼크가 지나고 가격이 하향 안정국면에 접어들면서 주유소의 마진폭은 다시 상승국면에 접어들게 됨을 보여준다.

이를 종합해 보면, 유류 소비자가격의 비대칭성은 원료비 상승 시 그 충격이 소비자가격으로 그대로 전가되지 않고 판매사의 마진 감소로 일부 완충된 부분이 이후 가격조정기에 스프레드된 결과라는 해석이 가능하다. 정유시장(〈그림 2〉)에서는 이러한 현상이 두드러지지 않은데, 비대칭성이 항상적으로 발견된 주유소 시장과 달리 정유사의 비대칭성은 항상적인 것은 아니라는 석유가격 T/F의 연구결과와도 일치한다.[19]

경제현상에 대한 심증적 접근 땐 경제질서 교란 우려

이상 석유가격의 구성부분과 각 단계별 마진의 동학에 대한 간단한 분석은 복잡한 석유시장에서 진행되고 있는 모든 것을 보여주는 것은 아니지만, 원자재 가격 파동기가 되면 주기적으로 반복되는 가격 비대칭성이나 하방경직성을 이해하기 위한 한 가지 실마리를 제공한다. 주지할 사실은, 가격 비대칭성이 우리나라에 국한된 특수한 산물이 아니며 미국, 영국 등 선진국 유류시장에서도 유가 급등기에 지속적으로 관찰되어 왔다는 점이다. 가격 비대칭성이 광범위한 시장에서 관찰된다는 사실을 감안한다면, 유가의 움직임이 '묘하기' 때문에 이를 한국의 특수한 석유 유통구조나 담합행위의 결과물로 단죄하는 것은 성급한 여론몰이에 지나지 않는다. 한 제품의 가격결정 과정은 위에서 설명한 공급자의 마진 스프레드 이외에도 국제적인 수급문제, 내수와 수출 시장의 조정, 환율문제 등 여러 요인이 작동한 결과물 때문에 흔히 말하는 "올릴 때는 왕창, 내릴 때는 찔끔"이라는 식의 감정적 단정으로 결론내리기 힘든 주제이다. 경제적 현상을 심증적으로 접근하여 유죄 판결(guilty by suspicion)하고 경제 질서를 교란하기보다는 문제를 경제적으로 이해하고 이성적으로 접근하는 것이 민생대책, 물가대책의 출발점이 되어야 할 것이다. 더구나 전시(戰時)도 아닌 상황에서 금리와 같은 거시적 조절수단이 아닌 개별 제품가격에 대해 행정지도의 칼을 휘두르는 것은 정부의 물가잡기가 사실은 민심잡기에 급급한 전시(展示) 행정은 아닌가라는 혐의를 떨치기 어렵다. (2011.04.15)

튀니지와 이집트의
교육버블이 주는 교훈

전용덕(대구대학교 경제학과 교수)

튀니지에서 시작된 재스민 혁명은 튀니지와 이집트의 독재 정권을 무너뜨렸고 이제 리비아를 포함한 아프리카와 중동의 상당수 정권을 흔들고 있다. 튀니지와 이집트, 두 나라 모두에서 장기 독재, 그로 인한 빈부격차, 낮은 국민소득과 고물가, 부정부패 등이 혁명의 직접적인 도화선이 된 것처럼 보인다. 혁명의 일반적인 동기 이외에도 이들 두 나라에서 우리가 눈여겨봐야 할 것이 있다. 교육버블이 그것이다.

튀니지 · 이집트의 대학교육, 비효율적이고 생산성 낮아

먼저 튀니지의 교육, 특히 대학교육과 관련한 문제점을 간략히 훑어보기로 한다. 튀니지는 독재자가 사회 불만을 잠재우기 위하여 정부가 실시하는 자격시험을 통과하는 사람은 '무료'로 대학을 다닐 수 있게 했다. 그 결과 대학졸업생은 지난 10년 동안에 약 3배나 증가했을 뿐만 아니라 노동시장 참가자 중 약 57%가 대졸자였다.[21] 문제는 대졸자의 이런 급격한 증가가 대졸자의 실업을 양산할 수밖에 없다는 것이다. 대졸 실업률은 1994년에 약 5%로서 전체 노동자의 실업률과 크게 다르지 않았다. 그러나 2010년에 대졸 실업률은 약 45%로 크게 상승하여 대학졸업자 2명 중 1명은 실업자가 된 것이다. 대학을 무료로 다니게 한 결과로 학업의 중도 포기율도 높았다.

　정부의 규제 가격이 자유시장 가격 이하로 내려가면 초과수요는 필연적이고 교육당국은 공급을 어떤 방법으로든지 통제하거나 규제하지 않을 수 없게 된다. 예를 들어 튀니지 교육당국은 학생이 대학에 입학할 때 결정한 전공을 바꾸는 것을 금지했다. 그 결과 성장이 빠르거나 새롭게 발달하는 산업이 필요로 하는 인력은 부족하고 쇠퇴하는 산업에서는 인력이 남아돌지만 시장에서 쉽게 해결이 되지 않음으로써 인력의 양성과 관리에 많은 비효율이 초래됐다. 물론 대학의 수와 정원도 국가가 통제했다. 한마디로 교육산업에 가해진 가격 규제를 포함한 각종 규제는 튀니지 교육제도를 매우 고비용적이고 비효율적으로 만들었다. 실제로 국내총생산에서 교육비 지출이 차지하는 비율은 2007년 7.2%로서 유럽이나 미국보다도 높은 수치이다.

　이집트도 튀니지와 같이 무료 대학교육에 따른 높은 대졸자 실업률이라는 어려운 문제를 안고 있다. 이집트는 국공립대학이 거의 대부분이고 사립대학은 1992년에 허가되었는데 등록 학생 수는 극소수이다. 고등학교 졸업생이 고등교육기관에 등록하는 비율은 1990년 14%에서 2005년에 35%로 크게 증가했다. 이 비율은 튀니지와 비교하면 덜 심각하다. 그러나 등록률이 15년 만에 2.5배나 증가한 것은 짧은 기간에 대학생이 급격히 증가한 것을 의미한다. 무료 대학교육으로 대학졸업자가 크게 늘어나면서 실업자도 크게 증가했다. 2007년에 이집트 전체의 실업률이 약 9.4%인데 비해 청년 실업률(15~29세)은 약 87.2%이다. 튀니지와 같이 이집트 교육당국도 대학의 커리큘럼, 교수와 행정직원의 배치, 새로운 프로그램의 개발 등을 강력히 규제하고 통제했다. 한마디로 이집트 교육제도를 튀니지 교육제도와 직접 비교할 수는 없지만 매우 비효율적이고 생산성이 낮다는 점은 분명해 보인다.

우리나라 대학 재학기간이 길어지고 대졸자 고용 품질도 하락

우리나라는 어떤가? 먼저 고등학교 졸업생의 대학진학률은 1990년에 33.2%에서, 1995년 51.4%, 2005년 82.1%, 2009년 82.0%로 크게 증가했다.[22] 이러한 대학진학률 증가 정도는 이집트와 거의 비슷한 수준이다. 물론 대학진학률 자체는 우리나라가 이집트보다 2배 이상 높다. 지난 20여 년 동안 대학진학률이 이렇게 크게 증가한 원인은 여러 가지 있을 것이고 정밀한 분석이 필요하다. 다만 직관적으로 보았을 때 가장 중요한 원인은 우리나라 국민의 교육에 대한 높은 열의, 소득의 증가, 등록금 등에 대한 규제로 인하여 상대적으로 저렴한 대학교 교육비용 등이다.[23]

그러면 대학졸업생의 취업률은 어떤가? 전문대학을 포함한 고등교육기관 전체의 연도별 취업률은 2004년 66.8%, 2005년 74.1%, 2006년 75.4%, 2007년 75.8%, 2008년 76.7%, 2009년 76.4%, 2010년 55.0% 등이다.[24] 여기에서 연도별 취업률은 직접 비교하기가 어려운 측면이 있다. 2004~2009년, 2010년으로 나누어 취업률 작성방법이 다르기 때문이다.[25] 문제는 2010년에 취업률이 2005~2009년에 비하여 크게 하락했을 뿐 아니라 매우 낮다는 점이다. 취업률 55.0%는 대졸자 2명 중 대략 1명이 주당 18시간 이하의 파트타임 노동자, 취업준비자, 실업자, 구직단념자 등이라는 것이다.[26] 그 이전과 통계 추정방법이 다른 점을 감안하더라도 2010년 대졸자 취업률은 너무 낮다. 결국 이전과 비교하여 2010년에 주당 18시간 이하의 파트타임 노동자, 취업준비자 등이 크게 증가한 것을 알 수 있다.[27] 즉 2010년에 대졸자의 고용 품질이 매우 떨어진 것을 알 수 있다. 여기에 근래에 대학생들이 졸업 이후 실업 상태에 놓일 것을 두려워하여 졸업을 미루고 있는 현실도 고려해야 한다. 한 조사에 의하면 재학 중에 8개월에서 12개월 정도 휴학 등을 하는 것으로 알려져 있다. 물론 재학기간이 길어지는 것이 취업 때문만은 아니다. 학생의 경제 사정, 건강 등 때문에 재학기간이 길어지는 경우도 있을 수 있다. 그러나 최근에 재학기간이 길어지는 것은 주로

6장 다가올 미래, 대한민국의 선택

취업이 잘 안 되기 때문이다. 이 점은 현실의 취업률 통계에 반영되어 있지 않는다는 것이다. 그리고 예전에 고등학교 졸업생이 취업하던 일자리에 대졸자가 취업하는 경우도 적지 않다. 즉 정확한 실상을 알 수 없지만 불완전고용(underemployment)도 분명히 존재하고 있다는 것이다. 그리고 대졸 취업률 통계 자체에는 주당 18시간 이상 일하지만 비정규직 또는 자영업에 종사하는 노동자도 포함되어 있다. 이런 점 등을 종합적으로 고려하면 현실의 대졸 취업 문제, 바꾸어 말하면 실업 문제는 나타난 통계 수치보다 심각하다고 할 수 있다.

교육버블을 지금부터라도 신중하게 다뤄야

왜 이렇게 대졸 취업률이 낮은 것인가? 이 글의 목적이 우리나라 대학교육의 버블을 지적하고자 하는 것이기 때문에 원인에 대한 자세한 분석은 다음 기회로 미룬다. 다만 여기에서는 직관에 의존하여 가장 중요한 원인 두 가지만 지적하고자 한다. 2000년을 전후하여 대학등록금, 특히 국공립대 등록금을 정부가 강력히 통제하기 시작하면서 대학진학률이 크게 상승했다. 대학진학률 상승에는 저렴한 등록금 이외에도 여러 가지 요인이 영향을 미쳤다. 그 원인이 무엇이든 이러한 진학률의 상승은 이제 대학졸업생의 취업에 영향을 미치고 있다고 여겨진다. 4년제 대학생의 경우 2005년을 전후하여 대학에 입학한 학생이 취업시장에 진입한다는 점을 고려하면 2010년에 그 이전 연도와 비교하여 취업률이 급격히 낮아진 것은 대학졸업생의 급격한 증가의 결과로 보인다. 다음으로 대졸자 취업률의 급격한 하락에 기여한 요인은 2008년부터 시작된 세계적인 경제위기이다. 세계적인 불황으로 정상적인 일자리가 줄어들었기 때문이다.

우리나라의 교육비 지출은 어떤가? OECD와 각국이 발표한 자료에 따르면 2007년 현재 민간과 정부가 교육에 지출하는 총비용을 보면 한국 7.5%, 미국 6.4%, 일본 4.3% 등이다.[28] 이러한 수치는 미국이나 일본에 비해 우리나라 교육제도가 매우 고가일 뿐 아니라 비효율적임을 보여준다.[29] 특히 일본에 비한다면 한국의 교육제도는 너무 많은 비용을 쓰고 있음을 보여준다. 이러한 비효율은 각종 규제와 평등주의 때문이다. 국내총생산 대비 교육비 총지출 7.5%라는 수치는 우리나라가 대학 진학이 무료인 튀니지보다도 더 크다는 것을 보여준다. 우리나라도 튀니지, 이집트 등에 못지않게 교육버블이 상당하다는 것을 알 수 있다.

재스민 혁명이 튀니지에서 촉발되고 이집트 등으로 번지게 된 데는 많은 정치·경제적인 요인이 작용했다. 교육버블도 그런 요인 중의 하나일 것으로 보인다. 튀니지에서 대학졸업생이 실업을 비관하여 자살한 직후에 반정부 시위가 폭발한 것은 우연이 아니라는 것이다. 튀니지, 이집트 등과 같은 국가와 우리나라의 정치·경제·사회 환경이 너무 다르기 때문에 직접 비교에는 한계가 있다. 그러나 무료교육 등과 같은 선심성 공약을 남발하여 국민을 현혹하는 것은 매우 위험한 일이기 때문에 교육버블을 지금부터라도 신중하게 다루지 않으면 안 된다는 점을 지적한다. (2011.03.24)

회사법 재개정이 시급하다

전삼현(숭실대 법학과 교수, 기업소송연구회 회장)

2006년부터 본격적으로 추진되었던 상법개정 작업이 약 5년이 지난 올 4월에서야 비로소 통과되었다. 이번 상법개정은 그 어느 때보다도 개정 전은 물론이고 개정 후에도 여전히 많은 논란을 가져오고 있다. 이번 상법개정의 주된 목적은 그동안 시장의 수요에 부응하지 못했던 회사법제를 현대화 하는데 있었다. 그럼에도 5년 가까이 그 목적을 달성할 수 없었던 이유에 대해서는 시장의 수요에 편승한 국회의 정치적 이해관계의 개입 때문이라는 지적들 또한 많았다. 그중에서도 회사기회유용금지, 이사의 자기거래 범위 확대의 도입 등은 여전히 논란의 대상이 되고 있으며, 향후 법 적용 시 많은 논란을 불러일으킬 것으로 예상되고 있다.

경제현실과 법리를 충분히 고려해야

우선 회사기회유용금지규정이 도입되게 된 이유는 이사가 직무상 알게 된 회사의 정보를 이용하여 개인적인 이익을 취득하는 행위를 명확히 통제하고자 하는 데 있었다. 그러나 이러한 취지에도 불구하고 국내기업들이 합작투자와 사업구조조정, 대중소기업 간 자발적 동반성장 사업 등에 지장을 초래할 가능성이 높아졌다는 비판들이 일고 있다. 그리고 이사의 자기거래

범위 확대와 관련하여 이 규정이 개정된 근본적인 이유는 이사가 본인의 이익을 위하여 이사의 친인척이나 그들이 설립한 개인 회사 등을 이용하여 거래함으로써 회사에 불이익을 가하는 것을 차단하기 위한 것이었다. 그러나 이 또한 경제현실과 법리를 충분히 고려하지 않은 법 개정으로서 향후 기업들의 경영활동에 많은 지장을 초래할 수 있다는 우려들이 제기되고 있다. 특히, 주요주주의 범위가 매우 포괄적이고, 이사회승인요건도 지나치게 엄격하여 향후 회사경영활동에 심각한 부담을 초래할 가능성이 높아졌다는 지적들이 많다. 또한 법리상으로도 회사기회유용금지규정의 도입과 자기거래의 범위를 확대한 것은 많은 문제점을 내포하고 있다.

우선, 회사기회유용금지규정은 그 개념이 애매하여 법적용한 혼란을 초래하여 법적 안정성을 초래할 위험이 많다는 지적들이 지배적이다. 즉, 판례를 통하여 회사기회유용의 개념을 정립해온 미국에서조차도 회사기회유용의 개념에 대하여 학자들 사이의 논란이 치열하고 일관된 기준이 확립되어 있지 않다. 독일, 영국, 일본도 판례법상 관련 이론이 형성되어 있는 정도이고 프랑스에서는 회사기회라는 개념이 없다.

문제의 개선을 위해 면책을 인정하는 규정의 신설이 필요

이러한 점에서 볼 때 입법론적으로 개정상법상 회사 사업기회유용규정의 신설은 법리상 부적절한 규정이라고 할 수 있다. 문제의 개선방법이다. 즉, 최선의 방법은 이 규정을 삭제하는 것이라고 할 수 있으나 이미 입법이 되었고, 채 시행도 하기 전에 그 폐지를 논하는 것은 현실성이 없다고 할 수 있다. 따라서 차선책으로는 상법재개정을 통해 법적용상의 혼란을 막기 위해 당해 기회가 회사의 현재 또는 미래의 사업범위에 속하더라도 그 내용이나 절차 면에서 공정성을 확보하고 있다면 면책을 인정하는 규정의 신설이 필요하다고 본다. 그 대표적인 입법례로는 미국의 2003년 개정모범사업법에 존재하는 회사기회유용 면책규정을 들 수 있다. 즉, 회사법 내에 회사기

6장 다가올 미래, 대한민국의 선택

회유용행위라 할지라도 공정성 요건을 법에 명시하고 이를 충족한 경우에는 면책을 인정하는 규정과 불공정성에 대한 입증책임을 원고가 부담하도록 하는 규정의 신설이 필요하다.

또한 회사기회유용을 위해 이사회 승인을 받는 경우 재적이사의 3분의 2의 찬성을 얻도록 한 규정은 시급히 원상태로 회복되어야 하며, 손해액추정규정은 사법의 기본원칙인 실손해배상원칙에 위배되므로 시급히 개정되어야 한다.

또한 자기거래의 범위확대와 관련한 법리상 문제점으로는 계열사 간 거래를 전면 차단함으로써 거래의 안정성을 심하게 침해한다는 것을 들 수 있다. 즉, 현재까지는 이사와 회사 간의 거래를 하는 경우 이사회의 과반 출석에 과반 찬성만 있으면 가능했지만, 앞으로는 이사뿐만 아니라 주요주주, 그리고 이사 및 주요주주의 친인척과 회사가 거래하는 경우도 이사회의 승인을 받아야 하며, 그 승인 결의도 사전에 재적이사 3분의 2의 찬성을 얻어야 하는 등 현실적으로 법 준수가 불가능한 규정이다.

이 규정이 개정된 근본적인 이유는 이사가 본인의 이익을 위하여 이사의 친인척이나 그들이 설립한 개인 회사 등을 이용하여 거래함으로써 회사에 불이익을 가하는 것을 차단하기 위한 것이었다. 물론 입법취지는 이해되지만 입법론적으로 볼 때 자기거래관련규정의 이번 개정은 입법기술상 실익이 없다고 판단되며, 동시에 그 적합성과 타당성, 효율성, 명분 모두를 결한 취약한 입법 작업이 되었다. 이미 세계 각국은 이사와의 자기거래는 이사회 승인을 받도록 하고 있으며, 우리나라도 이를 준수해 왔다. 특히, 우리나라는 다른 나라에는 없는 대규모기업집단에 대한 특별한 규제도 또한 가하고 있다.

따라서 자기거래 규제는 다른 어느 나라보다도 우리나라 법제가 엄격한 실정이다. 그럼에도 추가로 더욱 그 법적규제를 강화시킨 것은 법리상으로 이해가 되지 않는 부분이 너무나 많다. 한시라도 서둘러 이사와 회사 간의 거래에 한하여 이사회 출석이사 과반수의 찬성으로 승인하도록 한 구 규정으로 원상복귀 시키는 것이 시급하다.

형평의 법리에 입각한 입법 작업을 재개해야

어찌되었던 사회가 변하면 법제도도 변화를 해야 하는 것은 당연한 이치다. 문제는 어떻게 변하는가 하는 것이 문제이다. 최근 입법과정들을 보면 이번 상법개정은 물론이고, 전반적으로 경제관련 법들의 입법들이 법리나 경제현실, 경제성장 등과 같은 핵심적 내용에 대한 개선방안이라기보다는 오히려 민심달래기에 치중한 입법 작업들이 핵심이 되고 있는 것은 아닌가 하는 생각이 든다.

그러나 법치주의의 핵심은 형평성이다. 즉, 어느 한쪽에도 치우침이 없는 공정한 입법이 되어야 그 사회와 국가가 건전해지고, 그 성장과 발전 또한 담보되는 것이다. 이러한 점에서 볼 때 최근 상법은 물론이고 경제관련 입법들이 상생 또는 투명성 등을 이유로 지나치게 다수의 이해관계자들을 위한 입법 작업들이 진행되고 있다는 인상이 깊다. 이번 상법개정작업과 향후 선진화된 상법개정을 위하여는 정치적 판단보다는 형평의 법리에 입각한 입법 작업을 조만간에 재개하는 것이 필요하다고 본다. (2011.11.02)

347

개정상법상 준법지원인제도, 원점에서 재검토해야

김광윤(아주대학교 경영대학 교수)

개정 작업 착수 후 6년만인 2011년 4월 14일 상법 회사편(속칭 회사법)의 개정 법률이 드디어 공포되었다. 회사법 개정안은 2005년 법무부에서 회사법개정특별위원회를 구성한 이래 약 2년간 심도 있는 작업을 거쳐 2007년 9월 제17대 국회에 제출하였으나 정치 일정상의 이유로 심의가 종결되지 못하던 중 임기만료로 폐기되었다가 2008년 10월 18대 국회에 다시 제출되었다. 국회심의 과정에서 우여곡절을 겪어 일부 상장회사 특례조항을 중심으로 2009년 일부 개정된 적이 있었으나 회사법의 전반적인 내용은 올 3월 11일에 이르러 국회를 통과했고 정부 공포 후 1년이 경과되는 2012년 4월 15일부터 시행케 되었다.

주요 개정내용은 기업경영의 투명성과 효율성을 높이기 위하여 자금 및 회계 관련 규정을 정비하고, 정보통신기술을 활용하여 주식·사채의 전자등록제를 도입하며, 유한책임회사(LLC)·합자조합(LP) 등 다양한 기업 형태를 도입함으로써 국제적 기준에 부합하는 회사법제로 재편하는 한편, 이사의 자기거래 승인 대상범위를 확대하고 이사의 회사기회유용 금지조항을 신설하여 기업경영의 투명성을 높임으로써 활발한 투자 여건을 조성하고, 나아가 준법지원인제도를 신설하여 급변하는 경영환경에 기업이 적절히 대응할 수 있는 법적 기반을 마련하는 것으로 되어 있다. 본고에서는 상기 내용 중 신설될 준법지원인제도의 문제를 집중적으로 다루고자 한다.

준법지원인제도의 문제점

첫째, 준법지원인 채용 의무규정은 규제의 신설이다. 신설된 상법 제542조의13에 따르면 자산규모 등을 고려하여 대통령령으로 정하는 상장회사는 준법통제기준을 마련하고 이 업무를 담당할 임기 3년의 상근자인 준법지원인을 1인 이상 채용하도록 의무화하고 있다. 이는 준법의 중요성을 인정하더라도 상장회사로 하여금 업무적 부담을 넘어 민간기업의 인사에 간여하여 매년 수천만 원 내지 억대의 인건비 부담(임직원의 지위에 관한 명확한 규정은 없으나 업무결과를 이사회에 직접 보고하고 임면을 이사회 결의를 거치도록 하고 있는 점으로 보아 집행임원급으로 해석됨)을 지우는 규제의 신설로서 현 정부의 규제완화 정책에 역행하는 조치이다. 기업이 필요에 의해 사내변호사(in-house counsel)의 채용을 늘리고 있는 자율성을 존중해 줄 필요가 있다.

둘째, 타국에 입법례가 없다. 기존의 금융회사에 두고 있는 준법감시인(compliance officer)이 아니라 일반 회사에 준법통제를 위해 준법지원인을 두도록 하는 입법례는 세계 어느 나라에도 없다. 이것은 준법지원인제도 도입을 위해 연구용역을 발주한 서울지방변호사회의 최근 연구보고서『상장회사 준법지원인제도 입법화에 대한 연구』(2009)에서 그 입법례로서 일반적인 내부통제제도(internal control system)에 관한 미국·영국·일본 등 주요국의 사례만 제시하고 있는 데서도 알 수 있다. 한편 우리나라 기업이 위법행위를 세계적으로 유별나게 많이 한다는 실증적 자료도 물론 없다.

셋째, 기존의 내부통제 기능과 중복된다. 대학의 회계감사과목에서 강의되고 있는 내부통제의 정의로써 유명한 미국의 COSO 보고서(1992, 2004, 2009)에 따르면 내부통제는 사업운영의 효과성과 효율성, 재무보고의

349

신뢰성, 관련 법규의 준수성을 확보하기 위한 일련의 통제 시스템으로서 여기에는 업무통제, 회계통제, 준법통제의 3대 통제기능이 포함되는데, 준법통제는 그 일부이다. 현재 각종 회사의 내부통제업무는 경영자의 보편적 임무로서 이를 위해 회사별로 감사(또는 감사위원회), 내부 회계관리자, 법무팀 또는 기획팀을 두고 있는 실정이다. 또한 은행, 보험회사, 금융투자업(구 증권회사) 등 금융회사는 '내부통제기준'을 점검하여 감사(또는 감사위원회)에 보고하는 준법감시인까지 두고 있어 신설된 준법지원인에 의한 준법통제는 이들 기능과의 중복을 초래하게 된다. 더 나아가 현행 주식회사의 외부감사에 관한 법률(이하 외부감사법)에 의하면 자산규모가 1천억 원을 넘어 외부감사를 받는 주식회사의 경우, 기업의 내부통제 시스템의 운용과 자체평가에 대하여 외부감사인의 검토까지 받도록 되어 있다.

넷째, 기업의 윤리경영을 위해 관련 자격자를 의무적으로 고용해야 한다는 논리는 맞지 않다. 상법의 관련 규정에 의하면 "법령을 준수하고 회사의 경영을 적정하게 하기 위하여", 또 입법 배경에 의하면 "준법윤리경영의 토대를 마련하기 위하여" 준법지원인제도를 도입하는 것으로 설명하고 있다. 여기에는 우선 준법지원인의 업무범위를 적법성 외에 경영의 적정성(타당성)까지 검토대상으로 한다는 것으로 과연 가능할까 하는 문제와 준법지원인의 자격을 변호사와 5년 이상 근무한 법학교수 등에 국한하고 있는데, 윤리경영의 주된 내용인 비자금 조성과 분식회계 등의 방지를 위해서는 윤리전문가, 공인회계사를 의무적으로 고용해야 하는 문제가 있다.

다섯째, 무리한 변호사의 일자리 창출은 국민에게 저렴한 법률서비스 제공 정책에 역행한다. 준법지원인의 자격을 변호사 등에 국한하고 있는 것에 대하여 얼마 전 도입된 법학전문대학원에서 향후 양산될 변호사들의 일자리 창출을 위한 포석으로 보는 시각이 많다. 만일 그렇다면 이는 절대 안 될 말이다. 당초 사법개혁의 일환으로 도입된 로스쿨(law school) 제도는 선진국에 비하여 적은 변호사 숫자로 인해 국민들의 법률서비스 비용이 과다

하고 인권보호를 받는 문턱이 높은 것을 개선하기 위한 것이다. 당초 취지대로 변호사들의 공급 증가로 소송 수임료가 반감되어 국민의 법률사무소 이용 문턱을 낮추어 주어야 할 것이다.

시행 준비과정서 보완될지는 의문

요컨대 이번 개정상법이 정부 제출안 이외에 의원입법으로 변형되는 과정에서 기업과 국민의 부담을 충분히 고려하지 않은 채 조항이 추가된 준법지원인제도 등 일부 규제로 인해 많은 개선 노력에도 불구하고 논란이 끊이질 않고 있음은 유감이다. 국회통과 후 한때 법사위의 지역이기주의적 입법권 남용 시비 등으로 대통령의 거부권 행사 필요성까지 논의되다가 청와대 내부 변수로 인해 뒤늦게 일단 공포한 후 시행령 마련 등 1년의 시행 준비 과정에서 보완키로 했다는데, 이 제도는 아예 원점에서 재검토해야 할 필요가 있다. (2011.05.23)

"바보야! 문제는 소셜 네트워크 서비스야"

최승재(경북대학교 법학전문대학원 교수)

"바보야, 문제는 경제야(It's The Economy, Stupid!)"라는 선거 표어를 들어본 일이 있을 것이다. 미국 대선에서 클린턴 대통령을 당선으로 이끌었던 캐치프레이즈이다. 아버지 부시 대통령과의 선거유세 과정에서 선거의 판세를 뒤바꾼 이 표어는 매우 함축적으로 국민들이 바라는 것을 잘 표현하였고, 클린턴은 이에 힘입어 백악관에 입성할 수 있었다.

당시 부시 대통령은 재임을 위한 선거였고, 첫 번째 임기에서 걸프전을 성공적으로 수행, 외교적인 역량을 충분히 발휘하여 이를 인정받고 있던 상황이므로 상당히 유리했다. 하지만 경제적으로 침체기에 빠져 있던 당시 상황을 적절하게 이해하지 못했고, 이러한 부시 측 선거 캠페인의 약점을 정확히 파고 들어간 선거 표어의 역작이다. 애초 선거 전략가 카빌(Chester James Carville, Jr)이 상황실(situation room)에 써두었던 내부 표어였다고 하는 이 문구는 초기 부시에게 유리했던 선거의 판세를 뒤집었다.

공화당 정권은 1992년의 패배가 있었음에도 2008년 대통령 선거에서 다시 한 번 비슷한 실수를 했다. 매케인은 자신의 경험과 능력을 이야기했지만, 유권자들은 경제위기 상황에서 자신들의 일자리를 걱정했다. 그들은 이 점에 대해서 소통하고 싶어 했다. 이때 젊은 유권자들을 오바마 투표자로 끌어들인 표어가 "우리는 할 수 있다(Yes, We can!)"였다. 대량해고와 실직의 파고에 힘들어 하던 미국 유권자들은 강렬하면서도 분명한 메시지를 전달하는 대통령 후보였던 오바마의 연설을 듣고 눈물을 흘리면서 "우리는 할 수 있다"고 외쳤다. 그리고 오바마는 2008년, 미국 역사상 최초의 유색인종 대통령이 되었다. 아들 부시 대통령 시절 백악관에서 책사(策士)로 일했던 칼 로브(Karl Rove)는 〈월스트리트 저널〉에 오바마 정부의 경제정책을 비판했고, 실제 오바마가 2012년 대선에서 재선을 노릴 수 있는가는 경제사정에 달려있다고 본다. 여전히 문제는 경제, 특히 고용이다.

재스민 혁명은 바이럴 파워를 잘 보여준 사건

튀니지의 한 무허가 과일노점상의 죽음에서 시작된 북아프리카에서의 민주화 시위는 들불처럼 번져 이집트, 리비아 등으로 이어졌다. 튀니지에서 2010년 12월 17일, 26세의 대졸 과일노점상 무함마드 부아지지가 분신자살했다. 그의 죽음이 기폭제가 되어 튀니지의 높은 인플레이션과 벤 알리의 독재정치에 대한 국민적 분노가 폭발했다. 튀니지 곳곳에 초상화를 걸어두고 지난 23년간 가족 중심의 족벌지배체제를 유지해 왔던 벤 알리 대통령은 시위대의 압력에 굴복하고, 해외로 도피하였다. 그리고 이 민주화 시위는 이집트 무바라크 대통령의 30년 철권통치도 종식시켰다. 무섭기로 소문난 이집트의 비밀경찰도 죽음을 무릅쓴 시위대의 시위를 막지 못했고, 군부가 적극적으로 시위진압에 가담하지 않고 중립을 지킴으로써 무바라크의 통치도 막을 내렸다. 그리고 이제 40년 이상 리비아를 통치해 온 카다피가 퇴진을 요구받고 있다.

다수의 논자들은 이러한 재스민 혁명의 원천으로 소셜 네트워크의 위력을 든다. 페이스북과 트위터로 대표되는 소셜 네트워크 서비스(Social Network Service)와 이를 뒷받침하는 인터넷은 속성상 분권화되어 있다. 중심점의 그 누군가가 전체를 통제하기 어렵고, 만일 어느 지점을 봉쇄한다고

353

하더라도 얼마든지 다른 우회로를 발견할 수 있기 때문에 제어를 하는 것이 사실상 불가능하다. 클린턴 미국 국무장관이 사상 최초로 미국의 해외주재 공관장 전원을 워싱턴D.C.로 불러 모으게 만들었던 위키 리크스(Wiki Leaks)의 등장이 가능해진 것도 인터넷의 이러한 분권적 특성 때문이다. 어산지가 체포되더라도 얼마든지 제2, 제3의 어산지가 등장할 수 있는 공간이 인터넷이다. 그리고 확산의 속도가 매우 빠르고, 공유가 즉시적이다.

이러한 속성은 '바이럴 마케팅(Viral marketing)'이라는 이름으로 불리면서 주요한 마케팅 수단이 되고 있다. 전통적인 일방 전달형 광고에서 쌍방향의 광고로 진화되면서, 소비자가 마케터로 변환되는 이 과정은 기존의 제품 광고에 대한 틀(frame)을 바꾸는 작업이 될 수 있다. 결국 재스민 혁명은 바이럴 파워를 잘 보여준 사건이라고 할 수 있다. 일단 한 번 퍼지기 시작하면 걷잡을 수 없이 퍼져나가는 바이럴의 힘을 재스민 혁명은 잘 보여준다.

2012년 선거는 소셜 네트워킹에 의한 선거될 것

2012년엔 우리나라와 미국에서 모두 대통령 선거가 있다. 소셜 네트워크 서비스가 2011년 초의 재스민 혁명에서 수십 년 간 권좌에 있었던 권력자를 끌어내리는 힘이 되었던 것처럼, 그 반대 방향으로 소셜 네트워크 서비스는 유권자들이 자신들을 팔로잉(following)하게 함으로써 선거의 흐름을 바꾸어 선출이 되도록 하는 힘으로도 작용할 것이다. 이 과정을 이끌어 낼 최고의 표어도 필요할 것이다.

2012년 선거는 우리가 경험할 가장 강렬한 소셜 네트워킹에 의한 선거가 될 수 있다. 결국 네트워크 간의 경합이 승자를 결정할 수 있다는 것이다. 승리는 방향성을 정확히 읽어내는 측에게 미소를 지을 것이다.

(2011.03.14)

● 주

1 "Today, the number of private-sector companies that a country boasts-the United States had 5 1/2 million corporations in 2001, North Korea, as far as we can tell, none-is a better guide to its status than the number of battleships it can muster. It is also not a bad guide to its political freedom" (p.xx). John Micklethwait & Adrian Wooldridge, 『The Company-A Short History of a Revolutionary Idea』, Chronicles Book, 2005.

2 1961년도 한국의 1인당 GDP는 91.6달러, 필리핀은 260.2달러였다. 2009년도에는 한국 1만 7,078달러, 필리핀 1,752달러이다(자료: World Bank).

3 2007년 통계, 여기에서 대기업은 종업원 500인 이상 기준이며, 소기업은 종업원 10~50인 기준

4 이중적 기업정책의 자세한 내용은 음선필 외(2009), 『한국경제의 선진화를 위한 제도개혁 과제』, 한국제도경제학회 참조

5 출산 가능한 여성의 나이인 15세부터 49세까지를 기준으로 한 여성이 평생 동안 낳을 수 있는 자녀의 수

6 류기정(2010), 「제2차 저출산·고령사회 기본계획안의 문제점과 과제」, CEO Lounge, 한국경영자총협회 2010 Monthly Magazine, November.

7 '2011 워킹맘의 육아보고서', 세계일보, 2011. 2. 8.

8 강중구(2011), 「저출산 예산 너무 적다」, LG경제연구원.

9 김민주(2010), 「저출산 유인요소와 대응정책에 관한 분석」, 『한국정책학회보』 제19권 제2호.

10 한국의 베이비붐 세대는 통상적으로 1955년에서 1963년까지 출생한 약 713만 8천 명의 인구를 지칭하는 것으로 정의한다. 우리나라 총인구의 약 14.6%를 차지한다.

11 65세 이상 인구가 7% 이상이면 고령화사회, 14% 이상이면 고령사회, 20% 이상이면 초고령사회로 분류된다.

12 60세 이상 가구주인 가계의 부동산 자산 비중은 85.2%로 조사되었다(통계청, 「2006년 가계자산 조사 결과」를 참조).

13 연금소득을 은퇴 전 소득으로 나눈 수치로 정의된다.

14 보험연구원, 「은퇴 이후의 삶과 노후대책」, 보도자료, 2008. 6. 9를 인용

15 실증분석 결과는 분석에 이용된 자료의 범위나 변수의 종류에 따라 각기 다르지만, 은퇴 이전에 비해 5~20%의 범위에서 소비수준이 감소하는 것으로 나타났다.

16 일본의 실질GDP 성장률은 1980년대 평균 4.7%에서 1990년대 이후 1.2%로 급락하였는데 내수 부진이 하나의 원인임을 지적하였으며, 이는 내수 기여도가 1980년대 4.0%포인트에서 1991~2008년에 0.6%포인트로 급락한 것으로 나타났다.

17 정유사 공급가격과 주유소 판매가격은 유가정보서비스(Opinet)의 주간 가격데이터를 사용하였으며, 원유가격은 미국 EPI의 세계 원유가 가중평균자료에 기초하였다.

18 실제 가격마진은 원료를 제외한 다른 비용과 세금을 차감해야 할 것이다. 이들 기타 요인들은 고정적이거나 판매가에 비례해서 움직이므로 가격마진의 변동 추이에는 영향을 주지 않을 것이다.

19 외국의 사례연구 역시 정유사의 시장지배력이 가장 높은 도매단계에서 가격 비대칭성이 가장 덜 발견된 것으로 나타났다. (Borenstein, Cameron and Gilbert, "Do Gasoline Prices Respond Asymmetrically to Crude Oil Price Changes?", Quarterly Journal of Economics, 1997)

20 정유사와 주유소의 공급마진은 단순히 원료비에 해당하는 원유가와 정유사 공급가를 차감한 것이다.

21 튀니지와 이집트 관련 통계자료는 Joshua Fulton,, "The Education Bubble Is Fuel for Revolt," Mises Daily, February 15, 2011에서 인용

22 오바마 미국 대통령은 미국의 대학진학률이 낮다고 지적하고 한국의 높은 대학진학률을 긍정적
으로 평가한다고 한다. 미국의 대학진학률은 1990년 60.1%, 2000년 63.3%, 2008년 68.6%로서
2008년 대학진학률이 우리나라의 2000년 대학진학률 수준이다. 그러나 우리나라의 대학진학률
은 2000년 이후에 급격히 상승한 반면에 미국의 대학진학률은 지난 18년 동안 8.5% 상승하는 데
그쳤다. 그러나 아래에서 보겠지만 최근 우리나라 대학 취업률이 급격히 낮아진 점을 고려하면
오바마의 우리나라 교육 열의에 대한 평가는 조심스러운 접근이 필요하다. 오바마 대통령의 한
국 교육에 대한 평가와 오바마 교육 참모에 대해서는 한준상, 「한국교사 실력에 감탄하는 오바마
교육 참모」, 조선일보, 2011년 2월 26일자 참조

23 등록금이 너무 높다는 뉴스가 연일 보도되고 있다. 그러나 고려해야 할 것은 상대가격이지 절대
가격이 아니다. 수요가 많을 때는 가격이 높을 수밖에 없다. 그리고 매년 15만 명이 넘는 재수생
의 온존, 사교육의 성행 등은 규제 가격이 자유시장 가격보다 낮을 때 나타나는 현상으로 보인다.

24 연도별 취업률의 출처는 한국교육개발원 「교육통계연보」, 『취업통계자료집』

25 2004~2009년 기간의 고등교육 졸업자 취업률은 [취업자/(졸업자-진학자-입대자-취업불가능자-외
국인유학생)]×100을 계산한 값이다. 2010년은 건강보험DB 연계 취업률로서 [건강보험가입자
/(졸업자-진학자-입대자-취업불가능자-외국인유학생-재외인정자)]×100을 계산한 값이다. 그리
고 여기에서 졸업자란 전년도 8월과 당해 연도 2월 졸업자를 지칭하고 취업자란 조사시점(4월 1
일)에 주당 18시간을 노동하는 정규직, 비정규직, 자영업에 종사하는 노동자를 말한다. 이렇게
보면 2010년 취업률 통계가 2004~2009년 취업률 통계보다 정확할 것으로 짐작할 수 있다.

26 일반적으로 대졸자가 진정한 의미에서 구직단념자가 되기 위해서는 졸업 후 상당한 시간이 흘러
야 할 것이다. 그 점에서 구직단념자는 대졸취업률 통계 작성에는 관련이 없다. 대졸실업률 통계
가 졸업 직후 작성되기 때문이다.

27 이 점은 일반 실업률 통계와 비교하면 알 수 있다. 2010년 전체 실업률 3.4%, 청년(15~29세) 실업
률 7.3%, 대졸 실업률 3.3%, 고졸 실업률 3.8%이다. 여기에서 취업자란 1주간 중에 1시간 이상 일
한 자를 말한다. 단 자영업이나 자기 회사나 농장에 취업하는 경우는 18시간 이상 일한 자를 말한
다. 여기에서는 구직단념자, 취업준비자 등은 비경제활동인구로 분류한다. 본문에서 제시한 대
졸취업률과 이 각주에서 제시한 실업률 간에 차이가 크게 나는 것은 취업자의 정의가 다를 뿐 아
니라 취업준비자, 구직단념자 등을 비경제활동인구로 분류했기 때문이다.

28 이 수치에는 도시를 개발할 때 국공립학교 건립에 관련된 비용을 입주자가 내거나 토지를 현물
로 징수하는 비용은 포함되지 않았다. 그리고 교육 관련 뇌물성 촌지, 뇌물 등도 포함되지 않았
다. 한마디로 공식 통계치는 그 정도를 알 수 없지만 과소측정된 것이라는 것이다.

29 미국의 고등교육 정책을 비판한 것으로는 Cato Institute, "Cato Handbook for Policymakers," 7th
Edition, 2010을 참조

7장

한국경제가 다시 비상하려면

The Market Economy

경제정책 성공의 필요조건과 충분조건

최 광(한국외국어대학교 경제학부 교수, 전 보건복지부장관)

어떠한 경제정책이 성공하고 어떠한 경제정책이 실패하는가? 이 질문에 대한 답은 의외로 간단하다. 경제원리에 충실한 정책은 성공하고 경제원리를 거스르는 정책은 실패한다. 문제는 경제원리에의 충실여부가 경제정책 성공의 필요조건이지 충분조건이 아닌데 있다. 경제원리에 충실한 정책이라 해서 모두 성공하는 것이 아니기 때문이다. 그러면 경제정책 성공의 필요조건인 경제원리는 무엇이고 성공을 보장하는 충분조건은 무엇인가? 오늘날 경제학과 경제학자에 대한 신뢰가 상당히 낮을 것으로 짐작된다. 이러한 낮은 신뢰, 심지어 불신에까지 이른 이유는 현실의 경제정책이 소기의 성과를 달성하지 못하는 경우가 다반사이기 때문이다. 그러나 경제정책 실패는 경제학과 경제학자에게 문제가 있는 경우도 없지 않겠지만 대부분의 경우 일반국민과 지도자들이 올바른 경제원리를 이해하지 못하거나 여타의 제약 때문에 올바른 경제원리를 경제정책의 중심에 자리잡게 하지 못하기 때문에 발생한다.

필자의 판단으로는 우리 국민은 많은 경우 경제에 관한 한 문맹인(文盲人)이다. 더욱 안타까운 것은 국가정책을 다루는 중요한 위치에 있는 사람의 대다수도 경제 문맹인이라는 점이다. 기본 개념을 잘 모르고 정확한 지식이 없이 경제문제에 대해 너무나 많은 사람들이 너무나 많은 이야기를 한다. 경제문맹이 지배적인 상태에서 민주주의라는 미명(美名) 아래, 각자가 자신의 주장을 제약 없이 개진할 때 그 결과는 우리가 상상하기 힘든 비극적 종말로 귀착된다. 경제가 건전하게 성장하는 기본원천이 무엇인지를 모르는 사람들이 경제성장을 촉진하기 위해 제대로 된 정책을 어떻게 제안할 수 있으며, 경제변수들 간의 이론적, 실증적 상관관계에 대한 지식이 없는 사람들이 정책목표와 정책수단을 어떻게 정합성 있게 엮어 현실의 문제를 해결할 수 있단 말인가?

경제정책 성공의 필요조건인 경제 원리를 따라야

경제정책 성공의 필요조건인 경제원리는 무엇인가? 하버드대학의 맨큐(Gregory Mankiew) 교수는 유명한 경제원론 교과서 제1장에서 10개의 경제원리를 제시 설명하고 있다. 예를 들면 사람들은 선택에 직면하고 그 선택 과정에서 하나를 택하면 반드시 다른 것은 포기해야 한다는 것이다. 그런데 우리의 정치 지도자와 정책 담당자들은 경제정책을 수립하는 과정에서 얼마나 이 경제원리를 이해하고 있는가? 물으면 그 정도를 모르는 사람이 어디에 있느냐고 반박한다. 막상 구체적 정책에 이르면 전혀 그렇지 않으면서 말이다. 무상의 복지가 가능하고 모든 것을 동시에 다 할 수 있다고 어떻게 계속 주장할 수 있는가? 거래가 모든 사람에게 이득을 가져온다는 것이 경제원리인데 자유로운 거래를 얼마나 규제하고 있는가? 현실의 거의 모든 정책이 이들 경제원리를 무시하거나 이들 경제원리에 반하는 정책을 내세우면서 그 정책이 성공하기를 바라느냐 말이다.

제대로 된 경제정책 내용 마련이 필요

그러면 경제정책 성공의 충분조건은 무엇인가? 이 질문에 답하기 위해서는 경제정책의 두 가지 구성요소를 이해하는 것이 필요하다. 현실의 경제

359

정책은 경제원리라는 과학적 요소와 지도자의 정치력이라는 예술적 요소의 결합체이다. 그런데 지금까지 정책당국자나 관련 전문가들의 경제정책에 대한 논의는 정책의 과학적 요소인 정책의 내용을 중심으로 진행되었지 정책의 정치적·예술적 요소인 정책의 결정과정 자체의 합리성 여부에 대해서는 제대로 된 논의가 진행된 적이 거의 없다.

국가가 지향해야 할 경제정책의 내용을 제대로 마련하는 것 못지않게 정책의 성공을 위해서는 국민적 에너지를 결집하는 것이 필요하다. 국민적 에너지의 결집은 정책성공의 충분조건이며 이는 정책결정 과정상의 문제이다. 정책결정 과정상의 문제는 첫째 과정의 체제적 구조적 문제, 둘째 정책 입안 과정상의 문제, 셋째 정책자문 방법상의 문제 등 크게 세 가지로 구분되어 논의될 수 있다.

먼저 정책결정 과정 전반의 체제적 문제점으로 첫째 국민의 다양한 욕구가 정책으로 수용되는 창구가 마련되어 있지 않으며, 둘째 정부의 의사결정 방법이 국민의식의 변화 경제규모의 확대 그리고 사회발전 단계에 따라가고 있지 못하며, 셋째 경제정책 간 그리고 정부부처 간 일관성과 조화를 도모하게끔 조직 구조가 구축되어 있지 못하다는 점 등이 지적될 수 있다. 민의의 수렴장인 국회는 존재감을 잃은 지 오래이며 길거리에서 정책 주장을 하고 있다. 특정 정책을 놓고 각 부처 간에 전개되는 밥그릇 싸움이 비일비재하다. 이러한 상태에서 경제정책이 어떻게 성공할 수 있단 말인가?

다음으로 정책입안 과정상의 문제점으로, 첫째 목표 설정에 있어서 가치관이 분명히 인식·설정되고 있지 못하며, 둘째 국민들의 요구가 무엇인지 정확히 파악되지 못하고 있으며, 셋째 사회 전반에 걸친 이해집단간의 상충하는 이해관계를 조정하는 조직이 없으며, 넷째 지시복명적 정책 입안으로 창의성이 결여되고 있으며, 다섯째 중간관리 계층의 검토가 불충분하고 과잉 여과가 이루어지고 있다는 점 등이 있다. 정책 대결은 기본적으로 이념 대결인데 우리나라 주요 정당들은 확실한 이념이 없다. 그래서 정책의 본질이 부각되지 않으며 같은 당이 만들어 내는 정책이 서로 상충하는 경우가 많다.

끝으로 정책자문상의 문제점으로 지적되어야 할 것은, 첫째 많은 전문 연구기관이 설립 운용되고 있으나 고유의 정책개발 업무에 전념하지 못하고 있으며, 둘째 정보를 관료가 독점하여 관련 전문가들조차도 현실적 정책 토의에 실질적으로 참여하여 전문적 정책자문을 하지 못하고 있다는 점 등이다. 국책 연구기관은 국민을 위해 정책 자문을 해야 하는데 당대 정부의 눈치 보기에 여념이 없다. 학자들도 올곧은 정신으로 정책을 다루기보다는 정부 위원회에 참여하고 정부 용역에 참여하기 위해 관의 눈치를 보는 것이 현실이다.

경제원리 부합과 결정 과정의 합리성 모두 충족 필요

경제정책의 내용이 결정된 후 정책의 성공을 위해 국민적 에너지를 결집하기보다는 정책내용의 결정 단계에서부터 국민적 에너지를 결집함으로써 정책의 성공이 더 크게 보장된다. 각종 정책의 수립과정에서 정부가 지나치게 독주하고 전횡을 함이 자주 관찰된다. 각종 정책의 수립과정에서 정부는 문제 또는 필요성만을 제기하여 놓고 여론의 흐름을 느긋이 관찰하는 여유도 가져야 한다.

정부는 가능한 한 문제의 제기에 관심을 쏟고 해결책의 마련은 뒷전에서 조용히 여론의 향방을 주시하되 여론에 끌려서가 아니고 여론을 선도하며 결정을 하는 것이 정책 실패의 가능성을 감소시키고 정부 정책의 성공을 보장하고 신뢰성을 유지하는 방법이다. 정책의 내용을 경제원리에 부합되도록 제대로 만들어 필요조건을 충족시키고 정책결정 과정의 합리성 추구로 충분조건이 충족될 때 경제정책은 성공을 거둘 것이다. 그 결과 지금까지의 병 주고 약 주는 식의 병폐에서 탈피할 것이고 정책이 번복되는 병폐도 사라지게 될 것이다. (2011.12.23)

한국에서 시장의 '경쟁'은 초라하다

이원형(현대경제연구원 연구위원)

경제학을 공부하면서 '보이지 않는 손'의 의미를 곱씹어 본 기억이 있다. 개개인의 이기심을 바탕으로 한 경제활동을 전체 사회의 경제적 이익에 접목시키는 시장의 가격 조정 메커니즘으로 이해하였다. 다시 말하면 개개인의 이기적 행동이 사회전체의 경제 효율을 향상시키는 메커니즘이다. 경제학에선 이를 위해서는 당연히 정부의 규제보다는 시장 '경쟁'을 장려해야 시장이 효율적인 결과를 도출한다고 가르친다. 물론 독점시장이나 과점시장의 담합행위로 시장의 가격조정 메커니즘이 제대로 작동하지 못하여 효율성이 저하된다면 정부의 간섭이 필요할 것이다. '보이지 않는 손'의 의미는 원론적인 지식으로서 대부분의 사람들이 이의를 제기할 것은 아니겠지만, 정부가 간섭해야 할 시점과 간섭의 정도에 있어서는 너무도 복잡한 문제가 될 것이다.

상품가격을 사회적 상황에 따라 결정?

최근 금융권 및 백화점의 수수료 문제가 공평성의 문제와 관련되어 언론매체에 자주 오르내렸다. 그 내용은 은행이 너무 많은 종류의 수수료를 부과하고 있다는 것. 백화점에서 값비싼 명품브랜드에 매장수수료를 낮게 부과하여 높은 수수료를 내고 있는 국내 중소업체들을 차별하고, 판매 가격 대비 너무 높은 수수료를 업체에 부과하고 있다는 것이었다. 또한 중소상인들이 대형업체보다 카드사에 높은 수수료를 지불하고 있다는 점 역시 약자에 대한 사회적 동정 여론을 업고 문제시되었다. 이러한 금융권과 백화점의 수수료 문제는 다가오는 선거철과 맞물려 정치인들 역시 눈길을 둘 만한 사안이었을 것이다.

이에 금융권은 저소득층 대상의 수수료를 인하하는 안을 내놓았고, 중소업체들에게 높은 카드수수료를 부과하여 정부 당국과 여론의 압력 속에 궁지에 몰렸던 카드업체들 역시 수수료를 인하한다는 기본 골조는 잡은 채 손실을 만회하기 위해 카드 소비자들에게 적립되는 포인트를 축소하는 등의 방안을 궁리하고 있다.

나는 개인적으로 이번 금융권의 문제를 몇 달 전 발생한 저축은행 부실이나 비리 문제와 같은 맥락으로 보지 않는다. 부산저축은행비리는 정부의 감독 기능이 무너지고, 도덕성이 해이한 정치경제 인물들이 서로 유착하여 서민들의 주머니를 터는 부도덕함의 극치였다.

그러나 최근에 논의되고 있는 은행권의 수수료 문제는 다르다. 수차례 외환위기를 경험하였던 금융권은 지속가능한 성장과 선진금융기법 도입 등의 경영전략을 수행할 수 있는 안정적인 수익원이 필요했고, 손쉬운 예대마진을 주요 수익원으로 삼는다는 비난을 모면해야만 했었다. 따라서 다양한 금융 상품과 서비스를 개발하였고 금융권의 체질강화 등을 위해 노력하였던 것으로 기억한다. 또한 국내 은행들은 국제금융 변동성에 의한 영향을 최소화하고, 열악한 국내 금융시장의 영업 여건에서 안정적인 수입원을 확보하기 위해 각종 서비스에 대한 수수료를 연구하였고 금융 감독 당국도 수수료 부과 사실을 인식하였던 것으로 판단된다.

과도하고 불공평하게 수수료를 부과하려면 은행, 카드사, 백화점 등이 시장 가격 결정자로서 독점 상태에 있거나 담합을 통해 시장 경쟁을 무시할 수 있을 정도의 가격 조절능력을 갖고 있음을 전제해야 가능하다. 하지만 과연 그들이 현재 시장의 가격 결정 과정을 무시하고 수수료를 결정할 수 있었는지는 의문스럽다. 금융권이 담합하여 여러 종류의 수수료를 부과하였는지, 백화점은 동일한 조건의 매장에 대해 다른 수수료를 양측에 부과할 수 있을 만큼 엄청난 시장 지배력을 갖고 있었는지 그 과정에 대한 설명을 접하지 못하여 함부로 판단하기 어려운 입장이다. 백화점에 입점하는 업체들은 이미 소비자들에게 인정받은 상품을 판매하지만, 소비자의 선호도가 모두 같을 수는 없을 것이다. 또한 국내외 금융권의 경쟁이 심화되고 있고 유통업의 경쟁 및 대형화가 진행되는 상황에서 백화점들이 수수료 부과에 담합하여 다른 매장보다 나은 상품을 자기 쪽 매장에 유치하는 것이 가능한지 생각해본다면, 독점 또는 담합의 문제가 있었다고 판단하긴 어려울 것 같다.

최근의 수수료 조정 과정을 보면서 '한국 시장에서 가격 조정 메커니즘의 역할은 어디까지인가? 과연 존재하는가?' 라는 생각을 하게 된다. 참으로 국내의 시장 '경쟁'을 어떻게 설명해야 할지 난감하다. 일부 시장에서 가격 결정은 2단계의 과정을 거치고 있다. 먼저 생산자와 소비자들의 경쟁을 바탕으로 시장의 가격조절 메커니즘이 작동하여 일차적으로 가격이 결정되지만 이것은 최종가격이 아니다. 최종 가격 결정은 분야별 이익 집단의 움직임에 따라서 조정된다. 이익 집단의 움직임은 서민들의 삶의 질, 비윤리적인 사건의 발생여부, 선거 시기 등 사회적 상황에 따라 달라질 수 있다. 결과적으로 국내에서 상품의 최종가격은 시장의 '경쟁'보다는 소비자단체 등 여러 이익 집단들의 행위와 같은 기타 사회적 상황에 따라 결정되고 있다. 국내에서 진행되는 시장 '경쟁'의 역할은 초라하다.

'보이지 않는 손'이 자유롭게 움직일 수 있이야

지난 저축은행의 비리 사태를 보면, 정부의 감독 기능은 무너졌고, 피해는 모두 서민들에게 돌아갔다. 불공정한 행위가 있었다면 처벌을 받아야하고 비리를 저질렀다면 그 대가를 치러야 한다. 때로는 법제도의 해법으로 잘못을 바로잡고, 비합리적이고 비윤리적인 운영 문제를 일으킨 경영진들과 비리를 저지른 감독관들을 시장 경제에 더 이상 설 수 없도록 하고, 비윤리적인 경영에 의한 서민들의 피해가 반복되지 않도록 대책을 마련해야 한다.

최근 정부와 기업들이 경기활성화, 고용확대 등을 위해 노력하는 모습을 보면서 최근의 경제상황이 생각처럼 풀기 쉬운 것이 아님을 짐작해본다. 하지만 시장 가격의 조절은 사회적 압력으로 해결할 문제는 아니다. 사회적 분위기로 시장 가격이 조절된다면 기업들과 시장에 또 다른 부작용이 발생할 우려가 있다.

지금 우리 사회는 성장위주로 달려온 경제체제를 잠시 정비하는 시간을 갖고 있는 듯하다. 분배에 중점을 두자는 목소리도 높다. 그러나 그 무엇보다도 시장의 기능이 원활하게 작동하는, 다시 말해 '보이지 않는 손' 이 자유롭게 움직일 수 있는 시장이 필요하다. 시장의 가격 결정이 최종가격으로 소비자에게 전달될 수 있는 시스템은 흔들리지 말아야 한다. (2011.11.11)

세상에 공짜는 없다

공병호(공병호경영연구소 소장)

　　　　우리나라에는 유럽의 정치, 경제 그리고 사회 시스템
이나 제도에 호감을 가진 사람들이 많다. 정책을 만들 때면 항상 "스웨덴을
보라, 혹은 북유럽을 보라. 저렇게 잘 살고 있지 않는가, 우리도 유럽을 본
받아야 한다"고 말한다. 유럽모델에 우호적인 생각을 가진 사람들은 항상
한국이 "유럽으로부터 배워야 한다"고 열성적으로 주장한다.

　지난 3월 12일자 〈월스트리트저널〉에는 11년 동안 유럽의회에서 활동
해 온 다니엘 한난(Danniel Hannan) 씨의 의미 있는 기고문이 실렸다. 칼럼
의 제목은 "한 유럽인의 미국에 대한 경고"이다. 영국 출신인 한난 의원은
오바마 대통령이 등장한 이후 미국의 정책 변화를 유심히 지켜본 결과 "더
공정한 미국, 더 참을성 있는 미국, 덜 오만한 미국, 더 열심인 미국"을 표명
하고 있지만, 이를 솔직한 언어로 표현하면 "더 높은 세율, 더 적은 애국심,
더 큰 정부 그리고 국제기관들로의 권력 이동"으로 요약할 수 있다고 말한
다. 그녀는 이런 정책들의 변화를 두고 "나는 요즘 미국인들이 진정으로 유
럽식 모델을 추구하고 있다는 사실을 의심하지 않는다"고 말한다. 이른바
미국의 '유럽화'의 의미와 결과에 대해 그녀는 어떤 생각을 갖고 있을까?

유럽모델로 지속적인 경제성장을 이룰 수 있다는 믿음은 착각

오랜 의회 경험을 통해서 그녀는 많은 사람들이 유럽에 대해 갖고 있는 편견을 이야기하고 있는데, 세 가지로 정리하면 다음과 같다.

첫째, 유럽모델이 지속적인 경제성장과 사회정의를 이룰 수 있다는 믿음은 착각이다. 2차 세계대전이 끝난 이후 유럽이 거둔 성과의 상당부분은 행운 때문이었다. 행운을 가져다 준 요인은 전쟁 피해를 복구해야 하는 특별한 상황, 미국에서 들어온 자본 그리고 당시까지 성실함을 겸비하였던 인적 자원이 있었기 때문에 가능하였다. 하지만 이런 행운이 계속될 수만은 없다. 행운이 다하였을 때부터 유럽의 어려움이 시작되었다는 것이 그녀의 지적이다.

둘째, 유럽이 미국식 자본주의도 아니고 소련식 전체주의도 아닌 제3의 길을 발견할 수 있었다는 것은 사실이 아니다. 이런 주장은 유럽이 지속적으로 더 많은 세금을 거두고 정부의 지출 확대 정책을 합리화하였을 뿐 전혀 새로운 길은 아니다. 흔히 '제3의 길'이라고 주장하는 사람들이 있지만 이런 선택은 결국 큰 정부를 합리화하는 미사여구에 불과하다. 유럽의 선택은 개인으로부터 국가를 향한 힘의 이동을 의미할 뿐이다.

셋째, 유럽은 자신의 선택에 따라 장기 침체와 높은 실업률을 당연하게 받아들이는 사회가 되고 말았다. 한마디로 구조적인 장기 실업이 유행하고 사회와 경제가 모두 침체되는 사회로 나아가고 말았다.

그녀는 이렇게 말한다.

"지난 40년간 경제적 데이터는 명백하다. 유럽은 미국의 삶의 수준보다 점점 뒤처지고 있을 뿐이다. 뿐만 아니라 유럽은 장기적이고 높은 실업률에 적응해 버리는 어이없는 일까지 발생했다. 유럽처럼 정부의 크기를 늘리고, 양적 완화정책을 실행하고, 자유시장에 규제를 늘리자 미국의 실업률도 유럽처럼 높아졌다."

한난 의원은 기고문의 끝에 자신이 이런 조언을 하는 이유에 대해 언급하고 있는데 한 영국인으로 자신의 조상들이 가져왔던 자유와 개인의 권리 및 의무에 대한 확실한 사상들이 이제껏 미국에 잘 스며들어 있었음을 보아왔고, 이들이 잘못된 방향으로 비뚤어지지 않기를 소망하기 때문이라고 말한다. 한마디로 미국이 유럽의 역사적 경험으로부터 배워 실수하지 않기를 바라는 것이 칼럼을 쓴 이유라고 말한다.

단기이익과 장기이익 사이의 균형

불우한 사람을 돕는 일은 의미 있고 필요한 일이다. 하지만 그런 도움이 정치적으로 악용되어 스스로 자활해야 하고, 할 수 있는 사람들에게까지 보조금을 지불하는 정책으로 탈바꿈되지 않아야 한다. 유럽모델은 불우한 사람들을 도와야 한다는 순수하고 따뜻한 소망들이 정치적으로 어떻게 활용될 수 있는가를 보여주는 의미 있는 역사적 경험이라고 생각한다.

유럽 사회의 침체와 구조적인 고실업이 그들에게만 있는 특별한 현상일까? 결코 그들에게만 국한되는 일은 아니라고 본다. 유럽의 경험으로부터 한국 사회도 많은 것을 배워야 한다. 결국 이런 저런 명분으로 누군가를 도와야 한다는 주장들이 정책화되고 늘어나는 보조금을 확보하기 위해 한국도 역시 더 많은 세금, 더 큰 정부를 선호하게 될 가능성이 높아지게 될 것이다. 혜택을 보는 사람에겐 달콤함 그 자체이겠지만 경제에 건너뛰는 법은 없다.

어떻게 이런 추세를 막을 수 있을까? 결국 사람들이 단기이익과 장기이익 사이에 균형을 유지할 수 있는 현명함을 가져야 하는데, 이것이 쉽지 않다. 더욱이 한국 사회는 지적 토대나 역사적 경험에서 이런 추세를 막기엔 허약한 사회이다. 그럼에도 불구하고 자유와 개인의 권리 및 의무를 중시하는 것이 번영으로 가는 길임을, 누군가 적극적으로 설득하는 일을 맡아야 할 것이다. (2011.04.04)

잘못된 경제인식의 전환이 필요하다

윤상호[1] 이재승[2]

경제에 대한 잘못된 인식이 총체적 난국으로 표출되고 있다. 지난 연말 롯데마트의 통큰치킨 출시로 불거진 닭튀김의 적정가격에 대한 논란에서부터 새해벽두 대통령의 발언으로 시작된 휘발유 가격에 대한 토의와 원가조사까지 현 정부 인사들의 경제인식이 바닥 수준에 있다는 것이 표출되고 있다. 더불어 장하준 캠브리지대 교수가 쓴『그들이 말하지 않는 23가지』는 대중매체로부터 칭송을 받고 많은 부수의 판매로 이어지며 기본적 경제상식과 논리에 충실하지 못한 현란한 미사여구로 많은 사람들을 현혹하고 있다.

이러한 두 가지 현상만 보더라도 수많은 정치적, 경제적 그리고 사회적 문제가 산재해 있는 대한민국의 2011년 한해가 정확한 논리에 근거를 두지 못한 근시안적 포퓰리즘 정책들로 얼룩지는 게 아닌가 걱정이 앞선다.

사실 통큰치킨으로 불거진 적정가격 논란과 그 대처방법들, 그리고 장하준 교수가 대표적으로 주장하는 보호무역은 경제학 입문 시 꼭 배워야 하

---

1) 미국 Orange County, California에 위치한 Chapman University의 Argyros School of Business and Economics 조교수
2) 삼성SDS 환경전략그룹 수석컨설턴트, 경제학박사, 본 칼럼의 내용은 집필자의 개인 의견으로서 삼성SDS의 공식 견해와는 무관함

지만 자주 무시되는 기본적 경제원칙에 충실치 못한 결과물들이다. 이는 첫째, 시장가격과 가치는 시장 원리인 수요와 공급의 법칙에 의해 결정된다는 것과 둘째, 시장거래나 국제교역은 서로 뺏고 빼앗기는 약탈적 거래가 아닌 상호 간 이익이 되는 교환이라고 정리할 수 있는 대표적 경제원칙에 대한 오류의 산물이다. 하지만 이 경제원칙들은 소위 '그들'로 통칭되는 '주류경제학(mainstream economics)'에 맞서 궐기하는 투사의 이미지 구축에 더 열광해 많은 경제학자들까지 무시하고 있으니 어쩌면 많은 사람들이 오해하고 논란에 동참하고 있는 게 당연할 수도 있다.

인위적인 수치로 계산할 수 있는 적정가격은 없어

통근치킨이나 휘발유의 적정가격 논란은 마치 재화의 가격과 가치가 생산원가에 기인해 공급자에 의해서만 정해진다는 오류에서 시작된다. 결론부터 말하면 이 말은 틀렸다. 또한 인위적인 수치로 계산할 수 있는 적정가격은 없다. 아니 더 정확하게 말하면 강요된 매매가 이루어지지 않는 한 수요와 공급의 법칙에 따라 시장에서 통용되는 가격은 모두 적정가격이다. 원가에 얼마의 수익을 덧붙여 적정가격을 산정할 수 있다는 가산적 가격설정법에 대한 잘못된 인식은 보편적 거래에서 소비자가 판매자에 의해 정해진 가격에 물건을 구매하는 현상을 보고 마치 모든 재화의 가치나 가격을 공급자가 정하는 것으로 간주하며 수요의 법칙을 무시하는 오류이다.

호텔에 투숙할 때 객실 내 냉장고에 비치된 음료 등을 꺼내 마시는 경우가 있다. 주변 편의점들보다 훨씬 비싼 가격에 제공되고 있다는 것을 알고도 편리함 때문에 그렇게 하는 사람들이 많다. 물론 불편함을 감수하고서라도 주변 편의점을 이용하는 사람도 있다. 통큰치킨도 마찬가지다. 오전부터 발품을 팔아 긴 줄을 서서 기다린 끝에 싼값에 통큰치킨을 구입하는 사람도 있을 테고 집에 편하게 앉아 전화 한통으로 주문배달해 먹는 사람도 있을 것이다. 이렇듯 음료나 닭튀김 등에 여러 구매층이 형성되는 대표적인 이유는 소비자 간 시간의 효용성 및 시간에 대한 기회비용이 다르기 때문이며, 이는 각기 다른 지불의사 그리고 다양한 가격의 가능성으로 이어진다. 즉, 가격은 생산자와 판매자들에 의한 공급의 법칙만이 아니라 소비자의 기호를 표출하는 수요의 법칙과 함께 결정된다.

적정가격 논란을 둘러싼 현 정부 인사들의 발언과 원가조사 조치는 가산적 가격설정법으로 가격이 결정된다는 잘못된 경제논리에서 시작된다. 만일 그 발언들과 조치가 올바르고 수요의 법칙을 무시한 재화의 적정가격 산정이 가능하다면 모든 호텔이 음료로 폭리를 취하거나 편의점은 손해를 본다는 얘기이며, 한국방문의 해를 기념해 실시하고 있는 '2011 Korea Grand Sale'에 참여한 업체는 기존에 폭리를 취해 왔거나 현재 밑지고 팔도록 강요받고 있다는 얘기다. 또한 '통큰치킨'의 구매자가 발품을 파는 현상은 그들이 '미끼상품'에 속아 '충동구매'하는 우매한 존재가 아닌 금전 대비 시간의 효용성을 이해하는 합리적 소비자라는 것을 반증하는 것이기도 한다. 경제적 가치와 가격은 흔히 오해하는 것처럼 공급자나 판매자에 의해서만 정해지는 것이 아니다. 소비자들이 외면하는 재화는 생산자의 원가와 노력이 얼마가 들었든지 간에 그 가치와 가격은 0원이다.

시장거래와 국제교역은 상호 이익이 되는 교환이다

또 다른 논란의 중심에는 시장거래나 국제교역을 마치 서로 뺏고 빼앗기는 약탈적 거래로 간주하고, 특히 경제력이 앞선 선진국과의 무역은 보호가 필요하다는 주장이 있다. 결론부터 얘기하면 이 말도 틀렸다. 시장거래의 구매자–판매자 간의 경쟁 그리고 국제교역의 국가 간의 경쟁을 마치 특정 산업 내의 경쟁과 같은 것으로 간주하는 오류의 결과이다. 이는 또한 경제학의 기본원칙 가운데 하나로 자리 잡은 비교우위의 법칙을 무시하고 절대우위만으로 시장거래나 국제교역의 이익이 결정된다고 보는 것이다.

보호무역의 주장에는 자유무역의 열매가 경제규모나 능력 또는 수준이

비슷해야 교역하는 쌍방 모두에게 돌아가므로 아직 선진국과의 자유무역체제를 현실적으로 도입하기에 시기상조란 말이 꼭 덧붙는다. 경제학적 소양이 부족한 것인지 아직 필자는 비교우위 법칙의 이러한 전제조건을 들어본 적이 없다. 또한 만일 이러한 주장이 옳고 자유무역의 열매가 비슷한 경제력을 필요로 한다면 국내에서 독보적인 경제력을 과시하며 절대적 경제우위의 강자로 군림하는 서울 및 경기도와의 교역에 나머지 지방이 보호무역조치를 취해야 한다. 교역이나 무역의 규모가 커지고 복잡해진다고 그 열매의 귀속은 어느 쪽에 절대우위가 있느냐로 결정되지 않는다. 19세기 초 리카르도가 비교우위의 법칙으로 우리에게 알려준 것처럼 그 대상이 국내 지방이든 국가든 시장거래와 국제교역은 서로 뺏고 빼앗기는 약탈적 거래가 아닌 상호 간 이익이 되는 교환이다.

또한 약탈적 관점으로 거래와 교역을 보고 그 혜택이 경제적 절대우위를 장악한 당사자에게만 돌아간다는 시각은 종종 수출은 선이고 수입은 악이라는 선입견으로 표출된다. 전혀 그렇지 않다. 비교우위의 법칙이 우리에게 말하는 것은 수출을 통한 외화벌이는 국내에서 생산하는 것보다 좀 더 싸고 질 좋은 수입물품의 값을 치르기 위한 도구일 뿐 교역의 목적이 아니라는 것이다. 국제교역, 즉 무역의 목적은 수입이다. 자유무역의 혜택은 흔히 거론되는 것처럼 해외시장 확대로 외국 기업과의 경쟁에서 유리한 고지를 선점하고 이기는 것이 아니고, 수입을 통해 보다 다양하고 유용한 물건들의 접근성을 향상시켜 국민의 삶과 복지를 좀 더 윤택하게 증진시키는 데 있다.

시장경제를 약육강식의 장으로 치부하는 시각은 곤란

아주 간단한 몇 가지 경제원칙에 충실하고 그 인식을 조금 바꾸면 많은 오류에서 자유로울 수 있다. 시장의 결과물이 자신이 원하는 게 아니거나 그 기능에 문제점이 표출된다고 보이지 않는 손을 무시하고 정부의 보이는 손만 쳐다보며 치켜드는 것은 올바른 해결책이 아니다. 모든 문제의 핵심을 사회적 강자와 약자 같은 계층 간의 갈등에서 찾고 시장경제를 약육강식의 장으로 치부하는 시각은 더더욱 곤란하다. 우리가 오해하고 시장을 탓하는 문제들은 사실 시장 자체의 문제이기보다 그 기능을 충분히 활용하지 못하고 말썽을 부리도록 만드는 불필요한 개입으로 만들어지는 경우가 많다. 사회적 갈등의 소지가 많은 사회적 현안들이 산재한 지금이 원칙에 충실한 경제적 사고와 인식으로 전환하고 해결책을 모색해야 하는 시점이다.

(2011.03.23)

케인즈적 처방전의
시대가 저물고 있다

윤창현(서울시립대학교 경제학과 교수)

팽창적 재정정책과 통화정책은 1929년 대공황을 거치면서 제시된 처방이었다. 당시 다우존스 지수가 90% 정도 하락하여 주가는 10분의 1 수준이 되고 실업률이 25%까지 치솟는 상황에서 정부가 직접 경제에 개입하는 새로운 처방전이 제시된 것이다. 미국의 루즈벨트 대통령과 영국의 경제학자 케인즈가 합세하면서 제시된 이 처방전은 상당한 인기를 끌었고, 수정자본주의라고 불리는 움직임으로 정리가 될 정도로 영향력을 발휘하였다.

소비 투자 정부지출 순수출이 경제의 총수요항목을 구성하는 주요한 구성요소라고 할 때 극심한 불황이 오면 소비 투자 순수출이 모두 하락하면서 경제는 나락으로 떨어지게 된다. 물론 이때 총수요가 급격히 하락하면 가격변수가 조정되면서 물가가 하락하고 하락한 물가로 인해 수요가 창출되는 수도 있지만 이러한 가격조정 메커니즘은 잘 작동하지 않는다는 주장이 케인즈에 의해 설득력 있게 제시되었다. 자본주의 경제에서 가격변수는 올라갈 때는 잘 올라가지만 떨어질 때는 잘 안떨어지는 하방경직성이 존재한다는 것이다.

결국 정부가 나서서 돈을 찍어내고 재정적자를 내면서 정부지출을 늘이는 수량조정으로 가야만 위기가 극복된다는 주장이 설득력을 얻었고 결국 이러한 적극적 정부개입정책이 일반화 되면서 경제는 다시 회복의 기미를 보이기 시작하였다. 물론 회복이 진행되다가 곧 이어 터진 2차대전이 엄청난 전쟁특수를 야기하면서 미국경제의 회복은 가속화 되었고, 미국은 전시 하에서 연간 재정적자규모가 GDP의 30%에 달할 정도로 지출을 늘렸고 결국 아이러니하게도 전쟁이 경제를 회복시키는 상황이 도래되었다.

재정적자를 수반하는 케인즈적 처방은 결국 부작용을 몰고 와

2008년 글로벌 금융위기를 경험하면서 세계 각국은 즉시 케인즈적 처방전을 도입하였고 재정적자를 기록하면서 지출을 늘리고 양적 완화를 통해 돈을 찍어내는 식의 팽창적 정책으로 전환하였고 위기는 조기에 극복되는 것으로 보였다. 하지만 문제는 이러한 처방전이 초기에 효과가 있는 듯 보이더니 곧이어 엄청난 부작용을 몰고 왔다는 점이다. 그 사이에 세계 경제의 체질이 바뀌어 버린 것을 고려하지 못한 것이다. 가장 큰 변화는 대공황 이후 현재까지 선진국을 포함한 각국 정부들이 재정적자를 무서워하지 않고 남발하면서 국가부채규모를 엄청나게 늘였다는 점이다. 불황 때 재정적자를 통해 경기를 부양하고 나면 빚이 늘어나는데 이를 제대로 관리하지 못했다. 호황 때 세금을 더 걷어서 빚을 갚지 않고 복지 재정 등 늘어나는 재정수요를 충당하느라 돈을 쓰면서 빚을 줄이지를 못하니 한번 쌓인 빚은 계속 유지가 되다가 불황이 오면 재정적자를 기록하면서 빚이 더 증가하는 악순환이 반복된 것이다.

금융시장의 발달도 일부 요인을 제공하였다. 시장중심 금융 하에서 펀드투자 등이 활성화되면서 정부발행 국채는 초우량상품으로 취급되었고 국채가 금융시장에서 너무도 쉽게 소화되다보니 정부는 빚이 늘어나는 부분에 대한 감각이 무디어져 버렸다. 그러나 빚이 늘어나다보면 결국 문제가 되는 순간이 찾아온다. 글로벌 금융위기 하에서 정부가 빚을 늘이면서 경

375

기부양을 하다가 남유럽 국가들에 있어서 국가부채에 대한 경고와 우려가 현실화되면서 국채가 안전하지 않다는 인식이 확산되었고 이러한 인식이 세계 경제로 확산되면서 이제 글로벌 금융위기는 글로벌 국가채무 위기라는 초유의 국면으로 전환되기 시작하였다.

빚 무서운 줄 모르고 써대다가 결국 한순간에 폭삭하는 소리가 나는 모습을 보며 가계와 기업만이 아니라 정부도 이제는 빚을 무서워할 줄 알아야 한다는 뼈저린 교훈을 얻게 되는 것이다. 게다가 돈이 풀리면서 물가까지 폭등하고 있고 시위와 폭동이 선진국에서 나타날 정도가 되어버린 것을 보며 이제 케인즈적 처방이 그 수명을 다하고 있다는 느낌을 지울 수 없다.

균형재정의 원칙을 지키는 범위 내에서 정책이 수행되어야

이제 경제정책을 실행함에 있어서 재정정책의 역할은 상당 부분 제한이 되어야 할 것이다. 위기가 와도 함부로 적자를 내서는 안되며 정부가 100을 걷으면 100만큼만 지출해야 한다는 평범한 균형재정의 원칙을 지키는 범위 내에서 정책이 수행되어야 하는 것이다. 만일 무분별한 적자가 나타난다면 이는 금융시장에서 즉시 응징을 당할 것이며 적자가 일정 범위를 벗어나거나 하는 경우 지체 없이 문제제기와 시정조치가 가해질 것이다.

이렇게 보면 이제 정부정책은 금융통화정책을 중심으로 이루어져야 한다는 면에서 상당한 제약이 가해질 수밖에 없다. 재정정책과 금융정책의 두 팔이 존재하다고 하지만 한쪽 팔은 매우 제한적으로만 사용해야한다고 할 때 정부정책 자체의 한계성이 상당 부분 가시화 되는 것이며 이러다보면 금융통화정책 자체도 그만큼 신중하게 사용되어야 할 것이다.

이제 정부정책의 역할과 범위에 제한이 오고 있는 만큼 민간 경제의 역할 증대가 이루어져야 하는 상황이 역설적으로 도래하고 있다. 케인즈적 처방전이 극심한 부작용을 초래하면서 폐기수순을 밟고 있다고 할 때 그 대안은 무엇인지, 나아가 민간부문의 역할이 어떤 식으로 증대되고 제고되어야 하는 지에 대한 논의가 보다 활발하게 이루어지면서 문제의 본질을 다시 한 번 짚어보아야 할 필요가 증대되고 있는 것이다. (2011.09.02)

신라면블랙 시정명령,
가격규제 블랙코미디의 진수

조성봉(한국경제연구원 선임연구위원)

지난 27일, 공정거래위원회(이하 공정위)는 1999년 이후 12년 만에 이례적으로 표시광고법 위반으로 제재조치를 내렸다. (주)농심이 신라면블랙에 대하여 허위·과장의 표시와 광고를 한 것으로 인정된다며 시정명령을 내리고 1억 5,500만 원의 과징금을 부과한 것이다. 공정위의 보도자료는 (주)농심이 제품포장지에 표시한 내용과 34개 신문을 통하여 광고한 내용을 상세히 분석하고 과징금 부과의 이유와 그 기대효과를 설명하고 있다. 공정위의 신라면블랙에 대한 시정명령은 지난해부터 시작한 정부의 가격규제와 이를 회피하기 위한 기업들의 숨바꼭질이 낳은 이 시대 최고의 '가격규제 블랙코미디'로서 전혀 손색이 없다. 경제학 산업조직론 교과서의 사례연구로 박스 처리할 수 있는 좋은 교재감이다.

정부가 규제하면 기업들은 대응하게 마련

어떤 이유에서건 정부가 가격을 규제할 때 기업들은 이에 대해 여러 가지 형태로 반응한다. 정부의 가격규제로 수지가 맞지 않는 경우 가장 흔한 기계적인 반응은 공급량을 줄이는 것이다. 공급이 수요보다 모자라서 초과수요가 나타나게 되므로 암시장이 발달되고 여기저기서 긴 줄을 서기도 한다. 할 수 없이 할당이나 배급을 하기도 하고, 상품의 품질을 떨어뜨리기도 한다. 규제된 가격하에서는 도저히 채산성을 맞출 수 없으니 품질을 떨어뜨려서라도 물량을 맞춘다는 것이다. 이 밖에도 기업들, 아니 정부부처와 공공기관들까지도 자주 쓰는 방법 중의 하나는 바로 새로운 브랜드를 만들고 여기에 높은 가격을 매겨서 가격규제를 우회하는 것이다. 이렇게 해서 브랜드가 많아지게 되는 것을 '브랜드 프롤리퍼레이션(brand proliferation)'이라고 부르는데, 이런 현상이 나타나면 어디선가 정부의 가격규제가 있음을 짐작할 수 있게 된다.

정부가 물가관리를 위해 라면이나 과자류와 같은 다양한 가공식품의 가격까지 관리하자고 나선 것은 참으로 오랜만이다. 과거 개발연도에 정부가 자장면, 라면, 치약과 같은 서민물가를 규제하는 바람에 이를 피하기 위해 라면의 품목도 소고기라면, 짬뽕라면, 해물라면 등으로 늘어나게 되었다. 뿐만 아니라 각종 약품도 가격을 규제하는 통에 박카스F, 사리돈A 등으로 브랜드를 바꿔가면서 가격을 올릴 수밖에 없었다.

공무원들이나 공공기관 종사자들의 월급명세서를 들여다보면 비슷한 현상이 나타난다. 본봉 외에 직무수당, 가족수당, 가계지원비, 교통비, 체력단련비 등 다양한 명목의 수당과 지급항목이 눈에 띈다. 공무원 수당은 무려 49종에 이른다. 왜 이렇게 월급명세서가 복잡해졌는가? 바로 임금 가이드라인 때문이다. 매년 정부는 공무원과 공공기관 임직원 연봉의 인상률을 특정 수준 이하로 규제했는데, 훌륭한 인재를 두고 민간 부문과 경쟁할 수밖에 없는 정부나 공공기관이 임금을 간접적으로 올리는 방법으로 이 같은 월급명세의 '브랜드 프롤리퍼레이션'이 사용되었던 것이다.

그러나 공급부족, 암시장, 배급제, 품질저하, 브랜드 프롤리퍼레이션 또는 리뉴얼 제품을 문제의 본질로 보아서는 안 된다. 문제의 핵심은 정부가 자연스러운 시장의 수급조절 기능을 무시하고 가격을 규제하였기에 나타난 것이다. 경제주체는 인센티브와 수익성을 따라서 움직이게 마련이다. 경제주체의 움직임을 비난할 것이 아니라 처음부터 이들을 그렇게 만든 정부의 규제가 무엇인지 생각해 봐야 하는 것이다.

이번에도 예외는 아니다. 연초부터 정부가 물가관리를 위해 기름값을 압박하더니 각종 가공식품의 가격도 올리지 못하도록 시장을 감시하자 기업들로서는 기존 제품의 가격을 올리는 것이 눈치가 보이므로 새로운 제품을 선보이고 가격을 올렸던 것이다. 공정위는 이를 '리뉴얼을 통한 편법 인상'이라고 하지만 기업들로서도 가격규제에 따라 자구책을 펼 수밖에 없었던 것이다. 그렇다고 해서 예전에 공급하던 신라면이라는 브랜드가 없어진 것도 아니다. 가격에 민감한 소비자는 예전처럼 신라면을 구입하면 되므로 이를 편법인상이라고 몰아붙이는 것도 어폐가 있다.

소비자들이 설렁탕으로 알고 구매했을까

공정위 보도자료의 내용이 무엇보다도 흥미롭다. 공정위는 신라면블랙이 제품포장지에 표시한 내용과 34개 신문을 통해 광고한 내용 중에서 '설렁탕 한 그릇의 영양이 그대로 담겨 있다'라는 표시와 '신라면블랙은 탄수화물, 지방, 단백질의 비율이 가장 이상적인 영양균형을 갖춘 제품'이라는 표시가 과장된 것으로 인정되었다고 밝혔다. 또한 '탄수화물, 지방, 단백질의 가장 완벽한 영양밸런스는 60:27:14이며, 신라면블랙은 그 비율이 62:28:10으로 완전식품에 가까운 식품'이라는 광고는 허위인 것으로 인정되었다고 밝혔다. 결국 공정위는 이 같은 '조사'를 통하여 보도자료의 제목처럼 결국 '신라면블랙은 라면일 뿐, 설렁탕과는 달랐다'라는 사실을 소비자에게 상세히 알리려고 노력하였다.

신라면블랙은 4월 15일 판매를 시작한 이래 두 달 만에 매출이 160억 원을 넘어선 히트상품이다. 정용진 신세계 부회장이 자신의 트위터에 "신라면블랙 시식 중, 사골 국물 맛이 좋다"고 평한 후 "결국 밥 한 공기 투입"이라며 싹 비운 라면그릇 사진을 올림으로써 많은 사람들의 호기심을 자아내기도 하였다. 그러나 소비자들이 신라면블랙이 설렁탕과 다르다는 것을 몰랐을까? 더욱이 설렁탕 성분과 영양효과에 미혹되어 신라면블랙을 160억 원어치 구입했다고 보아야 할 것인가? 비록 값이 조금 비싸다고 하더라도 라면은 라면일 뿐이다. 이는 소비자도 알고 공정위도 아는 사실이다.

우리가 TV광고를 보면 여러 가지 '허위' 와 '과장' 이 판을 친다. 시원한 음료수를 마시면 주변 세상이 달라지기도 하고 자동차가 절벽을 올라가기도 한다. 그러나 이를 시청자나 소비자가 믿을 것이라고 광고하는 사람도 없고, 이를 사기라고 고발하는 사람도 없다. 신라면블랙의 제품포장지에 표시된 영양성분 자체에 대한 정보가 잘못된 것은 아니었다. 공정위가 문제 삼은 것은 "설렁탕의 영양이 그대로 담겨 있다"라는 표현을 문제 삼은 것이다. 공정위는 밥을 포함한 설렁탕의 영양가를 신라면블랙의 포장지에 제시된 영양가와 비교하여 탄수화물은 78%, 단백질은 72% 수준밖에 안 되지만 나트륨은 1.2배나 된다고 하면서 과장광고라는 것이 인정된다고 밝혔다. 그러나 라면의 영양가와 설렁탕의 영양가를 비교하면서 설렁탕에는 밥까지 포함하여 비교한 것은 아무래도 개운치 않다.

문제는 이렇게 자질구레한 일까지 하는 공정위의 의도이다. 공정위는 올해 초 실로 오랜만에 물가잡기에 나서면서 예전 개발연도의 물가단속 기관으로서의 모습으로 되돌아갔다. 시장감시국 등이 참여하는 '가격불안품목 감사 · 대응 태스크포스' 를 사무처장 직속으로 설치했다. 사후대응 중심의 시장감시 방식에서 벗어나 가격인상 분위기를 억제하기 위한 사전대응을 강화하겠다고 밝혔다. 또한 물가불안 품목에 대한 상시감시를 강화하고 가격인상을 유발하는 담합이나 리베이트 등도 조사 · 처리하겠다는 뜻도 밝혔다. 이처럼 서민생활 관련 가격불안에 대처하면서 공정위는 두유 · 단무지 · 고추장 · 치즈 등 관련 식품업체와 정유 4사의 주유소 나눠먹기 담합을 적발하였고 (주)오뚜기의 대리점에 대한 할인판매 통제행위를 적발하는 등 가격인상을 억제하기 위해 예년에 보기 드문 행정력을 동원하고 있다.

가격규제를 피해 간 괘씸죄를 응징한 것으로 보여

이런 와중에 기업들이 가격규제의 어려움을 회피하기 위하여 새로운 제품을 내놓게 된 것을 공정위가 곱게 볼 리 없다. 그러나 제품에 대한 가격을 제시하는 것은 시장경제에서 기업의 고유권한이다. 정부가 개입해서 가격을 규제하는 경우는 자연독점을 인정하는 전력, 상하수도, 가스, 통신, 철도, 지역난방 등 공익산업과 금리를 규제하는 금융산업 말고는 없다. 이 외의 산업에 대해서는 일반적인 시장에서의 경쟁원리에 맡기는 것이다. 다만, 충분한 경쟁이 이뤄지지 않아 높은 가격이 나타나는 경우에 대비하여 독점과 담합을 감시하는 것이다. 따라서 라면시장에서의 가격결정이 독점력이나 담합에 의한 것이 아니라면 사업자가 가격을 결정할 권한을 존중해야 하는 것이다. 더욱이 새로운 제품의 가격을 규제할 수는 없는 일이다. 원가가 얼마이며, 마진이 얼마인지를 따져서 가격을 규제한다면 이는 벌써 시장경제를 포기하는 것이다. 공정위도 이런 식으로 가격을 직접 규제한다고 할 수는 없는 노릇이니 '허위·과장' 광고에 대한 징계수단으로 가격규제를 피해 간 괘씸죄를 응징한 것으로 보인다. 시장경제와 자유로운 경쟁을 주창하여야 할 공정위가 과거 물가반장으로 돌아가서 가격을 규제하고 12년 만에 표시광고법 위반 제재조치를 내리면서까지 이를 우회한 기업을 벌준 셈이다.

공정위는 "신라면블랙은 라면일 뿐, 설렁탕과는 달랐다"라는 제하의 이번 보도자료 말미에 시장에 대한 아주 흥미로운 논평까지 '보너스'로 선사하는 센스(?)를 보여주었다. 즉, 신라면블랙이 경쟁제품이나 기존의 신라면에 비해 품질이 향상된 정도에 비해 책정된 판매가격이 매우 높으므로 시장에서 경쟁력을 유지하기가 어려운 상황이라는 것이다. 이번 조치가 신라면블랙이 설렁탕이 아니라는 점을 확실히 가르쳐 줌으로써 우매한 소비자를 일깨운 것인지, 아니면 공정위의 '노력'에도 불구하고 소비자가 계속 신라면블랙을 찾음으로써 그 경쟁력을 확인시켜 줄 것인지는 앞으로 지켜볼 일이다. 이번 여름은 예년보다 더 더울 것이라는데, 좋은 구경거리가 하나 생긴 것 같다. (2011.06.29)

왜 블록버스터 영화만 흥행에 성공할 가능성이 높은가?

손정식(한양대학교 경제학과 교수)

우리나라 영화시장이 외국영화에 의해 완전히 지배당하지 않아서, 관람객들이 관람료 8,000원만 내면 외국영화뿐만 아니라 국산영화들을 적어도 90분 이상 즐길 수 있다는 것은 여간 다행스러운 일이 아니다. 영화 관람객들이 이렇게 상대적으로 비싸지 않은 값으로 문화생활을 향유할 수 있게 된 것은 어려운 제작환경 하에서도 국산영화가 계속해서 만들어져왔기 때문이다.

영화관람료 개선은 어려운 영화산업의 타개책

영화진흥위원회는 지난해 출시한 한국영화 81편 가운데 5편만 흑자라며, 그것은 할리우드 블록버스터(대작 영화)의 흥행에 밀려 상대적으로 저조한 흥행성적을 기록한 결과라고 발표했다.[1] 올 해에도 상반기 출시 영화 25편 가운데 11편, 즉 44%가 제작비는 커녕 마케팅 비용도 회수하지 못한 빅로스(big loss) 영화이며, 흑자를 본 영화는 겨우 21%라고 한다. 더욱이 개봉 영화의 평균 관객수도 지난 3년간 매년 감소하고 있다.[2] 이러한 영화산업의 어려운 현실을 타개할 방안 가운데 하나로 영화 관람료, 즉 가격제도를 개선해 보는 것을 생각해 볼 수 있다.

비록 법적으로는 영화 관람료를 배급사를 포함한 제작사와 극장들이 자유롭게 결정할 수 있다고는 하지만, 현실적으로 영화 관람료는 영화의 품질이나 생산비와 관계없이 지난 수 년 동안 기본적으로 동일가격(uniform price) 수준으로 오랫동안 유지되어 오고 있다. 현재 메가박스와 같은 호화시설을 갖춘 영화관이나 스크린이 몇 개 밖에 없는 규모가 작은 영화관이나, 초호화 배역의 메가톤급 영화이든 무명 신인 배우를 출연시켜 만든 초저예산 영화이든 모두 입장료는 서울 개봉관 기준으로 대체로 주중에는 8,000원, 주말에는 프리미엄 요금제가 적용되어 9,000원으로 매겨지고 있다.

그런데 현재의 동일 가격(관람료)제도 하에서는 거액의 예산을 투입해서 만든 국내외 블록버스터 영화만 대박을 터트릴 가능성이 있을 뿐, 소액 제작비를 투자해서 만든 토종 영화들은 설자리마저 상실하게 될 가능성이 크다. 왜냐하면 초호화 배역의 영화를 볼 수 있는 관람료 8,000원을 지불하면서, 무명 신인배우가 출연하는 저예산 영화를 보려는 관객은 많지 않을 것이기 때문이다.

우리나라 영화의 평균제작비라고 알려져 있는 한 편당 약 35억 원의 예산을 투입해서 만든 영화를 가지고 8,000원의 관람료를 받아 부가세를 제외한 나머지를 영화관과 투자사 제작사와 5:5로 나눈다면 3,500원이 후자에게 분배된다. 그러므로 100만 명 관객을 동원해야 겨우 수지가 맞는 수준이 된다. 그런데 그것은 영화가 상당히 흥행에 성공할 때만 가능한 실적이다.

영화관람료는 영화의 총가치를 측정하는 척도가 아니다

국내 영화산업에서 영화의 품질에 관계없이 동일한 관람료(가격) 수준을 유지하려는 배경에는 영화가 창출하는 총가치와 영화 관람료를 동일시해서, 어느 영화관이 어떤 영화 관람료를 낮게 책정해서 상영하려 하면, 영화인들이 마치 자신이 만든 영화의 가치를 폄훼하는 것으로 인식해서 가격인하를 불쾌하게 생각하기 때문이 아닐까 생각한다.

그렇지만 인간의 생명을 유지하는데 필요할 만큼 가치가 큰 물은 값이 매우 싼 반면에 인간의 생활에 필수불가결한 것도 아닌 다이아몬드 가격은 비싸다는 역설적 현상은 한 편의 영화가 창출하는 총 가치는 영화관람료 수준과는 직접 관계가 없다는 경제원리를 보여주고 있다. 그러므로 영화인들은 자기들이 만든 영화의 관람료(가격)가 개봉 당시 영화 작품의 상대적 인기도나 수입영화와의 경쟁 상황에 따라 높게 또는 낮게 매겨지는 것을 자연스럽게 생각해야 한다. 시장에서 가격은 수요와 공급에 의해서 결정되는 교환의 척도일 뿐, 그것의 높낮이가 곧 영화가 창출하는 총가치를 측정하는 척도는 결코 아니기 때문이다.

영화제작사나 영화관 측 모두 관람료가 높을수록 항상 좋다는 생각도 탈피해야 한다. 35억 원의 예산을 투입해서 영화를 만든 제작사도 관람료가 고가이든 저가이든 수지만 맞으면 된다. 관람료를 8,000원으로 책정해서 100만 명의 관객을 확보하거나 5,000원을 받아 180만 명의 관객을 확보하거나 투자수익은 같다. 가격이 등락할 때 관객이 얼마나 증감할 것인지는 해당 영화의 수요에 대한 가격탄력성에 따라 다르다. 가격을 인상해도 관객이 별로 감소하지 않는, 즉 수요가 비탄력적인 매력적인 영화를 만들었다면 고가전략이 바람직할 수 있고, 수요가 상대적으로 탄력적인 영화를 만들었다면 저가전략이 바람직할 수 있다. 영화에 대한 수요의 가격탄력성은 모든 영화에 동일한 것이 아니므로 제작사와 영화관들은 제작된 영화에 대한 수요의 가격탄력성을 면밀하게 검토해서 고가 또는 저가 가격전략을 시도하면 상영 수입을 증대시킬 수 있다.

수요의 가격탄력성을 반영한 가격전략이 합리적

영화감독들도 영화의 품질에 따라 관람료가 차이가 나는 것을 기분 나쁘게 생각할 필요가 없다. 10억 원이라는 상대적으로 소액 제작비를 들여 만든 영화라도 4,000원의 입장료를 받아 50만 명의 관객을 확보하는 역량을 보이면, 수지가 맞을 뿐만 아니라 지속적으로 그런 실적을 내면, 언젠가 100억 원의 거액 제작비를 대겠다는 제작사를 만나게 되어 메가톤급 영화를 만들 수 있는 거장으로 성장할 기회를 갖게 될 것이다. 그렇지 않고서는 감독, 특히 신인 감독이 처음부터 100억 원의 제작비를 대겠다는 제작사를 만나기는 어려울 것이다.

더욱이 고품질 영화만 만들어지는 것이 소비자(관객)들에게도 꼭 좋은 것만도 아니다. 관객 모두 고가의 관람료를 내고서라도 꼭 보고 싶어 할 만큼 고품질 영화만을 원하는 것은 아니기 때문이다. 관람료가 4,000원이라면, 비록 유명 배우가 출연하지 않은 영화라 해도 영화관람으로 4,000원 이상의 만족(가치)을 얻을 수 있을 것으로 기대하는 관객들은 관람할 것이기 때문이다. 그러므로 10억 원의 저예산으로 만든 다큐멘터리 영화나 실험영화는 비록 관람료를 4,000원씩만 받더라도 50만 명의 관객만 확보하면 수지를 맞출 수 있어서 제작사도 좋고 관객도 좋은 포지티브섬 게임이 된다. 물론 그런 저예산 영화에 출연한 무명 신인배우가 좋은 연기력을 보이면, 블록버스터 영화에 출연제의를 받게 될 것이다. 그러면 신인배우 등용문도 넓어져, 현재처럼 고액 출연료를 지급해야 하는 흥행이 보장된 일류 배우에 대한 의존율도 낮아져 영화제작 비용도 감축할 수 있게 될 것이다.

또한 영화관객 모두가 고가의 영화를 즐길 수 있을 만큼 소득이 충분한 것도 아니다. 자신의 소득 수준을 감안할 때, 영화관람으로 한 달에 최대 4,000원까지만 지출할 용의가 있는 서민 관객들도 있다. 그들은 관람료가 4,000원인 영화가 있다면, 비록 블록버스터 영화에 비해 재미는 조금 덜하거나 일류 배우가 출연하지 않은 영화라도 즐겨 볼 유인이 있지만, 8,000원으로 관람료가 매겨지면 이들은 아예 영화를 볼 수 없게 된다. 그러므로 모든 영화관람료를 8,000원으로 매기는 것은 가난한 서민들이 영화를 즐길 기회를 박탈하는 셈이 된다.

결론적으로 고품질 영화는 값이 비싸져야 하고, 저품질 영화는 값이 낮

387

아지는 것이 자연스러운 시장원리이다. 영화산업 관계자들은 영화시장에도 시장가격원리의 도입이 IPTV 등 엔터테인먼트 산업에 새롭게 등장하는 강력한 경쟁자들과 경쟁할 수 있는 매우 효과적인 전략 가운데 하나임을 인식할 필요가 있다. (2011.10.31)

전력대란의 시장원리

이승훈(서울대학교 경제학과 명예교수)

여름을 무사히 넘기고 한숨돌린 발전기들이 정비에 들어간 사이 때 아닌 더운 날씨의 기습은 순식간에 예비전력을 위험수준으로 몰고 갔다. 강제적 수요차단이 불가피했으므로 전례없는 순환단전 사태가 빚어졌다. 1960년대 중반 무제한 송전시대가 시작한 이후 처음 겪는 전력대란이었다. 긴급 환자의 치료가 중단되었고, 움직이던 엘리베이터가 멈춰섰다. 공장 작업이 불시에 중단되는가 하면 양식장의 물고기가 떼죽음을 당하였다. 여론이 전력거래소의 관리 잘못을 질타하는 가운데 정부는 관계 당국의 책임자들을 희생양으로 삼고 기강 확립을 다짐하면서 사태를 마무리하려고 할 것이다.

시행 단계에서 일처리가 잘못된 점이 없지는 않겠지만 전력대란의 근본원인은 팽창하는 수요에 비하여 워낙 부족한 설비용량이다. 지금까지도 평소에는 그럭저럭 견디지만 갑자기 덥거나 추워서 냉난방 수요가 급증하면 예비율은 수시로 위협받아 왔다. 그 동안의 계통운영은 순환단전하지 않으면 순식간에 광역정전 사태로 진전될 위기의 언저리에서 벌어진 곡예였다고 할 수 있다. 책임자를 내친 자리에 누구를 앉혀 놓아도 현재와 같은 여건이라면 전력대란은 반드시 재발한다.

순환단전은 광역정전사태로 당할 훨씬 큰 피해를 막는 최후수단

순환단전을 이해하기 위하여 짐을 나르는 당나귀를 생각해보자. 당나귀가 감당할 만큼만 짐을 싣는다면 아무 문제가 없다. 그런데 짐을 조금씩 더 많이 싣는다면 당나귀는 힘겨워 할 것이고 그래도 더 싣는다면 종내에는 주저앉고 일어나지 못할 것이다. 발전소가 하는 일도 마찬가지다.

사람들이 스위치를 올려 불을 켜고 모터를 돌리고 냉방을 가동하는 행위는 정확히 발전기라는 당나귀 등에 짐을 싣는 행위와 같다. 발전 용량이 충분하면 전력소비가 늘어나도 발전기들은 필요한 전력을 거뜬히 공급해낸다. 그러나 전력소비가 계속 증가하면 당나귀가 힘겨워 하듯 발전기들도 과부하에 시달린다. 끝내 위험수준을 넘어서면 당나귀가 주저앉아 일어나지 못하듯 모든 발전기들이 일시에 멈춰서는 광역정전이 일어나는데 이 사태를 막는 최후 수단이 순환단전이다.

순환단전은 광역정전을 미리 예방하려는 조치다. 마치 당나귀 등에 너무 많이 실린 짐을 덜어주듯 지침에 따라서 무작위적으로 선택된 지역들에 대하여 돌아가며 한 두 시간씩 단전함으로써 발전기들의 부담을 덜어주는 것이다. 많은 사람들이 난데없는 단전에 적지 않게 피해를 입지만 광역정전으로 당할 훨씬 더 큰 피해는 막는다. 들끓는 여론에 휩쓸려 희생양으로 단죄 받을 것이 분명한데도 광역정전을 막기 위하여 순환단전을 시행한 당사자는 지탄의 대상이 아니라 영웅일지도 모른다.

앞으로는 어떻게 될까? 발전설비용량에 숨통이 터지려면 현재 건설 중인 발전기가 여럿 완공되는 2014년까지 기다려야 한다. 발전소 건설계획이 기준삼은 전력수요예측이 잘못되었기 때문에 벌어진 일이다. 보통 장기 수요예측은 GDP 성장추세를 보고 가늠한다. 그러나 그동안 비정상적으로 낮게 책정된 전기요금은 기름과 가스 난방을 전기 난방으로 바꾸는 등 다른 연료로 쓰던 용도에까지 전기를 쓰도록 유도했기 때문에 예상 못한 과다수요가 발생한 것이다. 어쨌든 우리는 2014년까지 세 번의 겨울과 두 번의 여름을 거의 현재의 발전설비만으로 견뎌야 한다.

그런데 원가에도 못 미치는 전기요금이 지속되면서 전기수요는 여전히 급증하는 중이다. 과연 앞으로 다섯 번의 전력 다소비 계절을 무사히 겪어낼지 걱정할 수밖에 없다. 이번 전력대란을 관계자 문책으로만 끝내어서는 안 되는 것은 이 때문이다.

순환단전보다 더 세련되고 효과적인 수요감축 방안은 시장

순환단전은 정부인가 요금체제에서 사용되는 방법이다. 현재의 요금이 10이고 최대 공급능력이 900인데 전기를 쓰겠다는 수요가 1,000이면 최소한 수요 100을 차단해야 광역정전을 막는다. 전력거래소가 임의로 수요 100을 차단한다면 한 편에서는 게임을 즐기는 가운데 다른 한편에서는 긴급 수술환자가 정전으로 목숨을 잃을 수도 있다. 순환단전은 단전지역 내에서는 무차별적인 것이어서 상대적으로 덜 필요한 용도의 전기만 골라서 단전하지는 못한다.

그런데 전기요금을 시장에 맡긴다면 이 문제를 쉽게 해결할 수 있다. 전기가 모자라면 시장은 그 시간대의 전력 요금을 예컨대 20으로 올릴 것인데 그렇게 되면 심심풀이로 게임을 하던 소비자는 스위치를 내리겠지만 긴급 수술환자를 치료하는 병원은 여전히 전력을 사용할 것이다. 순환단전과 마찬가지로 수요차단이 이루어진 것은 맞다. 그러나 이 수요차단은 강제적인 것이 아니라 상대적으로 덜 필요한 용도에 전력을 쓰던 사람들이 스스로 스위치를 내린 결과이므로 느닷없는 순환단전과 같은 피해는 일어나지 않는다.

사람들이 전기요금을 항상 실시간대로 파악하고 있기가 어렵지 않느냐는 우려가 있지만, 위기에 전기요금이 큰 폭으로 오를 때에는 순환단전을 예고하는 방식으로 요금폭등을 알릴 수도 있고 소매전력업자가 직접 알려 올 수도 있다. 앞으로 스마트그리드가 보편화하면 누구나 현재의 요금을 실시간대로 파악한 가운데 스위치를 켜고 끄게 되고, 불요불급한 전력사용은 요금이 낮은 시간대에 이루어지도록 미리 프로그램해 둘 수도 있다.

공급능력을 확대할 수 없을 때는 수요를 줄이는 것이 유일한 해법이다. 사실 막심한 피해를 유발한 순환단전도 그 본질은 결국 수요 감축 아닌가? 순환단전을 예방하기 위한 절전 운동도 벌여야 한다. 그러나 가장 세련되고 효과적인 수요 감축 방안은 시장이다. 우선 요금을 원가 이상으로 올려야 하고, 시간대별로 수요와 공급을 반영하는 요금이 책정되도록 전력부문에도 시장도입을 완결해야 한다. 희생양 몇 명을 징계하고 관리체제를 강화하는 것만으로 수습될 수 있는 상황이 아니다. (2011.09.23)

경제자유구역
활성화를 위한 과제

이병기(한국경제연구원 선임연구위원)

최근 경제자유구역 활성화에 대한 논의가 활발하다. 경제자유구역을 지정하였으나 외국인투자기업 유치가 기대한 만큼 잘 이루어지지 않고 있기 때문이다. 경제자유구역은 1990년대 이후 중국, 대만, 싱가폴 등 아시아 국가들이 큰 규모의 외자를 유치하여 금융, 무역, 지식기반 서비스산업 등 고부가가치 산업을 본격 육성하기 시작하자 2003년 8월에 인천, 10월에 부산·진해와 광양만에 경제자유구역을 만들면서 시작된 사업이다. 현재 이 세 지역 이외에도 황해, 대구·경북, 새만금·군산 등 3개의 경제자유구역이 추가 지정·운영되고 있고, 최근에는 강원·경기·전남·충북 등 4개 지자체가 경제자유구역 설치를 추진하고 있다.

그렇지만 현재 국내 경제자유구역은 투자유치에 많은 어려움을 겪고 있고 외국인투자기업 유치의 경우 투자 규모나 질 모든 측면에서 부진한 상태다. 경제자유구역 제도가 도입된 이후 2009년까지 전체 FDI실적 중 경제자유구역에 투자된 외국인직접투자액 비중(신고기준)은 2004년 0.89%에서 2009년 4.97%에 불과한 실정이다. 2010년 6월 현재 경제자유구역 내에 입주한 기업은 총 1,406개이며, 이 중 외국인투자기업은 145개이고 국내기업은 1,261개 기업이다. 경제자유구역에 입주한 기업의 약 89.6%가 국내기업이고 외국인투자기업의 비중은 10.3%에 불과하다. 외국인투자 기업 중 제조업의 비중이 70%정도를 차지하고 있고 서비스업은 26.2%, 기타산업 3.8% 등이다.[3] 경제자유구역의 지정목적이 바로 외국인투자 유치에 있으나, 경제자유구역의 외국인투자 유치성과는 상당히 미흡하고 당초 취지와는 달리 고부가가치 첨단산업의 유치는 매우 부진하다. 정부는 수차례 법령개정을 통해 규제완화와 함께 인센티브를 강화하였으나 경제자유구역 간 개발전략 중복, 지역개발사업으로 변질, 개발속도 지연, 투자환경 조성 및 유치부진 등 문제점을 여전히 노출하고 있다.

수요자 입장을 고려한 경제자유구역 설립 · 운영

경제자유구역법에 따르면 경제자유구역은 외국인 투자기업의 경영환경과 외국인 생활여건을 개선하여 외국인투자를 촉진하기 위해 조성된 지역이다. 기존의 외국인투자촉진 제도들이 부분적인 규제완화와 조세감면을 주요한 내용으로 하고 있는 반면, 경제자유 구역은 이같은 지원제도 외에도 외국인의 생활여건을 규제하는 대부분의 규제를 포괄적으로 완화하는 내용을 포함하는 특징이 있다. 외국인투자기업이 경제자유구역에 투자하고 싶어지도록 선진국 수준의 기업친화적인 환경을 마련하고 이를 위해 대폭적인 제도 · 환경개선이 필요하다. 잠재적인 외국인투자자가 무엇을 원하는지를 충분히 고려하지 않고 경제자유구역 주변의 지역 주민의 민원이나 지역균형 발전 등과 같이 국내 공급자 위주의 정책으로 경제자유구역을 운영한다면 외국인투자 유치에 실패할 가능성이 높다. 따라서 경제자유구역의 성공적인 활성화를 위해서는 경제자유구역을 찾는 수요자의 입장에서 경영환경과 정주환경을 개선할 필요가 있다.

해고요건 및 외국인 고용허가 관련 규제 완화

경제자유구역 운영에 있어서 우선 고려해야 할 것은 기업환경 개선의 측면이다. 우리나라 기업환경 중 가장 낙후된 부문은 노동분야로 노동규제와 노사관계의 안정이 필요하다. 노동분야에서는 외국인투자기업으로서는 매우 경직적이라고 할 수 있는 해고요건을 보다 유연하게 개정할 필요가 있을 것이다. 인도의 경우 기업이 필요로 하는 노동규제완화나 충분한 인프라 여건을 확보하지 않은 채 경제자유구역을 대폭 허가해 대다수 경제자유구역이 활성화되지 못하였다. 대표적으로 문제시 된 노동규정은 100인 이상 기업은 종업원을 해고할 때 반드시 정부의 허가를 받아야 하며 3개월 이상 근무한 계약직 직원은 정규직으로 자동 전환된다는 점이었다.[4] 또한 외국인근로자의 활용이 용이하도록 경제자유구역 내에 외국인고용허가 관련 규제의 완화가 필요하다. 현행 법령상 외국인 고용 허가제를 통해서 외국인 근로자를 고용할 수 있으나, 제조업과 건설업, 농축산업, 어업, 일부 서비스업에 한해 허용하고 있다. 현행 규정상 경제자유구역 내 외국인 대상 서비스업에서는 원천적으로 외국인 근로자 고용이 불가능하다. 경제자유구역 내 다양한 편의시설이나 위락시설을 건립·운영하는데 있어서 제약요인이 될 수 있는 고용관련 규제를 완화할 필요가 있다.

영리법인 교육기관 및 의료기관 설립 허용

둘째로 외국인들의 정주여건을 정비할 수 있도록 하기 위해 제도적인 미비점을 해결해야 한다. 오랜기간 동안 논의되어 온 사안이긴 하지만 여전히 외국교육기관의 설립자격 제한, 결산송금 제한 등의 규제로 인해 학교설립과 추가유치에 어려움을 겪고 있다.[5] 현재 외국교육기관의 설립자격을 외국 비영리 법인으로 제한하고 있어 외국학교법인이 단독으로 학교 설립을 추진하기에는 어려움이 있다. 설립자격을 외국 비영리 법인으로 하고 있는 규제를 국내외 영리법인 등으로 확대할 수 있도록 해야 할 것이다. 또한 외국학교 법인의 결산상 잉여금에 대한 해외송금을 제한하고 있어서 외국 명문사학의 국내진입이 장애요인으로 작용하고 있기 때문에 이와 관련한 규제완화가 시급한 상황이다. 교육과 함께 중요한 정주여건 중 하나인 병원 설립과 관련한 절차상의 미비점을 개선할 필요가 있다. 외국인의료기관은 건강보험법이 적용되지 않아 환자를 보험이 아닌 일반으로 진료해야 하고 외국인 전용의료기관을 영리법인으로 인정하면서 국내병원은 영리법원으로 인정하고 있지 않기 때문에 형평성의 문제가 발생하고 있다. 경제자유구역에 외국의료기관을 설립할 수 있는 근거는 마련되어 있으나, 세부기준 및 절차 등에 관한 규정이 없어 사실상 설립이 어려우며, 경제자유구역에 외국의료기관을 개설할 수 있는 법인의 자격요건을 외국인투자 비율 50%로 규제하고 있어 경제자유구역 내에 국내 투자개방형 의료법인의 설립이 어려운 한계가 있다.[6]

경제자유구역 내 국내기업의 역차별 규제 완화

셋째로 외국인투자기업에만 혜택을 제공하고 국내기업을 역차별하고 있는 경제자유구역 지원제도의 개선이 필요하다. 국내기업을 역차별하는 배경에는 경제자유구역 기본목표를 외자유치로 한정하고 있기 때문이다. 경제자유구역 내에서 외국인투자기업 간에 사업을 하려고 투자하는 것이 아닌 이상 국내의 유수 첨단기업들이 경제자유구역에서 경제활동을 함께 할 수 있도록 국내기업에 대한 역차별을 해소할 필요가 있다. 국내기업에도 외국인투자기업과 동일한 수준의 조세 등 혜택을 부여하는 방안을 적극 검토할 필요가 있다. 더구나 경제자유구역법에 의거 외국인투자기업은 수도권정비계획법 상의 각종 규제를 받지 않고 있지만, 국내기업에게는 혜택이 없는 실정이다. 수도권정비계획법 상의 입지규제, 공장총량제 등 규제를 완화하여 국내 첨단기업도 경제자유구역에 진입하여 외국인투자기업과 함께 활발히 경제활동을 할 수 있도록 해야 할 것이다.[7]

396

미진한 경제자유구역의 구조조정

마지막으로 개발이 지연되거나 활성화 가능성이 낮은 경제자유구역은 조정이 필요하다. 경제자유구역간의 상호 정책경쟁을 통해서 성과가 있는 곳은 지원하고 그렇지 못한 곳은 정부가 지원을 줄이는 등 차별화 전략을 취함으로써 경제외적 요인보다는 경제성과에 따라 경제자유구역이 조정될 수 있도록 해야 한다.[8] 지난해 말에 5개 구역 내 총 14개 지역의 경제자유구역을 지정 해제하는 등 경제자유구역의 구조조정을 단행한 바 있지만, 아직도 일부 경제자유구역에서는 추진 여부를 놓고 문제가 불거지는 등 여전히 많은 문제를 안고 있다. 따라서 경제자유구역 활성화를 위해서는 추진성과에 따른 차별적인 지원으로 해당분야의 경쟁력이 낮고 성과가 미흡한 지역은 자연적으로 도태되는 과정을 밟도록 해야 한다. (2011.07.29)

모바일 플랫폼 전성시대…
규제의 역할은 무엇인가

홍대식(서강대학교 법학전문대학원 교수, 변호사)

> "모바일 메신저 시장이 달아올랐다. '카카오톡'과 '마이피플'이 상승세를 이어가는 가운데 이동통신업계도 무료 메시지 기능을 갖춘 모바일 메신저를 직접 출시하며 맞대응에 나섰다."
>
> 전자신문 2011년 6월 10일자 기사
>
> "IT 서비스 기업들이 모바일 애플리케이션 플랫폼을 잇달아 출시하면서 모바일 오피스 시장 등을 놓고 경쟁이 본격화될 전망이다."
>
> 디지털타임스 2011년 6월 13일자 기사

바야흐로 모바일 플랫폼 전성시대이다. 모바일 플랫폼은 피처폰(feature phone) 시대에도 존재했지만, 피처폰 시대까지만 해도 모바일 산업은 삼성전자나 모토로라 같은 단말기 제조회사와 SK텔레콤이나 KT 같은 이동통신사의 두 산업군에 의해 지배되었기 때문에 모바일 플랫폼이 갖는 영향력은 미미했다. 특히 피처폰 환경에서는 기술적 제약 때문에 네트워크 사업자인 이동통신사의 지배력이 크게 나타나서 이동통신사에 대한 정부 규제의 필요성에 관한 주장이 제기되기도 하였다. 공정거래위원회가 SK텔레콤 자신이 운영하는 온라인 음악 사이트에서 판매하는 DRM이 적용된 음악파일만

이 MP3폰에서 구동되도록 한 행위를 사후적으로 규제한 사례나 방송통신
위원회가 무선인터넷 서비스 활성화를 위하여 이동통신사의 기업결합 사건
에서 무선인터넷망 개방을 인가조건으로 부과하는 방식으로 사전적인 규제
를 행한 사례가 그와 같은 규제 수요에 대한 대응이었다고 할 수 있다. 그러
나 규제를 동원해야 유도될 것이라고 인식되었던 무선인터넷시장의 개방과
경쟁 활성화는 스마트폰, 보다 정확하게는 애플이 내놓은 스마트폰인 아이
폰의 도입과 함께 극적으로 이루어졌다. 그와 함께 모바일 플랫폼의 중요성
이 전면에 떠오르게 되었다.

모바일 플랫폼이란

모바일 플랫폼이란 단적으로 말하면 모바일 단말기에 적용되는 소프트
웨어 플랫폼이다. 이는 기술적으로는 모바일 단말기에 탑재되어 단말기의
하드웨어 기능을 상위 계층에서 사용할 수 있도록 해주고, 상위 응용 계층
에는 프로그래밍 환경 및 실행 환경을 제공하는 역할을 수행한다. 아울러
경제적으로는 플랫폼을 운영하는 사업자가 플랫폼을 기반으로 하여 시장에
서 콘텐츠의 편집·감독 기능을 수반하는 중개기관의 역할을 수행한다는
점에서 모바일 인터넷 분야에서 새롭게 형성되는 시장을 얻기 위한 경쟁
(competition for the market)에서 핵심적인 위치에 있다.

또한 카메라폰 또는 MP3폰과 같은 피처폰 시대와 비교할 때 스마트폰
시대에 이르러 플랫폼의 성격이 진화하고 있다는 점에도 주목할 필요가 있
다. 피처폰 시대까지는 운영체제(OS)와 미들웨어(middleware) 플랫폼이 구
별되어 PC용 플랫폼과 마찬가지로 '플랫폼=OS'의 성격을 갖고 있었으나
스마트폰 시대에 이르러서는 운영체제로부터 애플리케이션 프레임워크
(application framework)까지의 모든 소프트웨어를 플랫폼으로 인식할 수 있
게 되었다. 모바일 운영체제 플랫폼 외에도 광고 플랫폼, 마케팅 플랫폼, 지
도 플랫폼, SNS 플랫폼, 고객 애플리케이션 플랫폼, 메신저 플랫폼과 같은

다양한 영역에서 모바일 서비스 플랫폼이 등장하고 있는 것도 그 때문이다.

모바일 플랫폼 전성시대를 바라보는 규제적 관심

플랫폼이라는 용어는 통신 분야보다는 방송 또는 인터넷 분야에서 주로 사용되던 용어이다. 따라서 비록 그 논의가 바탕을 두는 철학이나 논의의 전개 방향은 달랐지만 방송 또는 인터넷 분야에서는 네트워크 보유 여부와 관계없이 방송콘텐츠 또는 정보콘텐츠에 대한 편집·감독 기능을 하는 플랫폼 사업자의 역할에 대한 논의가 활발했다. 이에 반해 통신 분야에서 발전된 논의는 네트워크를 이용하여 서비스를 제공하는 기간통신 사업자가 그 중심이 되다 보니 서비스 기반으로서의 플랫폼의 기능과 플랫폼 사업자에 대한 사실적 이해와 제도적 배려가 부족하였다. 오히려 정부는 플랫폼 표준화를 통하여 플랫폼 영역의 복잡성을 해소하고 개방성을 부여한다는 명목으로 표준화된 모바일 플랫폼으로 WIPI(Wireless Internet Platform for Interoperability)를 개발하여 2005년 4월 모든 휴대폰에 그 탑재를 의무화한 바 있다. 우리나라에 아이폰의 도입이 늦어지고 그에 따라 스마트폰용 모바일 플랫폼의 확산이 몰고 온 시장 충격이 다른 선진국에 비하여 상대적으로 늦게 전달된 것도 WIPI 의무화 정책의 영향 때문이었다.

2009년 4월 정부가 WIPI 탑재 의무화 정책을 폐지하면서 급속도로 전개된 모바일 플랫폼 전성시대는 통신 및 인터넷 분야와 관련된 시장 자율의 영역은 물론이고 정부 규제가 작용하던 영역에도 엄청난 충격을 몰고 왔다. 이동통신 산업의 가치창출 구조가 개방형 모바일 생태계(mobile ecosystem)로 진화함에 따라 네트워크 효과를 창출하는 가입자 기반을 확보하기 위한 플랫폼 간의 치열한 경쟁이 한국 시장에서도 본격적으로 벌어지고 있다. 또한 개방형 모바일 생태계 형성은 통신 및 인터넷시장의 경쟁구조를 혁신적으로 변화시키며, 통신 및 인터넷 사업자들의 사업전략에도 큰 영향을 주고 있다. 정부 역시 통신과 인터넷이 융합되는 새로운 시장을 규율하는 코드의 얼개(architecture of the code)가 혁신적으로 변화하는 환경에서 보다 새롭고 스마트한 규제를 설계해야 하는 도전에 직면해 있다. 다만 사업자와 마찬가지로 정부 역시 패러다임 전환 과정에서 그에 적응하는 새로운 역할을 정립하기 위해서는 익숙한 개념적 도구나 방식에 기대어 적응 준비를 할 수밖에 없다. 이러한 상황에서 요즘 등장하는 용어가 이른바 플랫폼 중립성(platform neutrality)이다.

플랫폼 중립성 개념은 기본적으로 플랫폼의 기능 확대에 따라 망 중립성을 중심으로 한 기술적 중립성의 논의 차원이 플랫폼 계층으로 확대된 것이다. 기술적 중립성은 법과 규제가 기술진보를 방해하거나 특정 기술에 유리하지 않아야 한다는 일반원칙이므로 이는 망 중립성 논의에 그치지 않는 것이다. 플랫폼 계층에서도 특정 플랫폼 보유자가 사실상 표준화를 통해 플랫폼을 독점하는 현상을 경계하고 플랫폼을 기반으로 한 서비스 간 규제 형평과 경쟁 촉진을 목적으로 하는 제도의 필요성을 주장하는 목소리가 등장하고 있으며, 망 중립성에서 유추되는 플랫폼 중립성은 그 논의를 위한 유용한 출발점을 제공해 준다.

새 술은 새 부대에 담아야

다만 과거 PC 기반 서비스 사업자를 규제하던 논리를 인터넷 기반 서비스 사업자, 특히 인터넷 기반 서비스 시장에서의 플랫폼 경쟁력을 바탕으로 통신시장에 진입하여 모바일 생태계를 구축해 가는 사업자에 대하여 원용할 경우에는 새로운 시각에서의 접근이 필요할 것이다. 통신시장과 인터넷 시장이 모바일 플랫폼을 무대로 융합되는 현장에서 유효경쟁 형성 과정에서 여러 형식에 의한 정부의 사전적·사후적 규제가 활용된 통신시장에서의 규율방식이 우세할 것인가, 아니면 자율규제·상생협력 등 시장친화적 접근이 강조되어 온 인터넷 시장에서의 규율방식이 우세할 것인가 하는 점은 시장의 변화 추이에 대한 경험적 관찰과 분석, 그리고 합리적인 예측에

401

바탕을 두어 신중하게 선택되어야 할 문제가 될 것이다. 다만 분명한 것은 새로운 방식의 규제가 설계되더라도 이는 시장실패를 정부 개입의 충분한 정당화 사유로 간주하였던 구식 사고가 아니라 새로운 연구와 사고에 뿌리를 두어야 한다는 것이다. 이는 '고권적(heavy handed)'이라거나 '명령·통제(command and control)'와 결합된 기존의 규제 개념으로부터 탈피하는 것을 의미한다. 새 술은 새 부대에 담아야 한다. (2011.06.16)

'월스트리트 점령'과 주주자본주의 구하기

신석훈(한국경제연구원 선임연구원)

최근 '월가를 점령하라(Occupy Wall Street)'는 구호 하에 글로벌 금융위기의 원인으로 지적되는 금융자본의 탐욕을 비판하기 위해 주주자본주의의 심장부인 월스트리트에서 시위가 한창중이다. 주주자본주의 체제하에서 금융자본의 탐욕이 사회와 경제 전반에 대한 불평등과 양극화의 원인이라며 비판의 대상이 자본주의 시스템 전체로 확산되고 있다. 월스트리트 점령으로 경제위기 주범으로 몰리고 있는 주주자본주의를 그대로 보고만 있어야 하는가. 구할 명분은 없겠는가. 글로벌 금융위기의 원인에서부터 명분을 찾아보기로 한다.

글로벌 금융위기의 근본적인 원인은 미국정부가 모든 국민들이 주택을 소유할 수 있도록 하기 위해 대출기준을 완화하며 갚을 능력이 없는 사람들에게까지 주택담보대출을 해준 데 있다. 그리고 금융기관의 경영자들이 이러한 고위험의 주택담보대출을 다양한 형태로 증권화하여 일반 투자자들에게 판매한 후 주택담보대출을 받은 채무자들이 주택대출금을 연체하자 금융위기가 발생하기 시작한 것이다. 금융기관의 전문 경영인들은 주택담보 관련증권에 내재되어 있던 장기적 위험요소들을 신중히 고려하지 않고 단기적 주가상승으로부터 오는 금융적 보상에만 주로 관심을 가졌고 대부분

의 주주들 역시 이러한 단기적 주가상승을 원하며 경영자들에게 이를 요구하였던 것이다.[9]

이와 같이 주가상승으로 인한 주주의 단기이익에만 급급했던 금융자본의 탐욕이 금융위기의 원인으로 지적되며 주주자본주의를 대체하기 위한 새로운 논리들이 주목을 받기 시작했다.

소비자 자본주의와 깨어 있는 자본주의

단기주가에 집착해온 지금까지의 주주자본주의는 글로벌 금융위기 이후 실패했고 앞으로는 '소비자 자본주의(customer capitalism)'가 도래할 것이라는 로저 마틴교수의 견해가 주목을 받고 있다.[10] 핵심은 주주자본주의 아래에서 경영자는 자신을 선출해 준 주주들의 요구에 부응하기 위해 당장 눈에 보이는 주가상승에만 급급한 나머지 회사의 장기적이고 잠재적인 이익을 훼손한다는 것이다. 이것은 궁극적으로 주주의 이익에도 독이 되므로 회사는 '주주 가치극대화'에서 '행복한 고객과 더 많은 고객확보'를 추구해야 하고 궁극적으로 이것은 주주의 가치를 동시에 높여주게 될 것이라는 것이다.

또한 청와대의 '공정한 사회' 교과서 역할을 하는 '사랑받는 기업'의 저자 시소디아 교수의 '깨어 있는 자본주의(conscious capitalism)'도 주주자본주의의 대안으로 각광받고 있다. 사랑받는 기업은 이윤극대화가 아니라 더 큰 이상과 목적으로 갖고 운영해 나가며, 단순히 주주들의 이익만이 아니라 고객과 직원, 협력업체, 사회 등 모든 이해당사자(stakeholder)의 이익을 극대화 한다는 것이다.[11] 전통적으로 주주자본주의와 대립되어온 이해당사자 자본주의와 유사하다.

법적인 관점에서 본 주주자본주의[12]

회사가 '소비자 자본주의'에서처럼 더 많은 고객을 확보하고, '깨어 있는 자본주의'에서처럼 회사의 모든 이해당사자들의 이익을 극대화하는 것에 대해 반대할 사람은 아무도 없을 것이다. 그러나 개별회사 차원에서의 경영전략이 아니라 회사의 다양한 이해관계인들 간 이해갈등을 최종적으로 조정해야만 하는 '법'적 차원에서 보면 상황은 달라진다. 이러한 회사목표를 잣대로 경영자 행위를 법적으로 판단할 수 있겠느냐는 것이다.

회사법에는 경영자가 '회사의 이익'을 위해 경영을 하도록 규정되어 있다. 소비자 자본주의에서는 여기서의 회사의 이익을 '행복한 고객과 더 많은 고객확보'로 해석하겠지만 어떻게 하는 것이 고객을 행복하게 하고 얼마나 많은 고객을 확보해야만 하는가에 대한 법적판단기준을 설정하기는 쉽지 않다. 깨어있는 자본주의에서는 '고객과 직원, 협력업체, 주주, 사회 등 모든 이해당사자의 이익'으로 해석하겠지만 경영자가 모든 이해관계자를 동시에 만족시켜주는 것이 쉽지 않을 뿐 아니라 두 주인문제(two master problem)가 발생한다. 경영자가 자신의 사적이익을 추구하면서 이것이 표면적으로 주주의 이익에 부합하지 않으면 근로자의 이익을 위한 것이라고 변명하고 근로자의 이익에 부합하지 않으면 주주의 이익을 위해 어쩔 수 없었다고 하는 등 변명거리만 만들어 줄 수 있다.

반면 회사의 이익을 주주의 이익으로 해석하는 주주자본주의는 나름대로 경영진의 법적의무에 대한 분명한 기준을 제시해 주고 있다. 또한 주주자본주의는 상당히 설득력 있는 법적·경제적 이론에 근거하고 있다. 고객과 직원, 협력업체 등 주주를 제외한 다른 이해당사자들은 회사와 사전적으로 확정된 내용의 계약을 통해 거래를 하고 이러한 거래를 계약법, 소비자 관련법, 노동 관련법, 하도급 관련법 등에서 보호해 주고 있다. 반면 회사이익 중 이들의 계약내용을 모두 충족시켜주고 남은 잔여이익에 대해서만 권리가 있는 주주들은 그렇지 못하다. 그렇다면 다른 이해당사자들과 마찬가지로 주주들의 이익을 보호하기 위한 법이 있어야 균형이 맞을 것이고 그것이 회사법이다. 그리고 회사의 잔여이익이 극대화된다는 것은 궁극적으로 회사전체의 이익이 극대화 된다는 것을 의미하므로 경제적으로도 설득력이 있다.

그러나 회사내부의 경영자와 주식시장의 주주들이 사업계획을 서로 다른 관점에서 평가하는 경향이 있다. 경영진이 회사의 사업관련 의사결정을 할 때는 적어도 5년 이상을 내다보며 회사의 장기적 성장에 미치는 효과를 고려해야 한다. 그리고 한번 시작한 사업에서 발을 빼기가 쉽지 않다. 반면 주식시장은 특정 사업이 대체로 6개월이나 1년의 단기간 내에 이익을 낼 수 있을 것인가에 주로 관심을 가진다. 그리고 사업이 마음에 안들면 손쉽게 주식을 팔고 다른 회사에 투자할 수 있다. 경영진은 궁극적으로 주주들에 의해 선출되므로 단기주가 상승을 요구하는 일부 주주들의 압력을 경영진이 거부하기는 쉽지 않다. 이러한 단기주의(short-termism) 때문에 주주자본주의 자체가 금융위기의 주범으로 몰리고 있는 것이다.[13] 그러나 이것 때문에 회사법에서 주주자본주의 자체를 포기할 필요는 없다. 주주자본주의를 대체할 만한 뚜렷한 대안도 없는 상태에서는 더욱 그러하다.

주주자본주의의 포기가 아닌 개선방안을 모색해야

글로벌 금융위기 이후 주주자본주의는 포기해야할 대상이 아니라 개선해야할 대상이다. 주식시장의 단기주의가 문제라면 회사법에서 경영자가 추구해야할 '회사의 이익'을 '장기적 주주이익 극대화'로 해석하며 구체적 사안에서 운용의 묘를 살려 가면 된다. 물론 주식시장에서 객관적으로 확인 가능한 '단기주가'처럼 명확한 판단기준을 제공해 주는 것은 아니지만 고객의 행복 또는 모든 이해관계인들의 이익극대화라는 기준들보다는 명확한 기준을 제공해 준다.

그렇다면 '장기적 주주이익 극대화'를 위해서는 어떠한 제도적 개선이 필요한가. 우선 단기적 시세차익만을 노리는 투자자들보다 장기적으로 주식을 가지고 있는 투자자들에게 회사경영에 대해 더 많은 발언권을 주는 방안을 생각해 볼 수 있다. 금융위기 직후 미국 투자자들로 구성된 특별위원회에서는 단기주의를 극복하고 주주들이 주식을 장기적인 관점에서 보유하도록 하기 위한 다양한 방안들이 모색되었다. 네덜란드에서는 주식을 4년 이상 보유하고 있으면 그 이후에는 더 많은 배당을 해준다거나 더 많은 의결권을 부여하는 등의 로얄티 보너스(loyalty bonuses) 제도를 검토하고 있다. 영국 금융서비스 장관은 단기의 주식소유자들이 장기 주식소유자들보다 열위의 의결권(inferior voting right)을 가지도록 하는 방안을 모색하고 있다. 프랑스를 비롯한 많은 유럽 국가들은 보유기간에 비례하여 의결권을 부여하는 차등의결권 주식(dual class shares)을 발행할 수 있다.

또한 금융위기 이후 전례 없는 주가하락과 이로 인한 유동성 부족에 직면한 일부 주주들이 회사의 장기이익에 상반되는 단기이익을 추구하도록 경영자를 압박하고 더 나아가 가치 파괴적인 적대적 M&A를 시도함에 따라 경영권방어 수단인 '포이즌 필'을 도입하고 있는 미국 기업들이 늘고 있다.

이와 같이 글로벌 금융위기 이후 주주들의 단기주의 폐해를 극복하고 주주의 장기이익을 보호하기 위한 다양한 제도적 개선노력들이 진행 중이다. 그러나 우리나라는 차등의결권과 포이즌 필 등이 지배주주에 의해 남용될 위험이 있다며 도입하지 않고 있다. 금융위기 이후 주주자본주의의 몰락에 대해서만 얘기하고 있을 뿐이다. 그렇다고 특별한 대안도 찾지 못하고 있다. 월스트리트 점령에서 주주자본주의를 구해내 주주들의 장기이익을 극대화하기 위한 개선방안들을 모색하며 주주자본주의를 새롭게 인식해 나가는 것이 대안이 될 수 있다. 그리고 이렇게 하는 것은 궁극적으로 회사의 모든 이해관계인들의 이익에도 부합한다.[14] (2011.11.30)

좋은 경제학이 필요하다

안재욱(경희대학교 경제학과 교수)

2차 글로벌 금융위기의 조짐이 보인다. 지난 목요일 독일·영국·프랑스 등 유럽 주요국 증시가 4~5% 이상 빠졌다. 미국 다우지수도 3.5% 급락했다. 그 다음날인 금요일에 코스피지수도 103포인트(5.73%) 폭락했다. 원·달러 환율이 춤을 추며 장중 한때 1,220원까지 뛰었다.

2008년 글로벌 금융위기 이후 각국은 경기부양을 위해 케인즈적 처방을 쏟아 냈다. 천문학적인 규모의 재정지출과 유동성을 풀었다. 케인즈적 처방이 옳았다면 지금쯤 세계 경제는 회복되었어야 한다. 그런데 결과는 그 정반대다. 장기침체에서 헤어나질 못하고 있는 가운데 위기 국면을 맞고 있다.

케인즈적 처방은 위험하다

사실 필자를 포함한 미제스–하이에크(오스트리아 학파) 이론을 바탕으로 한 자유 시장 경제학자들은 2008년 글로벌 금융위기 이후에 케인즈적 처방은 '경제를 살리기보다는 더 큰 위기로 몰고 갈 것'이라고 꾸준히 경고했었다. 적어도 장기침체를 유발할 것이라고 했다. 케인즈와 현재의 케인스 학설의 지지자들은 위기의 원인을 유효수요 부족에서 찾는다. 유효수요가 고용과 산출량을 결정하고, 유효수요가 부족하면 생산이 줄어 불황이 온다고

한다. 그래서 케인즈 경제학은 경기변동을 완화하는 목표를 갖고 총수요와
완전고용을 유지하기 위해서는 정부가 경제에 개입해야 한다고 주장한다.
불황기간 동안 정부는 차입하고 그것을 지출해야 한다고 주장한다.

그러나 이러한 주장은 실제 상황에 비춰보면 맞지 않는다. 왜냐하면
2008년 금융위기가 발생하기 전에 유효수요가 감소한 적이 없고 꾸준히 증
가했기 때문이다. 2003~2007년의 기간 동안 미국의 전 산업 평균 설비투
자와 건설투자의 증가율은 각각 7.25%와 7.08%였다. 미국뿐만 아니라 다
른 국가들에서도 투자가 꾸준히 증가하였다. 그러므로 2008년도 글로벌 금
융위기가 유효수요 부족 때문에 발생했다고 보기 어렵다.

케인즈 이론의 가장 큰 문제점은 경제에서 '시간'이라는 개념을 무시하
기 때문이다. 케인즈 경제학은 사전적 개념과 사후적인 개념을 명확히 구분
하지 않고 모호하게 다뤄버린다. 위기가 발생한 이후에 소비와 투자가 주는
것은 당연하다. 그래서 총수요가 준다. 그러나 케인즈 경제학에서는 사전에
왜 총수요가 갑자기 감소하는지에 대한 논리적 설명이 없다. 케인즈는 총수
요가 갑자기 감소하는 이유는 '동물적인 충동'에 의해 미래에 대한 비관적
인 전망 때문이라고 하지만, 2008년 금융위기의 발생이전에 소비와 투자가
증가한 상황을 보면 전혀 맞지 않는다. 사후에 일어난 총수요의 감소를 사
전에 발생한 것처럼 오도하고 있는 것이다.

시스템을 균형으로 돌리기 위해

오스트리안 경제학에서는 불황의 원인에 초점을 둔다. 불황을 신용의
과잉 팽창으로 생긴 피할 수 없는 결과로 본다. 정부가 금리를 인위적으로
조작함으로써 경제주체들로 하여금 착각을 일으키게 하여 자원배분의 왜곡
을 일으켜 거품을 만들고, 그 거품이 터지는 과정에서 불황은 발생할 수밖
에 없다는 것이다. 보다 이론적으로 설명하면 시장이자율이 저축자와 투자
자의 시간선호와 일치하지 않으면 사전적인 저축과 투자가 일치하지 않게

409

되고 경제전체적으로 가격과 자원 배분의 변화가 일어나게 된다. 시장이자율이 저축자와 투자자의 시간선호와 일치하지 않게 만드는 것은 바로 정부의 인위적인 금리정책이다. 실제로 2008년 금융위기 이전에 미국의 연방준비은행이 장기간 저금리 정책을 유지했던 것은 사실이며, 이것이 곧 2008년 금융위기의 근본적인 원인인 것이다.

그래서 오스트리안 경제학에서는 불황은 고통스럽지만 시스템을 균형으로 되돌리는데 필요한 적응과정이며, 정부의 확대정책으로 불황을 퇴치하려는 시도는 궁극적으로 유지될 수 없는 더 많은 '잘못된 투자'를 유도할 것이라고 우려한다. 그리고 확대정책은 필요한 고통스런 적응과정을 연기할 뿐만 아니라 미래에 인플레이션과 디플레이션을 유발하며, 또 2차 위기가 일어날 수 있음을 경고하는 것이다.

이러한 오스트리안 경제학적 처방에 대해 대부분의 케인지안들은 리오넬 로빈스의 "마치 술에 취해 살얼음 낀 연못에 빠졌다 구출된 사람에게 원래의 잘못은 몸이 너무 뜨거웠던 것이라는 이유를 들어 담요와 자극제를 주지 않는 것처럼 적합하지 않다"는 말을 인용하며 반박한다.[15] 그러나 그의 비유를 받아들인다고 해도 연못에 빠진 사람을 위해 해줄 수 있는 일은 그를 구출하여 물기를 닦아주고 몸을 움직일 수 있게 해주는 정도까지다. 그 사람을 새사람으로 만들겠다고 계속 돌봐주는 것은 과잉 친절이다.

입에는 쓰지만 몸에는 좋은 경제학이 필요하다

마찬가지로 2008년 금융위기가 발생했을 때 정부 개입의 정당성은 위기 발생 후 갑작스런 화폐수요의 증가로 야기된 금융경색을 푸는 데까지만이다. 일단 금융시장이 안정되면 경제가 스스로 회복할 수 있도록 해야 했다. 그러나 각국은 그것을 넘어서 과잉대처를 하였다. 케인즈 모형에 따라 정부지출을 늘리면 경제가 부양된다는 것은 정책입안자들에게는 아주 매력적으로 들린다. 일단 불황이 시작되고 깊어지면 '정부지출을 늘리라'고 하는 케인즈의 경제학이 '고통을 참고 잘못된 투자가 교정될 때까지 기다리라'고 하는 오스트리안 경제학보다는 정치적으로 훨씬 인기가 있는 것은 불문가지다.

공공선택이론에 따르면 정치인들이 공공의 이익보다는 자기이익을 위해 행동하는 경우가 많다. 케인즈 이론은 이 사실을 인지하지 못하고 있으며, 정치인들의 이익과 무책임한 행동에 대한 이론적 보호막을 제공하고, 무분별한 재정지출에 대한 이론적 정당성을 제공한다. 케인즈 경제학의 인기가 정치권에서 오래 지속되고, 케인즈 경제학이 오늘날 이렇게 만연한 가장 큰 이유다.

오늘날 세계경제가 어려움을 겪고 있는 것은 금융위기의 원인에 대한 잘못된 진단과 처방 때문이다. 의사를 잘못 만나면 환자는 더 고통을 겪고 고생한다. 몸에 좋은 약이 입에는 쓰다. 지금의 세계경제에는 좋은 경제학이 필요하다. 그리고 향후 이러한 위기가 재발하지 않도록 세계 각국은 정부가 무분별한 통화 발행과 재정지출을 막을 수 있는 제도를 확립해야 한다. (2011.09.30)

오바마의 정책노선 변경이
주목받는 이유

이인권(전 한국경제연구원 선임연구위원)

　　미국의 오바마 대통령은 1월 18일(현지시간) 〈월스트리트저널〉에 실은 '21세기 규제 시스템을 향해' 라는 제목의 기고문에서 일자리 창출과 경제성장을 막는 규제를 제거하기 위해 범정부 차원에서 규제를 전면 재검토하겠다고 밝혔다. "우리는 역사적으로 자유무역을 유지하면서도 건강과 안전에 대한 위협으로부터 대중을 보호하기 위한 규제를 적용해 왔다"며 "하지만 때때로 이런 규제들은 기업에 비합리적인 부담을 주고 경제성장과 일자리 창출을 저해하는 한편 혁신을 억압해 왔다"고 지적했다. 그는 "과도하고 일관성이 없으며 쓸모없는 규제를 제거하기 위해 규제 재검토에 착수하라는 행정명령을 발동할 것"이라면서 "앞으로 규제는 본래의 임무를 완수하는 한편 경제성장을 촉진하는 역할도 해야 할 것"이라고 강조했다. 일자리 창출과 경제성장을 훼손하는 규제를 뿌리 뽑는 등 연방 차원의 규제가 균형감을 되찾도록 하는 내용이다. 그는 행정명령에서 연방기구들이 현 규제의 득과 실을 따져 기업들에게 최소한의 부담을 주는 규제를 택하도록 지시했다.

　　오바마 대통령은 성공적인 규제개선의 예로 인공감미료 사카린에 대한 최근 규제 철폐를 들었다. 사카린은 미 식품의약청(FDA)에 의해 안전성이 입증되고 나서도 환경보호청(EPA)에 의해 '독성물질'로 분류돼 관련 업계에 치명적 손실을 입혔다. EPA는 FDA와 업계의 의견을 받아들여 지난달 사카린 관련 규제를 대폭 완화했다. 지금까지 규제개혁 및 규제완화는 주로 보수적인 공화당이 주창해 왔고 이들의 주요 정책 아젠다였다. 그런 의미에서 국내외 언론들은 신선한 충격으로 받아들이는 것 같다. 오바마의 이러한 중도실용 노선으로의 전환 움직임은 최근 그의 참모진을 기업인 출신들로 채워 온 것과 같은 맥락이다.

집권 3년차 사실상 '비즈니스 프랜들리'로 시작

이제 취임 2주년이 되는 오바마 대통령은 윌리엄 데일리 전 JP모건체이스 회장을 백악관 비서실장에 기용하고, 전임 부시 행정부의 감세조치 연장에 전격 합의하면서 집권 3년차를 사실상 '비즈니스 프랜들리'로 시작했다. 이 같은 행보는 2월에 있을 미국 상공회의소 연설에서 법인세 인하 추진방안을 발표하면서 더욱 속도를 낼 것으로 보인다. 미국 재계의 대표격인 상공회의소는 지난해 11월 중간선거에서 약 7,200만 달러를 들여 민주당에 반대하는 선거광고를 낼 정도였다. 역사상 가장 반기업적인 대통령이라는 비난을 들으며 재계와 반목을 거듭해 왔던 것을 고려하면 큰 변화임에는 틀림없다.

이러한 전격적인 행보에도 불구하고 오바마 정부와 지난 111대 민주당 우위 의회가 쏟아낸 새로운 규제들과 재정적자에 대한 인식을 고려하면 그 진정성에 의구심을 가질 수밖에 없다. 이제 30년간 이어져 온 금융완화의 역사가 막을 내리고 금융규제 시대가 개막된다. 도드-프랭크 법(금융개혁법)은 두 개의 기구를 신설하고 기존 수십여 개의 기관이 새로운 수백 개 이상의 규제를 생산할 것이다. 변화의 핵심에는 금융안정감독위원회(FSOC)와 소비자금융보호국이 위치해 있다. FSOC는 금융규제와 감독에 막강한 권한을 행사하게 된다. 법안 발효 후 3개월간 금융안정감독위원회의 조직 구성과 규제 대상 금융기관 선정, 자본규제 등 법조항에 담지 않은 세부 감독·규제 내용을 결정한다. 소비자금융보호국(CFPB) 신설로 소비자들을 대상으로 금융상품과 서비스를 제공하는 금융회사에 대해 다양한 규제가 가해진다. 건강보험개혁법은 다양한 연방기구들이 각종 세부규제안을 작성하도록 상당한 권한과 책임을 부여하는 데 수년 내지 수십 년이 걸리는 작업이라고 미 의회조사국은 내다보고 있다. 민주당 정부의 '큰 정부' 지향 정책노선은 더욱 공고화되고 있다.

오스탄 굴스비 백악관 경제자문위원회(CEA) 위원장은 공화당이 다수를 장악한 의회가 정부 부채 상한선을 높여주지 않을 가능성과 관련하여 이렇게 거침없이 언급하고 있다. "이것은 게임이 아니다. 부채한도는 재미삼아 잠깐 생각해 보고 할 문제가 아니다. 만약 부채한도를 높이지 않으면 미국 정부는 디폴트(채무불이행)에 직면하게 된다. 미국 역사상 전례 없는 일이다. 경제에 미치는 영향은 재앙과 같다."

오바마의 규제완화는 일석이조의 효과 가질 수 있어

이러한 사실들을 종합해 보면 오바마의 정책노선 전환은 그를 둘러싼 정치경제 환경의 변화에 대한 선택적 대응 내지 적응이라고 보는 것이 타당하다. 2012년 재선 승리를 위해서는 올해 안에 일자리 창출 등 경기회복이 중요하고, 이는 기업들의 동참 없이는 사실상 불가능하다는 현실적 판단을 감안한 것이다. 여전히 9%대에 머물고 있는 실업률을 낮추고 투자 확대와 수출 증대를 이루기 위해서 기업들의 협력을 이끌어내야 한다. 지난해 11월 중간선거에서 패배에 따른 민심의 변화를 고려함과 동시에 그동안 금융개혁, 의료보험개혁 등으로 인해 껄끄러워진 기업들과의 관계 개선 필요성도 절실했을 것이다. 실제로 정치인들의 최상의 목표는 공공이익이나 공공의 선이 아니라 정권 획득 및 재창출이다. 이러한 최상의 목표의 달성을 위해서는 현실적인 문제 및 한계를 타개하기 위하여 정책노선의 변화는 충분히 전략적으로 선택할 수 있는 것이다. 지금 오바마가 꺼내든 기업 친화 및 규제완화 카드는 일석이조의 효과를 가질 수 있다. 규제완화 정책 캠페인을 통해 경제에 활력을 불어넣어 경제여건을 유리하게 조성하고, 집권 후반기 중도보수층을 끌어안을 수도 있으니 말이다.

이명박 정부, 집권 초기 초심으로 조속히 돌아가야

오바마 미국 대통령의 임기 전반부 국정운영 기조와 상충되는 이번 '기업 프랜들리' 행보나 '규제 대못 뽑기'는 이명박 정부가 '작은 정부, 큰 시장'이라는 임기 초기의 국정기조 하에서 추진한 소위 '친기업 정책' 및 '전봇대 규제개혁' 정책을 연상시킨다. 이명박 정부는 집권 전반기 '기업 프랜들리' 및 '작은 정부, 큰 시장'이라는 국정운영 기조를 벗어나 '친서민 정책', '동반성장' 및 '공정사회'라는 인기영합적인 방향 설정하에 좌측 깜박이를 켜고 실질적으로 좌측차선으로 이동하고 있다. 그 결과 시장경제, 민간 자율 및 경쟁의 원칙이 무너지고 정부의 개입이 더욱 심화되고 있다. 특정 이해집단을 옹호하고, 정치적 고려에 의한 정책이 남발되고 있는 실정이다. 이명박 정부는 국가경제에 활력을 불어넣기 위해서 '규제완화' 및 '작은 정부, 큰 시장'이라는 집권 초기의 초심으로 조속히 돌아가야 한다. 그러한 선택이 국가이익에 도움일 뿐만 아니라 정권 재창출의 지름길임을 명심해야 한다. (2011.01.24)

● 주

1 2010년 11월 20일자 중앙일보.

2 맥스뉴스, 최건용 한국영화마케팅 소장, 2011.6.16.

3 한국개발연구원, 「경제자유구역 활성화 방안에 관한 연구」, 2010.2.

4 동아일보사, 「미래의 성장기지 경제자유구역」, 2010.

5 「경제자유구역 및 제주국제자유도시의 외국교육기관 설립·운영에 관한 특별법」 제4조(설립자격), 제12조(외국교육기관의 회계처리)

6 지식경제위원회(수석전문위원 김호성), 「경제자유구역의 지정 및 운영에 관한 특별법 일부 개정 법률안」 검토보고서, 2011.3.

7 외투기업에 대해서는 '경제자유구역법' 제17조를 통해 '수도권정비계획법상'의 각종 규제를 완화하고 있다.

8 정형곤·나승권, "한국경제의 경쟁력 강화를 위한 경제자유구역의 과제," 『KIEP 오늘의 세계경제』, 2011.1.10.

9 신석훈, "미국 금융개혁법은 회사지배구조를 개선하고 있는가?", KERI 칼럼, 2010.7.28

10 Roger Martin, "The Age of Customer Capitalism", Harvard Business Review, January- February 2010. 우리나라 언론에서도 마틴 교수의 주장을 중요하게 다루며 금융위기 이후 주주자본주의의 위기에 대해 보도하고 있다. 한국경제 신문 2010.1.3. 조선일보, 2010.8.21. 매일경제신문, 2010.8.24. 조선일보, 2010.8.21.

11 조선비즈, 2010.9.20

12 Nadelle Grossman, "Turning a Short-Term Fling into a Long-Term Commitment: Board Duties in a New Era," 43 University of Michigan Journal of Law Reform 905 참조(2010).

13 주식시장에서 단기적 시계(視界)를 가지고 신속하게 움직이는 자본이 항상 회사와 사회에 부정적 영향을 주는 것은 아니다. 개별 회사의 사업을 신속하게 평가하며 더 높은 수익성을 창출할 회사에 자본을 배분함으로써 기업들 간 경쟁을 유도하여 사회적으로 제한된 자본이 가장 효율적으로 사용되도록 하는 긍정적 기능도 한다.

14 Nadelle Grossman(2010) IV. 참조

15 Robbins, L. C.(1971), Autobiography of an Economist London, Macmillan, 154쪽.